JN067471

体験活動はなぜ必要か

あなたの可能性を引き出し
人生を輝かせるために

小森伸一

GTP 東京学芸大学出版会

目次

まえがき

本書は、これまでに私が探求してきたことで得られてきた気づきや考えについての１つのまとめとなります。その根底に流れるテーマは、「自然と人、人と人（社会)、自分自身が持続可能で、さらには豊かな生へと向かうあり方とはどのようなものか（そのための学びと実践を含む)」というものです。この探求は、主として大学院時代から始まりますが、そのテーマとなる種は、今ふり返ると、子供の頃から意識の深いところで、つねに息づいていたように感じています。このことは、自分の生い立ちが少なからず影響しているのだと思われます。それゆえ、私の現在に至るまでの背景について、最初に話をさせてください。

私は自然豊かな神奈川県の秦野市で育ちました。生まれは横浜の鶴見でしたが、３歳の半ばくらいに、父の転勤で秦野に引っ越してきました。子供の健康な成長には、緑があふれる場所の方がより良いだろうと思って転勤を決めたそうです。秦野は四方を山々に囲まれた盆地で、丹沢山地の一角をなし、登山で人気の「塔ノ岳」を有しています。

私の家は北地区といって、その塔ノ岳のふもとにあります。田舎の秦野の中にあっても、とくに自然の多い地域です。しかし今では、実家周辺も家ばかりになってしまいました。引っ越してきた当初は、家屋よりも畑や林が多く、庭にタヌキが出たり、近所ではフクロウの鳴き声が聞こえたりしていました。放課後は、多くの自然に囲まれた環境の中で、いつも仲間と遊んでいた記憶だけが残っています（塾にはいっていませんでした)。

このように、自分の故郷の心象には、いつも塔ノ岳を中心とする山々が背景にあって見守られていた感覚と、きれいな自然に囲まれながら楽しく過ごした少年時代が記憶としてあります。自分の自然に対する感性は、そのような自然との近しい関わりの中で、とくにこの少年時代に育まれたように思います。自然はただそこにある無機物というよりも、生き生きとした生命のあふれる存在として感じていました。自然の美しさに魅せられて、その風景をただ眺めるのが好きだったことも覚えています。そうする中で、「この美しい自然を人間が勝手に壊してはだめだ。人と自然が共生していくことが大切だ」などといった感覚が、子供ながらにつねに意識にあったことも思い出されます。

地元の公立高校へ進学し、その先の進路について考えたとき、小学校から高校まで続けてきた野球の影響もあって、高校の体育の先生になりたいと思うようになりました。地元の横浜国立大学の教育学部が第一志望でした。しかし残念ながらそちらにはご縁がなく、併願をしていた、現在の勤め先でもある東京学芸大学（以下、学芸大学）へ行くことになったのです。

大学進学を機に下宿することになり、地元の秦野を離れます。今思うと、学芸大学への入学が、その後の人生において大きな転機になりました。それは、学芸大学だからこそ野外教育（野外環境教育）という学問領域に出会えたことです。学芸大学にはそれを専門とする､後に自分の恩師となる東原昌郎先生(東京学芸大学名誉教授）が在籍していたのです。一方、横浜国立大には、そのような先生はいませんでした。

野外教育という用語は、一般にはあまり馴染みがないでしょう。簡単にいいますと、自然の中で行われるさまざまな野外活動（自然体験活動）を、仲間とともに直接体験することでもたらされる学びと成長をめざした教育理論および実践です。自然環境や仲間と関わる体験を通して、自然や他者との調和したつながりや、それらへの気づき・学びが育まれます。また、そのような実際的な体験が自分自身とより深くつながる機会にもなって、自己認識や理解を促進する効果も期待できるのです。

この野外教育を、大学２年生のときの授業で初めて知ります。この体験が、冒頭で触れたような、子供の頃から何となく心の奥にあり、人生のテーマみたいに感じていたことが表面化されるきっかけとなったのです。それで、この教育分野への関心が強く喚起されて、野外活動・野外教育の研究室を希望することになりました。その後、自分の探求心は深まっていきます。高校の体育の先生になるという目標は、大学教員（研究者）になることに転換されました。それで、学芸大学の修士課程へ進学することになったのです。

修士課程も半分を過ぎたころ、大学職を得るには、これからは博士号の保持が強みとなるだろうという東原先生の助言もあって、博士課程への進学を志します。しかし、実際に博士課程への進路を考えたとき、当時の日本では、野外教育の分野でそのプログラムを提供している大学はほぼありませんでした。とくに自分が関心をいだいていた研究観点の「自然との共生や調和した社会のあり方・生き方とその教育」となると、一層難しいものがあったのです。今でいう、サステイナビリティ（Sustainability：持続可能性）や持続可能な社会と教育といったことになるでしょう。しかし、当時では持続可能性といった用語自体、ほとんど耳にすることはなかったのです。それで、そのような教育理論や実践において先行している北米への留学を決意したのでした。

行き先はカナダとなりました。しかし、英語力が十分でなかったこともあって、修士課程からもう一度取り組むことになったのです。そのときは遠回りのように感じましたが、そこでの修学が、のちの博士課程への道を開いてくれることになります。その修士プログラムにおいて、サステイナビリティという用語を知って、その探求が始まりました。また、自分が学びたいと思っていた、人間と自然が共存共栄できる実際的な考え方や行動をめざすエコロジカル教育（Ecological Education；後のEducation for Sustainability）や、具体的な体験（直接体験）の優位性について学べたことがとても有益でした。さらにそれが、その後の自分の研究を深化させていく基礎となるのです。

そのカナダにおいて修士号を取得したからこそ、別の大学となりますが博士課程への入学が認められました。博士課程では、それまでに修学した持続可能な社会のための教育（Education for Sustainability／Sustainability Education）に加え、ホリスティック教育（Holistic Education）の理論を深めるとともに、持続可能な社会の実現へとつながる思想と実践の「ボランタリ・シンプルシティ（Voluntary Simplicity）」についても研究しました。また、その現実社会を体現する取り組みとなる「エコビレッジ（Eco-village）」にも関心が広がっていきます。さらに、直接的で具体的な体験をより多くもつことが、日常での思考と行動を促進し、人としての成熟をもたらしていくという体験学習の理論について発展させていったのもこの時期でした。

約7年を要した博士課程の修了とほぼ同じくして、恩師・東原先生の後任として、母校の学芸大学へ勤めることになります（なお、その決め手となったのは、博士号の取得でした）。学芸大学の教員になってからは、持続可能な社会を実現することは、幸福な生き方や暮らしを追求し、実現していくことでもあるという発想に至ります。丁度その頃、人や社会の幸福について研究する「幸福学」という新しい分野に出会い、関心を寄せたときでもありました。帰国してからは、日本におけるエコビレッジを推進する運動にも携わってきています。

幸福学の探求は、その科学的根拠を支える心理学の新しい潮流としての「ポジティブ心理学」の存在を知るとともに、その理論や知見について深めていくことにもなりました。本書でも取り上げていますが、人生をよりよく生きていくための力として近年注目されている「レジリエンス（折れない心）」や「グリット（やり抜く力）」の理論も、そのポジティブ心理学と関連して発展してきたものとなります。

さらに、それらの理論に触れる中で、勇気の心理学ともいわれる「アドラー心理学」に出会います。アドラー心理学が、臨床にもとづく実践の心理学であり、勇気づけの理論によって、その人のもつポジティブな側面や可能性を引き出し人生に充実をもたらしていくという考え方に共感しました。加えて、そうするためのより具体的な教育的手当て（教育的臨床）を重視していることにも魅力を感じ、自分の教育実践でも活用しています。

ここまで、わざわざ私の背景を取り上げてきたのは、今の自分は、まさに自分がしてきた体験によって創られてきたことを実感するからです。そのことが、本書がここで共有する核心でもあるからです。それは、皆さん自身も同じでしょう。それぞれにしてきた体験によって、今のあなたが形成されているのです。いわば人生のすべてが、そのプロセスそのものが、自分があるものに成りゆくための直接体験と考えられます。そのように、人生というステージが、自分を創り出す体験の場であることを意識し理解することで、日々生きることを自分ごとにして、より主体的で自分軸で生きていくことにつながります。そして、今ここの充実した自分について体現することになるでしょう。それがこの書におけるテーマの１つでもあり、そのようなポジティブな人生を創出するヒントについて提言しています。

同時に、上記した私の体験、その探求の中で積み上げられてきた成果の一端として本書があります。すなわち、これまでの私のその体験を通して培われてきた知識や実践方法などが共有されています。それは、つねに自分が人生のテーマとしてきている持続可能で豊かな生へとむかう生き方や社会のあり方に関わるものです。ここではとくに、個の側面に焦点をあてて書かれています。社会の基本構成要素となる自己が活性化され、その人生の充実や成熟が、その集合体である社会や世界の持続可能性や繁栄を形作っていくための源泉として重要であると考えます。

しかし、ここでいっている個を基盤にする考え方は、自分だけが良ければいいといった身勝手な個人主義を強調するものではありません。それは、本文においても触れていますが（第５章）、ワンネス（Oneness）という概念を核としたホリスティック論を原則としたうえで解釈されます。ある個という存在は、より大きな存在の一部で、本質的に互いに密接につながり不可分であって、相互影響的な関係にあるという考え方となります。したがって、分断された個としてとらえるのではなく、つねに互いにつながり影響を及ぼしあっている存在として、周囲存在や世界との調和を意識した包括的な関係性の中で理解されるのです。

このような、全体とつながり、源となる個をエンパワーメントすること（活力を得る）の観点は、持続可能な社会づくりを考える時、しばしば忘れがちとなっているのを感じます。本書では、その個々がもともともつ可能性や潜在力を引き出すことに光を当てて、各々が自らの人生に力を得て（取り戻し）、個が輝くことを応援するものです。そうなることが、自分の周囲にも良い影響をもたらしいくことになるでしょう。そして、そのようなポジティブな様態やエネルギーは、さらに広い範囲のコミュニティや社会へと波及していって、より良い状態が生み出されていくことが期待できます。それは、ある静かな湖面に石を投げ入れることで、その波紋が湖全体に広がっていくのと同じです。

本書では、そのような自分の存在とその人生を豊かな生へと向かわせる考え方や見方、ときにその具体的な方法について、「体験」という文脈の中で説明をしていきます。体験（または経験）ということばは、普段から無意識によく使われています。また大抵の人は、「体験は大事だよね！」と思っていることでしょう。しかし、それがどのように考えられて、どうして大切なのかといったことについて深く思索する人は少ないと思います。ここでは、その何気ない「体験」という考えを再度見直しつつ、私たちの心身に好影響をもたらす観念や行為を意識的にもつ（＝体験する）ことがそのポジティブな状態を創造し、私たちの人生を豊かにすることについて説いています。そのような体験を、本書の核となる概念である「ポジティブ･エクスペリエンス」としているのです。

その「ポジティブ・エクスペリエンス」とするための、ここで取り上げられている理論や実践は、自分のこれまでの探求の中で注目してきた、サステイナビリティ教育、幸福学、ポジティブ心理学、アドラー心理学、ホリスティック思想・教育の研究にもとづきます。科学的に検討や実証されてきた知見となります。その論拠を示すために、本書では原則的に注を付けています。また、その出典には海外の書や論文が多くありますが、洋書で邦訳書があるものについては一緒に併記しています。それゆえ、本文を読むなかで、興味のある考え方や取り組みがあって、より詳しく知りたい場合は、邦訳書もふくめた原典を手にとってもらえれば幸いです。

ここで示す内容は、あなた自身の人生を輝かせ豊かにすることに加え、家庭での子育てや、学校やチームで支援にあたる指導者の視点もふくめて書かれています。全 13 章で構成されていますが、それらは相互に関係しており、またそのつながりを意識して執筆されています。それゆえ、重複して出てくる概念・理論がいくつかありますが、その場合は先行して記述されている章を示しています。またそれは、本書においてキーとなる考えであることを意味するとともに、視座を変えてそれに触れることで理解を深めることが可能です。それゆえ、最初からでなくても、興味をひくところから読み始めるのでかまいません。必要に応じて、そこから関連する章や項目にいくというように、どこから読み進めても核心部分の理解はできる仕掛けにもなっています。

この本が、手にしてくれた人たちの生きる励ましとなり、各々の人生において豊かな生への創発＝繁栄へとむかう一助になれば嬉しく思います。

小森伸一

Part 1　現代における体験活動とは

なぜ体験は重要か

AI もふくむテクノロジーは加速度的に発達し、私たちが生きる社会は、ますます便利な世の中になっています。その一方で、自分の心と身体を充分に動かして何かをする機会は、減ってきたことは事実でしょう。自分自身の心身を使って、ものごとを成し遂げていくプロセスとなる「体験活動」が減少してきているということです。

その減少について、社会的には問題視されてきました。人間の心身の十全な成長には、いろいろな場面における多様な体験が必要であることを、感覚的にわかっているからです。実際、戦後における体験活動の機会の減少にともなって、青少年の問題が顕在化してきています。その大きな要因に、子供たちの体験不足が指摘されています。

この Part 1 では、第 1 章において、社会変化にともなう体験活動の機会の減少とその問題、さらにその課題にどう対処してきたかという側面について取り上げていきます。

続く第 2 章では、前章の内容を受けて、現代における体験活動の考え方や類型について見ていきます。その体験活動の区分の中でも、とくに「直接体験」に焦点をあてて検討します。「直接体験」は、人の成長において基本として重要であるとはわかってはいるものの、現代社会の文脈では、その機会がたいへん少なくなってきているというものでもあります。その有効性と、一方で気をつけるべき点について説明をします。

第 3 章では、前掲の 2 つの章をふまえつつ、体験活動の意義や効果の面について整理して示します。これまでに、中央教育審議会の答申を代表とする公的文書や報告書等で提示されてきた内容や、調査によって検証された体験活動に関わるデータについて取り上げていきます。

第１章　　現代社会と体験活動

わが国では、戦後以降の社会の大きな変化にともない、私たちの生活環境も大きく変わってきました。もたらされた恩恵も多くありますが、他方、弊害も少なくありません。人の、とくに成長著しい青少年に目を向けると、体験活動の減少がもたらす健全な心身への負の影響が指摘されてきています。

そこで、なぜそのように体験活動の機会が減ってきたのかについて、現代に至る社会背景をふまえつつ考えてみます。その上で、大きく２つの観点から体験活動について検討していきます。１つは、子供たちの体験活動は、実際のところどのように減少してきたかということです。もう１つが、それによって青少年にどう影響が及び、何が問題視されてきているのかについて見ていきます。

社会の変化と影響の功罪

第２次世界大戦後、日本では経済の発展にともない産業化が急速に進み、物質的にとても豊かになりました。その発展は、科学技術の発達とともになされてきたものです。そのテクノロジーが進化するほど、生活の多くの場面で電動化・自動化が進み、何でも便利で簡単になりました。コミュニケーションの方法も、今日では遠隔の相手とも、容易にコンタクトをとることが可能です。ほしいと思う知識や情報も、インターネットなどの通信技術の発達にともなって、スマートフォン、タブレット、パソコンなどといった手持ちの携帯機器を使うことで、その場ですぐに入手できるようになっています。

このように、私たちの生活はとても簡便で効率的になりました。その反面、失われてきたものや、負の影響も見られています。その最たるものが、大規模な自然環境の破壊とそれにともなう公害、さらにその影響がもたらす、健康被害などがあるでしょう。高度経済成長とともに進んできた産業化・工業化、それと同時に着手されてきた都市開発が、自然環境への十分な配慮と対策が行われないままに利潤優先で進められてきた結果です。公害や環境への悪影響は、その規制法案の整備や対処技術も発達したことで、現代ではかなり軽減されるようになりました。

しかし総じてみれば、環境への負の影響と行為は現在も進行中です。そのような環境へのダメージは、心身の健康への害だけでなく、とくに子供たちの健全な成長について負の影響がもたらされていることも指摘されています。より近年では、その根拠について科学的データが示されるようになってきています[1]。

1. 青少年の体験活動の減少

「3 間（サンマ）」から考える

上で述べた社会の変容は、大まかな枠組みについて触れただけです。そのような生活環境の変化は、ここでテーマとする子供たちの成長の基盤とされる多様な体験の機会を奪ってもきました。その要因を考えるときにわかりやすいのが、よく取り上げられる「サンマ（3 間）：時間・空間・仲間」の減少でしょう。戦後、科学技術の革新とインターネットの発達によって、子供たちが体験する活動は、コンピュータや携帯型情報機器（スマートフォン、タブレット等）を使用した内容や時間が増加してきました。一方で、その分、より体と感覚全体を使ってなされるような、活動の「時間」の減少がいわれています。

また、経済の発展にともなってきた都市化と道路の整備は、子供たちの外遊びや運動という活動の場になっていた身近な空き地や自然、生活道路などの手軽な「空間」（場所）を奪ってきました。より最近では、子供たちの公的な遊び場となっている公園であっても、その近所からの騒音の苦情が出されるようになっています。それで、子供たちが思いっきり声を出して遊べなくなっている現状も報告されています。

さらに、社会が進展する中で核家族および少子化も進み、家族構成員や兄弟姉妹の数が減ってきました。日常の生活場面で群れて何かを活動するといった、すぐ近くの「仲間」の存在が減ったという現状も見られます。子供たちが、塾や習い事といった学校外の学習活動などの忙しさで「仲間」がつくりにくくなり、近所の目上の人や友達と一緒に何かを体験するということが、より難しくなっていることが考えられます。加えて「遊び」でいえば、前述の「時間」や「空間」の点も相まって、その方法もテレビ・コンピュータゲームや携帯型ゲームなどの出現によって、室内にて 1 人で遊ぶことが多くなりました。「仲間」と一緒に身体をつかった外遊びをすることは、過去に比べるとかなり少なくなったこともよくいわれることです。

「3 間」と「外遊び」の減少

すぐ上で「外遊び」の点が出ましたが、そのような「3 間：時間・空間・仲間」の減少と体験機会の減少に重なりが見られることは、とくに「外遊び」の点から考えてみるとわかりやすいでしょう。子供の外遊びは、当然それをするために必要な「時間」と「空間」（場所）に加えて、友達と一緒にすることが主となるからです。それゆえ、「仲間」の側面もふくんだ、「3 間」の観点にリンクさせてとらえられるでしょう。

また、子供の外遊びは、「屋外で仲間とともに何かをするという体験活動」といい換えることができます。その点からとらえて、外遊びが内在する要素を考えると、外遊びは多面的な意味合いをもつ体験活動として見ることができます。たとえば、外で活動することにより、自然と直に触れる自然体験も含みます。また、同年齢や異年齢の仲間、ときに周囲の大人と交流しながらいろいろなことをするといった、社会的な体験にもなるでしょう。そのような周囲の自然や他者との関わりの中で、自分がどのような性格でどの程度できるのかといった、自分自身を知る“自己理解”の機会にもなったりします。このように、仲間とともに何かをすることになる外遊びという行動は、遊ぶということのみならず、多様な活動内容と気づきを含む体験として考えられるのです。それゆえ、外遊びは子供たちの心身の成長に関わる、基礎的な認識や学びをもたらすことが認められています（次章にて説明）。

したがって、「3 間」が減って、「外遊び」も減少しているという相関関係が見られれば、子供の体験活動が、全体的に減少しているという傾向をとらえる 1 つの目安になると考えられます。そのような「外遊び」と「3 間」双方の減少が、相互に関係していることを示す調査結果があります。一般社団法人 bb project[2] は、子供の「外遊び」と「スポーツ」の取り組みに関しての実態を調べるために、主に幼児から小学校の子供をもつ保護者 389 人を対象にアンケート調査をおこないました（2018 年 = 平成 30 年 10 月実施）。「あなたが幼児

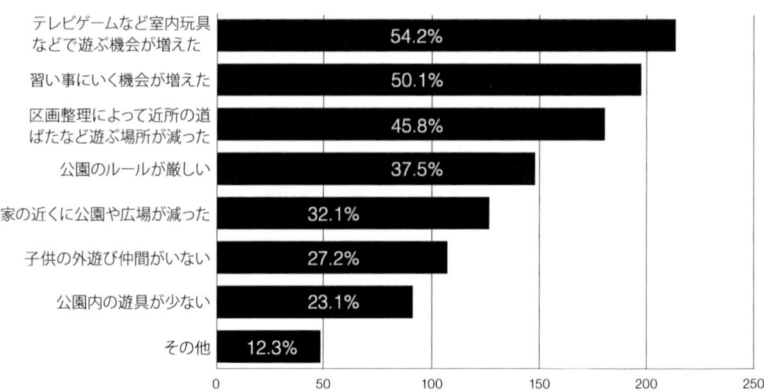

図1　子供の「外遊び」が減少したと感じる理由への回答

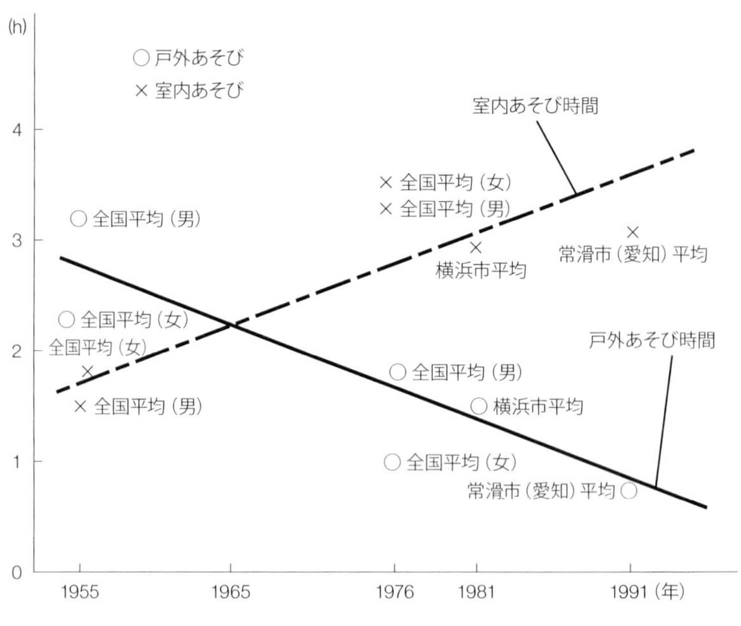

図2　遊び時間の変化：室内遊びと外遊び

表1　子供の「外遊び時間」の推移（35年間）

		実際の時間		
	%（※1）	2016年	2001年	1981年
睡眠時間	100	8時間 21分	8時間 29分	8時間 48分
外で遊んでいる時間	69.5	1時間 12分	1時間 47分	2時間 11分
テレビを見ている時間	95.5	1時間 43分	2時間 19分	2時間 9分
ゲームの時間（※2）	75.5	57分	——	——
メールやSNSの時間（※2）	18.7	19分	——	——

※1：行為の実施率　（行為の平均時間）
※2：2001年は質問項目を「ゲームやメールを楽しむ時間」で調査

期から小学生の時と比べ、子供の『外遊び』の機会が減少したと感じますか？」という質問に対して、86.3%（336人）が「はい」と回答しています[3]。その内訳をみると、一都三県（東京・埼玉・千葉・神奈川）では87.6%、東京都に限定すると90.7%が減少したと回答しています（なお、他団体が287人を対象に実施した同じような調査では、92.0%が「減少した」と回答）[4]。

その減少の理由を聞いた回答が、図1となります。質問項目のほとんどが、先述の「3間：時間・空間・仲間」に関わるものです。その中でも、「テレビゲームなど室内玩具などで遊ぶ機会が増えた」、「習い事にいく機会が増えた」、「区画整理によって近所の道ばたなど遊ぶ場所が減った」、「その他公園のルールが厳しい」という項目などが大きな割合を占めています。

この調査は、保護者が子供の頃に比べてどうかという質問に対しての主観的な回答結果となり、ある程度の長期間でとらえた経年データではありません。それゆえ、厳密な客観的データではありませんが、「3間」の減少と外遊び体験の減少が相関関係にあることを示す一つの目安となるでしょう。

次のグラフ（図2）は、戦後に比較的近い1955（昭和30）年から1991（平成3）年までの約35年間における、遊び時間の動向における経年データ（平均値）となります[5]。これを見ると、明らかに「外遊び」の時間は減少し（約2時間減）、他方、その分「室内遊び」が増えたことがよくわかります。

さらに、シチズンホールディングスが2016年に小学校4年生から6年生の子供たち400人を対象にして行った「子どもの時間感覚」についての調査があります[6]。分析にあたっては、一部の設問を1981年（35年前：対象317人）

と 2001 年（15 年前：対象 290 人）に実施した同様の調査と比較して、子供の時間感覚の変化を検証しています。その結果を表したのが表 1 です。「外遊び」に注目すると、「外で遊んでいる時間」（外遊びの時間）は、35 年前と比べて約半分（2 時間 11 分→ 1 時間 12 分）となり、“外で遊ばない子供”が経年ごとに増加してきたことが、このデータからも認められます。

これらも、多様な体験活動の要素を含む外遊びが減少していることを示す参考資料となるでしょう。これらの結果に見られる、外遊びの減少に反して室内遊びが増加しているのは、コンピュータゲームなどの発達と普及によって、屋内にて 1 人で遊ぶ傾向となっているという指摘と重なるものでもあるでしょう。繰り返しとなりますが「3 間：時間・空間・仲間」が減少し、連動して「外遊び」の機会も減ることは、子供たちにとって多様な体験活動の機会が少なくなっていることを示唆しています。

経年データで見る体験活動の減少

ここまで、「外遊び」と「3 間」の観点から、多様な体験活動の機会が失われてきたことを見てきました。他の体験についてはどうでしょうか。次の表は、主として中学生の「自然体験」（表 2）と「生活体験」（表 3）の変容を示した経年データとなります。これは、教育学者の深谷昌志先生（東京聖徳大学名誉教授）が、1982（昭和 57）年に実施した「中学生の生活体験調査」を、32 年後の 2014（平成 26）年に、子供の体験の変化を検証することを目的に、追跡調査し、比較した結果です[7]。1982 年調査は、東京や大阪の 6 中学の 2399 名（男子 1229 名／女子 1170）、2014 年調査では、東京、関西、長野の 3 中学に通う 1148 名（男子 602 名／女子 546 名）が対象となりました。なお、大学生は所属する大学や学部で、高校生では公立・私立の別や偏差値の差異などによって学生の意識が大きく異なることが想定されます。一方で中学校は、総じてどの学校においても多様な生徒が在籍していることから、中学生が調査対象として選定されています[8]。

自然体験（表 2）については、「セミやトンボをとる」を例にとると、1982 年では、「数えきれないほどとった」が 53.9%、「何回もある」（27.4%）を含めると 81.3% となり、トンボをとるのが当たり前だった時代といえます。それを、2014 年時の「数えきれない」「何回もある」の合計は 41.6% で、約半

表 2　自然体験の経年比較

		一度もない	2,3 回ある	何回もある	数えきれない
① 草むしりする	1982	2.6	21.1	44.0	33.3
	2014	15.6	26.0	33.7	24.7
② セミやトンボをとる	1982	5.2	13.5	27.4	53.9
	2014	28.4	29.9	25.0	16.6
③ 夜、一人で夜道を歩く	1982	8.4	16.9	28.2	46.5
	2014	18.1	23.9	26.8	31.2
④ カエルにさわる	1982	19.7	23.9	24.5	31.8
	2014	38.2	28.9	17.8	15.1
4 項目の平均	1982	9.0	18.9	31.0	41.1
	2014	25.1	27.2	25.8	21.9

表 3　生活体験の経年比較

		一度もない	2,3 回ある	何回もある	数えきれない
① リンゴや梨の皮をむく	1982	4.9	19.0	33.8	42.3
	2014	17.2	37.9	27.4	17.6
② 家で雑巾の拭き掃除をする	1982	7.4	27.7	35.7	29.2
	2014	22.9	37.8	26.4	12.9
③ 手でハンカチや下着を洗う	1982	15.7	33.7	25.9	24.7
	2014	33.2	32.2	21.2	13.4
④ 家族の食器を一人で洗う	1982	17.9	27.4	30.2	24.5
	2014	23.7	34.5	26.3	15.4
4 項目の平均	1982	11.5	27.0	31.4	30.1
	2014	24.3	35.6	25.3	14.8

減しています。反対の「一度もない」の項目では（生まれてから一度もトンボをとったこともない）、2014 年になると 28.4% と 3 割に迫っています（1982 年では 5.2%）。他の質問項目でも、「セミやトンボをとる」ほどの変化ではないものの、体験量の減少が見られます。

そして、「4 項目の平均」で見ても（表中の下欄）、自然体験を「一度も体験をしていない」割合は、「一度もない」で 9.0%（1982 年）から 25.1%（2014 年)、「2, 3 回ある」で 18.9%（1982 年）から 27.2%（2014 年）へと増加しています。それら 2 項目の尺度の合計でみると、「自然体験を数回しか、または全くしたことがない」割合は、1982 年の 27.9%から 2014 年の 52.3% と、ほぼ2倍近くも増えていることがわかります。

次に、生活体験について見てみましょう（表3)。こちらでは、「リンゴや梨の皮をむく」を例にとると、「一度もしたことがない子」の割合が4.9%（1982年）から17.2%（2014年）へ3倍以上増加しており、「2，3回ある」の項目も、ほぼ倍増しています（19.0%→37.9%)。他の質問項目で見ても、「一度もしたことがない子」の割合が「②家で雑巾の拭き掃除をする」で約3倍（7.4%→22.9%)、「③手でハンカチや下着を洗う」で2倍強（15.7%→33.2%）となっているように、それらの体験をしたことが「一度もない」割合の顕著な増加が見られます。これらの数値が反映して、「4項目の平均」では、「生活体験の一度もない子」は、11.5%（1982年）から24.3%（2014年）へと倍以上の増加となっています。したがって、自然体験だけでなく、生活体験も、著しい減少傾向にあることが見て取れます。

「自然体験」と「生活体験活動」の双方を合わせてみると、それらを全くしたことがない」割合は、20.5%から49.4%となっています。1982年から2014年の32年間に、約2.4倍も増加したことが確認でき、それだけ体験量が減少したことがうかがえるのです。

次に日本の青少年教育の振興および健全育成を目的とするナショナルセンターである、独立行政法人国立青少年教育振興機構（以下、青少年機構）によって報告されているデータを見てみます。青少年機構は文部科学省所管の組織で、青少年におけるさまざまな課題へ対応するため、教育の観点からの総合的・体系的な体験活動等の機会の提供や、青少年教育団体が行う活動への助成もしています。その青少年教育の指導者養成および資質向上、関係機関・団体等との連携促進、青少年教育に関する調査および研究も行っています。いわば、わが国における、健全な青少年育成に向けた体験活動の普及・啓発を推進する機関です。

青少年機構は、国立オリンピック記念青少年総合センター（東京都渋谷区代々木）を本部として、国立○○青少年交流の家（13ヶ所)、国立○○青少年自然の家（14ヶ所）の28カ所について、研修のための施設として全国に設置し運営しています（○○には、主として各地域名が入る)。青少年機構は、かつてそれぞれで運営されていた下記の前身3組織が、2006年4月に統合されて現在に至っています。

- 国立オリンピック記念青少年総合センター：東京オリンピックの選手村跡

表 4　各指標についての設問項目：体験活動の種別

自然体験	お手伝い体験
・チョウやトンボ、バッタなどの昆虫を捕まえたこと ・海や川で貝を採ったり、魚を釣ったりしたこと ・大きな木に登ったこと ・ロープウェイやリフトを使わずに高い山に登ったこと ・太陽が昇るところや沈むところを見たこと ・夜空いっぱいに輝く星を見たこと ・野鳥を見たり、鳴く声を聞いたこと ・海や川で泳いだこと ・キャンプをしたこと	・買い物のお手伝いをすること ・新聞や郵便物をとってくること ・靴などをそろえたり、磨いたりすること ・食器をそろえたり、片づけたりすること ・家の中の掃除や整頓を手伝うこと ・ゴミ袋を出したり、捨てること ・お風呂洗いをしたり、窓ふきを手伝うこと ・お料理のお手伝いをすること ・ペットの世話や植物の水やりをすること
生活体験	
・ナイフや包丁で、果物の皮をむいたり、野菜を切ったこと ・通路や公園などに捨てられているゴミを拾ったりしたこと ・赤ちゃんのおむつをかえたり、ミルクをあげたこと	・タオルやぞうきんを絞ったこと ・弱い者いじめやケンカをやめさせたり、注意したこと ・小さい子どもを背負ったり、遊んであげたりしたこと

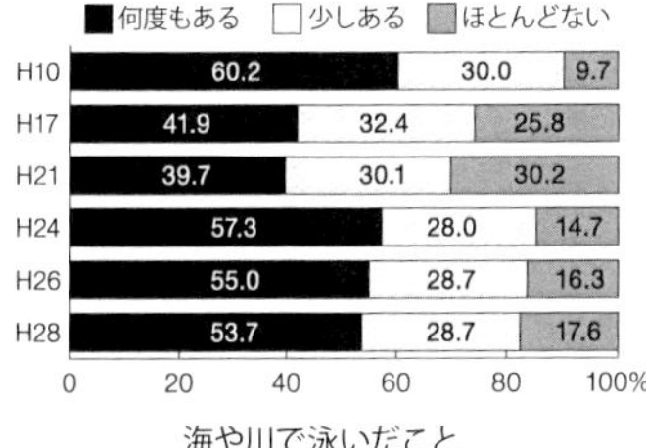

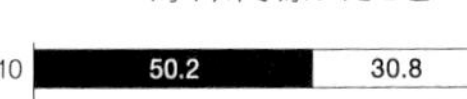

海や川で泳いだこと　　夜空いっぱいに輝く星をゆっくり見たこと

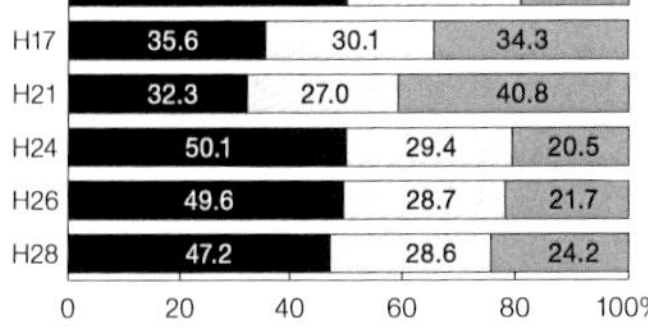

チョウやトンボ、バッタなどの昆虫をつかまえたこと　　海や川で貝を採ったり、魚を釣ったりしたこと

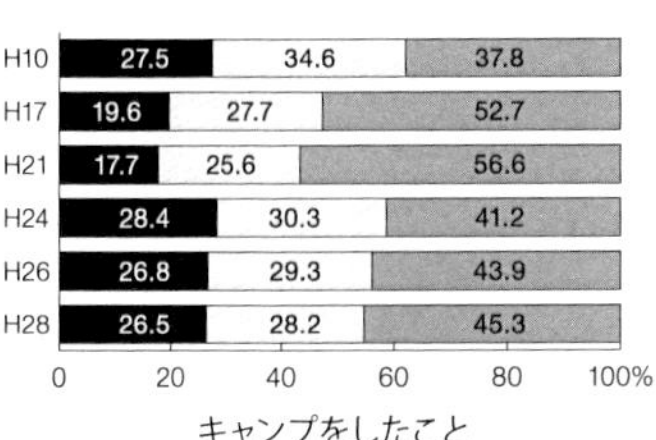

キャンプをしたこと　　ロープーウェイやリフトを使わずに高い山に登ったこと

図 3　自然体験：18 年間の推移（平成 10 年〜平成 28 年）

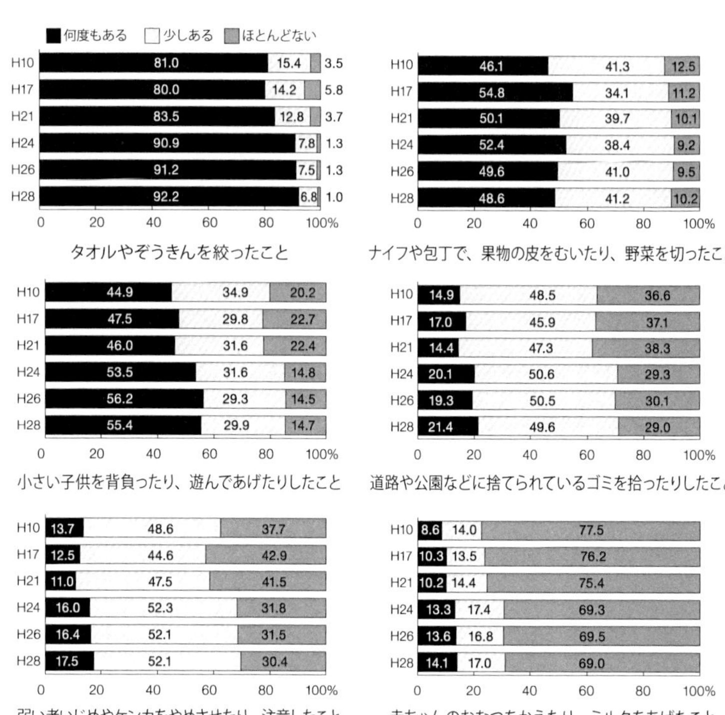

図4　生活体験：18年間の推移（平成10年～平成28年）

地の一部を利用して1965年に発足

- 国立○○青年の家：1959年に国立中央青年の家（静岡県御殿場市）が発足し、以降、1976年までに全国13カ所に設置
- 国立○○少年自然の家：1975年に国立室戸少年自然の家が発足し、以降、1991年までに全国14カ所に設置

この青少年機構では、「自然体験」「生活体験」「お手伝い体験」に分けて質問を設定し、1998（平成10）年から2016（平成28）年までの間の回答の経年変化を見ています[9]。その設問内容は表4の通りです。次に示していくグラフ（図3～5）にみる結果は、表4の設問に対する平成10年、平成17年、平成21年、平成24年、平成26年、平成28年の回答の変化を示したものです。対象者は、小学校4年生から6年生（計8,158人：4年2,734人／5年2,830人、6年2,594人）、中学2年生（4,652人）の総計12,810人となります。

図 3 の各グラフは、「自然体験についてこれまでどのくらいしたことがありますか」という質問に対する回答をいくつか取り上げたものです。「何度もある」「少しある」と答えた割合は、「海や川で泳いだこと」「夜空いっぱいに輝く星をゆっくり見たこと」「チョウやトンボ、バッタなどの昆虫をつかまえたこと」「海や川で貝を採ったり、魚を釣ったりしたこと」は、平成 17 年と平成 21 年に減少していますが、平成 24 年度におおむね増加し、調査開始時の平成 10 年と同程度の割合となったものの、その後は大方横ばいで推移しています。また「キャンプをしたこと」、「ロープウェイやリフトを使わずに高い山に登ったこと」における「何度もある」、「少しある」とした回答は、平成 17 年度と平成 21 年度に減少し、平成 24 年度に増加しましたが、平成 26 年から平成 28 年にかけて、再び減少傾向にあります。

次に、生活体験について見てみます（図 4）。設問項目によって多少の差はありますが、全体的にみて、平成 10 年からおおむね緩やかな増加傾向が見られます。その中で、「ナイフや包丁で、果物の皮をむいたり、野菜を切ったこと」の回答割合に大きな変化はなく、それを除くすべての項目では、平成 10 年度と比較して平成 17 年度と平成 21 年度で同程度か微減した項目がいくつかあるものの、多くの場合、平成 24 年度に増加が見られ、その後は横ばい状態で推移しています。「ナイフや包丁で、果物の皮をむいたり、野菜を切ったこと」「タオルやぞうきんを絞ったこと」などの体験に比べ、「弱い者いじめやケンカをやめさせたり、注意したこと」「赤ちゃんのおむつをかえたり、ミルクをあげたこと」などの体験は、「何度もある」「少しある」と答えた割合が低く、その傾向は平成 10 年から変わっていません。一方、「タオルやぞうきんを絞ったこと」に「何度もある」「少しある」と回答した割合は、平成 10 年から平成 28 年にかけて 9 割以上となる、とても高い数値を示しています。これは、学校での日課に清掃活動が取り入れられていることが、大きな要因と思われます。「赤ちゃんのおむつをかえたり、ミルクをあげたこと」の「何度もある」「少しある」の割合も、平成 10 年から平成 28 年にかけて、全体での割合は小さいものの増加が見られています。少子化の中でこの点についての増加傾向が見られるのは、学校での「生活科」や「総合的な学習の時間」の導入にともない、その授業などで体験活動の 1 つとして行われてきているためと推察されます。

生活体験に近いニュアンスもありますが、「お手伝い体験」についても検証

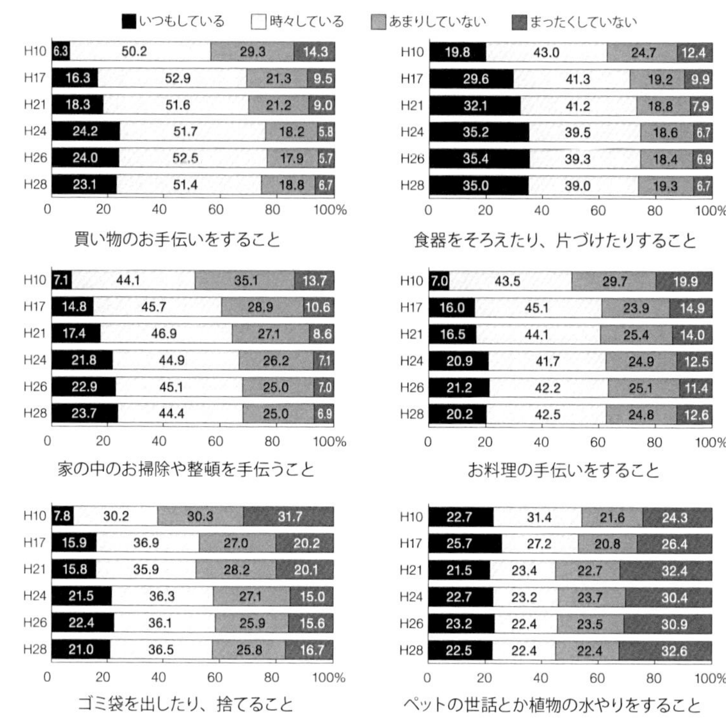

図5　お手伝い体験：18年間の推移（平成10年～平成28年）

されています（図5）。「いつもしている」「時々している」と答えた割合は、「家の中の掃除や整頓を手伝うこと」は平成10年から平成28年にかけて、増加傾向が見られます（「くつなどをそろえたり、磨いたりすること」についても、グラフ表示は省略しているが同傾向）。一方で、「ペットの世話とか植物の水やりをすること」は、平成10年から減少傾向にあります。それ以外のお手伝いの体験項目については、平成10年から平成24年度および26年にかけて増加しています。その推移では、平成21年度と平成24年度で比較的大きな伸びが見られ、それ以降は大方横ばい状態での推移、もしくは平成28年には微減しています。

加えて、子供の頃の体験について世代間比較で見ても、体験活動機会の変化の傾向を見ることができるでしょう。図6のグラフは、2010（平成22）年現在における20歳代から60歳代の成人を対象として、就学前から中学校までに間に、自然体験や友達との遊び、家族行事などをどの程度体験したかの質問

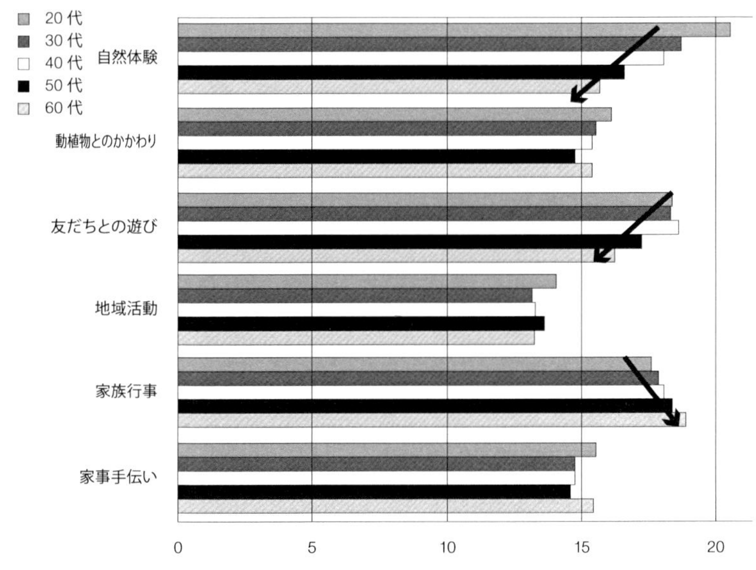

図6　子供の頃の体験活動における世代間比較（平均値：0～40点）

に対する結果となります[10]。各世代の「自然体験」、「友だちとの遊び」が若い世代ほど少ないことがわかります。一方、幼少期での「家族行事」は若い世代ほど増えていることが見て取れます。この増加傾向は、1980年代頃より、民間企業で週休2日制（週5日制）が、徐々に広く導入されてきたことや、公立学校では、学校週5日制（学校週休2日制）が1992年から段階的に実施され、2002年度から完全導入されたことで、大人、子供ともに休日が増えたことに起因していると思われます。それ以降、家族でともに過ごす余暇時間が増加したことにより「家族行事」も増えたことで、若い世代の得点ほど高い傾向を示していると考えられます。

ここまで、いつくかの観点から体験活動の機会の動向を見てきましたが、より長いスパンで見た場合では、総じて子供たちの体験活動は減少傾向にあるといえるのではないでしょうか。その一方で、青少年機構が継続的に実施してきている、前掲の1998（平成10）年から2016（平成28）年の18年間の追跡調査では（図3～図5）、「生活体験（図4）」や「お手伝い体験（図5）」の項目で、2009（平成21）年度および2012（平成24）年度くらいまでに増加が見られ、それ以降は横ばい状態（もしくは、微減または微増）という傾向となっているのは興味深いところです。これは、それ以前に青少年の体験活動の機会減少が指摘され、その悪影響への対策の成果としても考えられます。対処策として、学校教育や地域での教育（社会教育）において取り組まれてきた意図的な体験活動の奨励や促進が一定の効果を上げたことで、上記の体験活動の増加が見られたと推察するものです。しかし、「自然体験（図3）」「生活体験（図4）」「お手伝い体験（図5）」のどの項目も、増加が見られた2009（平成21）年度または2012（平成24）年度以降は、大方横ばいで推移しています。

戦後、子供たちの体験量の潮流は総じて減少傾向にあったものが、ある時期からおさえられてきていることもうかがえます。しかし、20代から60代の世代間でとらえた体験活動の割合のデータをふまえつつ（図6）、現在の子供の「外遊び」体験の現状を鑑みると、現代の青少年たちが“多様な体験活動”に十分取り組んでいるかと問われると、決して「はい」とはいえないでしょう。その動向は、戦後から現在までのより長い期間における過去との比較でとらえると、減少してきたことはより顕著です。それは、とくに子供たちの十全な成長にとって不可欠な要素が喪失していることにもなるのです。実際、体験活動の機会の減少によって起こってきたとされる弊害が指摘されています。続いて、その点について見ていきましょう。

2.　体験活動の減少にともなう負の影響

近年の青少年における問題としては、たとえば以下のような点が、文部科学省によって示されています[11]。

- 人間関係をうまく作れない
- 集団生活に適応できない子供の増加
- いじめの陰湿化に代表される規範意識の低下
- 物事に創意をもって取り組む意欲の欠如
- 「キレる」子供の問題
- 「ひきこもり」の子供の増加
- 長時間、集中して取り組めない

加えて、それらの問題には、次に挙げるような体験活動の機会の減少が背景にあることが指摘されています。

① **自然とよく関わりつながる機会の減少**

身体全体で対象に働きかけ関わりをもつ体験活動では､「見る（視覚）」「聞く（聴覚）」「味わう（味覚）」「嗅ぐ（嗅覚）」「触れる（触覚）」の五感を働かせ、モノ・コトを感覚的にとらえることが大きな意味をもちます。自然体験活動は、こうした感覚を最大限に使うことになり、自然への好ましい感性やつながりを育むことが大いに期待されます。そのような自然への肯定的な気持ちや態度の醸成は、自然との調和的で適切な関係を形成していく上で欠かせないものです。しかし、そうした体験は、前述した都市化の進展とともに、かなり減少傾向にあることがいわれています。

② **地域社会と深く関わる機会の減少**

地域に住む人々と実際の関わりをもつことで、周囲の人たちに支えられていることや、自他ともに大切にするといった共存の精神を学び理解していくことができます。また、自分が生きる地域社会における人たちとの関わりは、親でも先生でもない「ナナメの関係」となる地域の人や親戚、異年齢の子供たちとの交流する体験となって、多様な社会性が育成されていく点でも重要となります。そのような関係性は、何かあった際のソーシャルサポートを築く上でも大切となります。しかし自然体験と同様に、そのような地域の人たちとの交流する体験も減少していることが報告されています。

③ **集団活動の不足（「集団」から「個＝孤」へ）**

学齢期の子供への教育活動は集団での活動を基本として行われます。学校外での活動と相まって､集団内のさまざまな人間関係における不和や調和、他者とともに行動することで得られる達成感などを通じて、より良い集団とするための自制心や、仲間ですることの意義を学んでいくといった社会性を少しずつ体得していきます。しかし、こうした体験が、少子化、都市化、情報化等の社会変化の影響を受けて減る一方で、仲間と一緒に何かを成し遂げる経験に不慣れな子供が増えているとされます。このため、集団行動を極端に避けて内に閉じこもる、集団の一員としての自覚や責任を十分に認識できない、社会性ある適切な行動を選択できない、些細なことでも感情をコントロールできずもめごとを起こす、などといった傾向をもつ子供の増加が問題視されています。

④ **物事を自ら探索･吟味し、行動する機会（＝自分でよく考え、すること）の減少**

インターネットやマルチメディアの時代にあっては、メディアを媒体とする間接的な情報は、心地よく感じられるよう計算され加工されたものであり、現代はそのような情報が中心となっています。そのような環境の中でのみ育ってくると、人間としての「許容量」が狭くなり、ものごとへの対処力が弱体化していくことが心配されています。また、通信技術と環境の発達にともない、情報・知識を得ることが以前より非常に容易になるとともに、子供が膨大な量の情報にさらされています。このような情報過多にあっては、情報に翻弄される傾向となって、適切な情報や知識の取捨選択が難しくなっています。

スマートフォン、タブレット、モバイル PC などの携帯端末の進化とともに、情報・知識が手軽で素早く、すぐ手元に入手可能となりました。一方で、子供があれこれ思いをめぐらせ、よく考えたりする機会が減っています。上記の点もふくめて、テクノロジーの発達による多くの自動化・機械化は、何事もスピードアップして効率化し、便利になりました。しかし、子供たち自身が自らの手足と心を動かして何かをする、つくるといった機会は減少する傾向にあります。

⑤ **地域や家庭の教育力の低下**

核家族化や共働き世帯の増加といった社会環境の変化にともなって、各地域における人間関係の希薄化も進行し、地域コミュニティの衰退がいわれています。この状況は、上記②の点と関連して、家庭や地域社会における子供たちの教育力低下が指摘されています。たとえば、本来は家庭や地域において育まれるべき早寝・早起きなどの習慣の指導や、（地域）社会において周囲の人たちと調和・協働しながらともに助け合いながらより良く生きていくための基本的な所作や倫理観、社会性の育成などが十分なされていないことが、多く見られるようになっています。

こうして見てみると、上に挙げられている①～⑤の要因は、先の「3 間：時間・空間・仲間」の減少と、それにともなう体験活動の機会減少との重なりがうかがえます。たとえば､「①自然とよく関わりつながる機会の減少」は「空間」（場所）の減少を意味します。また、「②地域社会と深く関わる機会の減少／③

集団活動の不足／⑤地域や家庭の教育力の低下」などは、「仲間」（周囲の他者）と何かを一緒にすることが減ったことを表しています。そして、同じく②⑤の点は、子供たちが忙しすぎて、自分が自由にできる「時間」（余裕）がなくなってきていることに関連していると考えられます。「④物事を探索し、吟味する機会の減少」の点も、子供たちがじっくりとものごとに取り組むための余裕という「時間」がなくなってしまっていることに関係していることがうかがえます。その④については、「3 間」の点とは少し違いますが、先述した表面的な知識・情報は携帯機器によって安易に入手できてしまうことにも起因しているともいえるでしょう。そうなることで、自分の頭でよく思考し、話し合う中で答えや知識を得るということが少なくなるからです。

3.　体験活動を促進するための処方

近年における一般的動向

上で指摘されているような子供たちの体験不足の問題に対して、これまで何も対策されてこなかったわけではありません。先述した背景をふまえ、2000（平成 12）年の教育改革国民会議の報告において、「少子化・核家族時代における自我形成、社会性の育成のために、体験活動を通じた教育が必要である」と体験活動の重要性が改めて注視されました[12]。それを受けて翌年なされた、学校教育法と社会教育法の改正（2001 年 7 月 11 日公布）は、1 つの大きな基点となったと考えられます。日本の場合、青少年に対する教育の場として、大きく分けて「学校教育」と、学校外での地域社会で行われる「社会教育」の 2 つの観点が考えられます。先の法改正は、学校教育と社会教育の両面において子供たちの体験活動の促進を視野にいれてなされ、その規定については同日から施行されました[13]。

学校教育法の改正では、特別支援学校もふくむ小学校から高等学校のすべての学校種が対象となっています。それぞれの教育目標の達成に沿うように、教育指導のうえで児童生徒の体験的な学習活動（とくにボランティア活動など社会奉仕体験活動、自然体験活動やその他の体験活動）の充実に努めるものとすることが、新たに規定されました。その中には、社会教育関係団体その他の関係団体および関係機関との連携に十分配慮しなければならないこともふくまれています。

社会教育法の改正では、教育委員会の任務として、青少年に対する体験活動の機会を提供する事業の実施、およびその奨励に関することが新たに加えられました。2001 年 9 月には、これらの改正の内容が適切に実施されるよう、学校教育および社会教育における体験活動の促進についての留意点が通知で示されています [14]。

文部科学省ではその改正をうけて、2002 年度からは、国、都道府県、市町村において、幅広い関係機関･団体と連携等を図る協議会を組織するとともに、情報提供やコーディネート等を行う支援センターを設置するなどに取り組むようになりました。このように、学校教育と社会教育を通じた学校内外での体験活動を促進するために、種々の関係事業を総合的に推進するといった体制整備を進めるようになっています。

また文部科学省では、学校における体験活動を推進する地域と推進校を指定し、他校のモデルとなる体験活動に取り組んでもらうという施策もなされました [15]。それは、そこで得られる先駆的な取り組みについて、地域ブロックごとの協議会などを通じて広く全国の学校に普及することで、豊かな体験活動の円滑な展開をめざしたものです。加えて、他にも体験活動を促進するための施策が行われるようになっています。たとえば、放課後や週末等における子供たちの活動や、高齢者等との幅広い世代間とのふれあい交流といった地域の実情に合わせた取り組みを促進するためのモデル事業の実施です。長期自然体験に取り組む事業への助成、地域の身近な環境をテーマに子供たちが継続的な体験活動を自ら企画して行うモデル事業などもあります。

以上の法改正にともなう取り組みは、20 年ほど前に公的になされたもので(2020 年現在)、戦後からのスパンで見れば比較的最近のものといえるでしょう。しかしそれ以前にも、社会の変容とともに発現してきた青少年の体験不足（およびその悪影響）への心配と対策がなかったわけではありません。何とかしようという取り組みは、公的にも、それ以外の私的や草の根的レベルにおいてもなされてきたことがうかがえます。それは、上掲した法改正後も同様に続いています。学校教育と社会教育の両者は重なり合う部分もあることから、明確に分けられるものではありません。しかし、体験活動を奨励しようという方策について整理する上では、それら 2 つの側面からとらえてみるのは、私たちの理解を助けてくれることでしょう。すべてを網羅はすることは難しいものの、学校教育と社会教育の項目に分けてその要点について示してみます。

学校教育での取り組み

〈一般的傾向・特徴〉

前掲の学校教育法の改正以前にも、学校教育における体験活動については、戦後における学習指導要領（学校教育におけるガイドライン）の改訂の度に、その重要性が指摘されつつ充実・拡大されてきました。とくに、1998（平成10）年に改訂された学習指導要領において、学校行事を中心に自然体験やボランティア活動などの社会体験の充実が教育課程上にて強調されるようになりました。この流れをふまえて、前出の学校教育法の改正が行われ（2001 年）、各学校の教育目標に向かう中で、さまざまな体験活動の充実に努めることになったことは先述した通りです。

このように、学校における体験活動は、主として特別活動としての学校行事によって行われてきたといえるでしょう。各教科のカリキュラムを充実させる補完的手段として取り入れられてきました。運動会や演奏会、学芸会・文化祭などの伝統的行事は、誰もが体験していることでしょう。遠方にでかける遠足・旅行や集団宿泊的行事（林間学校、臨海学校、宿泊教室、移動教室、セカンドスクール、等）は、大きな思い出になっている人も多いのではないでしょうか。

1992（平成 4）年度から施行された学習指導要領より小学校 1 年生および 2 年生対象に設置された「生活科」や、2000 年から段階的に始まった「総合的な学習の時間」との関連において、体験活動が推進されてきたことも指摘できるでしょう。「生活科」は、具体的な活動や体験を通して、良き生活者として求められる能力や態度を育てることであり、いわば自立への基礎をめざす教科とされています。一方、「総合的な学習の時間」は、こちらも端的にいえば、国際理解・情報・環境・健康福祉などの総合的・横断的な学習課題について、体験的学習や問題解決的な学習に取り組む時間とされています。ここではこれ以上述べませんが、どちらも、先の特別活動とも関連させながら、体験的な学習を基盤として重視され、子供たちの成長を促していく取り組みといえます。

〈文部省・国庫補助事業「自然教室推進事業」の実施〉

自然体験活動の点で見れば、大きな施策としてあったのが、1984 年から 1997 年に実施された文部省・国庫補助事業の「自然教室推進事業」です[16]。原則として、1 週間（5 泊 6 日）程度での取り組みに補助金を支給することで、自然体験活動を推進する事業でした（しかし、各学校の事情をふまえて4泊5日や3泊4日での実施も補助対象となった）。これによって、それまでは宿泊といえども最低期間の1泊2日で行われていたものが、3泊4日以上で取り組まれるケースが多くなったといわれています。

〈学習指導要領での「総合的な学習の時間」と「生きる力」の提示〉

その後、学校における体験活動について大きな動きがあったのは、2002（平成14）年以降の学習指導要領において、先述した「総合的な学習の時間」が創設されたことにあるでしょう。この時間では、体験的な学習を基盤として、総合的・横断的な学習課題に取り組むことが重視されるようになりました。

その学習指導要領から、「生きる力」の育成が体験活動の充実と絡めて提示されるようになっていることも大きな特徴となっています。それは、「確かな学力（自分で課題を見つけ、自ら学び、自ら考え、主体的に判断し、行動し、よりよく問題を解決する能力）」、「豊かな人間性（自らを律しつつ、他人と協調し、他人を思いやる心や感動する心などの豊かな人間性）」、「健康・体力（たくましく生きるための健康や体力）」という3つの中核的な力からなる能力として示されました。

この「生きる力」は、それ以前の1996年に、「21世紀を展望した我が国の教育の在り方について」という諮問に対する第1次答申の中で、中央教育審議会（以下、中教審）が教育の新たな目的として初めて示されたものです。そこでは、「生きる力」の育成方策の1つとして、青少年の生活体験・自然体験の機会の増加を志向する提言となっています。学校教育において、「生きる力」を育むという点からも、体験活動を充実させていくことがより重要視されるようになったのです。

その「生きる力」は、前述の2002年度以降の学習指導要領の中でも、継続して強調されてきています。その後、2011（平成23）年度改訂の学習指導要領（小学校）では、ゆとりでも詰め込みでもなく「生きる力」を、よりいっそう育む方針が引き続き示されています。「生きる力」の育成は変化の激しい社会に必要な力として、2017・2018（平成29・30）年改訂のもっとも新しい学習指導要領でも重要事項として踏襲されています。「生きる力」を醸成する基盤として、直接的な体験活動の重要性も同時に言及されています。この点もふまえ、その改訂指導要領では、他者との関わりにおいて進められる体験型の学習形態の「主体的・対話的で深い学び」となるアクティブ・ラーニング（AL）や、課題・問題解決型学習法のプロジェクト／プロブレム・ベースド・ラーニング（PBL）などが推奨されるに至っているのです。

上述した2002年以降の学習指導要領や、同年7月の中教審答申「青少年の奉仕活動・体験活動の推進方策等について」（後述）および前年（2001年）の学校教育法等の改正を受けて、2002年10月に、「体験活動事例集——豊かな体験活動の推進のために——」が文部科学省初等中等教育局より出されました[17]。この事例集は、そのような文脈において、各学校が体験活動を推進する上で参考になるように作成されたものとなります。その内容は、体験活動の充実に関する基本的な考え方や配慮事項について述べられたうえで、当時における先進的な事例が紹介されています。それら事例は、それ以前の学習指導要領にもとづいた実践となるため、必ずしも長期間にわたるものばかりではないものの、小学校から高等学校まで、できるだけ多様な体験活動の事例がおさめられています。

〈「青少年体験活動総合プラン」の実施〉

つづいて、学校教育における体験活動推進の動向で着目すべきは、「青少年体験活動総合プラン」（文部科学省・スポーツ青少年局青少年課）となるでしょう。2008年7月から実施されました。これは、大きくは「小学校長期自然体験支援プロジェクト」と「青少年の課題に対応した体験活動推進プロジェクト」からなります[18]。とくに前者において大変期待されたのは、2013年度にすべての小学校で、1週間程度の集団宿泊をともなう自然体験活動を実施するという「小学校長期自然体験活動」が構想され、実際にそのための準備が進んでことです。残念なことに、2011年3月に起こった東日本大震災の影響で立ち消えとなってしまいました。

〈「豊かな体験活動推進事業」〜「健全育成のための体験活動推進事業」〉

上の「青少年体験活動総合プラン」より少し前から、また並行して取り組まれている施策として「豊かな体験活動推進事業」があります[19]。総務省・内閣官房・文科省・農林水産省・環境省の連携において、2002年から実施されています。これは、各都道府県に「体験活動推進地域・推進校」を指定し、体験活動のモデルをつくっていくという取り組みとなります。

より具体的な施策としては、2003年に「地域間交流推進校」の指定を行い、農山漁村や自然環境の豊かな地域に出向いて、多様な交流に関わる体験活動が行われました（現在は終了）。2004年からは、長期にわたる共同生活体験を行う「長期宿泊体験推進校」の設定も行っていました（現在は終了）。平成20（2008年）には、小学校において農山漁村での1週間程度の自然体験・集団宿泊体験活動を推進するという「農山漁村におけるふるさと生活体験事業」が行われました。これは、現在では「子供農山漁村交流プロジェクト」という形で続けられています。

「豊かな体験活動推進事業」は、2013年以降からは「健全育成のための体験活動推進事業」[20]という名称において、今も継続中です。すぐ上で取り上げた「子供農山漁村交流プロジェクト」も、この事業との関連で実施されています。

社会教育での取り組み

〈一般的傾向・特徴〉

社会教育法の改正以前にも、各地域における子供たちの健全育成のための体験活動は、その地域や自治体の特色を生かした形態でなされてきたことがうかがえます。戦後古くからのその代表的な団体として、地域で子供を育てるため様々な行事を行う「子供会」があります（または「○○少年団」「○○クラブ」、等）。そこでは、地域の異年齢の子供が集まり、学校外でのさまざまな遊びという体験活動を通して、子供たちの健やかな成長を支援することを目的としています（筆者も子供の頃、お世話になりました。行事に参加するのが楽しみでした）。

地域に根差した青少年の健全育成のための活動は、上記子供会以外でも、地元の運動系・文科系クラブ、NPO、青年団、青年会議所など、各地域における多くの民間団体が、いろいろな体験活動プログラムを提供してきています。その取り組みの中で、それぞれの地域における、子供たちの体験活動の機会創出や絆づくりに重要な役割を果たしてきました。より具体的には、各地区の野球やサッカーチームなどをはじめとするスポーツクラブや団体、合唱や演奏などの音楽に関わる文化的活動をするサークルでの取り組みなども、以前から行われてきた地域での体験活動といえるでしょう。ボーイスカウト・ガールスカウトなどの、全国的組織の地域支部にて行われてきている伝統的な活動もあります。地元行事への関わりや、海や山といったその土地の風土・環境を生かした地域行事に関わる青少年団体による活動なども、社会教育における体験活動の一種と考えられます。

さらに、児童館や公民館といった公的施設は、どの地域にも以前からあります。これらの施設が提供する体験活動も、その活動の場となることもふくめて大きな役割を担ってきたといえるでしょう。より近年では、図書館や博物館、美術館、科学館などといった文化施設においても、青少年向けの体験的なプログラムが多く提供されるようになっています。

現在においては、ひと昔前にはあまり聞かなかった英会話教室、プログラミング教室などの時代にそったものもふくめて､実に多くの習いごとがあります。月謝などのレッスン料はかかりますが、それらの多種多様な習いごとも、広い意味で学校外での社会教育における体験活動と見なすこともできるでしょう。

この後に取り上げる国としての推進事業もありますが、社会教育の文脈における体験活動は、上述したような各地域におけるさまざまなレベルでの実践に支えられてきたといえます。その取り組みは、各自治体機関による公的なものもあれば、民間団体や草の根活動による私的なものまであり、多様な形で展開されてきたことがうかがえます。

〈国立青少年教育振興機構による普及啓発活動〉

わが国の青少年教育や体験活動の普及・啓発を行うナショナルセンターである青少年機構の活動の 1 つに、助成活動があります。青少年機構では、国と民間が協力して子供の体験・読書活動などを応援する「子どもゆめ基金」という助成金の交付を行っています [21]。民間団体が実施する特色のある新たな取り組みや、体験活動等の裾野を広げるような、さまざま体験活動や読書活動等への支援となります。2001 年 4 月に創設され、これまでに約 6 万 3 千件もの活動を助成してきています（2020 年現在)。

以上のように、青少年機構はその前身組織での取り組み期間もふくめ、戦後の高度経済成長の時期から、青少年の健全な育成をめざした体験活動の普及啓発に努めてきました。すなわち、半世紀以上前から子供たちの体験活動の奨励や促進を支えてきた、国レベルでの社会教育的な取り組みといえるでしょう。

〈自然生活へのチャレンジ推進事業～青少年自然体験活動推進事業〉

自然体験活動に特化しますが、より長期での実施の促進をねらった「自然生活へのチャレンジ推進事業」(フロンティア･アドベンチャー事業) があります。文部省の国庫補助事業として 1988 年から実施された事業です。青少年の心の豊かさや体のたくましさを育むために、山奥や無人島等といった豊かな自然環境の中でより原始的な自然生活にチャレンジするという趣旨でした。原生活体験や冒険活動を中心とした、10 泊程度の長期キャンプを実施するという点に大きな特徴がありました。それまでの日本の教育的キャンプでは、1 泊から 2 泊 3 日程度の短期間において、各地の青少年の家といった既設施設に寝泊まりして行われることがほとんどでした。一方で、そのような短期間では、充分な教育効果が得られないという課題が指摘されていました。しかし、この事業が開始された初年度だけで、10 市町村の計 44 カ所において、事業趣旨にそった長期キャンプが実施されたことが報告されています [22]。すでに国からの予算措置は終わっていますが、いくつかの自治体ではこの事業名称を残して、自主財源にて、夏休みに 1 週間程度の長期キャンプの実施を継続しています。

その事業の成果をふまえ、1993 年度からは「青少年自然体験活動推進事業」が開始されました [23]。先の原生活体験や冒険活動に加えて、環境教育の観点を取り入れた野外教育プログラムや、登校拒否および障害のある青少年を対象にしたプログラムの実施といった、取り組みの拡大が図られました。これらのモデル事業の全国展開を契機に、各自治体の教育委員会や社会教育に関わる部署が実施する冒険的活動、環境学習的な活動、登校拒否にある児童生徒への対応など、青少年の現代的課題に対処する自然体験プログラムが増加したとされています。

〈中教審答申等と「青少年体験活動奨励制度」の試行〉

2002 年 7 月に、「青少年の奉仕活動・体験活動の推進方策等について」[24] という中教審の答申が出されました。この答申では、奉仕活動を特別な人が行う特別な活動ではなく、新たな「公共」を担う幅広い活動としてとらえています。そのうえで、日常的に参加できる気軽な活動として、無理なく定着していくことができるようにという観点から、さまざまな提言がなされています。またそのことに関連して、豊かな人間性や社会性などを培うとともに、将来、社会に役に立つ活動に主体的に取り組む基盤をつくるため、青少年の多様な体験活動の機会を提供するめの方策が示されています。これらの提言に実効性をもたせるために、関係する行政機関や団体をはじめ、個人や家庭、地域、企業などが、それぞれ意識的に連携・協力して、奉仕活動・体験活動の推進に取り組むことが重要であるとしています。この答申では、体験活動の中でも、とくに奉仕活動、つまり、ボランティア活動を核とした体験活動の奨励について言及されたものといえるでしょう。

社会教育的な文脈における、より近年に出された中教審答申に、「今後の青少年の体験活動の推進について」(2013 年 1 月)[25] があります。「今日の青少年をめぐる状況について、すべての大人が危機感を共有するとともに、体験活動の重要性を認識し、多様な体験活動を提供するためにできるところから早急に取り組んでいくことが求められる」と述べられています。すなわち、まさに「青少年の体験活動を推進するための取り組み」について提言されたことになります。

なお、以上のような中教審の答申を、本書では「社会教育の取り組み」の中で取り上げましたが、これらの答申では学校教育についても言及しています。たとえば、「今後の青少年の体験活動の推進について」の答申では、まず、「学校教育における体験活動の推進」という項目が設けられています。続いて２つ目に「社会全体で体験活動を推進するための機運の醸成について」、３つ目に「青少年教育施設の役割・取り組みについて」という大きく３観点から提言がなされています。その２つ目の「社会全体で体験活動を推進するための機運の醸成について」は、①体験活動に関する理解の促進、②学校・家庭・地域の連携による体験活動の推進、③民間団体・民間企業との連携による体験活動の推進、④体験活動の評価・顕彰制度の創設、⑤体験活動の指導者養成、という５つの点から体験活動の推進についての方策が示されているところです。

文部科学省は、その答申に応じた具体的施策として、「体験活動推進プロジェクト」（現在では「体験活動等を通じた青少年自立支援プロジェクト」の名称）[26] 等のいくつかの事業を今日までに展開してきています。その１つとして、上記④に関連する、「体験活動を積極的に行って様々な力を身につけた青少年が社会で評価されるしくみ」という体験活動の評価・顕彰制度の試行を通した調査研究が実施されました。より平たくいえば、青少年の体験活動の機会拡充およびその仕組みとなる「青少年体験活動奨励制度」（JAPAN YOUTH AWARD）を実際に運用して、それを検証するというものです[27]。2013 年４月から 2017 年３月の５年間において実施されました（筆者は、その制度を運営する委員会のメンバーであった）。この制度は、小学校４年生から 25 歳の青少年が､主として「自然体験」「運動体験／教養体験」「奉仕（ボランティア）体験」の３～４領域の活動すべてについて、条件となる期間において継続的にやり遂げることで、文部科学省から表彰されるというものでした。

この仕組みの骨子は、国際的な体験活動の制度として先行して実施されてきている「英国エディンバラ公国際アワード（The Duke of Edinburgh's International Award)」[28]（以下、国際アワード）をモデルに、その活動内容に重ねて設計されました。それゆえ、青少年体験活動制度の修了者は、文部科学省からの表彰に加えて、国際アワードの証書も授与できるというところに特徴がありました（ただし､国際アワードのエントリーは 14 歳から可能）。国際アワードは、体験活動を通じた青少年育成を促進するプログラムとして、1956 年からイギリスで始まり、2020 年現在で 60 年以上の歴史をもちます。世界 140 カ国以上において、14 歳～ 24 歳の青少年を対象として実施され、プログラム達成者にアワード（修了証）が授与されます。とくに欧米諸国では、そのアワードの取得は、就職や進学、奨学金獲得などの際にも評価されるものとなっています。

先述したように、文部科学省事業の「青少年体験活動奨励制度」は、2017年３月末をもっての５年間の試行で終了となりました(同時に､国際体験アワードのエントリーも終了)。現在は、一般社団法人　東京学芸大Explayground推進機構の中でのプロジェクト（ラボ）の１つとして継続されています。「青少年体験活動アワード」[29]という名称において運営され、一般社団法人教育支援人材認証協会が表彰（修了証の授与）する形で運用されています。

〈推進に向けた近年の動向〉

2020年度現在でまだ施行はされていませんが、より近年では、青少年の自然体験活動を推進するための立法化が検討されています（青少年自然体験活動等の推進に関する法律案）[30]。青少年が農山漁村等の自然豊かな地域に滞在し、地域の住民と交流しつつ、自然体験活動、農林漁業体験活動、地域の伝統文化に触れる活動などの促進を目指した内容となっています。この法案は、学校の教育活動として行うことも想定されています。それゆえ、社会教育においてだけというものではありませんが、実際に施行となれば、学校教育での取り組みもふくめて、社会教育の場面においても体験活動の機会拡充と充実が期待できるでしょう。

体験活動の指導者養成の観点となりますが、官民一体となった体験活動に関する新しい指導者制度となる「全国体験活動指導者認定制度」が、平成26(2014)年度から開始されています（平成25年度に創設され、１年目は試行実施)。この制度は、前述の青少年機構と主として自然体験活動に関する民間団体からなるNPO法人自然体験活動推進協議会（CONE／コーン）が連携して創設した資格制度となります。具体的には、「自然体験活動指導者」(NEAL／ニール：Nature Experience Activity Leader）という資格認証と、その取得のための講習を行っています[31]。この認定制度をとおして、子供たちが自然の中で感性を磨いたり、土地の伝統文化や食文化に触れたりといった、より充実した体験活動が提供できる専門的な知識と技術をもった指導者の養成をめざしています。またその指導を通して、自然体験活動の普及や振興に貢献することが目的とされています。

注

1. Louv, Richard. *Last Child in the Woods: Saving Our Children from Nature-Deficit Disorder.* Atlantic Books, 2010, 400p.（邦訳書：リチャード・ルーブ『あなたの子供には自然が足りない』春日井晶子訳．早川書房，2005，361p.）
2. 一般社団法人 bb project（https://www.bb-project.tokyo/）は、2014 年 5 月に一般社団法人 YBP PROJECT として発足し、2020 年 1 月に現在の社名となった。スポーツ競技場の運営やイベント企画・運営を行っている団体である。また、「アクティブキッズフェスタ」など、自治体や競技団体などと連携しつつ、子供向けのファミリーイベントも毎年開催している。
3. "子供の「外遊び」が減少したと感じる保護者は 86.3%【子供の「外遊び」と「スポーツ」の取り組み】に関する、保護者を対象としたアンケート調査を実施"．日刊工業新聞．2018-10-19．https://www.nikkan.co.jp/releases/view/75101/,（参照　2021-02-01）．
なお、調査元の一般社団法人 bb project が公開したオリジナルの調査結果は、当団体が主催する「ACTIVE KIDS FESTA」（アクティブキッズフェスタ」）のホームページ（https://www.info-activekidsfesta.tokyo/）にて掲載されている（下記リンク参照）。
https://www.info-activekidsfesta.tokyo/posts/5046925（参照　2021-02-11）．
4. "子供が外遊びする時間は「減少した」が 92.0％！　保護者対象、外遊びに関する調査レポート"．COEVER®MAGAZINE．　2017-09-25．https://coerver.co.jp/magazine/life/457/,（参照　2021-02-01）．
5. 仙田満『子供とあそび』岩波書店, 1992, p.169.
6. "「子どもの時間感覚」35 年の推移：下記について、一日（平日）にどの位時間を使っていますか？　また希望する時間は？"．シチズンホールディングス（株）．2016-6-10．https://www.citizen.co.jp/research/time/20160610/01.html,（参照　2022-01-24）．
なお、この調査で報告されているオリジナルの表では、「外で遊んでいる時間」をふくめた 12 行為の結果が示されているが、本書では 5 項目に選定し簡略化して示している。
7. 深谷昌志「「体験を持つ」意味を考える」『児童心理』2015 年 8 月号臨時増刊（特集：「体験」がもたらす子供の成長）, 金子書房, p.36-45.
8. 深谷昌志「3－2－3 事業推進のための調査・研究」『平成 26 年度文部科学省委託事業「体験活動推進プロジェクト」青少年の体験活動の評価・顕彰制度に関する調査研究報告書』一般社団法人教育支援人材認証協会　青少年体験活動奨励制度委員会, 2015, p.31.
9. 国立青少年教育振興機構青少年教育研究センター / 総務企画部調査・広報課編『「青少年の体験活動等に関する意識調査(平成 28 年度調査)」報告書』．国立青少年教育振興機構, 2019, 161p.http://www.niye.go.jp/kanri/upload/editor/130/File/0_report.pdf,（参照　2021-02-02）．
10. 国立青少年教育振興機構総務企画部調査・広報課編『「子供の体験活動の実態に関する調査研究」報告書』国立青少年教育振興機構，2010，158p. http://www.niye.go.jp/kenkyu_houkoku/contents/detail/i/62/,（参照　2021-02-02）．
11. "体験活動事例集――体験活動のススメ――［平成 17、18 年度　豊かな体験活動推進事業より］：1．1．体験活動の教育的意義"．文部科学省．2008-01．https://www.mext.go.jp/a_menu/shotou/seitoshidou/04121502/055/003.htm,（参照　2021-02-02）．
12. "教育改革国民会議報告――教育を変える 17 の提案――"．首相官邸．2012-12-22.

https://www.kantei.go.jp/jp/kyouiku/houkoku/1222report.html,（参照　2021-02-02）.

13. “1. 体験活動事例集――豊かな体験活動の推進のために――：第 1 章　体験活動の充実の基本的な考え方 ”. 文部科学省. 2002-10. https://www.mext.go.jp/component/a_menu/education/detail/__icsFiles/afieldfile/2016/03/07/1368011_003.pdf,（参照 2021-02-02）.
14. “ 学校教育及び社会教育における体験活動の促進について（通知）”. 文部科学省. 2001-09. https://www.mext.go.jp/a_menu/shougai/houshi/hourei/03081204.htm,(参照 2021-02-02).
15. 前掲注 13 参照.
16. 吉田彰「“ 自然教室 ” を事例とした我が国における野外教育活動の実態に関する調査」『筑波大学体育科学系紀要』1988, 11, p.45-50.

なお、文部省は 2001 年に再編されて文部科学省になった。

17. “1. 体験活動事例集――豊かな体験活動の推進のために――”. 文部科学省. 2002-10. https://www.mext.go.jp/a_menu/shougai/houshi/detail/1368011.htm,（参照 2021-02-02）.
18. 中村正雄「学校教育における野外活動と自然体験活動の動向」『野外教育研究』2009,13(1), p.13-27.
19. “1. 豊かな体験活動推進事業 ”. 文部科学省. 2002-10. https://www.mext.go.jp/a_menu/shougai/houshi/detail/1368080.htm,（参照　2021-02-02）.
20. “ 健全育成のための体験活動推進事業実施要領 ”. 文部科学省. 2017-03-31. https://www.mext.go.jp/a_menu/shotou/seitoshidou/1360813.htm,（参照　2021-02-02）.
21. “ 子どもゆめ基金：子どもゆめ基金とは ”. 国立青少年教育振興機構. 2021-01-29. https://yumekikin.niye.go.jp/about/index.html,（参照　2021-02-02）.
22. 星野敏男「長期キャンプの企画と運営に関する問題について――フロンティア・アドベンチャー事業との関連から――」『明治大学経営学部人文科学論集』1989, 36, p.39-52.
23. “ 青少年の野外教育の振興に関する調査研究者会議 ”. 文部科学省. https://www.mext.go.jp/b_menu/shingi/chousa/sports/003/toushin/960701c.htm,（参照　2021-02-02）.
24. “ 青少年の奉仕活動・体験活動の推進方策等について（答申）”. 文部科学省. 2002-07-29. https://www.mext.go.jp/b_menu/shingi/chukyo/chukyo0/toushin/1287510.htm,（参照　2021-02-02）.
25. “ 今後の青少年の体験活動の推進について（答申）（中教審第 160 号）”. 文部科学省. 2013-01-21. https://www.mext.go.jp/b_menu/shingi/chukyo/chukyo0/toushin/1330230.htm,（参照　2021-02-02）.
26. “ 体験活動等を通じた青少年自立支援プロジェクト ”. 文部科学省. https://www.mext.go.jp/a_menu/sports/ikusei/taiken.htm,（参照　2021-02-02）.
27. “ 青少年体験活動奨励制度（JAPAN YOUTH AWARD）”. 一般社団法人　教育支援人材認証協会. http://japan-youth-award.net/,（参照　2021-02-02）.
28. https://www.intaward.org. 2017 年度まで、学校法人田中育英会に日本支部が置かれ、受付け窓口となっていた。2021 年現在で、日本でエントリーできる事務局はなく、参加希望者は当該ホームページから直接申請が必要である（ただし申請は英語で行う）。
29. “EXPLAYGROUND：LAB：青少年体験活動アワード ”. 一般社団法人東京学芸大 Explayground 推進機構. https://explayground.com/lab,（参照　2021-02-02）.
30. “ 青少年自然体験活動等の推進に関する法律案　概要 ”, 衆議院. 2019-6-14.

http://www.shugiin.go.jp/internet/itdb_annai.nsf/html/statics/housei/pdf/198hou20siryou.pdf/$File/198hou20siryou.pdf,（参照　2021-02-02）.
31. “NEAL について”. 全国体験活動指導者認定委員会　自然体験活動部会. https://neal.gr.jp/about.html,（参照　2021-02-02）.

第２章　体験活動の考え方

「体験」や「経験」、「体験活動」ということばは、普段から習慣的に何気なく使われています。しかし、日常生活で、その意味するところや分類などについて、詳しく考える人はあまりいないでしょう。一方で、いろいろな体験（活動）は、人の成長には欠かせないと感覚的に思っている人は多いのではないでしょうか。

前章では、とくに戦後において、多様な体験活動の機会が減少してきたことや、それにともなって表出してきた青少年への弊害について取り上げました。その悪影響に対して、社会的にどのような対処がなされてきたかについても説明しています。本章では、それらの背景をふまえつつ、重要視されてきた「体験活動」の考え方について、その類型などの点もふくめて検討していきます。

その上で、体験活動の区分の中でも、とくにその機会の減少が懸念されている「直接体験」について焦点をあて、その体験に内在する力について考察していきます。すなわち、私たちが直接体験をすることで、どのような効能がもたらされるかについて検討します。そうすることで、その「直接体験」の重要性を説明することにもなるでしょう。

1.　体験活動とは何か？

「体験」と「経験」

ここまで「体験」（または、体験活動）ということばを何気なく使ってきましたが、ここで、その用語の定義などについて整理してみます。まずは「体験」の用語についてです。「体験」と同じような語句に「経験」があります。いくつかの辞書によりますと、どちらも典型的な意味としては「実際に見たり、聞いたり、行ったりすること」となります。その違いについては、「経験」が一般的・客観的文脈で使われるのに対し、「体験」は個別（特殊）的、主観的で、より具体的な意味合いで用いられると説明されています。

用法で見ますと、日常的な事柄については、「経験（体験）してみてわかる」「はじめての経験（体験）」などと、双方とも同じように使われます。より詳しく見ると、「経験」は、「経験を生かす」「人生経験」などと、より一般的な場合や客観視してとらえる場合に用いられます。他方、「体験」は「恐ろしい体験」「体験入学」「戦争体験」のように、その個人の行為や実地での見聞に限定される場合や、本人の具体的で直接的な事柄に関係し、それだけ印象の強い事柄について用いられることが多い傾向にあります。

また、「体験」の説明を見ると、「自分で実際に経験すること。またその経験」と表されるように、「経験」の中に「体験」がふくまれる関係性において説明されています。すなわち、「経験」は「体験」に比べて、使われる範囲が広い傾向にあります。本書では、「体験」と「経験」の用語の意味や使い分けについては、ここに示したニュアンスにそうものとします。したがって、「体験」は個別的・主観的・具体的で、「経験」は一般的・客観的な意味合いをもつものとして考えます。

「体験活動」の意味と類型

次に「体験活動」の用語についてです。これまでに公示された文書の中で、体験活動は自分の感覚である「見る（視覚）・聞く（聴覚）・味わう（味覚）・嗅ぐ（嗅覚）・触れる（触覚）」といったそれぞれの五感を働かせて、または組み合わせて、身体全体で外界の対象に働きかけ、関わっていく活動と述べられています[1]。この説明は、体験活動について広くとらえた一般的な解釈として評価できるでしょう。前章で取り上げた中央教育審議会（以下、中教審）の答申「今後の青少年の体験活動の推進について」(2013年1月）では、「意図的かどうかを問わず、直接自然や人・社会等とかかわる活動を行うことにより、五感を通じて何かを感じ、学ぶ取組を広く包含している」と述べられています。この考え方は、それ以前の答申「次代を担う自立した青少年の育成に向けて」(2007年1月）[2]で示された体験活動の見解を踏襲する定義となっています。それは、「体験を通じて何らかの学習が行われることを目的として、体験者に対して意図的・計画的に提供される体験」であり、とくに学校教育や社会教育の場では、教育的な目的・効果が考慮されるというものです。これらに見られる体験活動のとらえ方は、活動は単に無意識になされるのではなく、体験活動を通して学びを得て、成長を育むことが意識されていることが見て取れるでしょう。

一方で、答申の中でも触れられていますが、体験活動を学びと成長の手段とする見方とは別に、活動すること自体を楽しむといった体験活動そのものを目的とする場合もあります。そのように、ある活動をすることで楽しむこと自体が目的となることも、とても意義あることです。後掲の章で取り上げますが、活動を楽しむという行為そのものが、私たちのポジティブ感情を高めて、心身の活性化をもたらすことがわかっているからです。それゆえ、本書において「体験活動」ということばを使う際には、活動そのものを楽しむということも大切にします。しかしそれだけで終わることなく、答申で示されているような体験によって学びを深め、人として成長･進化していくことも意味するものとします。

続いて、「体験活動」の類型を見てみましょう。この点については、前出の答申もふくめ、それ以前に出された公的文書の中で示されてきました。体験活動の区分について整理されて、最初に明確に示されたのは、2002 年 7 月の中教審答申「青少年の奉仕活動・体験活動の推進方策等について」の中においてだと思われます。その 3 カ月後に、文部科学省初等中等教育局から「体験活動事例集——豊かな体験活動の推進のために——」（2002 年 10 月）が作成され、そこでも体験活動の分類がなされています。ただし、ここでの区分の仕方は、先の答申で示された類型が引用されていて、「その他の体験活動」という区分だけが追記されているだけです。それらを整理して示すと、以下のような 7 類型となります。

①　ボランティア活動など社会奉仕にかかわる体験活動

- 学校の周辺や駅前、公園、河川や海岸等の清掃、空き缶回収等のリサイクル活動
- 花いっぱい運動へ参加しての地域での花作りや環境美化
- 老人ホーム等福祉施設を訪問しての話し相手や手伝い、清掃、交流、介護体験
- 幼児への本の読み聞かせや簡単な点訳
- 得意な技術や学習を生かした、車椅子、お年寄り宅の電気製品、子どものおもちゃ、公園のベンチ等の簡単な修理・整備 など

② 自然にかかわる体験活動

- 自然の中での長期宿泊活動、学校を離れ豊かな自然の中や農山漁村での自然とのふれあいや農山漁村体験、登山、郷土食作り
- 学校林等での野鳥の保護活動
- 身近な公園や川等の自然を生かした探求活動、フィールドワーク
- 地域の特色を生かしたウミガメの産卵地の保護、生態観察、放流など

③ 勤労生産にかかわる体験活動

- 地域の農家の指導を得ながらの米作りや野菜作り
- 鶏、やぎ、羊、豚などの家畜や魚の飼育
- 地域産業を生かした漁労や加工品製造の体験
- 森林での植林、下草刈り、枝打ち、伐採、椎茸栽培、炭焼きなど

④ 職場や就業にかかわる体験活動

- 子供の希望を生かした地域の事業所や商店などでの職場体験
- 将来の進路について学ぶインターンシップ など

⑤ 文化や芸術にかかわる体験活動

- 身近な地域に伝わる和紙作り、染物、竹細工、焼き物等に触れる活動
- 踊り、太鼓、浄瑠璃など伝統文化や芸能を地域の人等から学び伝える活動、地域の祭りへの参加など

⑥ 交流にかかわる体験活動

- 老人会や一人暮らしのお年寄りを招いてのレクリエーション等の交流体験会
- 幼稚園・保育所を訪ねたり幼児を招いたりしての幼児との遊び、ふれあい
- 小・中・高等学校と盲・聾・養護学校との共同行事等を通じた交流
- 学習を生かした地域の人との学び合いの交流

  例：児童・生徒が地域の人たちにパソコン等を教える一方で、地域の人からは野菜栽培、わらじ作り、郷土料理等を学ぶ
- 地域に在住する外国の人々を招いて生活や文化を紹介し合う活動等の交流
- 農山漁村部の学校と都市部の学校など特色が異なる学校の相互訪問交流など

⑦ その他の体験活動

- 公民館等での合宿通学
- その他

また、体験活動に関わるもっとも近年の2013年の答申（前出）では、以下のような３区分でまとめられています。

①　**自然体験活動**

登山やキャンプ、ハイキング等といった野外活動、又は星空観察や動植物観察といった自然・環境に係る学習活動など

②　**生活・文化体験活動**

放課後に行われる遊びやお手伝い、野遊び、スポーツ、部活動、地域や学校における年中行事など

③　**社会体験活動**

ボランティア活動や職場体験活動、インターンシップなど

2002年の答申の方では、７区分においてよりきめ細やかに類型化されています。それに対し、2013年度答申では３区分にまとめられて、よりすっきりした感じです。前者の７区分のすべては､後者の３区分内にあてはめられます。それゆえ、私見となりますが、2013年度答申で示された３区分での類型化の方が、シンプルでわかりやすいという印象をもっています。

前章で触れた「青少年体験活動奨励制度」（以下、青少年体験制度）や国際的な青少年体験活動の推進制度である「英国エディンバラ公国際アワード」での体験活動は、自然体験・運動体験・教養体験・ボランティア体験の４類型となります。上記３区分中の「2. 生活・文化体験」が、さらに「運動体験」と「教養体験」の２つに分かれた形となります。なお、青少年体験制度では、小学生・中学生を対象とするジュニア版と、高校生以上（25歳まで）を対象とするシニア版に分かれていました。青少年体験制度における活動の４類型はシニア版について適用され、一方ジュニア版では、上掲３区分の活動（自然体験／生活・文化体験／社会体験）にそって実施されました[3]。これらの点から見ても、2013年度答申で示されている体験活動の内容を示す３区分は実用的だとも思うところです。

また、体験活動には体験する対象との関わり方の質や程度に応じて、「直接体験」「間接体験」「模擬体験」に分けられ、次のように説明されています[4]。

- **直接体験**：対象となる実物に実際に関わっていく原体験・一次体験
- **間接体験**：インターネットやテレビ等を介して感覚的に情報・知識を得る

２次体験（または３次・４次といったそれ以上のもの）

・**擬似体験**：シミュレーションや模型等を通じて模擬的に情報・知識を得ていくような形態

2013年の答申がなされた背景には、上掲した３区分（自然体験／生活・文化体験／社会体験）の枠を超えた、多様に取り組まれる体験活動の減少があることが指摘されています。本物に直に触れたり、自分で実際にやってみたりという「直接体験」の希薄化によって生じている子供たちへの弊害が問題視されていることもあります。別の見方をすれば、答申でも言及されているところですが、現代の青少年には「間接体験」や「擬似体験」の機会が非常に多くなったことで、子供の成長に負の影響が見られるようになっていることが懸念されているのです。それゆえ、今後において青少年のより良い成長を考えるうえで重視すべきは、ヒト・モノや実社会に実際に多様な形で関わり合う「直接体験」であるといえるでしょう。

以上のことをふまえ、本書において単に「体験活動」とする場合は、一般的には上述した解釈にそうものとします。体験活動は、自分の五感を通して身体全体で対象に働きかけ関わる活動であり、そのプロセスは学びをふくむという解釈です。その体験活動の語句を用いる場合は、とくに補足説明をしない限り、基本的には「直接体験」のニュアンスをふくむものとします。

2.　直接体験の力

五感＋心感の作用と行為

ここで、その機会の減少と負の影響が懸念される「直接体験」に焦点をあてて考えてみます。直接体験は、自分自身が対象となる実物に実際に関わる体験活動をいいました。その他の間接体験や疑似体験に比べて、より自分の感覚をつかって本物に触れる、感じるところにその違いがあるといえるでしょう。人間の感覚には、古くからの区分である視覚・聴覚、・触覚・味覚・嗅覚の五感が一般的です。それ以外にも、私たちには平衡感覚や運動感覚などといった他の感覚があることがわかっていますが、「五感を研ぎ澄ます」などというように、私たちの感覚全体をさして使われたこともよくあります。

さらに、その五感に「直覚」を足して六感とする見方もあります。『大辞林』によれば、「直覚」は推理などによらず、直接に感じて知ることや直感的にわかることと説明されています。本書ではこの直覚を、「直接心で感じること」と解釈して「心感」（筆者の造語）として、一般的な五感にこの「心感」を足して六感とするものです。

すなわち直接体験は、あるモノ・コトについて、より自分の六感（視覚・聴覚、・触覚・味覚・嗅覚＋心感）を使って、実際に関わるという活動・行動となります。たとえば、コンサートを例に間接体験との比較で考えてみましょう。現在は、多くの有名な歌手のコンサートをDVDやオンライン配信などの映像で見ることができます。ある人がAという歌手のコンサートを見たいと思ったとき、そのDVDなどの映像を鑑賞することで、Aのコンサートについてある程度知ることができます。これは、Aのコンサートについての間接体験となります。一方で、実際にコンサート会場に足を運び、そのライブに参加するという行動を通して、Aのコンサートを味わうことが直接体験となります。

両者は何が違うのでしょうか。映像を見て知るという間接体験でも、それがどんな雰囲気で行われたかがわかり、コンサートを感じることもできます。しかし感覚から見れば、多くは視覚と聴覚からによる情報に限られています。これがコンサートに実際に参加するという直接体験では、単に見る、聴くだけにとどまらず、その場のにおい（嗅覚）や空気をまさに肌で感じること（触覚）になるでしょう。このように、直接体験では間接体験に比べて、より多くの感覚を通して感じて認識をすることで、よりよく理解することに通じていきます。直接体験では、実際にその場にいるということで、その出来事に対しての全体的な感覚となる臨場感という点でも、間接体験と比べると大きな違いもあります。映像でコンサートを見るのと、実際に会場でその場の雰囲気を体感しながら見聞きするのでは、断然の差があることはいうまでもありません。

その臨場感の違いは、心で感じる（心感）ことの程度に及ぼす影響にも違いが出てくることでしょう。臨場感のある直接体験では（コンサート会場にてライブに参加している）、部屋にて映像で見るという間接体験に比べると、心感の度合いはより高いものとなると考えられます。いい換えれば、心が感じて動く「感動」の程度は、直接体験によってより大きいものになるということです。そのような、感情のともなった記憶は残りやすいともいわれています。ここではコンサートを例に挙げましたが、野球やサッカーなどのスポーツ観戦や旅行などにおいても、同じことがいえるでしょう。

直接体験の強み

コンサートの例からもわかるように、直接体験には間接体験や疑似体験にはない、またはそれらと比べてより強い要素が３つあります。特質または強みともいって良いかもしれません。それは、「本物（リアリティ）」「感動」「具体的知識」です。

直接体験では、本物（リアリティ）を、実際にその場で触れて感じて味わいます。それゆえ、より強い心象、インパクトがもたらされるため、心が動かされるのです。つまり、より「感動」することにつながるのです。また、自分が実際にそのモノ・コトに関わり体感して得られた情報は、自分に関係して親しみのもてる、“自分ごと”の知識となるでしょう。

このように、直接体験によって本物に関わり、自分の心が動かされたことに関係する知識は、自分にとって具体性をもち現実的でもあります。そのような知識は、間接体験や疑似体験によって二次的に得られる抽象的知識に対して、直接体験によって獲得される“具体的知識”といえるでしょう。自分にとって実際的、具体的であるため、何かについて考えるときや行動するときに活用しやすい知識でもあります。したがって、直接体験によってもたらされる自分に関係する具体的知識は、自身にとって現実的かつ実際的となり、ゆえに“自分ごと”となるのです。

ここで､酪農体験の中でよくされている､牛の乳しぼりを例に考えてみましょう。初めて乳しぼりをする子供が、そのやり方をテキストやDVDの映像を見るという、間接体験によって学んだとします。乳しぼりが、どのような感じのものなのかは理解できますが、それだけでは、本当に上手に乳をしぼることを体現できるようにはならないでしょう。やはり、実際に自分で乳をしぼってみることで、うまくしぼるための具体的な手や指の動かし方や、タイミングなどを学ぶことができます。最初は思うようにはいかないでしょう。しかし、実物（牛の乳）に触れて感覚を頼りに、どうすればよりよくできるかという動作と一緒に、試行錯誤をしながら、より効果的な方法を学んでいくことになるのです。実際にしぼって、乳をじょうずに出せた時の「できた！」という達成感という感情も起きるでしょう。

そのような実物に触れるという行動、感じる、できたという感情をともなう直接体験を通して、牛の乳のしぼり方を自ら体得し、自分の身についた知識としての“自分ごと”になる、つまり、自分自身の内面に根付いた自分軸としての体験となるのです。そのように、“自分ごと”として習得された知識だからこそ、自身の中に息づき、自らが生きる日々に関わりをもたらしていくと考えられます。

日々の思考と行動へつながる

乳しぼりの例で見たように、そのような直接体験によって体得された知識は記憶として息づきます。そして、本人の日常の思考や行動に何らかの影響が期待できます。乳のしぼり方について、文字や映像などから情報を認知するという間接体験を通して、単なる断片的な知識（抽象的知識）を頭だけで理解する場合であっても、後の思考や行動に影響を与える可能性も想像できます。しかし、乳しぼりの例からも察せられるように、“本物（リアリティ）”を体感して、より強く心を動かし（“感動”）、自分にとって関係する“具体的知識”として根付かせて、“自分ごと”になっていく程度が大きいのは直接体験といえるでしょう。そのように、自分ごととしての考えや行為によりつながっていくという点に、直接体験の強み（力）を指摘できるのです。

それでは、どうしてそれは大切なのでしょうか。端的にいえば、直接体験が次なる体験につながっていく創造的プロセスの元となるからです。行動がともなう直接体験によって得られたことは、自分ごととなることで次なる思考と行動を創るという種になるのです。乳しぼりの例でいえば、乳をしぼるという直接的な体験をもって牛に触れ、そこから得られる牛乳を目の当たりにすることで、普段あまり意識することなく口にしている牛乳や、それを提供してくれている牛への意識の高まりがみられるようになるかもしれません。実際の触れ合いによって、牛や牛乳が自分にとって、もっと身近なものとなることで、これまで何も考えずに残していた牛乳を残さないで飲むようになることもあるでしょう。牛から得られた牛乳が、自分たちの食卓までどのように届けられるかということに思いを馳せて、そのことについて調べる子供も出てくることも考えられます。牛や酪農そのものに関心が広がることで、それらに関わる仕事に興味をいだき、のちに実際に関連する職種に就職する子供もいるかもしれません。

このように、次につながる意識や行為が生起され、発展していくことが充分に考えられるのです。事実、私が関わっていた子供の無人島キャンプの調査でも、そのような傾向がよく確認されました。無人島生活で、限られた水や物資の中での体験をしたことで、以前は無意識に使っていた水やモノについて、体験後は意識して使うようになったというようなことです。水を出しっぱなしにすることなく、大切に使うようになったという態度の変容などがよく見られていました。

反対に、PTSD（Post Traumatic Stress Disorder：心的外傷後ストレス障害）のように、あるネガティブな大きなショック体験をすることで、その後の思考や行動に大きな負の影響を及ぼし、生活に支障をきたしてしまうというケースも考えられます。一方で、このPTSDについて逆説的にとらえると、自分にとって学びとなり、成長につながる建設的なポジティブな体験をすることが、その後の人生に好影響を与えていくといえるでしょう。このことは後述することになりますが、ポジティブ心理学において実証されている「拡張―形成理論」として提唱されています。人はポジティブな状態にあると、より視野が拡大され創造的になって、知的・身体的・社会的・心理的能力が向上するという事実をいいます（第10章にて詳述）。

直接体験にしかできないこと

良い作物は、良い土によって育まれます。土は手入れをしなければ育ちません。耕して、耕して、はじめて良い土になります。そのよく耕された土が、良い作物を実らせます。直接体験は、実際に土を耕す行為になぞらえられるでしょう。私たちは土です。良い作物は、私たちにもたらされる効果や成長、高パフォーマンスなどにおき換えられます。具体的な行為となる直接体験（耕す行為）によって、それを繰り返し行うことで（耕して、耕して）、心身ともに良好かつ活性化した、自分という基盤（良い土）をつくることができます。そのしっかりとした基礎や軸があって、より一層成熟へと向かい、良い成果やパフォーマンスを生み出すことになります（良い作物を実らせる）。反対に、もし自分自身が心身のどちらかでも未発達だったり不健康だったりして、自分が不安定な状態では（良い土になっていなければ）、自分がもっている能力を充分に発揮することはできないでしょう（良い作物はできない）。たとえば、スポーツや音楽の演奏場面において、病気やケガをした状態では、より満足のいく素晴らしいパフォーマンスは期待できない、発揮できないのと同じです。

実際に耕すという手足を動かす行動がともなわなければ、当然ですが、実際に土を耕すことができません。どうすればよりうまく耕すことができるかについて、本を読んだり、他の人から教えてもらったりして、その知識を役立てることはできるでしょう。それは「間接体験」による学びとなります。それは参考にはなりますが、それだけでは実際に土を耕すことにはなりません。

一歩進んでテクノロジーを活用し、VR（バーチャル・リアリティ）ゴーグルをつけて行う「土をよく耕すゲーム」というトレーニングプログラムをしたとします（想像上のゲーム）。その仮想現実において土を耕す練習をして、やがてその中でじょうずにできるようになり､土もとてもよく耕されたとします。これは、「模擬体験」およびその学びとなります。しかし、一旦ゴーグルをはずして現実にもどったとき、本当の農場において、ゲームと同じように首尾よくできるようにはなってはいないでしょう。もちろん、どの程度やるのが良いのか、どう身体を動かすのが良いのかなどといった、耕すことの知識や技術についての学びの助けにはなります。しかし、現実において実際に土が耕されていることはありません。それは､今ここに自分が存在する現実世界における｢直接体験」、すなわち、具体的な行動（実際に土を耕す行為）によってのみ、本当に土を耕すことが可能となるのです。現実で実際に使うことのできる知識・技能として身につけることができます。

このように、「良い作物をつくるにはよく土を耕すこと」ことについて、「間接体験」や「模擬体験」の観点も交えてお話したように、私たちが生きる現実世界において、本当に土をよく耕し、良い作物を育てることのできるのは「直接体験」となるのです。したがって、私たちがこの世界で生きていくうえで、自分を磨いて活性化させ（よく耕されて良い土になる)、充実した自分自身を現実に創り上げていく（良い作物ができる）のは、「直接体験」によるのです。先に述べたことに加えて､このような考えにおいても､「間接体験」や「模擬体験」と比較してみた場合の、「直接体験」の力や根源性が指摘できるでしょう。

しかし、「間接体験」や「模擬体験」がダメだとか不要といっているわけではありません、それらはまた、私たちの学びや成長を助けてくれるものとして大切です。私たちは、本や映像等などの「間接体験」を通して、ある知識を先に得ておくことで、そのことについて実際に体験することが可能となる心理的作用をもっています（選択的注意機能／カクテルパーティ効果；後掲７章にて詳述)。また、仮想現実やシミュレーションを利用した「模擬体験」は、私たちの脳神経系を効果的に機能させて、先述したように、私たちの知識や技術の習得において大いに助けになります。それぞれに役割があると考えます。

しかしながら、もっとも心得ておくべきは、「よく耕された土が良い作物をつくる」ことのたとえで示したように、自分自身を磨いて洗練させ、より良い人生（自分）を自分自身で創造していくのは、その人自身の「直接体験」が最初にありきということです。私たちがそのようなポジティブな現実を生みだしていくのは、「直接体験」が核であり基礎となるのです。それを支援および補完するものとして、「間接体験」「模擬体験」があります。決してその反対ではありません。その逆転傾向が強くなってしまっているのが現代です。そして、私たちの成長に何かおかしな影響が及んでいることは先に指摘している通りです。とくに、今後ますます発達することが予見されるマルチメディアや仮想現実（VR）の技術によって、いっそう「模擬体験」や「間接体験」による学びが展開されていくことになるでしょう。しかし、どんなにその技術が進歩しても、私たち自身の進化の基礎となるのは、今ここの現実に存在する自分自身の「直接体験」であり、そのことを忘れてはならないでしょう。

3.　体験活動の落とし穴

ここまでは、「直接体験」の特性や力について述べてきました。一方で、その直接体験には、「罠」があることをしばしば感じています。その点について考えてみます。

誰もが、何らかの“目的をもつ体験活動”をしたことがあるでしょう。そのとき、ただ何となく「やっただけ」、「こなしただけ」で終わってしまったようなことはないでしょうか。きっと誰にでも、そんな経験は少なからずあると思います。そのようなときは、取り組む活動自体にあまり興味がないから、義務としてしなければならないから、他からいわれたからということで、仕方なくしている、やらされている、他の人がやっているから自分もやっているだけといった受け身の姿勢となっている場合がほとんどです。自分が体験していることについて、あまり意識することなく、その場の流れで何となくしている状態です。

筆者は、そのような様相となることを「直接体験の落とし穴」と呼んでいます。義務や他の判断・指示によって仕方なくやっている、やらされているといった他人軸となってしまっている場合です。自分がしていることにほとんど無意識で、ただやっている感に強く陥ってしまっているようなあり方をいいます。そのような無意識で単にこなすだけの活動となってしまうことで、その体験によってめざす学びや成長、期待される効果が得らない状態になってしまっていることでもあります。それ以前に、その目的・目標自体も忘れられてしまい、意識もされていないあり様となっていることもふくみます。

青少年の体験不足と、そのことに起因する心身の十全な成長への悪影響が懸念されていることで（直接）体験活動の重要性が説かれ、その機会拡充に取り組まれてきました。そのような背景もあり、国策やそれに応じて学校教育や社会教育において、またとりわけ教育熱心な各地域や家庭においても、体験活動の拡充が試みられてきていることは、前章にて述べたとおりです。このように、これまで「（直接）体験は大切！　必要！」と誰もが感覚的にそれを理解し強調されてきました。一方で、「直接体験」ということばと内容がときに形骸化してしまっているとも感じます。形骸化ということばを使っているのは、直接体験の取り組みであっても、上で述べたような無意識で受け身的な状態となってしまうことで、直接体験によって期待される効果が、充分に発揮されていないことがしばしば見られるからです。

そのような形骸化は、学校での体験活動にしばしば見られます。学校での体験活動でよく思い浮かぶところでは、学芸会、音楽会、運動会、文化祭、遠足や社会科見学（日帰り）、集団での宿泊活動（修学旅行、移動教室、林間・臨海などの自然体験を中心とした活動、等）などがあるでしょう。実にいろいろな体験活動が行われています。しかし、学校という教科学習を中心とした、もともと過密なカリキュラムの中に、行事という名のさまざまな体験活動（直接体験）が組み込まれている事実があります。そうなることで、一つ一つの体験活動について、児童・生徒たち一人一人がそこで得た学びを吟味するには至っていないように感じます。定例行事だからやっている、こなしているといった、単なる習慣となっていることで、無意識的で自動化された「直接体験の落とし穴」に陥ってしまっているのではないでしょうか。本来、体験活動によって私たちは、心身ともに活性化されていくことが期待されるところです。しかし、落とし穴にはまってしまうことで、程度はあれ、それとは反対の不活性化状態となっている様子が、とくに散見されるのです。

もちろん、そのような体験的行事を否定するものではありません。たとえ、あまり多くを考えることなく行われていたとしても、楽しさ、課題にチャレンジする姿勢、やり遂げることでの達成感や充実感など、ある一定の成果や意義は認められるでしょう。ここでわざわざ、「体験活動の落とし穴」といった観点を取り上げているのは、その反対の姿勢となる意識的で自主的な自分軸（自分ごと）の体験となることで、より大きな効果が期待できるからです。そのような体験活動とすることで、楽しさや達成感などの肯定的感情が生み出されるという利点だけでなく、それにプラスアルファの効果をもたらすことができるでしょう。無意識で受け身となってしまうような体験に比べて、自分軸となる体験は、私たちにより多様な学びや成長もたらしてくれることが科学的にわかっています。どうしてそうなるのかのメカニズムについては、おいおい触れていきます。

そのような「体験活動の落とし穴」（無意識・受け身体験）にはまることなく、反対に意識的で自主的な自分軸となる体験とするには、どうすれば良いでしょうか。それこそが、本書で提言していく「ポジティブ・エクスペリエンス」の考え方であり、その実践となります。「ポジティブ・エクスペリエンス」については、続く Part 2 以降で詳しく取り上げていきます。

注

1. “体験活動事例集――体験活動のススメ――[平成 17、18 年度　豊かな体験活動推進事業より]：1.1. 体験活動の教育的意義”. 文部科学省. 2008-01. https://www.mext.go.jp/a_menu/shotou/seitoshidou/04121502/055/003.htm,(参照　2021-02-02).,“1. 体験活動事例集――豊かな体験活動の推進のために――：第 1 章　体験活動の充実の基本的な考え方”. 文部科学省. 2002-10. https://www.mext.go.jp/component/a_menu/education/detail/__icsFiles/afieldfile/2016/03/07/1368011_003.pdf,（参照　2021-02-02).
2. “次代を担う自立した青少年の育成に向けて（答申）”. 文部科学省. 2007-01-30. https://www.mext.go.jp/b_menu/shingi/chukyo/chukyo0/toushin/07020115.htm,（参照　2021-02-02).
3. 小森伸一「文部科学省委託事業「青少年体験活動奨励制度」をふりかえって――5 年間の軌跡とその成果・課題をふまえた今後への提言――」『東京学芸大学紀要　芸術・スポーツ科学系』2019, 71, p.101-129.
4. 前掲注 1 における“体験活動事例集――体験活動のススメ――[平成 17、18 年度　豊かな体験活動推進事業より]：1.1. 体験活動の教育的意義”. 参照.

第３章　成長に不可欠な体験活動

前章までにおいて、とくに重要とされる直接体験の機会が、現在では総じて減少していることを述べました。また、そのことが及ぼす青少年への負の影響とその対処について、今日に至るまでの社会や、子供を取り巻く生活環境の変化をふまえつつ見てきました。そのことが問題視されるのは、逆にいえば、青少年の十全な成長には、多様な直接体験活動が不可欠であると考えられていることにあります。この第３章では、なぜ体験活動が大切なのかということの根拠となる、その意義や効果の側面について示していきます。

その点を説明するにあたり、最初に、これまで中央教育審議会（以下、中教審）の答申などで公示されている意義や期待される効果について整理してみます。そのような公的文書や報告書などは、そのテーマとされることについて、有識者からの見解が反映されているため、キーとなる文言がほどよく組み込まれて、まとめられているからです。

次に、第１章で触れた「屋外で仲間と一緒に何かをする体験活動」となる「外遊び」の効果について、なぜそれが人の成長に重要なのかを、科学的知見を取り上げながら示していきます。そのような「外遊び」は、単に遊ぶという活動以上に、それ自体が多様な体験活動の側面を内在する行為としてとらえられるからです。それゆえ、外遊びという行動の観点からその効果を探ることで、体験活動全般における効果についての示唆を見出すことができます。

最後に、体験活動について行われた各種調査によって明らかにされた体験の効果について、数的データで示します。そのような数量的な調査結果を交えてみることで、先に取り上げた意義や期待される効果についての客観的な根拠となり、その理解を助けてくれることにもなるでしょう。

1.　体験活動の意義と効果

近年の答申・報告書等が示していること

ここでのテーマとなる体験活動の意義や効果について、これまでに公示されてきた文書にて提言されている内容を整理していきます。そうするにあたり、もっとも近年の体験活動に関わる中教審答申で、前章で何度か取り上げてきた「今後の青少年の体験活動の推進について」(2013 年 1 月) で提示されている内容を中心に取り上げます。そこで指摘されている見解を軸にしつつ、筆者の考えも交えながらまとめていきます。

各項目に分けて示すことになりますが、それぞれが独立した効果というよりは、相互に関連しています。

自然との肯定的関係の形成

本物の自然に触れて味わう体験活動（自然体験）は、自然の偉大さ・美しさを体感するとともに、動物や植物といった他の生物の命の尊さにも気づくことができるようになります。多様な自然体験は、そのような自然への良好な感性やつながりを形成する基本的活動となり、青少年期にその基盤をつくることが重要です。また、自然環境と調和する持続可能な社会を築いていくためには、そのような自然との親和的感覚をもって生きる次世代のリーダー育成の点からも大切です。

自然の中で活動することで、これまで触れたことのない未知なものごとを認識しながら、その存在を認める経験を積むことになります。そのような体験を重ねることで、成長していく過程で思い通りにならない他者や状況に直面したときにも、うまく対応していくことができるようになる許容力・対処力が身につくことが期待できます。

人間関係力および自己認識・理解力の育成

他者と関わる体験をもつことで、命の尊さを知ることができます。また、仲間とのコミュニケーション力、実社会との関り等を考える力を身につける上でも重要です。これらは、自然との関わりと同様に、青少年期にそれらの力を育む基盤をもつことが大切とされます。それが深まることによって、他者への共感力や他者を思いやる心の発達、社会に関わりその一員として、より良い社会を形成していくといった、仲間と共に生きる力や社会性の促進につながっていくと考えられます。

仲間とともにする体験活動やチャレンジをともなう（冒険的）活動などを行うことで、集団活動の中での他者との意見調整や、ストレスの対処方法などといった「ヒューマンスキル」を育むことが期待できます。そのような能力は、良好な人間関係を築いて社会の中で調和しながら生きていく上で、とても大切なものです。しかし、近年の青少年には、そのような力が低下している傾向にあると指摘されています。

文化の違う海外の人たちと交流し､協力や切磋琢磨をする体験をもつことで、世界が抱える国際的な問題に対して、異文化の人たちと協働しながら課題を解決していく力を育むことができます。そのような国際的な体験をもつことは、他文化と調和しつつ共生･共栄の中で､より良い世界を構築できる次世代のリーダー育成の観点からも重要でしょう。

上記に取り上げたような他との関りの中で、自身の考えが整理され、客観的にとらえられるようになることで、自分が何を考えているのかを知り、再確認する良い機会になります(メタ認知[1])。また､他者と関わって対話をすることは、自分の想いや考えを発信することであり、そのアウトプットに向けて、自身の気持ちと向き合うことの機会にもなります。このように、人と関わる体験は、他者を理解し協働する能力などに加え、自らの内面を見つめて自己と対話しつつ､自分を認識して理解するといった力(メタ認知)を育むことも期待できます。

豊かな人間性と価値観等といった非認知的能力の形成

多様な体験活動をもつことによって、自らの人間としての心身の許容力を広げていくとともに、どう行動するか、どう生きるかといった価値の判断・選択能力を育むことになっていきます。自然の偉大さや美しさなどに出会い、現実の社会に直面し人と関わる体験をすることで、子供たちは大きな感動や畏敬の念をもちます。また、困難に直面した時に、挫折や失敗をしつつも、めげずに再度チャレンジするといった体験を通して、さまざまなものごとに対応できる心と体の能力の幅が広がるといった、豊かな人間性を培っていくことになるでしょう。

その前提には、自らの体験の上に「なぜこうふるまうべきなのか、どちらの行動の仕方が望ましいのか」といった、基本的な生活習慣を形成する価値判断や価値を選択する能力が必要となります。すなわち、このような価値の判断力や選択能力も、人としてのあり方やふる舞い方を実践する場となる実際の体験を通して形成されるものといえます。

ここで取り上げているような力は、IQなどの数量的尺度では測りきれない内面的な力である「非認知的能力」といわれるものにあたります。非認知的能力の養成は、心身健康で、充実した人生を築いていく上での基盤になることが指摘されています。したがって、前述している点および後述する要素もふくめて、体験活動は、それら「非認知的能力」を育む行為であり、豊かな人間性の形成に不可欠な取り組みとなります。なお、以下の項目で触れていますが、体験活動は、知力・学力などIQなどで測定できる「認知的能力」の向上にも寄与することも確認されています。

非日常的な体験活動は、自己認識・理解を促進するとともに、そこにある困難や課題を克服しやり遂げることで、チャレンジ精神、レジリエンス（逆境力・克服力)、自己効力感、自尊感情、自己肯定感などのポジティブ感情を高め、心身の活性化に寄与します。非日常的な体験となるほど（たとえば、電気やガスもない山奥で自炊生活をする、等)、日々の生活では経験したことのない大変さや、課題に対峙することになります。そのような困難に直面することで、自分でよく考え行動するといった、自分と向き合う機会が多くなります。その結果、日頃は気がつかなかった自分について認識し、理解を深めるといったことにも通じていきます。

そうした困難に取り組む過程においては、その逆境にめげずに、必要に応じて繰り返し挑戦し、成し遂げようというねばり強い心の「耐性」(レジリエンス)を育てることにもなります。その結果、やり遂げた時に得られる達成感・成就感、充実感、満足感といったポジティブ感情は、心身を活性化し、さらなるやる気や意欲の向上をもたらします。また、「自分はできる、自分は自信があり、自分には価値がある」といった自己効力感や自尊感情、自己肯定感なども生み出し、生きていることへの積極的な姿勢、自己のさらなる確立、生き方の探求などの基盤をつくることにもなっていきます。

体験活動は、規範意識や道徳心の育成にも関わり、その意義は大きいとされます。たとえば、日本人が古来大切にしてきた「思いやり」や「礼儀正しさ」

などの精神性は、世界的にも評価されるとともに、その重要性が再認識されているところです。そのような道徳感や価値観の涵養は、これまで述べてきたような、自然や他者と直接関わるという体験を通して自分ごととなり、自分の中で納得や理解した上で身についていくものです。スポーツや音楽の技能習得と同じで、他から教えられた、本や映像から学ぶという間接体験によってその知識だけを頭に入れたとしても、自分ごとの所作として、本当に身について実行できるようにはならないででしょう。

興味・関心、意欲の向上

周囲の自然環境や社会環境、さらに人々と実際に交流する体験をもつことによって、自然や社会、他者への興味や関心をもつようになります。自分を取り巻く人や自然、社会という外部の対象に働きかけ、関わる中で、喜怒哀楽や感動、驚きといった感情や心を動かす場面に出会い、他者や自然、社会などに着目するようになります。こうした自分自身をふくめた周囲の存在や、出来事との関りへの興味・関心、意欲の高まりが、青少年が豊かに学び成長することの出発点になると考えられます。

思考力・認識力・理解力・学力の発達

周囲の環境と直接関わる体験をすることで、そこから生まれる興味・関心の中から、「おや、なぜ、どうして」という疑問が生まれたり、「これはこのままでいいのだろうか、何とかしなければならないのでは？」という自分に関わる課題意識が生じたりするものです。そのような、「どうすればいいのか？」という自分ごととしての課題意識は、そのまま放置されるのではなく、「何とかしよう」という解決や克服へと向かい、そのプロセス自体が大切な学びの体験となります。その課題解決への過程は直線的というよりは、むしろ挫折や失敗とチャレンジが繰り返される“試行錯誤”を通して、ある考えが生み出されるという体験プロセスとなるでしょう。

一方で、課題は必ずしも解決されないこともあります。たとえば、現代社会が直面している複雑な問題を取り上げるような場合は、そうしたことが生じることもあるでしょう。しかし、大切なのは明確な答えを出すことではなく、解決に向けて思考し試してみる姿勢です。自分（たち）なりのアイディア・解決案を見出した上で、それをやってみるというプロセスにあります。このように、何が課題なのかについて認識しつつ、課題解決に向かって試行錯誤するプロセスを体験活動は内在しています。したがって、体験活動を通して、何をどうすれば課題が解決するのか、その見方、考え方、探求法といった能力や態度などの育成が期待できます。

体験活動は、思考や理解の前提かつ基盤として大切です。先述したように、子供たちは体験活動によって「なぜ、どうして」という疑問や課題意識をもつことで、自らの身の回りに起こる出来事を科学的、合理的、法則的にとらえ直し、知識や理解、学ぶ力や学びの方法を生み出すことにつながるからです。いわば、自らが体験したことを、理屈や理論におき換える（概念化する）という思考プロセスをもつことになります。直接体験が失われると、「ああ、そうだったのか」とうなずきながら、実感をともないつつ考え学んで理解することが難しくなるでしょう。そのような学びでは、抽象化された理屈を受け入れ、覚えこむ以外に学ぶ手立てがなくなってしまいがちとなります。自分の体験をもとに、わからなかったことがわかるという「知ることの喜び」も失われ、自ら学び成長していくことの意欲の低下も危惧されます。現代では、その直接体験の機会が減少して問題視されているのは、すでに取り上げた通りです。したがって、学習プロセスからいえば、自らの体験をふまえて思考し、理解へと結びつけることが重要です。そのためにも、体験活動をしたままにして終わるのではなく、行った体験を価値づけ、意味づける事前の目的意識やふり返りの活動が大切となります。意図的な体験活動は、そのような実感をともない成長を促す、発展的な思考や理解を提供する機会となります。

体験活動に、上記したような課題解決能力もふくむ思考力や理解力の向上への好影響が見られることから、いくつかの調査において、体験活動の豊富な子供の方が、より高い学力を示すことが報告されています。いわば、IQ などで測定可能な「認知的能力」の向上につながる傾向にあるということです。たとえば、全国学力・学習状況調査において、自然の中で遊んだことや自然観察をしたことがある児童生徒の方が、理科の平均正答率が高いことが認められています。また、自然の中での集団宿泊活動を長い日数行った小学校の方が、国語・算数の主に「活用」に関する問題の平均正答率が高い傾向が見られました。さらに、PISA 調査（OECD 生徒の学習到達度調査）においても、クラブ活動など、学校でのさまざまな活動が行われているほど、読解力の得点が高いという結果が報告されています（これらの結果データについては、後掲項目にて提示）。

思考・知識と行動の往還

体験活動は、学校での教科学習での「知」（知識と技能）について統合化および総合化し、実際の生活に活用して実践に結びつけていく力を育むことが期待できます。すなわち、自らが思考し習得した「知」をうまく生かして現実場面の行動へと進展させ、さらにその行動によって得られた「知」を、自分の思考に取り入れ実践に展開させていくという「思考・知識と行動の往還プロセス」をつくります。試行錯誤のプロセスといっても良いでしょう。知識や理解、学び方や学ぶ力、技能の育成は、主として学校の教科等の中で行われています。それらの中でなされる思考活動や得られる「知」は、覚えたり単に知ったりしただけでは、現実の生活に役立たせたり、課題の解決を図ったり、より良い生活を創り出していったりすることはできません。思考し学んだ「知」を、現実の世界で応用してみることが必須となります。それには、実際に知識や技能を使ってみるという試行錯誤のともなう体験プロセスが必要です。

体験活動を通して、思考し習得した「知」を現実の社会に結びつけたり、活用したりするときには、その「知」を総合的にとらえて整理したり（総合化）、または組み合わせたり（統合化）することで、これまで学んだ考え方や知識・技能等を総動員することになります。そのような思考プロセス通して得られたアイディアや知識・技能について、現実の中で展開していくことで「知」が実際の行動に結びついていくのです。体験活動には、このような思考・知識と行動の往還プロセス（試行錯誤プロセス）を生みだすものでもあります。

社会的自立に必要な力の育成

自然豊かな環境で、衣食住について自分（たち）でつくりあげるといった、生きる上での基本に関わる自然の中での原生活体験は、「働くことの意味」を実感して考える良い機会になります。また、自然と向き合いながら生きる人々の暮らしぶりに触れる体験も同様です。このような体験をもつことで、地に足のついた実際的な勤労観や職業観を養うことが期待できます。

子供たちが、多様な年齢・立場の人や社会、職業に関わるさまざまな現場を体験することで、自己と社会についての多くの気づきや発見をもち、自らの将来を考えるきっかけとすることができます。そうすることで、学校から社会・

職業への移行がスムーズとなり、子供たちの社会的・職業的自立に必要な力の体得に寄与できます。

地域の企業や民間団体等での職場体験活動・インターンシップ体験は、「働くこと」の意義を実感した理解に通じます。また、そのような体験によって、社会・職業についての現実的な認識を深めることができます。

基礎的体力や心身の健康の保持増進

子供たちは、手足を動かして何かをしたり、屋外で遊んだりといったさまざまな体を動かす活動・行動をする中で、歩く走る、座る、跳ぶ、投げる、つかむといった基本的動作や運動能力を獲得していきます。また、自らの身体に対する危険を察知する力や、それを回避しようとする敏捷性や対処力などの能力も、体験を通して身につくものです。

たとえば手を洗うといった基本的な衛生に関わることや、気温に応じて衣服の調整をすることも、その体験を繰り返し、健康のための衛生や体温調整に関する知識と結びついて習慣として体得されるものです。学校の体育、保健体育などで展開される科学的、合理的な体力づくりや健康の保持増進の指導と関わって、児童生徒たちが実際に自らの感覚と身体を使って体験活動を重ねることは、基礎体力や心身の健康を支える土台づくりとなり大切です。

課題を抱える青少年への支援

体験活動は、ニートや引きこもり等の青少年が抱えるさまざまな課題の解決や、課題の未然防止のための有効なアプローチの1つになると指摘されています。楽しみながら、いろいろな世界の入り口を見せることができる体験活動を教育に取り入れることが、とくに不登校などの課題を抱える子供たちに対して重要かつ有効とされます。課題を抱える青少年については、個々の子どもの状況と発達段階を慎重に見極めたうえで、こうした体験活動を交えた学びの機会を提供することで、基本的なコミュニケーションや生活習慣を身につけていくことが期待できます。

いじめの問題については、上掲した自然や地域社会と深く関わる体験の減少や集団活動の不足などにもとづく、人間関係をうまくつくれない、規範意識が欠けている、ささいなことでも感情を抑制できないといったことが、いじめを生む要因となっているという指摘があります。それゆえ、さまざまな体験活動を通じて、子どもの社会性や規範意識、思いやりなどの豊かな人間性を育み、人間関係形成力を育むことが、いじめの未然防止に寄与できるといわれています。

近年のうつ病など、いわゆるメンタルヘルスの問題への対処についても、豊かな自然環境の中で人や自然とつながる体験が有効とされます。日常の職場や学校から離れた自然の中で他者や自然と関わることが、非日常という空間および時間軸に身をおくことになって、普段の自分の生活や生き方について、客観的かつ俯瞰的に自己をとらえ直す契機となります。そうすることで、新たな気づきや見方、考え方にいたり、不安や恐れなどのネガティブな感情を昇華させたり癒したりすることが期待できます。

発達段階から見た体験活動

なお、ここで挙げる点は、これまでに見てきた体験活動によってもたらされる効果・意義という論点からは少しはずれますが、発達段階を考慮した場合の体験活動の考え方となります（効果・意義の点もふくむ）。

幼少期においては、子供たち同士での「群れ遊び」の体験が、力加減や人の痛みを知る大事な機会となり、また他者への思いやりを育むとされます。また、遊びの中でもたらされる「ひらめき」が、創造力や柔軟な思考力を養うともいわれています。乳幼児期からの家族や地域、自然の中での多様な体験が豊富な刺激を生み、大脳神経系等の健全な発達に重要であることも指摘されています。

発達段階に応じた効果的な体験活動については、調査によると、小学校低学年までは「友達との遊び」「動植物との関わり」など、小学校高学年から中学生までは「地域活動」「家族行事」「家事手伝い」などの体験活動が効果的であると報告されています[2]。

こうした結果もふまえて、学校、家庭、地域で体験活動を実施する際には、発達段階に応じた体験活動を考慮することもできるでしょう。一方で、高校生や大学生をふくめた青年期の若者に向けた体験活動についての調査は、あまり行われてきていません。今後においては、その時期にある青年たちには、どのような体験活動がより効果的であるのかについても明らかにして、取り組んでいくことが望まれます。

体験活動については、保育園・幼稚園等から小学校、中学校、高等学校（および大学）までといったように、連続性や継続性に留意しつつ取り組んでいくことが、いっそう効果的であることが示唆されています。現在の日本では、幼稚園等から高等学校まで、学校段階間の連携・接続が進められているところです。それゆえ、体験活動においても学校段階の連続性の考慮は、そのような方針ともマッチするものとなります。たとえば、キャリア教育などを一つの切り口として、各学校段階を通じた体系的・系統的な体験活動のプログラムを検討してみるなどの取り組みが考えられます。

体験活動は「生きる力」を育む糧

上記に挙げられている体験活動によって期待される効果や意義からいえるのは、体験活動が、私たちの十全な心身の成長における糧であるということです。別の言葉でいえば、私たちの人生を豊かに展開するための、基本かつ総合的人間力となる「生きる力」を醸成していく源泉となるのが体験活動です。実際、幼少期から青年期まで、多くの人と関わりながら、多様な体験活動によって心と体を活性化する経験を積み重ねることで、心身健康で豊かな人間性を培うことができるようになるでしょう。また、直面する課題については、自らで考えて学び、対処して解決・克服に向かうことのできる力も、多くの体験を経ることよって培うことが可能となります。そのような力は、活力をたずさえて、より良い人生を創造していくために必要な能力となります。

その多様な体験によって育まれることが期待できる「生きる力」には、より具体的には次のような要素があると考えられます。いい換えれば、それは体験活動によって期待できる「生きる力」に関わる効果や意義ともいえるでしょう。繰り返しとなりますが、上掲したことばを使って整理してみます。

① **自然との肯定的関係の形成**（ポジティブな感性や認識・理解、友好的なつながり、調和的行動、等）

② **人間関係力および自己認識・理解力の育成**（コミュニケーション能力、他者と協調・協働する力、メタ認知、等）

③ **豊かな人間性・価値観等といった非認知的能力の形成**（主体性、自立心、道徳性・倫理観・規範意識、思いやり・優しさ、チャレンジ精神、責任感、創造力、克服力・逆境力、対応力、やり抜く力、成就感・達成感、自己効力感、自尊感情・自己肯定感、等）

④　**興味・関心、意欲の向上**
⑤　**思考力・認識力・理解力・学力の発達**（知力・学力、心理的能力、課題発見・解決能力、等）
⑥　**思考・知識と行動の往還**（含：習得した「知」の統合および実践化の促進）
⑦　**社会的自立に必要な力の育成**（含：肯定的勤労観）
⑧　**基礎的体力や心身の健康の保持増進**（含：危険察知・対応能力）

2.　外遊び体験の効果

子供がする「外遊び」は、１人でというよりも仲間といっしょに遊ぶということが主となります。そのため、外遊びは「屋外で仲間とともに何かをする体験活動」といい換えることができるでしょう。このような見方をするとき、外遊びは子供の心身の発達にとってとても重要です。そのような「外遊び」は、遊ぶという行為そのもの以上に、子供たちの成長に重要となる多くの要素を含む、総合的で多様な体験活動となるからです。

たとえば、遊びを通じて仲間や周りの大人といろいろなことをすることによって、その関りの中で社会性やコミュニケーション能力というものが自然と育まれていきます。また、外で活動することにより、大地や花、昆虫、植物、動物といった生き物、周囲の風景といった自然と直に触れることにもなります。その周囲の人たちや自然と関わる体験を通して、自分でいろいろなことに気づいたり考えたりする機会にもなるでしょう。他者を知ることで、自分がどのような人間なのかということを理解することにもなります。また、自分がどの程度できるか、どこまでやるとケガをして危ないのかといったように、自分を知る自己認識を深めることにもなります。さらに、外遊びという活動やその延長の中で地域の行事に一緒に参加したり（地域活動）、近所の人のお手伝いをしたり（奉仕活動）といった体験活動に通じていくこともよく見かけます。

このように、外遊びが多面的な活動や学びの機会となっていることから、その効果を学問的に検討することによって、体験活動に期待される効果全般について、また違った角度からの示唆が得られると考えられます。「外遊び」が子供に及ぼす好影響（効果）と重要性については、これまで脳神経科学、生物学、心理学、社会学、教育学などの研究おいて言及されてきています。その内容は、すぐ上で取り上げてきた効果の内容と重なりますが、ここではさまざまな分野の研究成果を交えて示していきます。その「外遊び」の効果について整理すると、おおよそ次の５つの観点から指摘できるでしょう[3]。

身体機能と自然への感性の向上

仲間とともにする活動によって引き出されるさまざまな動きが､筋肉を鍛え、心肺機能、骨格形成などの発達に良い影響を及ぼします。体を使う外での活動は、運動スキルを発達させるとともに、体力を増進させていくものでもあります。また、外遊びによって外の暑さ・寒さを肌で感じることが、体温のコントロール能力の向上をもたらし、自律神経が鍛えられて、免疫力や適応力を高めてくれることにも通じるとされています。

さらに、屋外での活動によって昼間に光を浴びること自体が、眠気を誘うホルモンのメラトニンを夜にたっぷり分泌させて早寝を促し、早寝早起きの生活リズムをつくります。それは子供の自律神経の機能を向上させ、心と体の健康と健全な成長のためにも大切なこととなります。

「土や草花の匂い」「そよ風の心地良い感触」などは、外に出てはじめて実感できるものです。したがって、屋外で活動することは、そのような自然と触れ合い感じる場となり、五感を刺激し鍛えて、自然への感性の育みとともに自然認識の発達をもたらしてくれるものともなるでしょう。とくに、幼少期より自然への肯定的な気づきや感じる力を培っていくことは、将来にわたっての自然に対する友好かつ親和的といった考えや行動となる「バイオフィリア(biophilia)：自然・生物への愛着」を養っていくうえでも大切です[4]。反対に、自然や動植物との十分な関わりが欠落することで、それらへの恐れや分断の態度となる「バイオフォビア（biophobia)：自然・生物への嫌悪」が助長されていくことの懸念があります。

脳内の発達

変化に富む屋外での活動は、わくわくドキドキする場が多くあります。興奮したり、興味・関心を喚起したりすることで、あらゆる神経が刺激されて、意思や集中力、抑制力をつかさどる脳の前頭葉が活発化します。幼児期に脳の前頭葉を活発に働かせることは、子供の落ち着き、がまんする力、集中力、創造性などの精神的な力を育むとされます。とくに戸外での体を使った遊びなどの活動は、そのように大脳神経系を発達させ、活性化に大きく寄与するといわれています。

また外での活動は、室内と比べるとより環境が豊かで変化に富み、自由度が高い空間での活動となります。そのような解放感のある屋外環境でなされる外遊びは、喜びや楽しさの感情を促し、脳内神経伝達物質のドーパミンがより分泌されます。そのドーパミンは、何かを成し遂げたときの達成感を得たときにより出るとされ､日々の意欲や積極性を生みだし､行動の反復をもたらすといった「ドーパミン・サイクル」をつくります。そして、やり遂げる体験が反復されるほど､「ドーパミン・サイクル」はより強化されていくのです。外遊びでは、何らかのチャレンジをふくむような活動の機会が多く見られます。その中で、子供が「できた！」という達成体験をもつことによって「ドーパミン・サイクル」が発動され、それが繰り返されることで、子供の「継続する力」を促進していく効果も期待できます。

認知能力・学力（知力）の向上

外での活動を通して体を動かすことは、脳を活発化させて、知力を高めることにもつながることがわかっています。前述した２つの点と関連して、脳は起きている時に得た情報を就寝時に整理し、記憶として定着させることから、日中よく身体を動かして心地よく疲れて充分な睡眠をとることによって､知力･学力向上が促進されるといわれています。

屋外での活動は、目の前に広がる立体的スペースで五感を刺激しながら体を動かすことになります。それゆえ、イメージ力、シミュレーション力、空間認識といった認知能力を醸成していくことも報告されています。

ソーシャルスキルの発達

公園などの屋外の遊び場には、各年代の子供が多く遊んでいます。初対面であっても、自然の流れで一緒に遊ぶことになったりすることもあるでしょう。その他者との関りの中で、順番やルールを守ったり、相手を気づかったり、自分の意見をいったり抑えたりする機会になります。そのような集団での社交や社会的な活動となることで、自主性や協調性、共感･共有する力、コミュニケーション能力といったソーシャルスキルが育まれます。

そのように、外遊びによって自然の流れの中で培われていく社会性や良好な他者との関わりは、心身の健康面にも深く影響していく点でも大切となります。より良い他者関係をもつことが、心臓血管系、神経内分泌系、免疫システムを活性化し、頭も体もよりよく働くようになることがわかっているからです。また、他者との良い絆をもつほど、幸せ・愛情ホルモンとよばれ喜びを喚起する「オキシトシン」が血中に放出され、不安を和らげるとともに集中力を増すという効能も認められています[5]。さらに、良好な人間関係がストレスホルモンであるコルチゾールのレベルを下げ、ストレスを解消して心身の活性化をもたらすことも多くの研究によって確認されているところでもあります[6]。

このような心身の健康面からも、外遊びによって期待できるソーシャルスキルを育むことの重要性が示唆されます。この点は、後述の「癒しの効果」にも通じるところでもあるでしょう。

癒しの効果

日々蓄積したストレスやフラストレーションを解消する機能が、遊びのような活動にあります。とくに外遊びのような体を動かす体験は、体温を上昇させ、血液循環がよくなって栄養素が体内にしっかり運ばれるようになります。脳にも酸素が行き渡ることになり、いわゆるリフレッシュ効果が生まれて、感情の解放につながっていくことが認められています。すなわち、体を動かす活動をすることによって、私たちがもっている不安や恐れ、怒り、不満などの感情を解放させて、心を安定させる効果があるといわれています。

また、屋外において自然や動植物にふれ合う活動をすることでもたらされる癒しの効果もあります。たとえば、木々や植物は多くのフィトケミカル（植物由来化学物質）を発散しています。その一種で香り物質のフィトンチッドは、とくに脳に強く影響し、コルチゾール（ストレスホルモン）の量を減らし、痛みや不安を抑える作用があります。それゆえ、私たちの体を癒し安らぎや清々しい気分をもたらしてくれるといったリラクゼーション効果があるとされます。その効果を活用した実践に森林浴や森林セラピーがあります[7]。自然の光景に触れたり繋がったりすることが、うつ症状を防ぐセロトニンの生成に関係するアルファー波を増やし、不安や怒りや攻撃性を抑える働きがあることを生かした取り組みとなります。子供の外遊びにおいて、木々や植物などのより植生豊かな環境で活動することで、上記した癒しを得ることも期待できるでしょう。

以上の5つの指摘からもうかがえるように、「外遊び」という活動は、自然と触れ合いながら仲間とともに何かをすることになる行動、いわば、多面的な内容を含む体験活動となります。同時に、外遊びをすることでもたらされる心身への幅広い効能が、現代の科学的知見からも確認されているのです。したがって、外遊びという行為は子供たちの十全な成長を養い、より良く生きていく上での基礎的な力を培っていくうえでとても欠かせない活動であると考えられるでしょう。

3.　データから見る体験の効果

ここまでは、体験活動の効果や意義についての見解を、言葉での説明という形で示してきました。ここからは、体験活動に関わる各種調査によって得られた結果について、図表とともに数的データで提示していきます。そうするにあたり、日本の青少年教育の振興および健全育成を目的とする「国立青少年教育振興機構」(以下、青少年機構)の研究成果を取り上げます。これまでの体験活動についての大規模調査は、青少年機構が中心となって実施してきました。とくに2011年度から「青少年教育研究センター」が設置され、青少年教育、とりわけ体験活動についての学術的研究と実践的な調査分析などが本格的に行われてきています。その成果は、それ以前に実施された調査も含めてホームページにて広く公表されています。

子供の体験活動と育成される資質・能力との関係

第1章で示した「自然体験」「生活体験」「お手伝い体験」などが、現在の子供の「自立的行動習慣」(自律性・積極性・協調性)、「自己肯定感」、「道徳観・正義感」、「へこたれない力」といった意識や資質・能力(指標)との関係について調査された結果を提示していきます。各指標を測定するうえで設定された設問項目は表5となります。その次に示していくグラフは、その回答にもとづき、青少年たちがこれまでにしてきた体験量が、現在の本人たちの資質・能

表 5　各指標についての設問項目：資質・能力

<table>
<tr><th>自立的行動習慣〔自律性・積極性・協調性〕＊</th><th>自己肯定感</th></tr>
<tr><td rowspan="3">・自分の思ったことをはっきりと言う〔積〕
・周りの人に迷惑をかけずに行動する〔自〕
・自分でできることは自分でする〔自〕
・わからないことは、そのままにしないで調べる
・先のことを考えて、自分の計画を立てる〔積〕
・困ったときでも前向きに取り組む〔積〕
・人から言われなくても、自分から進んでやる〔積〕
・誰とでも協力してグループ活動をする〔協〕
・人の話をきちんと聞く〔自〕
・困っている人がいたときに手助けする〔協〕
・相手の立場になって考える〔協〕
・ルールを守って行動する〔自〕
・国や地域の政治や選挙について関心がある
・新聞やテレビ、インターネットで、その日のニュースを読んだり見たりする
・友達が悪いことをしていたら、やめさせる〔協〕
＊〔自〕…自律性／〔積〕…積極性／〔協〕…協調性を測定する指標にかかわる設問項目</td><td>・学校の友だちが多い方だ
・学校以外の友だちが多い方だ
・勉強は得意な方だ
・今の自分が好きだ
・自分には自分らしさがある
・体力には自信がある</td></tr>
<tr><th>道徳観・正義感</th></tr>
<tr><td>・家で「おはようございます」「いただきます」「ただいま」「おやすみなさい」といったあいさつをする
・近所の人や知り合いの人に「おはようございます」「こんにちは」「こんばんは」といったあいさつをする
・バスや電車で体の不自由な人やお年寄りに席をゆずる
・友達が悪いことをしていたら、やめさせる</td></tr>
<tr><th colspan="2">へこたれない力（レジリエンス）</th></tr>
<tr><td>・何事も前向きに取り組むことができる
・厳しく叱られてもくじけない
・失敗してもあきらめずにもう一度挑戦することができる</td><td>・どんなに難しいことでも、努力をすれば自分の力でやり遂げられる
・ひどく落ち込んだ時でも、時間をおけば元気にふるまえる</td></tr>
</table>

力の養成にどう影響しているかについて検証された結果です。

体験活動と「自立的行動習慣」「自己肯定感」「道徳観・正義感」との関係を示すデータは、2012（平成 24）年度調査によります[8]。小学校 4 年生から 6 年生の 8,197 人（4 年：2,751 人／ 5 年：2,794 人／ 6 年：2,652 人）、中学校 2 年生 4,492 人、高等学校 2 年生 5,211 人の総数 17,900 人が対象となりました。

体験活動と「自律性」「積極性」「協調性」（上記“自立的行動習慣”を構成する要素）との関係の検証は、2016（平成 28）年度に行われた調査にもとづきます[9]。その対象者は、小学校 4 年生から 6 年生の 8,158 人（4 年：2,734 人／ 5 年：2,830 人／ 6 年：2,594 人）、中学校 2 年生 4,652 人、高等学校 2 年生 5,503 人の総数 18,316 人です。

さらに「へこたれない力」との関係については、2018（平成 30）年度調査からのデータとなります[10]。20 歳代から 60 歳代の各年代における男女 500 人ずつの成人 5,000 人を対象としています。

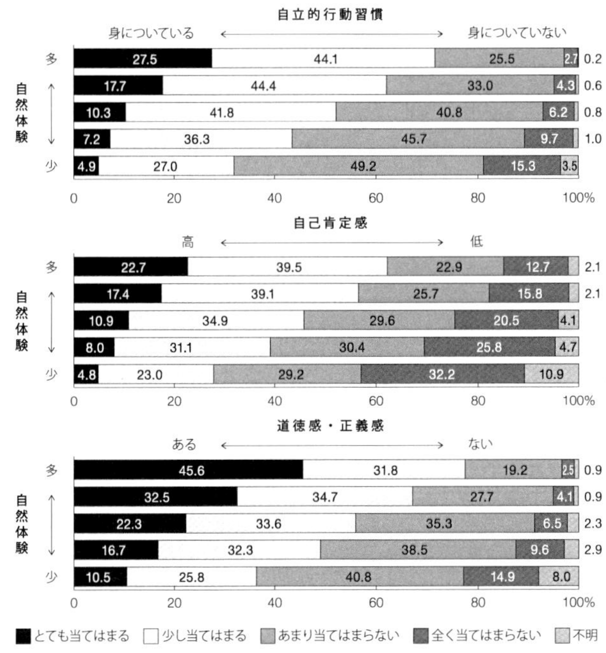

図7　自然体験と「自立的行動習慣」「自己肯定感」「道徳観・正義感」の関係

自然体験との関係

〈「自立的行動習慣」「自己肯定感」「道徳観・正義感」との関係〉（図7）

グラフ（図7）が示しているように、自然体験が豊富な子供ほど、「自立的行動習慣」「自己肯定感」「道徳観・正義感」が育まれている割合が高いことが示されています[11]。この傾向はどの学校段階でも同様に認められます。ここでは図を示しませんが、「自立的行動習慣」については、小学生に比べて中高校生の方が、「自己肯定感」「道徳観・正義感」は中高校生よりは小学生の方に、その関係性がより顕著に見られています。

〈「自律性」「積極性」「協調性」との関係〉（図8[12]）

自然体験活動と“自立的行動習慣”の要素となる「自律性」「積極性」「協調性」との関係について検証したとろ、自然体験が豊富な子供ほど、それらの能力・資質が身についている傾向にあることが報告されています。

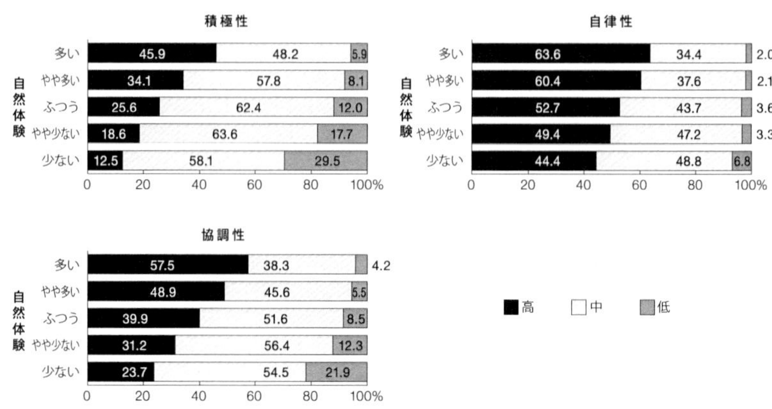

図8　自然体験と「自律性」「積極性」「協調性」の関係

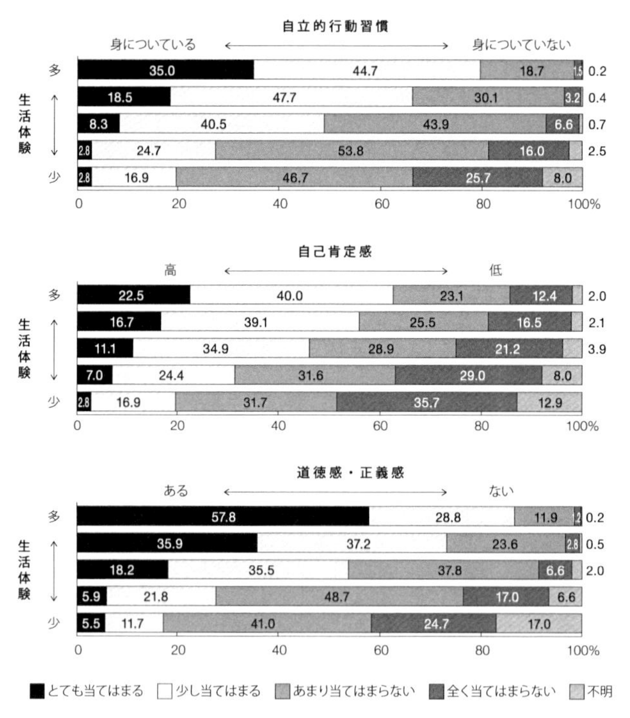

図9　生活体験と「自立的行動習慣」「自己肯定感」「道徳観・正義感」の関係

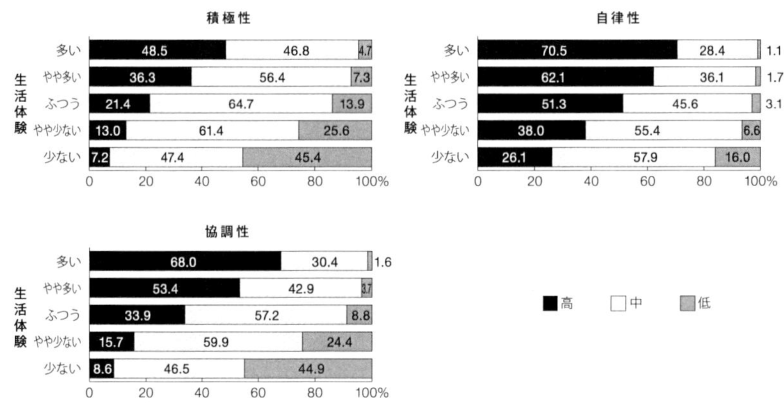

図 10　自然体験と「自律性」「積極性」「協調性」の関係

生活体験との関係

〈「自立的行動習慣」「自己肯定感」「道徳観・正義感」との関係〉（図 9）

生活体験が豊富な子供ほど、「自立的行動習慣」、「自己肯定感」、「道徳観・正義感」が養われている割合が高いことが示されています[13]。この傾向はどの学校段階でも同様に認められます。ここでは図を示しませんが、とくに「自己肯定感」については、中高校生よりは小学生の方に、その関係性がより顕著に見られています。

〈「自立性」「積極性」「協調性」との関係〉（図 10）

生活体験活動と“自立的行動習慣”の要素となる「自律性」「積極性」「協調性」との関係について検証したとろ、生活体験が豊富な子供ほど、それらの能力・資質が身についている傾向にあります[14]。

お手伝い体験との関係

〈「自立的行動習慣」「自己肯定感」「道徳観・正義感」との関係〉（図 11）

お手伝い体験が豊富な子供ほど、「自立的行動習慣」「自尊肯定感」「道徳観・正義感」が育まれている割合が高いことが示されています[15]。この傾向はどの学校段階でも同様に認められます。ここでは図を示しませんが、とくに「自己

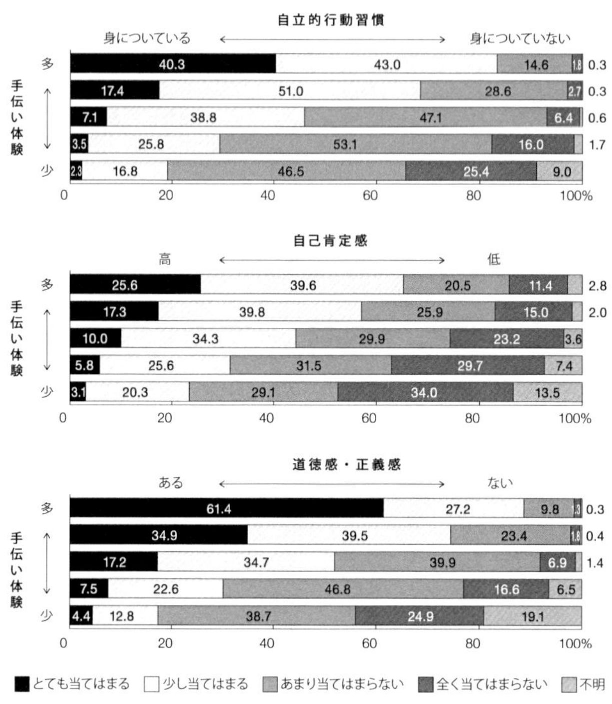

図 11　お手伝い体験と「自立的行動習慣」「自己肯定感」「道徳観・正義感」の関係

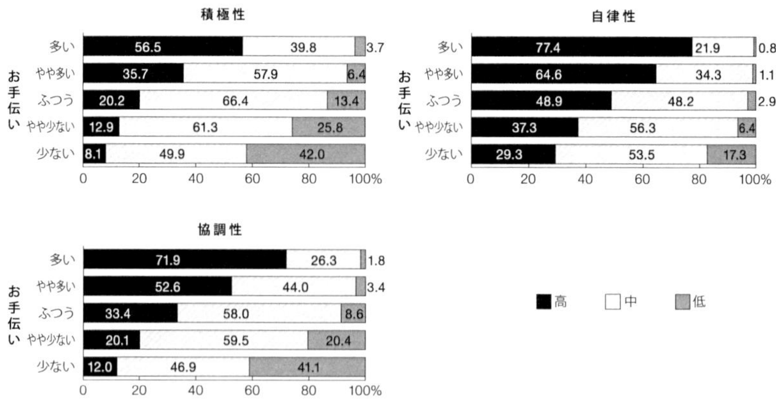

図 12　お手伝い体験と「自律性」「積極性」「協調性」の関係

肯定感」については、小学生の方にその関係性がより顕著に見られています。

〈「自立性」「積極性」「協調性」との関係〉（図 12）

お手伝い体験の活動と“自立的行動習慣”の要素となる「自律性」「積極性」「協調性」との関係については、お手伝い体験が豊富な子供ほど、それらの能力・資質が身についている傾向にあることが認められています[16]。

以上の結果に見られるように、各種体験活動が豊富な子供ほど、ここで取り上げている「自立的行動習慣」（自律性・協調性・積極性）、「自己肯定感」、「道徳観・正義感」のすべての資質・能力について身についている割合が高い傾向を示すことが確認されています。上記に示した関係性のほかにも、ここでは数値は示しませんが、次のような傾向も認められています。

- 自然体験と生活体験の関係を見ると、自然体験が豊富な青少年ほど、生活体験も多くしていて、その傾向はどの学年（小学生・中２・高２）においても同様である。なお、この結果は、他調査による「自然体験の豊富な子供は、他の体験活動も豊富である」という結果と重なる[17]。
- 自然体験や生活体験が豊富な青少年ほど、自己肯定感が高い傾向にあるのは上述の通りであるが、自己肯定感の中でも、とくに「体力には自信がある」については、自然体験や生活体験とより強い関係が見られる（それらの体験活動を多くもつ子供ほど「体力に自信がある」と感じている）。これは、どの学年（小学生・中２・高２）においても同様の傾向となっている。中学生を対象にした別の調査結果でも、体験量が多い生徒ほど、より肯定的な自己像をもつという同様な傾向が確認されている[18]。
- 自立的行動習慣の要素である「自律性・積極性・協調性」が身についている子供ほど、「自己肯定感が高い」、「携帯電話・スマートフォンの利用時間が短い」、「心身の疲労を感じることが少ない」と相関関係が見られる。
- 幼少期から現在までの体験が豊富な子供ほど、「携帯電話を所持する割合が高い」「コンピュータゲームやテレビゲーム等のゲーム遊びの頻度が少ない」「１ヶ月に読む本の冊数が多い」といった傾向が見られる。
- 子供の頃に多くの体験活動を行ってきた保護者ほど、その子供も体験を多くしている傾向にある。
- 子供との関わり（ほめる、しつけ、等）が多い保護者の子供ほど、「自然体験や生活体験が豊富」「生活習慣が身についている」「自己肯定感が高い」といった傾向にある。

表 6　子供の頃の体験と資質・能力（体験の力）における設問項目

体験の設問項目	
自然体験	友達との遊び
・海や川で貝を採ったり、魚をつったりしたこと ・海や川で泳いだこと ・太陽が昇るところや沈むところを見たこと ・夜空いっぱいに輝く星を見たこと ・湧き水や川の水を飲んだこと	・かくれんぼや缶けりをしたこと ・ままごとやヒーローごっこをしたこと ・すもうやおしくらまんじゅうをしたこと ・友人とケンカしたこと ・弱い者いじめやケンカを注意したり、やめさせたこと
家族行事	動植物とのかかわり
・家族の誕生日を祝ったこと ・お墓参りをしたこと ・家族の病気の看病をしたこと ・親戚、友人の家にひとりで宿泊したこと ・家族で家の大掃除をしたこと	・米や野菜などを栽培したこと ・花を育てたこと ・ペットなどの生き物を世話をしたこと ・チョウやトンボなどの生き物を捕まえたこと ・野鳥を見たり、鳴く声を聞いたこと
地域活動	家事手伝い
・近所の小さい子どもと遊んであげたこと ・近所の人に叱られたこと ・バスや電車で体の不自由な人やお年寄りに席をゆずったこと ・祭りに参加したこと ・地域清掃に参加したこと	・ナイフや包丁で、果物の皮をむいたり、野菜を切ったこと ・家の中の掃除や整頓を手伝うこと ・ゴミ袋を出したり、捨てること・洗濯をしたり、干したりしたこと ・食器をそろえたり、片づけたりすること
資質・能力（体験の力）の設問項目	
自尊感情	意欲・関心
・自分のことが好きである ・家族を大切にできる人間だと思う ・通っていた（いる）学校が好きであった（ある） ・今、住んでいる町が好きである ・日本が好きである	・かくれんぼや缶けりをしたこと ・ままごとやヒーローごっこをしたこと ・すもうやおしくらまんじゅうをしたこと ・友人とケンカしたこと ・弱い者いじめやケンカを注意したり、やめさせたこと
人間関係能力	文化的作法・教養
・人前でも緊張せずに自己紹介ができる ・けんかをした友だちを仲直りさせることができる ・近所の人に挨拶ができる ・初めて会った人とでもすぐに話ができる ・友だちに相談されることがよくある	・お盆やお彼岸にはお墓参りに行くべきと思う ・目上の人や年下の人と話すときには丁寧な言葉を使うことができる ・ひな祭りや子どもの日、七夕、お月見などの年中行事が楽しみだ ・はしを上手に使うことができる ・日本の昔話を話すことができる
共生感	規範意識
・休みの日は自然の中で過ごすことが好きである ・動物園や水族館などに行くのが好きである ・悲しい体験をした人の話を聞くとつらくなる ・友だちがとても幸せな体験をしたことを知ったら、私までうれしくなる ・人から無視されている人のことが心配になる	・叱るべきときはちゃんと叱れる親が良いと思う ・交通規則など社会のルールは守るべきだと思う ・電車やバスの中で化粧や整髪をしても良いと思う ・電車やバスに乗ったとき、お年寄りや体の不自由な人には席をゆずろうと思う ・他人をいじめている人がいると、腹が立つ
職業意識	
・10 代の頃に、なりたい職業ややってみたい仕事があった ・大人になったら仕事をするべきだと思う ・できれば、社会や人のためになる仕事をしようと思う ・お金が十分にあれば、できれば仕事はやりたくないと思う ・今が楽しければ、それでいいと思う	

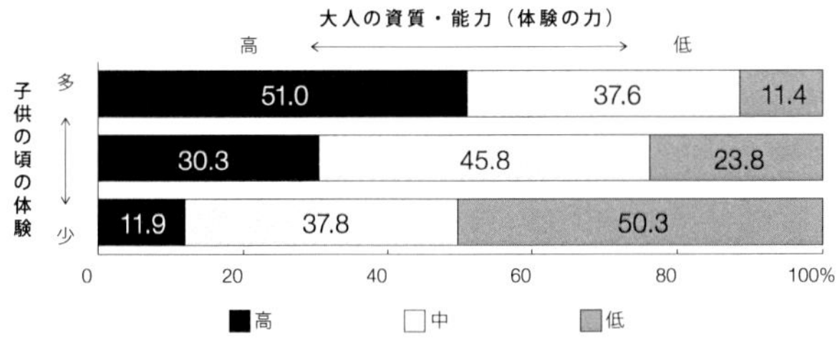

図13　子供の頃の体験と資質・能力（総合：体験の力）の関係

表7　子供の頃の体験と大人の資質・能力の関係（相関係数）

	自尊感情	共生感	意欲・関心	規範意識	人間関係能力	職業意識	文化的作法・教養
自然体験	.247**	.292**	.274**	.175**	.285**	.185**	.304**
動植物とのかかわり	.218**	.321**	.273**	.166**	.271**	.187**	.314**
友だちとの遊び	.252**	.320**	.299**	.243**	.333**	.232**	.332**
地域活動	.269**	.324**	.315**	.190**	.366**	.229**	.346**
家族行事	.265**	.316**	.299**	.254**	.321**	.232**	.377**
家事手伝い	.185**	.288**	.296**	.208**	.304**	.215**	.329**

**p<.01

子供時代の体験と成人後の資質・能力

上記の調査結果は、現在までに子供がしてきた体験量が、現在の子供の意識や資質・能力の育みにどう影響を及ぼしているかについて、子供を対象にした調査でした。それに対して、次の項目で示されるデータは、「大人になった今についてどうか？」というように、成人を対象に行われた調査結果となります(20歳代～60歳代の成人5,000人が対象：各年代・男女500人）[19]。

この調査では、子供の頃の体験を「自然体験」「動植物とのかかわり」「友だちとの遊び」「地域活動」「家族行事」「家事手伝い」の6つに分け、それが大人になったときに育まれている体験の力としての資質・能力とどのような関係があるかを調べています。検討対象とされた資質・能力は「自尊感情」「共生感」「意欲・関心」「規範意識」「人間関係能力」「職業意識」「文化的作法・教養」の7つのカテゴリーに分けられています。体験の6項目と、資質・能力

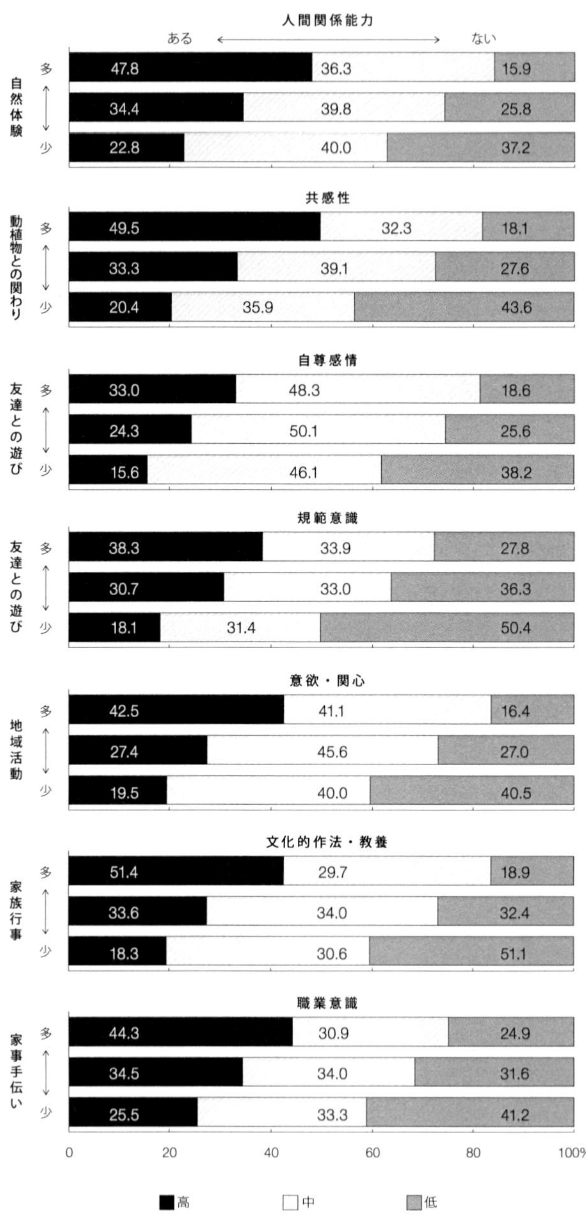

図 14　子供の頃の各種体験活動と資質・能力（大人）の関係

の７項目は、さらに次のような設問として細分化されています（表6）[20]。

結果としては、子供の頃に各体験を豊富にしてきた人ほど、大人になったときの各能力・資質が高い傾向にあることがわかりました。それを総合的な数値として、グラフ化して示したものが図 13 です [21]。

より詳しくは、子供の頃の体験量と大人になったときの資質・能力の相関関係を統計学的に表したものが表７となります [22]。この表の見方ですが、たとえば「自然体験」と「自尊感情」を例にとってみると、子供の頃の「自然体験」を多くもった人ほど、大人になってからの「自尊感情」は高くなる傾向となることを示唆しています。これがすべての項目について、単なる偶然ではなく意味のある本質的な関連があることを表す有意な関係性にあることを示しているのです（「**p<0.1」は、1% 水準＝ 99% の統計的確率でそういえることを表している）。

さらに、それぞれの資質・能力と各種体験量との関係性について主だった結果を取り上げて、グラフで示したものが図 14 となります [23]。これを見ても、子供の頃の体験が豊富だった人ほど、資質・能力が高い傾向となることがうかがえます。

体験活動とレジリエンス

家庭や学校、放課後や休日での地域での体験活動と、「へこたれない力」との関係について検証したところ、どの場面においても、より多くの体験をしている人ほど、「へこたれない力」が強い人（高群）の割合が高い傾向となることが認められています（図 15 ～ 17）[24]。なお、「へこたれない力」は、より専門的な用語でいえば「レジリエンス」といえるでしょう。本書では、「へこたれない力」を「レジリエンス」におき換えてみています。

レジリエンスとは、「逆境や困難、強いストレスに直面したときに、適応する精神力と心理的プロセス」[25] と説明され、「折れない心」「立ち直る心」や「逆境力」「再起力」「克服力」などといわれることもあります。多様なストレスが蔓延する現代社会において、その困難や逆境にくじけることなく、克服していく力となるレジリエンスを身につけることが重要視されるようになっています。

そのレジリエンスについての今回の調査では、たとえば次のような設問が立てられています。

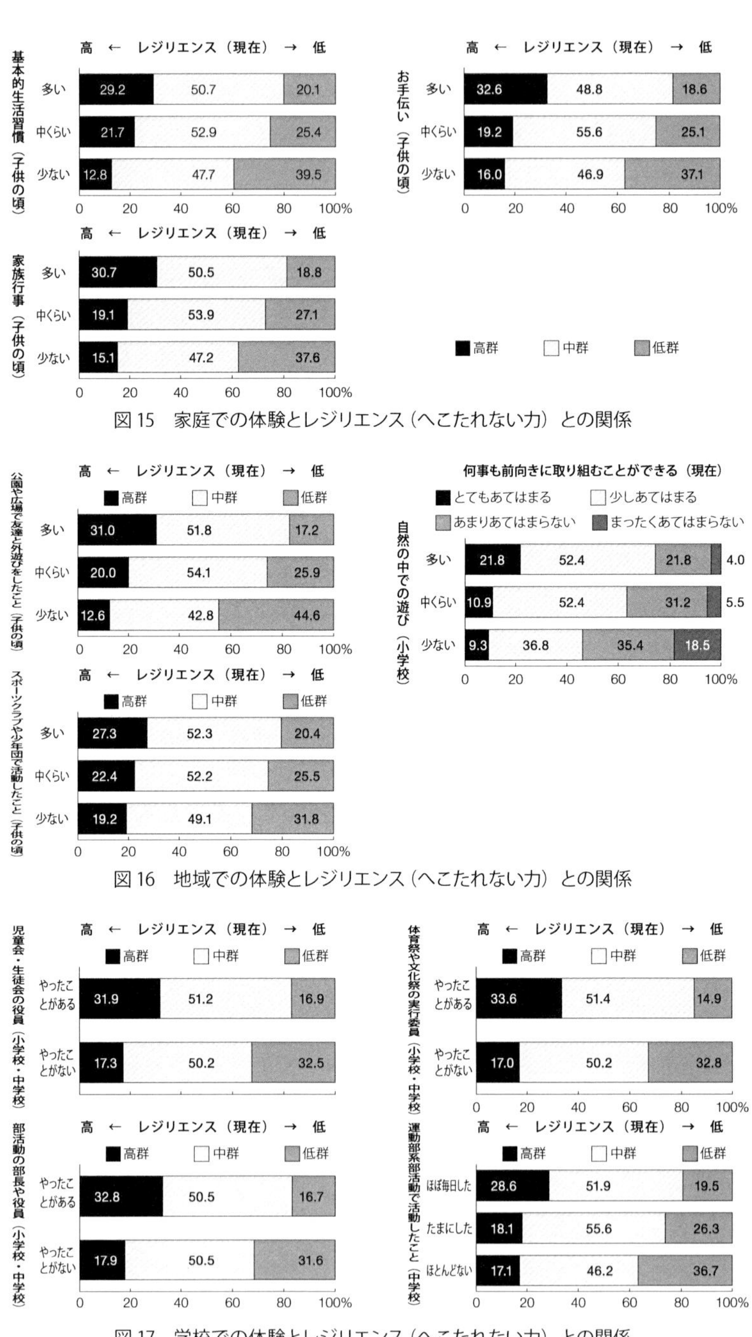

図15　家庭での体験とレジリエンス（へこたれない力）との関係

図16　地域での体験とレジリエンス（へこたれない力）との関係

図17　学校での体験とレジリエンス（へこたれない力）との関係

- どんなに難しいことでも、努力すれば自分の力でやり遂げられる。
- 何事も前向きに取り組むことができる。
- 失敗してもあきらめずにもう一度挑戦することができる。
- ひどく落ち込んだ時でも、時間をおけば元気にふるまえる。

これらに対して「とてもあてはまる」という回答がレジリエンスの強さ、高さを表していると考えるのです。

〈「家庭での体験」との関係〉

子供の頃、家庭において「基本的生活習慣」「お手伝い」「家族行事」を多く体験したことがある人ほど、レジリエンスが強い傾向となります（図15）。

なお、この「家庭での体験」における内容面を見ると、ここでは詳しく述べませんが、「家族との愛情・絆」を強く感じる体験をしている人ほど、レジリエンスが強い傾向にあります。

〈「地域での体験（放課後や休日）」との関係〉

子供時代に地域において、「公園や広場で友だちと外遊びをしたこと」「友だちの家や自宅で友だちと室内遊びをしたこと」「スポーツクラブや少年団で活動したこと」「文化系の習い事に通ったこと」などについて体験したことがある人ほど、レジリエンスが強いという結果が示されています（図16）。

体験活動の内容面となる「遊び」に焦点をあてると、ここでは詳しく述べませんが、「新しい遊びを考えたことがある」や「遊びに熱中している度合い」が多かった人ほど、レジリエンスが強くなる傾向が見られます。

〈「学校での体験」との関係〉

学校において、「児童会・生徒会の役員」「体育祭や文化祭の実行委員」「部活動の部長や役員」「運動系部活動で活動したこと」をより多く体験したことがある人ほど、レジリエンスが強くなる傾向が見られています（図17）。

なお、学校での「学習意欲」が高く、「予習や復習をやっていた体験」を多くもつ人ほど、レジリエンスの割合が高い傾向を示しています。

体験活動と成人後の生活

成人を対象にしたその他のデータとして、子供の頃の体験量と現在の「学歴・年収・読書量」といった要素との関係性を検証した調査があります。その結果、子どもの頃の体験が豊富な大人ほど、「学歴が高い」「収入が多い」「読む本の

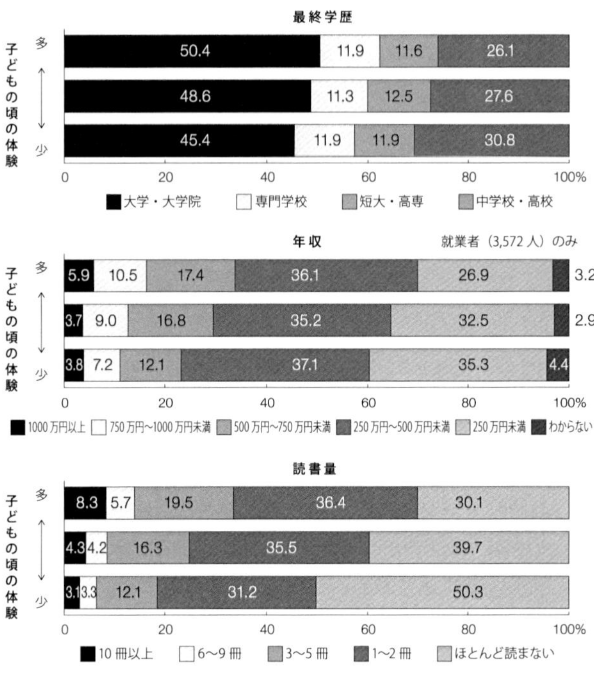

図18　子供の頃の体験と「現在の状況」の関係

冊数が多い」という割合が高い傾向を示す結果となっています（図18[26]）。

また、葛藤がおこる場面に対峙したときに、どう考えるかについて、子供の頃の体験量との相関関係を検証した調査があります[27]。その結果、子供の頃の体験が豊富な人ほど、以下の内容について、「はい」と回答する割合が高くなる傾向が見られています[28]。

- 仲の良い友だちには、自分の弱いところを見せてもかまわない。
- 人間の都合で自然を破壊するのはやめるべきだ。
- どんなことも、あきらめずにがんばればうまくいく。
- 友だちが間違っていると思えば、相手が傷つくとしても言ってあげたほうがよい。

体感活動と学力

体験量が、児童生徒の学力へ及ばす影響を検証した調査では、次に示す肯定的な結果が得られています。下記①～④の設問について、「当てはまる」と回答している児童生徒の方が理科の平均正答率が高い傾向にあることが確認されています。とくに、②の点（中学校）について、その傾向が強く見られています。

① 自然の中で遊んだことや自然観察をしたことがある。
② 科学や自然について疑問を持ち、その疑問について人に質問したり、調べたりすることがある。
③ 理科の授業で学習したことを普段の生活の中で活用できないか考える。
④ 理科の授業で自分の考え（や考察）をまわりの人に説明したり発表したりしている。

また、自然の中での集団宿泊活動を長い日数行った小学校の方が、国語・算数の主に「活用」に関する問題の平均正答率が高い傾向を示しています[29]。

よく知られているPISAというOECDの学習到達度調査があります。2009年の結果を見ると、高校１年生の時に何らかの活動をしていた生徒の方が、読解力の平均得点が高いことがわかりました[30]。クラブ活動や、ボランティア、地域での活動をしていた生徒が、していなかった生徒に比べて得点が高くなる傾向がはっきりと確認されたのでした。こうした体験活動が、学習到達度を高めるということは、ある程度言うことができるのではないかと思います。

体験が人を育む――りんごの種と樹木

本章では、体験活動の意義や効果について、中教審答申などで公示されている文書などで提示されている内容、多面的な体験活動の要素がふくまれる「外遊び」（＝屋外で仲間と一緒にする活動）の効能、数的データとして報告されている各種体験活動と資質・能力の関係の観点から整理し示してきました。それらを総じていえば、多様な体験活動は、私たちの知・徳・体に肯定的効果をもたらし、心身の十全な成長を促進する不可欠な要素であるということです。したがって、私たちが充実した人生を創造していくための基盤となるのが体験であるといえるでしょう。

反対に考えれば、私たちは体験をすることなしには、何もできるようにならないのです。生まれてこの方、服を着る、生活道具を使うといった基礎的なことから、自転車で移動する、楽器を奏でるなどの複雑なことまで、いろいろな体験をすることによって、あることを学び、それを身につけ、そう動けるようになります。その積み重ねによって、さまざまなことを考え行動できるようになるのです。その幅が広がるほど選択肢も広がり、すなわち可能性も大きくなっていきます。それらのことは当たり前すぎて、日頃からとりわけ考えることはありません。一方で、多くの人は「体験は大切」と感覚的には思っていることでしょう。

私は体験活動を考えるとき「りんごの種と樹木」を思い浮かべます。多くの果実を実らせている立派なりんごの木を想像してみましょう。そのりんごの樹木も、もとは想像できないくらいの小さな、小さな1つの種粒が成熟した姿です。すごいと思うのは、その小さな種の中に、最終的にそのような豊かな実をつけた大木となる可能性がすべてつまっていることです。すなわち、そのように大きく成長する潜在的可能性が、その一粒の中にすべて宿っていることになります。

しかし、何もすることなしに、その種から多くの実をつける樹木へと成長するでしょうか。そうは考えられません。その可能性が十分に引き出され花開くには、プロセスが必要です。種から芽を出し、樹木となっていく成長の過程では、日々、地球・自然から日光や水、さまざまな栄養分を吸収して地面にしっかと根を張り、幹を太くしていきます。そうすることで、嵐や干ばつなどの困難に対処し耐えることも可能となります。そのような困難や逆境に向き合い乗り越えるプロセスを経て、より強い幹となり枝を広げ、より多くの果実を実らせることができるのです。

体験活動は、種から豊かな樹木へと成熟していくために根本的に欠かせない日光、水、栄養素、（ときに困難という状況）などにあたるものと考えます。つまり、もともともっている潜在的可能性を引き出し広げ、伸ばしていくという十全な成長を促進するエネルギーです。それらなくして、一粒のりんごの種が、豊かな実をつけた樹木へと変容することはないでしょう。同様に、生きるうえでの多様な体験、およびそこでのチャレンジが、より豊かで充実した私たち自身を創造していくのです。

注

1. メタ認知は心理学用語で、「メタ (meta)」は「高次の」や「より上位の」という意味をもつ。自分の考えや行動などについて、より高い視点から、客観的に理解したり、ふり返ったりすることをいう。すなわち、自分が何を考えている (いた) のかや、どう行動している (いた) のかといった自分の言動について、改めて考えたり把握したりする活動のことである。
2. 国立青少年教育振興機構総務企画部調査・広報課編『「子どもの体験活動の実態に関する調査研究」報告書』国立青少年教育振興機構，2010，158p. http://www.niye.go.jp/kenkyu_houkoku/contents/detail/i/62/,（参照　2021-02-02）.
3. 小森伸一「生活習慣・生活リズムが乱れている子：外遊びをしたがらない子」『児童心理』2018 年 6 月号 (特集：生活習慣の点検)，金子書房，p.106-110.，前橋明『3 歳からの今どき「外あそび」育児』主婦の友社，2015，125p.，茂木健一郎『5 歳までにやっておきたい本当にかしこい脳の育て方』日本実業出版社，2017，208p.，川村晴子，中西利恵，増原喜代，内山明子『子供の育ちと遊び』朱鷺書房，1997，317p.
4. Ratey, John J.; Manning, Richard. *Go Wild: Eat Fat, Run Free, Be Social, and Follow Evolution's Other Rules for Total Health and Well-being.* Little, Brown Spark, 2015, p. 173-178.
5. Baumeister, Roy F.; Leary, Mark R. "The Need to Belong: Desire for Interpersonal Attachments as a Fundamental Human Motivation." *Psychological Bulletin.* 1995, 117(3), p. 497-529.
6. Heaphy, Emily D.; Dutton, Jane E. "Positive Social Interactions and the Human Body at Work: Linking Organizations and Physiology." *Academy of Management Review.* 2008, 33(1), p. 137-162., Theorell, Töres et al. "Slow-reacting Immunoglobulin in Relation to Social Support and Changes in Job Strain: A Preliminary Note." *Psychosomatic Medicine.* 1990,52(5),p. 511-516.
7. " 森林セラピーとは "，特定非営利活動法人森林セラピーソサエティ. https://www.fo-society.jp/therapy/index.html,（参照　2021-02-02）.
8. 国立青少年教育振興機構青少年教育研究センター，総務企画部調査・広報課編『「青少年の体験活動等に関する実態調査」(平成 24 年度調査) 報告書』国立青少年教育振興機構，2012，224p. http://www.niye.go.jp/kenkyu_houkoku/contents/detail/i/84/,（参照　2021-02-02）.
9. 国立青少年教育振興機構青少年教育研究センター，総務企画部調査・広報課編『「青少年の体験活動等に関する意識調査 (平成 28 年度調査)」報告書』国立青少年教育振興機構，2019, 161p. http://www.niye.go.jp/kanri/upload/editor/130/File/0_report.pdf,（参照　2021-02-02）.
10. 国立青少年教育振興機構青少年教育研究センター編『「子供の頃の体験がはぐくむ力とその成果に関する調査研究」報告書』国立青少年教育振興機構，2018, 178p. http://www.niye.go.jp/kanri/upload/editor/130/File/0_report.pdf,（参照　2021-02-02）.
11. 田中壮一郎編『体験の風をおこそう３　数字でみる体験活動と「生きる力」――体験活動の成果を検証する――』悠光堂，2015，p.17-22.
   本書は、国立青少年教育振興機構がこれまでに調査し研究報告書として公表してきた、「子どもの体験活動の実態に関する調査研究」(2009= 平成 21 年度)、「青少年の体験活動等と自立に関する実態調査」(2010 年度)、「子どもの読書活動の実態とその影響・効果に関する調査研究」(2011 年度)、「青少年の体験活動等に関する実態調査」(2012 年度) の結果について整理され書籍化されたものである。ここで取り上げているデータは、「青少年の体験活動等に関する実態調査」(2012 年度) がもとになっている。

12. 前掲注 9, p.6 参照.
13. 前掲注 11, p.11-16 参照.
14. 前掲注 9, p.6 参照.
15. 前掲注 11, p.25-28 参照.
16. 前掲注 9, p.7 参照.
17. 深谷昌志「「体験を持つ」意味を考える」『児童心理』2015 年 8 月号臨時増刊 (特集 :「体験」がもたらす子供の成長), 金子書房, p.41-42.
18. 同, p.42-44 参照.
19. 国立青少年教育振興機構総務企画部調査・広報課編『「子どもの体験活動の実態に関する調査研究」報告書』国立青少年教育振興機構, 2010, 158p. http://www.niye.go.jp/kenkyu_houkoku/contents/detail/i/62/, (参照 2021-02-02).
20. 前掲注 11, p.63 参照.
21. 同.
22. 前掲注 19, p.123 参照.
23. 前掲注 11, p.64-70 参照.
24. 前掲注 10, p.6-9 参照. なお、当該図 (グラフ) の引用にあたり、典拠元の図をわかりやすくするために一部簡略化した。また、横軸の「へこたれない力」は、本文の説明に合わせて、「レジリエンス」におき換えて表記している。
25. 足立啓美, 鈴木水季, 久世浩司『子どもの「逆境に負けない心」を育てる本――楽しいワークで身につく「レジリエンス」――』イローナ・ボニウェル監修. 法研, 2014, p.18.
26. 前掲注 2, p.119-121 参照.
27. 同, p.115-117 参照.
28. 文部科学省初等中等教育局学力調査室, 国立教育政策研究所教育課程研究センター研究開発部学力調査課編『2. 平成 24 年度　全国学力・学習状況調査　調査結果のポイント』国立教育政策研究所, 2012, p.41-42. https://www.nier.go.jp/12chousakekkahoukoku/02point/24_chousakekka_point.pdf, (参照　2021-02-02).
29. 同, p.67 参照.
30. 中央教育審議会『今後の青少年の体験活動の推進について (答申)』文部科学省, 2013, p.7. https://www.mext.go.jp/component/b_menu/shingi/toushin/__icsFiles/afieldfile/2013/04/03/1330231_01.pdf

Part 2　ポジティブ・エクスペリエンスとは

３つの本質

前の Part 1 では、昨今の体験における一般的な現状および考え方や効果などについて、これまでの調査等で報告されているデータや知見を交えて見てきました。この Part 2 およびこれ以降においては、それらのこともふまえつつ、本書のメイントピックとなる「ポジティブ・エクスペリエンス（Positive Experience）」とは何なのか、その考え方について示していきたいと思います。

ポジティブ・エクスペリエンスは、先述した体験における直接体験にあたります。直接体験は体験の対象となる実物に実際に関わることでした。本書において、わざわざポジティブ・エクスペリエンスとしているのは、それが単なる直接体験を意味するだけでなく、それに重要な要素や考え方を付け加えているからです。この Part 2 において、それらをポジティブ・エクスペリエンスの本質として、３つの点を挙げて説明していきます。それは、「アクティブ・セルフ（自己活性化）となる体験」（第４章)、「ホリスティックな体験」（第５章)、「VARS 理論にもとづく進化志向の体験」（第６章）となります。

なお、本書のテーマとなる「ポジティブ・エクスペリエンス」の理念は、近年注目の「ポジティブ心理学」（新しく起こってきた心理学の一領域）の知見を大いに活用して理論化されています。続く第４章の「アクティブ・セルフとなる体験」では、私たちのポジティブ感情やポジティビティについて触れることになるため、それらの点を研究のメインテーマとするポジティブ心理学についても簡潔に説明することにします。

第４章　アクティブ・セルフとなる体験

最初の本質１として、ポジティブ・エクスペリエンスは、「アクティブ・セルフ」となることを志向する体験であることについて見ていきます。ここでいう「アクティブ・セルフ」は、本書で使う造語で、「自己活性化」を意味するものとします。心身ともに充実し、生き生きとした活性化した状態をさします。その「アクティブ・セルフ」状態は、発展的・創造的なプロセスとなって人間を豊かな生へと向かわせる源泉でもあります。そのような、私たち自身が活性化することを検討するにあたり、ここでは、「ポジティビティ（ポジティブな状態）」「強み」「自分軸」という相互に関連するキーワードから考えてみます。

とくに最初の「ポジティビティ」については、「アクティブ・セルフ」（自己活性化）を考えるうえでの核となります。この「ポジティビティ／ポジティブ」については、心理学の比較的新しい学問領域として提唱された「ポジティブ心理学」と、そこで説かれていることを取り上げて検討していきます。また、「強み」はポジティブ心理学の主要な研究テーマの１つでもあり、自分の「強み」を理解して生かしていくことが、自身のポジティビティの向上に寄与します。そのように「強み」を意図的に認識して、それに沿った行動をとることは、自らの好奇心や探求心にもとづいた活動に通じることから「自分軸」の取り組みへと結びついていきます。

1.　ポジティビティを高める体験

ポジティブ心理学とは

「ポジティブ心理学」はご存知でしょうか。心理学という語句はよく見聞きしていると思いますが、その前に「ポジティブ」の単語がついたことばは聞きなれない人が多いのではないでしょうか。ただ一方で、以前と比べるとだいぶ認知されてきているようにも感じます。本書を手にしているような読者の方においては、そのことばを目にしたことがあるという人も少なからずいるのではないかとも察しています。

「ポジティブ心理学」とは、「人間の生活におけるポジティブな側面、すなわち、幸福やウェルビーイング（充実したあり方、良好な生き方）、豊かな生について研究する学問」とされます[1]。その創始者マーティン・セリグマン博士のことばでいえば、「人間が最大限に機能するための科学的研究であり、個人や共同体を繁栄させる要因の発見と促進をめざす学問」となります[2]。その歴史はまだ浅いですが、学術的な心理学分野における1つの領域となります。

「ポジティブ心理学」を知らない人がそのことばを見聞きすると、「よく“ポジティブ・シンキング”っていわれている、いつでもどこでもポジティブ（前向き・肯定的）に考えていこうってやつね」と思う人がほとんどではないでしょうか。しかしポジティブ心理学は、「ポジティブ・シンキング」が主張するプラスの効果を客観的に実証するものではありますが、同じではありません。また、ポジティブ・シンキングは、個人的な経験則などをベースにした主観的見解であることが多く見受けられます（それが悪いといっているわけではありません）。先に述べた通り、ポジティブ心理学は科学的アプローチに依拠する心理学の1領域となります。それゆえ、ポジティブ心理学でも、収集された客観的データについて分析・検証および論考を通して得られた知識や見解が提示されています。この点において、ポジティブ・シンキングとポジティブ心理学は「似て非なるもの」であって、その根本において別物であるといえるでしょう。

ポジティブ心理学は1998年当時、米国心理学会会長であった前出のマーティン・セリグマン博士によって提唱、創設されました。本書の執筆時（2020年）で、まだ20年ほどしか経過していない比較的新しい心理学上のアプローチとなります。この学問が開始された背景には、従来の心理学が、それまで主として人間の弱み・欠点などのネガティブな側面ばかりに注目してきたことがあります。より具体的にいうと、従来の心理学は多くの場合において、抑うつなどの心の病を主たる研究対象としてきたという、いうなれば「病理に関わる心理学」であったということです。すなわち、「価値があり、充実した人生を創り上げるものは何か」、「どうしたら幸福になれるか」、「どのようにして成長できるか」などといった人間のもつ強みや潜在能力の開発、人生や社会の幸福・繁栄をテーマにした発展的な検討はあまり行われてこなかったのです。いわば、通常の状態を「ゼロ」としたら、旧来の心理学は、「マイナス」状態にあるのをできるだけ「ゼロ」に戻す、近づけるためのアプローチです（例：「− 5 → − 2」「− 3 → 0」）。それに対してポジティブ心理学では、「ゼロ」または「プラス」にある状態に、さらにプラスを積み上げるためのアプローチということができるでしょう（例：「0 →＋ 2」「＋ 1 →＋ 3」）。

そのようなポジティブ心理学が扱う前向きなテーマは、それが提唱される 1998 年以前にも検証されてこなかったわけではありません。しかし、とても限られた研究者による限定的な成果にとどまっていたのです。1998 年の開始以降、ポジティブ心理学に関わる研究への取り組みは 1 つのムーブメントとなって発展をとげ、多くの有益な発見や知見が積み重ねられてきています。アメリカ心理学会が提供する文献データベース「PsycINFO」で公開されているポジティブ心理学における主要テーマの 1 つである「幸福」に関する学術論文の数は、1998 年以前は 50 年間で 2,746 件でした。しかし、ポジティブ心理学提唱以降の 1998 年から 2010 年までの 12 年間だけで 4,623 件となり、急速にその数が増えています[3]。一方で、主流となってきたこれまでの「病理にかかわる心理学」が役に立ってこなかったというわけではありません。セリグマン博士自身も、従来の心理学の現在に至る成果として、以前は治せなかった 14 の精神疾患（うつ、人格障害、不安発作、等）が、今では治療ができるようになっている功績について認めているところです。

ポジティブ心理学の 3 階層とウェルビーイング

欧州のポジティブ心理学者の第 1 人者あるイローナ・ボニウェル博士は、ポジティブ心理学の研究領域には以下に示す 3 つの異なる階層があると述べています[4]。

- **主観的階層**
  ポジティブな体験、すなわち喜び、ウェルビーイング、満足感、充実感、幸福感、楽観性、フロー（何かに没頭した状態）などを研究対象とする。この階層では、「良い行いをすること」や「良い人間であること」（下記「個人的階層」）よりも、「良い気分を感じること」に焦点をあてる。
- **個人的階層**
  「良い人生」の構成要素や「良い人間」になるために必要な個人的資質に

ついて探求する。そのために、人間の強みや美徳、未来志向性、愛する能力、勇気、忍耐、許し、独創性、知恵、対人スキル、天才性などがテーマとなる。

- **社会的階層**

  道徳、社会的責任、教育、利他主義、礼節、寛容、労働倫理、ポジティブな組織など、集団の社会を生きる人としての人格の向上と共同体の発展に寄与し、個を超越していくための要素について研究する。個人を超えた、より大きなもののために、ポジティブな行動を起こしていくことをテーマとして扱う。

以上からもうかがえるように、ポジティブ心理学の研究対象は、個人的なことから社会的な側面までがテーマとなり、とても広範囲です。その中で、底辺を流れる共通テーマを簡潔にとらえれば、「個から社会（集団）にいたるまでの進化・繁栄＝ウェルビーイングの探求」ということがいえるのではないでしょうか。さらにここでいうウェルビーイングとは、セリグマン博士も言及しているように、「持続的幸福な状態」をいいます。この幸福のとらえ方は、より近年では、一時的で一過性の快楽の意味だけを示す場合の「ハピネス(happiness)」とは区別されています。

ウェルビーイングということばは、国連では「個人の権利や自己実現が保障され、身体的、精神的、社会的に良好な状態にあること」とされています。また心理学では、概して「持続的幸福感のある、健全な心の状態」として扱われます。したがって、本書でいうウェルビーイングは、「精神的・身体的・社会的に良好な生き方とその持続的状態にあること＝持続的な幸福状態」としてとらえます。そして、そのようなウェルビーイングであることや、それを探求することが、自分自身、他者との関係、社会がより進化し繁栄へと通じていくと考えます。ポジティブ心理学は、そのことをめざすさまざまな要素・要因について研究し、その考え方と行動のあり方を提供する学問といえるでしょう。

そのようなウェルビーイングの概念に「幸福」ということばが使われているように、ポジティブ心理学が誕生以来、幸福を科学する「幸福の研究」が活発に行われてきています。「幸せとは何か？」という問いに対して、心理学や脳科学などさまざまな研究アプローチによってそのメカニズムを科学的手法によって解明を試みるもので、これらを総じて「幸福学」とよぶこともあります。逆に見れば、幸福学はポジティブ心理学の成果が根拠となっているともいえるでしょう。しかし、「幸せとは何か？」といった「幸せ／幸福」の探求は今に始まったことではありません。これまでのギリシャ哲学、宗教の伝統、近代の作家・思想家など、古代より人間のテーマとして語られてきました。ポジティブ心理学は、社会的に高く評価されてきたそれらの知識・智慧、理論、思想などを、科学的調査によって実証し客観性の高い知見として提示しているという側面があります。したがって、ポジティブ心理学が検証の結果、指摘・支持する考え方の中には、新たな発見に加えて、すでに世間で知られているような人生訓などと重なることも多々見られるのです。

ポジティビティ・ポジティブ感情を高める体験へ

ポジティビティとは、「楽しい、嬉しい、安心、心地良いなどのポジティブ感情からもたらされる自己肯定的な状態」です。それは、単なる一過性の身体的快感やぼんやりとした幸福感よりも広範囲の見方となります。ポジティブ心理学者バーバラ・フレドリクソン教授は、ポジティブ感情の代表的なものに、「喜び（Joy）」「感謝（Gratitude）」「安らぎ（Serenity）」「興味（Interest）」「希望（Hope）」「誇り（Pride）」「愉快（Amusement）」「鼓舞（Inspiration）」「畏敬（Awe）」「愛（Love）」の 10 要素を挙げています。その理由として、心理学的調査の対象に非常に多く取り上げられていることと、生活の中にもっともよく表れる感情として一般的であるからだと述べています。以下において、それら 10 のポジティブ感情について簡潔に説明します。なお、ここで示すのは定義というより、特徴的なことになります[5]。

①　喜び（Joy）

安全で見慣れた場所にいるとき、すべてが期待以上にうまくいっているとき、努力を必要とする状況がほとんどないようなときに「喜び」を覚えます。「喜び」は明るく軽やかな感情で、足取りは軽くなって、顔は微笑みとなり内からの光で輝きます。すべてを取り込みたい気持ちや、遊び心も生じて何にでも参加したい積極的になるなどといった気分をもたらします。

②　感謝（Gratitude）

与えられた何かについて、本人がその価値を認めたときに「感謝」の気持ちが起こります。「感謝」の対象は人に限らず、自然（新鮮な空気が吸える、等）、健康（体に不自由がない、等）、環境（休める安全で快適な場所がある、等）などにも「感謝」を覚えます。また、「感謝」の気持ちは心を広くし、お返しをしたいという感覚（反報性：他者からの施しや行為に対してお返しをしたいと感じる心理）を生む傾向をもちます。そのお返しの対象には、「感謝」を感じた相手の場合もあれば、それ以外の誰か・何かという場合もあります。

③　安らぎ（Serenity）

喜びと同じように、環境が安全でなじみがあり、とくに努力を必要としない状況で感じられますが、喜びよりも静的なニュアンスをもつ感情です。今の環境が「そうあるべき状態」で快適と感じられ、「ふうっ」と気持ちの良い息をつけるような感じとなります。「安らぎ」は、今の瞬間に意識が集中し、これをゆっくり味わっていたい、もっとこの感覚をいつも味わいたいと思うような感情となります。「喜び」「誇り」「愉快」「畏敬」など、ほかのポジティブ感情がおさまったあとによく現れる傾向があることから「残光の感情」ともいえます。

④　興味（Interest）

新しいものごとに関心をいだき、謎を突き止めたい気持ちです。「喜び」や「安らぎ」の感情と違い、努力と集中が要求されます。探索したい、今発見したそのことにのめり込みたいといった気持ちとなります。

⑤　希望（Hope）

状況が非常に悪いとき、ものごとがうまくいかないとき、結果が非常に不確定であるときといった、絶望や失望を感じるような状況のときに生じます。そのような絶望的な状況の中で、「最悪の事体を恐れながらも、状況は変わり得るという信念をもちつつ、心により良い状況を望む」感情となります。

⑥　誇り（Pride）

いわゆる「自意識感情」の1つで、手柄となるようなことをやり遂げたときや、社会的に価値をあることをした場合などに生じます。また、良い結果を残した時にも感じます。「誇り」もまた思考を広げ、それを感じると、同じ分野でさらに大きな成功を目指そうといった、さらなる達成への動機をかき立てる気持ちでもあります。一方で、その感情が行き過ぎると「傲慢」となり、良い評価がされないこともあります。

⑦　愉快（Amusement）

時に思いがけないことが起きて、笑ってしまうようなときに「愉快」は生じます。社会学者はそのような状況を「深刻でない社会的不調和

(nonserious social Incongruity)」という言葉で呼びますが、これは「愉快」を引き出す驚きや不調和に２つの重要な特徴があることを表しています。１つは「愉快という感覚は社会的なものであること」で、もう１つは「意外性は安全な状況のなかにあってのみ愉快だということ」になります。

⑧　鼓舞（される感情）(Inspiration)

人間のすばらしさに出会うといった崇高な人間性を見て感じる経験をしたときには、私たちは刺激を与えられ、意気が高まります。そのようなときに奮い立つような気持ちとなって意識はくぎ付けとなり、その際の心が熱くなるような気持ちをいいます。堕落した人間を見て感じる「嫌悪」という気持ちとは反対にある感情となります。

⑨　畏敬（Awe）

崇高なものや偉大な人を畏れ敬う気持ちを意味する「畏敬」は、上記の「鼓舞（される感情）」と近い感覚ではあるものの、もう少し規模の大きいすばらしさに出会ったときに感じます。その偉大さに圧倒され、自分自身の小ささを感じて謙虚となり、見た瞬間に身体がこわばり、足が止まってしまうような感覚でもあります。また境界が消え、自分が何か偉大なものの一部という気持ちになるような感情です。

⑩　愛（Love）

「愛」は１種類のポジティブ感情というよりは、上掲した９つのポジティブ感情のすべてを含んでその上に位置する感情となります。安全で親密な人間関係の中で、さまざまなポジティブ感情が心を揺さぶるとき、状況によってそれは「愛」となります。

たとえば、人間関係のごく初期において、心惹かれた相手の言動に深い「**興味**」を覚えます。初めはぎこちないことも多いため、一緒に「**愉快**」に笑ったりします。次第に関係が築かれて自分の期待以上となると、「**喜び**」を感じるようになります。また、お互いに将来の「**希望**」や夢を分かち合うようにもなるでしょう。さらに関係が強くなることで、互いに愛情を感じられるようになって「**安らぎ**」を感じます。相手が与えてくれる喜びに「**感謝**」の気持ちをもち、自分の手柄のように「**誇り**」を感じます。相手のすばらしい言動によって「**鼓舞**」されることもあり、お互いを引き合わせてくれているこの世界・宇宙の力に「**畏敬**」の念を覚えます。

これらのどの瞬間も「愛」という言葉で表現できることから、「瞬間的な心の状態」ということもできます。すなわち、単に親密な相手との「関係」

を意味するものではなく、波のような感情の高まりととらえられます（親密な関係は「反復する愛の波」が作っていると考えられる）。
また「愛」には、相手を見つめてうなずいたり身体を寄せたりするといった、特徴的な「非言語的表現」も含まれます。さらに、オキシトシンとプロゲステロンという神経伝達物質のレベルを高め、生涯の絆、信頼、親密さをもたらす身体の生物学的な化学反応をもたらします。

以上の10のポジティブ感情は、比較的頻出度の高い順番となっています。しかし最後の「愛」はその説明で述べられているように、ポジティブ感情の中でもっとも一般的である一方で、さまざまな側面があり、かつ包括的な感情であることから最後に示されています。本書でもポジティブ感情を表すときには、これらの用語を中心に採用するとともに、ここで説明されている特徴と意味合いにもとづいて使用しています。

これらポジティブ感情は、ストレスのかかった心身機能を和らげたり、新たな細胞の成長を早めたりするというように「活力を与えるポジティビティ」といわれたりもします[6]。人はそのようにポジティブ感情を高めポジティブな状態になると、視野が広がり精神機能が活発化して思考と行動がより創造的になります。さらにそうなることによって、知的・心理的・身体的・社会的能力が向上して、より良いパフォーマンスや成果へと結びついていく傾向となることが、ポジティブ心理学の研究によって認められています[7]。

そのようなポジティビティの効果を体験活動との関連で考えると、何らかの体験をポジティビティを高める（＝ポジティブな状態となる）ことに通じる活動とすることが重要だということです。そうすることで、当事者にとっての発展的な成果をもたらす良い影響を期待できるからです。したがってポジティブ・エクスペリエンスは、ポジティブ心理学の研究によって積み重ねられてきた知識を体験活動の内容や実践に活用していく試みとなります。活動者をよりポジティブな状態へと誘って、心身の活性化をもたらしウェルビーイングとなる、すなわち「アクティブ・セルフ」（自己活性化）となることを志向する理論と実践になります。

2.「強み」を生かす体験

自分の「強み」を理解することの意義

皆さんは自分自身の「強み」が何かを理解していますでしょうか。「強み」とは、簡単にいえば、自分が得意なこと、一番うまくできることなど、その人の長所となります。「速く走れる」「歌がうまい」など外から確認しやすい身体的・技術的な得意に関わるものもあれば、「優しい」「熱心だ」といった性格の特徴に関わるような、目には見えにくい精神的・心理的なものもあります。また、学校や職場といったある集団の中で、「コミュニケーションがうまい」「リーダーシップがとれる」などと他者との関係性において発揮されるものもあれば、「集中するのが得意」といった個人で何かをするときに発揮できるものもあるでしょう。

このように、強みというのは人それぞれで、場面によっても違ってくる、とても個人的なものです。個で見ても強みは 1 つだけというわけではなく、1 人 1 人が多様でいろいろなものをもち合わせているものです。それらが一緒になってその人自身の個性として発現し、社会への良い成果や貢献をもたらしていると考えられます。想像してみてください。自分がもつ「強み」を生かしながら毎日を過ごしている姿を。きっと、楽しくもあり充実していて、生き生きとした自分の様子を思い浮かべることができるのではないでしょうか。

自分らしいと感じられる性格的な強みが、自らの得意なことと一致していると、成長や発達に良い影響があるとされています[8]。

それゆえ、自らの「強み」を理解し、日々において生かせる人は、より豊かな生に向かう傾向にあるとされます。自分の「強み」を知ることが、上で取り上げた「ポジティビティ」の上昇につながることが研究によって実証されています[9]。逆にいえば、自分の性格には合わないと感じるものや、自分にとって不得意でなじめない力やスキルを高めようとしても、そもそもうまくできない傾向があります。それゆえ、それを無理に押し進めても、成就できないことで自信やモチベーションを弱め、生きる活力を失ってしまうでしょう。

成功者といわれているような人の本質として、自分の才能や強みの上に、ライフスタイルやキャリアを築くとされています。そのような人の特徴には、自らの才能や強みを認識した上でさらにそれらを高めようすることが認められています。また、自分にとってより良い役割を見出して、才能や強みを日常に生かしていこうとする方法を考え出す傾向にあるとされます。反対の「弱み」に対しては、それを完全に克服しようとするのではなく、じょうずにコントロールしていることがわかっています。一般的によく信じられているのは、成功する人は高い目標を設定して、成功できない人は低い目標を設定しているからだということです。しかし最近の研究では、成功する人というのは、自分のもつ能力、つまり「強み」をよく理解していて、今もつ力のわずか上のところに目標を設定することがわかっています。他方、うまくいかないような人は、自分の能力レベルに気づかず、現実的でない高すぎる目標を設定してしまい、当然それはできなくて失敗する傾向となることも確認されています[10]。この研究結果からも示唆されるように、何かを達成するためには、自分がもつ「強み＝性格的特徴・能力」をまず知ることがとても重要なことでもあるのです。

続いて、「強み」を生かすことで得られる具体的な効果について見ていきます。

「強み」を生かすことの効果

自分の「強み」を学校や職場、人間関係や趣味などに生かしていくことができれば、生き生きとした気持ちや充実感をもたらしてくれるでしょう。たとえば、生徒がウクレレを弾けるようになるまで根気強く教えられる指導者は、「熱心さ」「優しさ」「粘り強さ」などの強みをもっています。そして、それらの強みを生かして指導しながら、生徒がじょうずになっていく様子を見て嬉しくなったり、自身への達成感や満足感を味わったりすることに結びついていくことが考えられます。そのように、自分の強みを把握し、それを自身の生き方に活用していくことには、次の８つの効果があることが研究によって明らかになっています[11]。

- 人生への洞察力や展望が養われる。
- ストレスを感じにくくなる。
- 楽観性やレジリエンス（「逆境力」「克服力」）が生まれる。
- 方向性が明確になる。
- 自信や自尊心が高まる。
- 幸福感や充足感が生まれる。
- 目標を達成しやすくなる。

・仕事への集中力が高まり、能力を発揮できるようになる。

加えて、ある種の「強み」を伸ばすことは、上記にある「レジリエンス」を高めるとともに、一部の機能不全や精神障害を緩和することも認められています。たとえば、「楽観性・楽観主義」の強みはうつ病を軽減し、スポーツなどで生まれる「フロー」（没頭状態）は、薬物乱用を防ぐことがわかっています。さらに、「労働倫理」や「社交性」の強みは、統合失調症に効果があるとされます。その他、「勇気」「未来志向」「信念」「希望」「誠実」「忍耐」などの強みにも、障害の症状を和らげる作用があるとされます[12]。このようなことから、本人がもつ「強み」に働きかけることは、心理療法において「希望の育み」や「（症状への）緩衝作用のある強みの構築」を促進する有効なアプローチであるとも指摘されています[13]。

以上のように、「強み」を生かしていくことで心の健康に大きく寄与してくれます。また、ポジティビティ（幸福感、楽観性、等）も高まり、逆境や困難を克服するレジリエンスが強化されてストレスに強くなったり落ち込むことが減ったりする一方で、自尊心や自信の向上が期待できるのです。さらに、「強み」を学習場面に活用していくことで、活動が楽しく感じられるために集中した取り組みとなってフロー（没頭状態）に入りやすくなり、上達が早まったり、高いパフォーマンスや成果につながったりすることも明らかになっています[14]。したがって、日常生活の中で、少しずつでも自分の「強み」を生かしつつ、それを積み重ねることが、未来に向けた大きな成果につながることが期待できるのです。たとえば、成功しているスポーツ選手や芸術家、実業家などは、自分のもつ強みを最大限生かしつつ継続して取り組んできた結果の表れとして見なすことができるでしょう。

なお、上に出てきた「レジリエンス」は、困難やストレスに対処しつつ、心身ともに充実した人生を送る上での大切な能力の 1 つとして、近年注目されるものでもあります。それゆえ、「レジリエンス」については、後掲の 11 章においてより詳しく見ていきます。

自分の「強み」を実際に知って活動に生かす

それでは、自分の「強み」はどのようにして知ることができるでしょうか。心理学において、強みの診断測定には主に 3 つの方法があるとされます。それらは、「VIA-IS（Values in Action Inventory of Strength）」（単に「VIA」ともいう）、「ストレングス・ファインダー」、「リアライズ2」となります。本書では、その中でもポジティブ心理学の提唱者であるマーティン・セリグマン博士がクリストファー・ピーターソン博士とともに、VIA研究所の協力のもと開発した自己診断テスト「VIA-IS」について簡潔に紹介します。

この「VIA」の開発がなされる過程において、何千年もの昔から現代まで、どの時代や文化においても共通の善となる価値観（徳性）として、下記に示す「6つの美徳」があることが見出されました。これは、アリストテレスや孔子などの思想、キリスト教や仏教などの古今東西の哲学や宗教について、世界中で読み継がれている何千冊もの書籍を検証して抽出されたものとなります[15]。

- 知恵と知識：さまざまな知識を獲得し利用すること
- 勇気：外的・内的にも反対にあったとしても、目標を達成する意志の強さがあること
- 愛情と人間性：良好な対人関係を築くこと
- 正義：コミュニティやグループのために、公共心ある人間として正しく振る舞えること
- 節制：行き過ぎる行動を防ぐこと
- 精神性と超越性：宇宙などより大きな世界観とつながること

これら6つの美徳を形成するのが「強み」であって、全部で24種類が挙げられています。その24の「強み」を、美徳の6区分ごとに分けた一覧が表8となります[16]。たとえば、“勇気”の美徳は「誠実さ」「熱意」「忍耐力」「勇敢さ」の強みによって構成されています。これらの強みを発揮することで、“勇気”という美徳を実践できるという見方をします。

実際の「強み」の判定は、Web上で「VIA-IS」テストを受けることで診断が可能です（日本ポジティブ心理学協会のホームページに案内あり）[17]。18歳未満を対象とした青少年向け「VIA-Youth」もあります（しかし本書の執筆時点では英語版のみ）。そのWeb上の診断ツールは自動で判定してくれますが、それを使わなくても診断は可能です。24の強み一覧表における項目のそれぞれに「現在の自分がどうであるか」を基準に、1～10の点数をつけてみます（注意：「自分がどうなりたいか」を基準としない）。得点の高い順に上位5～6項目くらいまでか、8点以上ついた項目が、その人の「自分を特徴づける最

表 8　VIA 24 の強み

美徳	強み	特徴
知恵と知識	好奇心	あらゆることに興味があり、調べものや新しい発見が好き。積極的に情報収集しようとする
	向学心／学習意欲	新しいことを学ぶとワクワクする。知っていることでもさらに知識を深めようとする
	創造性	何かを行うときに、創意工夫して、より生産的な新しいやり方を考えるのが好き
	大局観	物事の全体性を見る力があり、将来を見通すことができる。人に賢明な助言ができる
	知的柔軟性	じっくりと考え、いろいろな見方ができる。確かな証拠があれば、柔軟に考えを変えられる
勇気	誠実さ	自分のことを正直に語る。地に足がついていて、うそがない。約束を守る
	熱意	生き生きとしていて、活動的、物事を中途半端にせず、感動と情熱を持って生きる
	忍耐力	始めたことを、最後まで粘り強くやる。課題をやり遂げることに喜びを感じる
	勇敢さ	苦痛や困難をおそれない。指示が得られなくても、自分の信念に基づいて正しいと思う行動をする
愛情と人間性	愛情	人と仲良くするのが好き。人と共感し合ったり、思いやったりする関係を大切にする
	対人関係力	人や自分の気持ちに気づき、いろいろなタイプの人とうまくつき合える
	思いやり	人を助け、面倒をみる。人に対してよいことをするのが楽しい
正義	公平さ	どんな人にも平等に接する。個人的な感情で人の評価を偏らせることがない
	チームワーク	グループの中でうまくやれる。グループの中で自分のやるべきことを行う
	リーダーシップ	グループの人に、一緒に何かをさせるのが得意。グループ活動を組織して、物事の達成を見届ける
節制	寛容さ／ゆるす心	過ぎたことは水に流す。害を及ぼした人をゆるし、復讐心を持たない
	自制心	自分の気持ちや振る舞いなどを自制できる。ルールを守る
	思慮深さ	目先のことに飛びつかず、注意深く慎重に行動する。後悔するような言動はしない
	慎み深さ／謙虚さ	自慢したがらない。自分を特別だと考えず、脚光を浴びることを求めない
精神性と超越性	感謝	自分や周りに起こったことに目を向け、小さなことにも「ありがとう」と思ったり伝えたりする
	希望	明るい未来がもたらされることを信じる。一生懸命やれば望みは達成できると思い、努力する
	審美眼	あらゆる領域において、楽しいものや優れたものを見つけ、その真価を認める
	スピリチュアリティ	目に見えない大きな力を信じる。人生の意味について信念を持ち、それに基づいて行動する
	ユーモア	人を笑わせたり、面白いことを考えたりするのが好き。いろいろな場面で明るい面を見ようとする

大の強み」となります。しかし、それを単純に鵜呑みにするのではなく、得られたその強みが「本当に自分のものか」を確認することが大切です。より具体的には、「これが自分らしい、こんな強みがあってうれしい」「この強みを使うとエネルギーがあがり、ワクワクする」といったポジティブな気持ちになるかについて自問してみます。そして、「はい」という回答であれば自分の本当の「強み」といえるでしょう[18]。

日本ポジティブ教育協会が主催する講座で教材として使われている書籍の中では、VIA-IS による自己診断に加えて、他にも 2 つの方法が紹介されています[19]。1 つは、友だちや家族などの他の人に、自分の「強み」について聞き取りする方法です。私たちは、自分自身の強みについては気づかないで見逃していることが多々あるからです。人はポジティブなことよりも、ネガティブな情報や出来事に注目しやすいといった「ネガティブ・バイアス」の作用をもちます。それゆえ、自分の強みよりもついつい弱点や短所に気がとられがちとなります。実際の方法としては、以下の 5 項目について、家族や友達など知り合いの何人かにインタビューして、すべての回答に共通することを自分の強みとして見出してみます。

① あなたは、私のどこが一番すきですか？
② 私の特技はなんだと思いますか？
③ 私の実力を発揮できるのは、どんな状況だと思いますか？
④ あなたから見て、私の実力を発揮できた具体例を教えてください
⑤ あなたから見て、私の最大の強みはなんだと思いますか？

もう 1 つ効果的なアクティビティとして、「逆境グラフ」を活用することが紹介されています。自分が乗り越えてきた困難や逆境を思い出し、それによる成長をふり返って、図 19 に見るような「逆境グラフ」を作成します。自分がもう 1 人の自分を見ているようにして、ものごとがうまくいったときや、反対に大変な状況を乗り越えたときに、自分のどんな「強み」を使ったかについて書き出してみます。

これらのいくつかの判定方法を組み合わせて使ってみることで、自分の「強み」についてより詳しい、かつ深い理解へとつながるでしょう。その強みには、自分が考えていた内容と一致するものもあれば、自分が思ってもみなかった意外な強みがあることを知って新たな発見もあるかもしれません。いずれにして

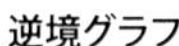

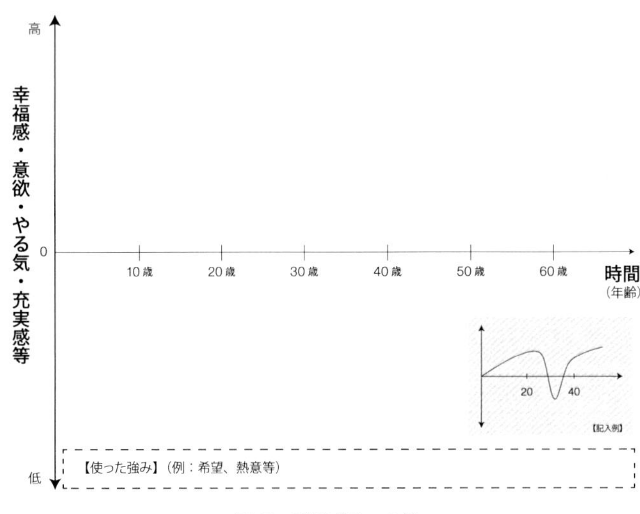

図19　逆境グラフの例

も自分の「強み」を知ることは、心地よく感じたり嬉しくなったりなどのポジティブな気持ちになるものです。しかし何よりも大切なことは、先述したように、自分の「強み」を認識したうえで、それを意識しながら行動へと結びつけていくことにあります。「強み」を自分の生活の文脈で生かせるように、ある種の工夫や改善を試みることが必要となることもあるでしょう。そうすることで、自分自身のポジティビティを高めて、取り組む活動のパフォーマンスを向上させることが期待できます。「自分の強みを発見しただけの場合」と「それを生かす努力をした場合」でのポジティビティの向上と持続について検証した実験があります。前者はポジティビティの上昇は見られましたが一時的なものであったのに対して、後者では顕著な上昇が続いたことが確認されています。したがって、自らの「強み」を把握し、それを自身がする行動に活用していくことは、自分自身とその活動自体の活性化を生み出し持続させるのです。

これを体験活動の文脈で考えれば、自分の「強み」を理解したうえで、取り組む活動にその強みを取り入れていく工夫をすることになります（体験活動にどう活用していくかについては、後掲の８章「アクション（Action)」で取り上げます)。これまでに見てきたように、「強み」は私たちのポジティビティ高めて活性化させて豊かな生へと向かわせる「アクティブ・セルフ」(自己活性化)

となるための要素だといえるでしょう。

3.　自分軸となる体験

自己を活性化していく「アクティブ・セルフ」へと向かう体験となるためには､先の「ポジティブティを高める」および「強みを知り生かす」ことに加えて､「自分軸」の体験となることが重要です。さらに、ここでいう自分軸は２つの側面をもちます。１つは「意識的･自主的」であること､もう１つが自らの「好奇心・探求心」にもとづいた自分ごとになる体験を軸にするということです。

このどちらの視点も､前述した「強み」の要素と関わってきます。自分の「強み」を認識してそれを体験活動に取り入れていくことは、つねに自分の長所について意識しながら、それを活動内容に自主的に生かしていく試みにほかなりません。また、「強み」を把握することは自身を知ること、つまり自己認識をすることになります。そのような自分を理解するプロセスは、自分は何が得意で何をするのがいいのか、自分は何に関心はあってしたいことは何なのかなどといったことを発見するきっかけを与えてくれることになるでしょう。すなわち、自分がもつ好奇心や探求心への気づきに通じていくのです。そして、自分の「強み」を意識しつつ、自らの興味・関心にもとづいた積極的で自分ごとの活動となることでポジティビティが育まれることも期待できるでしょう。

意識的・自主的な取り組みとする

意識的・自主的な体験がどのようなものかと考えるときは、その反対となる無意識でなされる体験や受け身でなされる体験を考えてみると、それが何を意味するのかが浮き彫りになってくるでしょう。それでは、無意識や受け身の体験とはどのようなことをいうのでしょうか。

この点については、復習となりますが、第２章で説明をした「直接体験の落とし穴」の考え方に関係します。それはある目的をもった体験活動であっても、やることに自分が無関心であったり、他からの指示によって義務や慣習のためやらされたりといった受け身となってしまうことでした。また、自分がしていることに意識を向けることなく、単にそれをやっているだけ、こなしているだけといったような状態に陥っていることもさしました。それゆえ、意識的で自主的な体験となるためには、当たり前ですが、そのような「体験活動の落とし穴」に、はまった状態の無意識で受け身の活動とならないように留意することが大切となるでしょう。

自分がしていることの目的や意義を意識し、自主的に取り組んでこそ体験活動によってもたらされる効果はより大きくなります。それは、そのような前向きな体験活動を通して、私たちはより学んで成長することができるからです（なぜそうなるのかのメカニズムは、後述します）。したがって、意識的・自主的な体験となるためには、その反対の「無意識・受け身な体験とならない」ことに最大限に注意を払いつつ活動することが、その有効な方法となります。落とし穴に落ちないためには、そこに落とし穴があることを意識しながら、それに落ちないように気をつけることで首尾よく通り過ぎることができます。逆に、そこに落とし穴があることを知らないで（または知っていても忘れていて）、無意識にただ歩いていればその罠にはまる確率も高くなり、実際に落ちればケガをするなどのイヤな経験となることでしょう。

加えて、受け身で無意識な体験とならないためには、前述した自分の「強み」を把握し自分の活動に取り入れていくことも有効な方法となります。自分の強みを意識しながら活動をすることで、そのような体験活動のプロセスは、まさに自分というものを意識しながらの行為である自分ごとの活動となるからです。このような、自分ごととなる意識的で自主的な体験においてこそ、自己が活性化した状態の「アクティブ・セルフ」となることができるでしょう。無意識で受け身な活動では、それは言葉通り「インアクティブ」（inactive：アクティブでない＝不活発な）状態となり、「アクティブ・セルフ」状態となることは期待できません。

自らの好奇心・探求心にもとづく

次に「自分軸となる体験」に関してのもう 1 つの側面についてです。それは、自らの好奇心を基盤とする自分ごとの体験とすることです。これは、自分の興味関心（好奇心）にもとづき、それを大切にして探求する活動をしていこうという姿勢となります。それには、自分が何かをしたり、追及するときに、楽しさ、嬉しさ、ワクワク感、喜び、情熱・熱意などといった心が前向きで明るくなるような感覚が生まれるのかについて考えてみることです。それは、自分の内面、つまり自身が何をしたいのかという思いや意識について内省することになります。自らの心の声に耳をかたむけ、ポジティブな感覚や気持ちにしたがって行動を起こすことになります。そのような内観活動にあたっては、先述した自分の「強み」を知るプロセスを試みることも有効となるでしょう。

学校にて集団で行われる体験活動について考えてみますと、自分の興味があることがいつもできるとは限らないかもしれません。体験内容は学校（先生）によって決められていて同じプログラムとなっており、それが自分の関心にそうものではないことも少なからずあることでしょう。しかしそのような場合でも、その与えられた活動内容の中で、自分がどこに楽しみや喜び、熱意などを感じるのか、その活動について自分がどう関わり探求すると心が躍るのかについて思いを巡らせてみることはできます。

たとえば音楽会であれば、合唱曲（演奏曲）は決まっていたとしても自分はどのパート（楽器）をすることで楽しめるのか、できたら嬉しいのかなどと自問できます。これは学芸会などでも同じです。運動会であればやる種目は決まっていたとしても、今回は○○秒以内で走るなどと自分なりにやりがいのある目標を見つけて取り組んでみることができます。林間学校において野外料理をするようなときも、料理することを楽しむこともできるし、かまど担当になって火をじょうずに扱うことに楽しさや喜びを見出だすこともできるでしょう。さらに、これらの体験活動において、仲間と一緒にやることや、協働してともに創り上げることなどといった他者との関係の中に楽しさや嬉しさを感じる場合もあると思います。

このように、体験活動において自らの興味関心に応じて個々で選択できるような状況にあるときは、大いにその自らの好奇心や探求心にしたがい、それを充足する活動としていくようにします。しかし、先の例で示したように、いつもそうできないことが多々あるのは想像に難くありません。集団で同じような活動を一斉にする体験で、ときに自分の関心とは離れたことをするような場合であっても、その中に自分なりの楽しみ、嬉しさ、やりがいなどのポジティブな面を見出し引き出して前向きな姿勢をとることが大切です。いずれの場合でも、自分の楽しみ、喜び、熱意にもとづき、自分がこれからどうしたいのか、どうなりたいのかについてよく考えた上での発展的な取り組みとするのです。そのような自分の意識を軸としたプロセスをもつことは、皆がするから何となくやる、言われているからやる、そうなっているからただやっているだけといった、他を軸とする自動化した無意識や受け身的な態度とは反対となります。つまり、積極的で生産的な自分ごとの探求活動となります。それゆえ、自らの好奇心をよく見据えて取り組むことが、意識的で自主的な体験活動へと通じることにもなるでしょう。

そして、そのような前向きなプロセスをとるからこそ、自分たちを生き生きと活性化させる「アクティブ・セルフ」状態となることができるのです。ポジティブ・エクスペリエンスは、ここまでに見てきたように、自分の心の声に耳をかたむけて自身の興味関心（好奇心）にもとづき、自分ごとの体験として意識的かつ自主的に取り組むことで「自分軸となる体験」となることをめざします。他者の言動や評価・判断を基準にしてしまうといった他人軸ではなく、自分軸（セルフ）における成長・進化を志向することで「アクティブ・セルフ」となることが期待できるのです。

注

1. Boniwell, Ilona. *Positive Psychology in a Nutshell: The Science of Happiness. 3rd ed.,* Open University Press, 2012, p. 1.（邦訳書：イローナ・ボニウェル『ポジティブ心理学が 1 冊でわかる本』成瀬まゆみ監訳．国書刊行会，2015，330p.）
2. Seligman, Martin E.P.; Csikszentmihalyi, Mihaly. “Positive Psychology: An introduction”. *American Psychologist.* 2000, 55(1), p. 5-14.
3. Grant, Anthony M.; Leigh, Alison. *Eight Steps to Happiness: The Science of Getting Happy and How It Can Work for You.* Victory Books, 2010, p. 18.（邦訳書：アンソニー・M・グラント、アリソン・リー『8 週間で幸福になる 8 つのステップ』石川園枝訳．ディスカヴァー・トゥエンティワン，2012，301p.）
4. 前掲注 1，p.3.
5. Fredrickson, Barbara. *Positivity: Top-Notch Research Reveals the 3-to-1 Ratio That Will Change Your Life.* Harmony Books, 2009, p. 39-48.（邦訳書：バーバラ・フレドリクソン『ポジティブな人だけがうまくいく 3:1 の法則』植木理恵監修．高橋由紀子訳．日本実業出版社，2010，317p.）
6. 同，p.11, 75.
7. Fredrickson, Barbara, L. “The Role of Positive Emotions in Positive Psychology: The Broaden-and-build Theory of Positive Emotions.” *American Psychologist.* 2001, 56(3), p. 218-226.
8. 足立啓美，鈴木水季，久世浩司『子どもの「逆境に負けない心」を育てる本――楽しいワークで身につく「レジリエンス」――』イローナ・ボニウェル監修．法研，2014，p.87.
9. 前掲注 7, p.189-190.，Fredrickson, Barbara, L. “Why Positive Emotions Matter in Organizations: Lessons from the broaden-and-build model.” *Psychologist-Manager Journal.* 2000, 4, p. 131-142., Buckingham, Marcus.; Clifton, Donald O.

Now, Discover Your Strength. : How to Develop Your Talents and Those of the People You Manage. Simon & Schuster. 2004, p. 272.,Peterson, Christopher; Seligman, Martin E.P. *Character Strength and Virtues: A Handbook and Classification.* Oxford University Press, 2004, 640p.

10. Clifton, Donald O; Anderson, Edward C. *Strengths Quest. 2nd ed.,* Gallup Press, 2016, 336p.
11. 同上.
12. 前掲注 1, p.104.
13. Seligman, M. E.P.; Peterson, C. “Positive Clinical Psychology”. *A Psychology of Human Strengths: Fundamental Questions and Future Directions for a Positive Psychology.* Lisa G. Aspinwall & Ursula M. Staudinger, eds., American Psychological Association, 2003, p. 305-317.
14. 前掲注 8, p.88.
15. 前掲注 1, p.106-107., 前掲注 3, p.109-110.
16. 前掲注 8, p.90.
17. “「強み」を無料診断”, 一般社団法人　日本ポジティブ心理学協会. https://www.jppanetwork.org/, (参照　2021-02-02).
18. 前掲注 1, p.115.
19. 前掲注 8, p.89, 91.

第５章　ホリスティックな体験

ポジティブ・エクスペリエンスの２つ目の本質として取り上げる「ホリスティック」という言葉ですが、ほとんどの人にとってあまりなじみのないものではないでしょうか。一方で、10 年前と比べると、以前よりはテレビや雑誌などのメディアにも使われてきて、目に触れる機会も、少しずつ多くなってきているようにも感じます。

より詳しくは後述することになりますが、その考え方には、「包括性」「つながり／関連性」「バランス／調和」「持続性」といった見方が基盤にあります。これは筆者の私見ではありますが、この「ホリスティック」の理念は、持続可能で、より繁栄した個々の人生と社会を実現していくための信念や価値観として、今後いっそう注目されるであろうと予想しています。

本章では、その「ホリスティック」という概念について簡潔に取り上げつつ、その考えに内在する核となる要素から、ポジティブ・エクスペリエンスについて考えていきます。その主要素が、４「つ」の特質（「つつみこむ」「つながる」「つりあう」「つづける」）、および３つの「S」の観点（「ソイル（Soil：土）」「ソサイエティ（Society：社会）」「ソウル（Soul：心）」）となります。それらのキー概念をふまえつつ、「ホリスティックな体験」が、実際にはどのような体験のことをいうのかについて、具体例を挙げながら説明していきます。

1.　４つの「つ」と３つの「S」

基本概念と４つの「つ」の特質

ポジティブ・エクスペリエンスの２つ目の本質として、「よりホリスティックな体験」を志向することについて見ていきます。「ホリスティックな体験」

とは何でしょうか。それにはまず「ホリスティック」という言葉を理解する必要があります。ホリスティック（holistic）の辞書的な意味は「全体的」や「包括的」です。この言葉はギリシャ語で「全体性」を意味するホロス（holos）を語源とします。whole（全体）、holy（聖なる）、heal（癒やす）、health（健康）などの語句も同じくこの holos（ホロス）を語源とします。つまり、全体であることは神聖であり、癒やしや健全につながるものであることが示唆されています[1]。

“ホリスティック”の語句は、もともとは哲学用語として使われ、“ホーリズム”（Holism：全体論）の考えに由来するものであります。“ホーリズム”の用語自体は、1926 年に南アフリカの哲学者ジャン・スマッツ氏が著した *Holism and Evolution*（邦訳書『ホーリズムと進化』）[2] の中で用いられた造語が広まったものです。“ホリスティック”という考え方を支えるホーリズム哲学が、ここで初めて提示されました。今日では、医学・心理学・社会学・生物学・教育学などでも援用されています。全体は単なる部分の集合ではなく、それを構成する部分の総和以上の存在であると考えます。ある対象を一定の部分・性質へと機械的に単純におき換えて理解しようとする要素還元主義とは反対の立場をとります。同時に、ある個体や現象はそれ自体が孤立して存在し機能しているのではなく、取り巻く周囲すべての出来事と相互につながり、関り合いながら、調和を保ちつつ存在しているという見方もします。これは、ある個という存在は、より大きな全体としての存在の一部で、本質的に互いに密接につながり影響しあう、不可分な 1 つなるものとしてあるといったワンネス（Oneness）の考え方を意味するものでもあります。

さらにいえば、そのように全体を見つつ、その全体を構成する個々の要素の相互の関係性やバランス・調和にも目を向けるというとらえ方は、ある個体や出来事全体を総体的に俯瞰して理解するとともに、それらを成立させている“根源・根幹”を理解することに通ずるものでもあります。すなわち、ホリスティックの語義の一つとなる包括性は、ある個体や出来事における総体的認識と同時に、根源的認識、およびその両者をつなぐプロセスや持続性、関係する周囲の出来事への認識をも含むものと考えられています。たとえば、よく「木を見て森を見ず」といったりします。ホリスティックの包括性の点からこれをとらえれば、森をつくるもととなる木も見つつ、総体としての森も見ます。そして、個々の木がどのように森をつくるのかという過程と継続（過去・現在・未来）、その木や森に生息する生物、ならびにそれらとの調和にも目を向けていくということになるのです。

そのようなホーリズム・ホリスティックの概念を援用した学問領域において、人の学びと成長・進化を志向する本書のテーマにより近い分野として、“ホリスティック教育”があります。近代以降の知育・知識中心の教育とその弊害への反省から、知育・徳育・体育（知識／心の涵養／実践・行動）のどれかに偏重することなく、それらの関りやバランス、全体性をふまえて、生涯を通じた心身の十全な成熟を促す教育として提唱されました。また、人と自然、人と人、自分自身へのつながりや調和の観点もふくめて、個々がもつ潜在的可能性を引き出し、深化・拡大することを重視するとともに、集合体としての地球・社会の繁栄の実現をめざす教育でもあります。ホリスティック教育の先駆者であるジョン・ミラー博士は、ホリスティック教育の 3 つの原則（3 Basic Principles）として、「Balance：均衡性」「Inclusion：包括性」「Connection 関連性」を挙げています[3]。より近年では、各社会や世界の動向として、持続可能性（sustainability：サステイナビリティ）が重視されるようになってきた背景もあることから、上記に「Sustainability（持続性）」を加えた 4 要素をホリスティック（教育）概念の核としてとらえる見方も出てきています。

以上のことから、“ホリスティック”は、「包括性」「つながり・関連性」「バランス（均衡性）・調和」「持続性」といった特性・特質ともいえるキー要素をすべて含んだ概念として幅広く解釈できます。それゆえ、それらは「つつみこむ／つつまれる＝包括性」「つながる＝つながり・関連性」「つりあう＝バランス・調和」「つづく／つづける＝持続性」の 4 つの「つ」としても表現される場合もあります[4]。ホリスティックは、その 4「つ」の特質を内包する考え方およびアプローチとしてもとらえられるでしょう。そのような総合的な意味をもつことばゆえに、的確に訳することが難しいこともあるため、“ホリスティック”とそのまま使われています。“ホリスティック”の用語は、詳しく見れば他にも多様な解釈があります。一方で、上記の 4 観点から整理することで、シンプルでわかりやすい解釈となるため、本書でもその 4「つ」のとらえ方にもとづいて話を進めていきます。

このようなホリスティックの言葉自体は、20 世紀の終盤に英語圏で使われるようになった比較的新しいものです。しかし、その理念そのものは、世界各地の伝統的な教えや思想などと重なり、今はそれをホリスティックという現代の用語を使って再認識しているともいえるでしょう。事実、私たち日本も含む東洋思想には、上記したようなホリスティックなモノの見方や世界観が基盤として見られます。

3S 〜自然 (Soil)・仲間 (Society)・自分 (Soul)

「ホリスティックな体験」とは、上で示したホリスティックがもつ特質を意識した体験活動を志向することになります。簡単にいえば、ある活動に偏ることなく、より多様な活動をしつつ、活動のつながりも意識しつつ、やりましょうということになります。たとえば、体験活動の内容には、放課後での遊びやお手伝い、部活動、地域行事などの「生活・文化体験活動」、ボランティアや職場体験などの「社会体験活動」、自然環境をフィールドとして行われる「自然体験活動」の３区分があることは先述した通りです。この３分類を借りていえば、部活動だけをするのでなく、ボランティア体験または自然と触れ合うような自然体験もしていこうということになります。楽器を奏でることが好きで吹奏楽部に所属しているとしたら、その好きと得意を生かして、幼稚園やシニアホームなどで演奏会をもつボランティアをするという活動をしてみることも考えられます。また、いつも室内で練習するのではなくて、たまには公園などにでかけて、自然をできるだけ感じることを意識しながら演奏の練習をしてみることもできるでしょう。

そのような点に加えて、体験の語句にわざわざ「ホリスティック」ということばを付けているのは、単に複数の体験活動をするということ以上の意味合いを含んでいるためです。この点について、ホリスティック思想における３つの「S」を援用して示していきたいと思います。この考え方は、環境および平和活動家かつ思想家であるサティシュ・クマール氏が提唱しました。３つの「S」とは、「ソイル (Soil：土)」、「ソサイエティ (Society：社会)」、「ソウル (Soul：心)」をいいます。上で「ホリスティック」の意味について説明しましたが、それは抽象的で理念的なものでした。一方でここに示した「3S：Soil（土）/Society（社会）/Soul（心）」は、その概念を、日常生活で実践していくための実際的な指針や具体的な行動を考えるうえでの枠組みとして示されています[5]。したがって、「ホリスティックな体験」の内容について検討するうえでは、この「3S」を手掛かりとしていきます。

「3S」の「Soil（土）/Society（社会）/Soul（心）」は、クマール氏の論説を読み解くと、Soil（土）は「自然・地球」、Society（社会）は、そのまま「社会・仲間」、Soul（心）は「自己」という言葉におき換えられます。それゆえ、これを体験活動の内容と関連させると、自然・地球と関わる活動（Soil：土）、仲間・社会と関わる活動（Society：社会）、自己に関わる活動（Soul：心）という区分で考えられます。そこで、先の体験活動における一般的区分において説明されていた内容を参考にしつつ、以下のようにまとめてみました。

- **自然・地球と関わる活動（Soil）**：全体としての自然やそこに生息する動植物・鉱物などに触れて感じ味わう活動（登山・海水浴・ネイチャークラフトなどの野外活動や、星空・動植物観察といった自然・環境に関わる活動、等）
- **仲間・社会と関わる活動（Society）**：他者と触れ合ったり協働したりしてコミュニケーションがともなう活動、社会的組織や団体の運営に関わる活動（自宅や地域活動のお手伝い、ボランティア、インターンシップ、等）
- **自己に関わる活動（Soul）**：自分の知識や技能・技術の習得に通ずる活動（習い事、部活動、講座・研修・セミナー、等）、心身の健康体力に関係する活動（スポーツ、レジャー・レクリエーション、等）、自分自身の内面と向き合い（内省・内観して）、精神の活性化につながるような活動（マインドフルネスなどの瞑想、文化芸術鑑賞、自己啓発セミナー、等）

なお、ここに示した３つのカテゴリーは、体験活動を明確に分類することが目的ではありません。あくまでも、本書のポジティブ・エクスペリエンスの考え方について効果的に説明し、よりよく理解を促すために整理しているものです。実際、はっきりと分けることが難しい活動もあるでしょう。たとえば、集団スポーツなどは、個人でやりたい、楽しみたい運動であるとともに、仲間とのチームワークも欠かせないなど表裏一体です。また、あえて自然の中でやるヨガなども個人の活動であると同時に、自然を感じ、一体となることを目的としていたりします。このような活動は、それをすること自体が、上の分類でいえば、同時に２つの区分にあてはまるものもあります。

2.　包括性とつながり

「ホリスティックな体験」は、上の「3S」区分の体験を、1区分だけでなく複数区分の活動にまたがって、より“包括的”に取り組むことをめざすのです。それでは、何から始めるのが良いでしょうか。前章での「自分軸となる体験」において説明したように、まずは自分がどんなことに興味関心（好奇心）を抱くのか、何をすることに楽しさ、喜び、情熱を感じるのかといった自分のポジティブな感情を起点にして、自分の「やってみたい」を小さなことから始めます。まずは、その自らのポジティブな思いを具体的な形としての行動に転換させるのです。

たとえば、何か楽器を弾けるようになりたいという“自己に関わること”であったとします。そうしたら、その楽器への関心から、“仲間･社会との関わり”や“自然・地球と関わる活動”へと広げていくのです。その弾けるようになりたい楽器が、“ウクレレ”だとしましょう。ウクレレを手に入れ、初めは書籍や動画共有サイトを見ながら独学で練習をしていく中で、もっとうまくなりたいと思うようになり、ウクレレ教室に通うことになるかもしれません。あるいは、初めから教室に通う人もいることでしょう。

いずれせよ、練習をすすめ上達していくと、今度はそのパフォーマンスを披露する場が出てくるかもしれません。たとえば、練習を重ねるうちに、ウクレレ仲間と一緒にミニコンサートをやろうという考えに発展することなどです。そうすると、初めは自分の興味で始まったウクレレが、仲間との協働活動へと広がっていくのです。そのようなコンサートとまではいかないまでも、ウクレレ活動を通して、レッスンなどで教わる・教えるなどと、他と関わりをもつことで、すでに“仲間・社会と関わる体験活動”にも通じているのです。

さらに、ウクレレで演奏できるようになると、その楽器のルーツであるハワイの浜辺で演奏したいという思いが出てくるかもしれません。ハワイまでは行けなくても、最寄りの海辺に出かけていって演奏をしてみようという気持ちになって、実際にそう行動をすることもあるかもしれません。そこでは、単に室内でウクレレを弾くのとは違い、海という自然を舞台に、それを感じ味わいながら演奏することになります。そこで行われている行動は、単に自己の活動としてのウクレレではなく、“自然・地球に関わる活動”ともなるのです。

“つながり・広がり”がある体験

ウクレレの例に見られるように、自分の好奇心にそった１つの区分の活動から始めて（例では「自己」）、そこから他の区分の活動（「自然・地球」「仲間・社会」）に“つなげて広げていく”ことができます。続けてウクレレの例でいえば、その楽器のルーツに関わるハワイの伝統舞踊「フラ（ダンス）」に関心が広がって取り組むようになることも考えられます。そのように、別の自己の活動へとつながっていくこともあり得るでしょう。あるいは、ウクレレとはあまり関係のない「サーフィン」に好奇心がわいて始めるようになるというケースも考えられます（音楽のウクレレとマリンスポーツのサーフィンとでは一見関係ないように見えて、ハワイはサーフィンの聖地の一つでもあることから、よく見てみると気づかないだけで実はどこかで何かがつながっているものです）。

このように、各区分で取り組んでいるある活動から派生して、何らかの別の形へとつながり、より発展し深まっていくということはよく見られます。たとえば、海の自然を感じながら弾くようなったウクレレにおいて、やがて周囲の浜辺に多くのゴミがあることに気づくようになり、ビーチクリーン活動をすることになるかもしれません。その意識がさらに深まっていくことで、国際的な海洋汚染の問題へと自分の関心が広がっていくことも考えられます。すなわち、身近な自然との関わりから始まって、地球規模の自然環境に関係する取り組みへとつながり発展していく可能性もあるのです。また、当初はウクレレのレッスンを通じて出会った仲間とすることになったウクレレ演奏会が、やがて地域の福祉施設や教育施設で訪問コンサートをするといった、ボランティア活動へと展開されることもあります。訪問先の皆さんに、楽しみやレクリエーションを提供するといった、社会貢献活動に発展していくケースとなるでしょう（実際、筆者にはそのようなプロセスをたどった古くからの友人がいます）。このように、個人から始まったある活動や行動が、社会的貢献や意義に関わる活動へとつながり進展していくことが大いに考えられるのです。

最初から関心のある活動が、複数ある人もいるでしょう。そのどちらも取り組むことができるのであれば、上に述べてきたような活動のつながり、広がり、深まりがその活動の分だけ発展していくことが期待できます。その複数の活動が、ある１区分内である場合（例：「自己」の区分で２つの活動）と、それぞれが別の区分にある場合（例：「自己」で１つ、「自然・地球」の区分で１つ）

が考えられます。本章での趣旨であるホリスティックな点からいえば、1つだけの区分より2つ3つの区分にまたがって複数の活動するのが、より包括的な取り組みとなって理想的といえます。

しかし何よりも大事なのは、最初に指摘したように、たとえ1つの活動であっても、それが自分の喜び・楽しさ・情熱といったポジティブ感情とつながる好奇心にもとづく取り組みであることです。それは、自分は一体何をしたいのか、どうなりたいのか、自分にとって楽しさ、喜び、関心は何なのかという自身の内面と向き合う意識的なプロセスとなります。そのように自分への意識を高め、自身の感情・気持ちに気づくことが重要です。例で示したように、たとえ個人で始まった活動であっても、それはいずれどこかで、他者や社会との関わりが多かれ少なかれでてくるものです。そのときに、自分が他との関わりのなかでものごとが進展しているという認識をもつことで、それは自分にとっての「仲間・社会に関わる体験」ともなるのです。

この流れは、ある一つの体験が発展して別の体験を創出するという、“自らが新たな体験を創り出している”といった、生きる上での創造的プロセスといえるでしょう。反対に、たとえ新たな体験へと展開されているとしても、そのことに気づかなければ（無意識）、それは自分の周囲を流れ去っていく単なる風景でしかありません。周囲に起こる出来事について強く認識することがないため、自分ごととして意味づけされることはないのです。最初はウクレレを個人練習していたところから、仲間を得て演奏会をしたり、各所でのボランティアコンサートをしたりするようになっていったということを例にして考えてみましょう。自分のしていることに意識を高めれば、自分は単に個人でのウクレレの演奏活動をしているのではなくて、社会的にも意義ある活動をしているという気づきにつながります。一方で、自分のしていることに無意識的で、他者や社会の側面に目を向けることがなければ、その人にとってウクレレをすることは、たとえ仲間や施設でのボランティアをしていても、それは単なるウクレレの活動をしているだけなのです。

3.　バランスとやり抜く力（グリット）の重要性

ここまでに見てきたように、自分がしている活動が深まっていくと同時に、新たな活動へとつながりと広がりをみせ、その取り組み自体が継続していくことが大切です。自分のポジティブな気持ちに端を発する活動が持続し発展していくことが、よりいっそう本人のやりがい、充実感、活力、生きがいなどといったポジティブな状態をもたらし、自分の人生に好影響を与えていくことが考えられるからです。

そのように自分がしていることを持続しつつ進展させていくためには、取り組みのバランス（調和）に留意することも大切でしょう。それでは、そのためのバランスとは何でしょうか。２つの側面があります。１つは自分がしている活動について考えるものです。もう１つは、活動をすすめるなかで生じてくる他との関わりにおいて考えることになります。

バランスとは、一般的には「つりあい・均衡・調和」といった意味となります。ここでいうバランスとは、活動が持続していくために対立や矛盾がなく、調和がとれている状態をいいます。それは安定・平穏な状態でもあって、同時にそのような様相にあるときは快さを感じることができます。オーケストラが良い例です。複数の楽器から奏でられる音が調和し１つとなって、心地良い音楽をつくりだします。反対に、オーケストラの演奏が調和（ハーモニー）のない不協和音を起こしては、一刻も早くその場を離れたくなるでしょう。

これを体験活動におき換えてみると、たとえばある活動をすることで、つらい、負担に感じるなど心身に過度のストレスを感じるようでは長続きしません。また、している活動が社会にとって迷惑となるような活動でも続けられません。継続していくためには、自分にとっても社会にとっても、ストレスを感じるなどの違和感のない平穏・安全で容認される内容や活動であることが大切です。そのような穏やかな状態であるとともに、その活動をすることが自分にも他者（社会）にとっても、楽しさ、喜び、心地よさ、満足感といったポジティブな状態とつながる発展的・創造的な性質のものであることが長続きしていくには必要です。

自分自身とのバランス

自分の取り組みが多くなりすぎて、心身に過度なストレスがかかっていないかの点検が必要です。人によっては、始めた１つの活動が、多岐に広がりすぎて活動過多となってはいないでしょうか。活動が他へとつながり拡大していくことは、上述のとおり望ましいことです。しかし、それも行き過ぎると、時間および労力ともに大きな負担となっていきます。もしストレスを感じるようになったら、取り組み内容や活動の数を減らすなどして、バランスをとることが必要です。活動が広がっていく過程においては、ときに仲間から誘われたり頼まれたりして、いつしか義務や惰性でやっていたり、やらされている感が強くなってしまうことも少なからずあるのではないでしょうか。したがって、取り組みが多くなってしまいストレスを感じるのであれば、今自分が取り組んでいる活動が本当に自らの興味関心にそっていて、楽しさや喜び、充実感に結びついたやりたいことなのかの見直しが必要です。そうして、いつしかそのようなポジティブな気持ちに結びつかない取り組みからは離れるのが良いでしょう。

引き続き、ウクレレの例で考えてみましょう。あなたは、自分の好奇心にしたがってウクレレを始めて、曲もいくつか弾けるようにもなって楽しくなってきました。やがて、ウクレレ仲間もできて合奏もするようになり、成果を発表する演奏会も実施するようになります。さらに、いろいろな施設を訪問してミニコンサートのボランティアもするようになりました。仲間と一緒にセッションすることはとても楽しく、また訪問コンサートのボランティアも、聴いてくれる人たちが喜んでくれることが、自分も嬉しくてやりがいと意義を感じていました。演奏は好評で多くの施設から声がかかるようになります。一方で、訪問コンサートの機会が多くなってくると、そのためのミーティングや練習にかける時間も増えて、自分のフリーの時間が減っていきます。自分の時間を大切にする性格のあなたは、自分の時間が多くとられていくことに不満をもつようになっていきます。それがストレスとなって、やがて仲間とのセッションや、訪問コンサートも楽しいと思えなくなります。これまでの付き合いで、義務的に活動は続けていますが、ウクレレを演奏していても以前のようには喜びや熱意は感じられず、むしろストレスはたまっていくだけです。

もしそのようなネガティブな状況となってしまったら、ウクレレに対する自分のあり方を見直してみる必要があるでしょう。再度自分の気持ちと向き合い、ウクレレで何をすることが自分にとって楽しいのか、充実感を得られるのかといった、ポジティブな気持ちへとなれる内容や程度がどこにあるのかについて初心に戻って考えてみるのです。たとえば、個人での練習を中心にしつつ年に1～2回ほど仲間との演奏会をもち、訪問コンサートも半年に1度くらいのペースでやるのが、自分にとってはやりがいがもててちょうど良いレベルと感じているとしましょう。そう思うのであればそうなるように、施設への訪問もふくめて、仲間との演奏時間を減らすなどといった改善を試みるのです。自分の現在の状況について、「何か違うな、そこまでやるのは大変だな」といった違和感や負担、ストレスを大きく感じるようになったとしたら、自分の気持ちと向き合うようにします。自らの気持ちが、ネガティブから平穏の状態へ、さらに心地良さへとポジティブに転化していくようにバランスをとっていくのです。一方で、個人よりもいつも仲間とより多くの演奏会をもち、訪問コンサートもできるだけやるということに喜びや生きがいを感じる人もいます。そのような人は、むしろそれがその人のポジティブな状態なのですから、その道を継続していけば良いでしょう。

ここまでのケースは、ある１つの活動が多岐に広がっていった結果、自然と多くの取り組みを抱えているという場合でした。加えて、最初からさまざまな活動に手を出し過ぎてしまっているケースも考えられます。どれも楽しくできているうちは良いですが、それがいつしかこなすことが義務となって、あれもこれもと続けていくことが負担となって多くのストレスを感じるようになるということもよく見かけます。そのような場合は、先の例と同様に、自分の気持ちと向き合いつつ、数や内容などの取り組み方の見直しおよび改善が必要です。このケースは、子供の習いごとによく見られます。親が子供のためにと思い、学習塾、ピアノ、スポーツなどといろいろな習いごとをさせる様子をよく目にします。子供たちが自らの意思でやりたいと思い、楽しくやりがいを感じてできていれば良いですが、一方で活動過多となってストレスを感じている子供が少なくないことも否めません。親がやらせたいのではなくて、子供自身が何にやりがいを感じてしたいのか、続けていきたいかという気持ちに向き合いつつ、子供が自分軸で（意識的かつ自主的に）活動に取り組んでいけるような親のサポートのあり方が大切と考えます。

本来は、自分が好きでやりたくて始めた活動も、流れの中でついつい多くのことに手を出しすぎてしまうことはよくあることです。しかし、いつしか首が回らなくなり、多くのストレスを抱えるようになってしまいます。そのまま続けていると、その好意をもっていた活動自体（例でいえば、ウクレレ演奏）をネガティブにとらえるようになって、楽しめなくなってしまうこともあるでしょう。反対に、遠ざけるようになってしまうこともあるので注意が必要です。もともと好きだった教科にもかかわらず、その担当教員を嫌いになることで、その教科も嫌いになってしまうのに似ています（その逆も然りです）。

社会（他者）とのバランス

たとえ自分にとっての楽しい活動でも、それがときに周囲の人たちに迷惑行為となるようでは持続することはできません（やめるようにいわれます）。継続には、社会的にもそれをすることで、周囲に何らかの良い影響を与えたり、他から喜ばれたりするような活動であることが不可欠です。自分がどんなにウクレレを弾くことが好きでも、その行為が行き過ぎて夜通し演奏し、家族や近所の人の安眠を妨げるようでは歓迎されません。それどころか、当然やめるようにいわれるでしょう。ウクレレなどの楽器に限らず、何をするにしても、周囲に対する時と場所の配慮は必要です。一方で、個人の関心から始まったウクレレ演奏が、最終的に訪問コンサートをするまでになって、他者に喜びを与えるようになるという先の例は、社会的にみて発展的で望ましい活動といえるでしょう。

また、他から応援されるような活動であることも持続するには大切な要素となるでしょう。三日坊主という言葉があるように、ある活動を持続するには、たとえその行為自体に興味をもち続けていたとしても、いろいろな困難がともなうものです。それは、「今日は少し疲れているからしなくていいか」といった、本人の意志力などの心理面に関わる原因があります。また、実際に終日仕事が忙しかったからできなかったという、物理的な理由もあるでしょう。そのような中で、周りからの支援や応援を得ることは、あることを持続することについての大きな力となるでしょう。たとえば、ダイエットをするにしても、自分1人でやるのと、ジムのトレーナーについてあるプログラムにそってサポートされてやるのでは、後者の方が続けられる可能性は格段に高くなります。その理由としては、専門家によるコーチングという他者支援の要素が少なからずあるでしょう。また、人は他から気にかけられている、期待されていると感じることでモチベーションがあがり、行動に肯定的変化を起こして、より高いパフォーマンスを発揮する傾向をもつという心理的効果（ホーソン効果・期待効果）からも考えられます[6]。さらに、自分を待っている人がいることや、もともと他の人との予定や約束がされている場合は、忙しくてもそのことを優先するという動機付けにもなるのです。このように、他との関わりをもちつつ、その支援を受けながらすることは、持続していくうえでの大きな要因になると考えられるのです。

ここまで何度か指摘してきましたが、自分にとって楽しさや喜びを感じる活動をすることは根本的にとても重要です。だからといって、自分のしている活動が独りよがりとなって、他者や社会に迷惑を与えるような内容では受け入れられず、長く続けることはできません。自分の取り組んでいることが、周囲の人たちや社会にとっても不和のない調和した活動であること、さらに発展して有益な活動となることが望まれます。さらに、自分のしていることを積極的に社会につなげていくことで、社会的な称賛や支援が得られて、活動もより発展する形で持続していくことも考えられます（ウクレレ演奏による訪問コンサートのボランティア活動にやりがいを感じて、近くの施設だけでなく近隣市町村へと広がっていき、より多くの人に喜んでもらうことが自分の生きがいとなっていく、等）。

複数の体験を持続してやることの効果

ここまで、ホリスティックな体験について、そのホリスティックの特性から「包括的」「つながり・拡がり」「バランスを考えて持続する」という点から見てきました。実際のところ、より包括的な体験（複数の体験活動）について、長期にわたって続けてきた人には、やり抜く力である「グリット（Grit）」が高い傾向にあることが調査でわかっています。グリットは、最近の研究において、成功する人がもつ共通する力であることが実証されています（グリットと体験の関係については、第12章で詳述）。ここでいう成功とは、世間一般の人がイメージするお金持ちになる、出世する、有名になるといった他者評価からの表面的なとらえ方ではありません。むしろ、それぞれが取り組んでいる活動・分野・仕事などにおいて、人生で成し遂げたい大きな目標に向けてやり通して、最終的に達成し成果をなすことをいいます。

アメリカの高校3年生1200人を対象に行った、課外活動の実施内容についてのアンケート調査があります。活動数、継続年数、実績（受賞した、生徒会長などの役についた、等）に応じて点数化します（最低0点～6点満点）。その結果、点数が高い人ほど「やり抜く力」（グリット）が高いことが明らかになりました。回答者のほとんどが大学（短大を含む）に進学しましたが、2年後に在籍していた人は全体の34％でした。その中で、より複数の活動を複数年にわたって行い、何らかの実績を残しているという、調査にて高得点の生徒ほど、在籍率が高いことが認められたのです（6点満点を取得した人の在籍率が69％であったのに対して、0点だった人は16％ほど）[7]。日本では、大学に入ったら卒業するのが当たり前の傾向にあるため、上の数字はピンとこないかもしれません。しかし、アメリカの大学中退率は世界で一番高く、在籍し続け、最後までやり通して卒業するのは簡単ではありません。ゆえに、卒業することが大きな成果となります。これを前提に考えてもらうと、上記の数字が示す有効性がわかるでしょう。

これと同様の調査が新人教員を対象として、大学時代の課外活動を聞く内容で行われました。結果は先の調査と同じような傾向を示しました。大学時代に、より複数の活動を最後までやり通し、何らかの実績をおさめた人ほど、教職を辞めずに続ける確率が高いことがわかったのです。加えて、生徒たちの学力を向上させる能力が高いことも示されました。さらに興味深いのは、新人教員の過去のSAT（大学進学適性試験）やGPA（成績平均点）の評点やリーダーシップ能力に関する面接評価は、それらの好結果と数字的にまったく関係が見られませんでした[8]。

これらの調査結果から、より多くの体験活動を複数年にわたって継続していくことが、「やり抜く力」を高めることに通じることが示唆されるのです。また、ただ活動するというよりは、何らかの役割（責任）をもってする方が、その力はより育まれる傾向にありました。さらに、ある活動（体験）を継続する行為自体が、その人の「やり抜く力」を伸ばしていくとも指摘されています。この見解は、人は自分の性格特性にあった状況に身をおくようになり、その結果、さらにその特徴が強化されるという「対応原則」（人格形成の理論の１つ）の理論から支持できるでしょう。たとえば、ニュージーランドの数千人の青年を対象にし、彼らが成人して就職するまでをおった追跡調査があります。その結果、人づき合いの良い好青年たちは社会的地位の高い職業につき経済的にも安定し、ますます社交的な性格になったという人格形成の好循環が見られました。一方、敵がい心の強い青年たちの多くは、社会的地位の低い職業に就くことで生活も困窮するようになり、その状況によってますます敵がい心を強め、さらに就職も難しくなっていったという悪循環の様相を示したのです[9]。この「対応原則」からも示唆されるように、多様な体験活動を続けていく行動自体が、あることを持続して取り組み、成就していく「やり抜く力」を育んでいくと考えられます。そして、その培われた「やり抜く力」によって、人生におけるさまざまな課題や目標に対する達成や成功がもたらされていくという、好循環を生み出すことが期待できるのです。

これまでのウクレレの例になぞらえつつ見てみましょう。ある活動（ウクレレ）をより継続していくことによって、その過程において小さくてもある成果を生みます（ウクレレが少しずつ上達して嬉しい、楽しい）。その達成感がまた活動の活力となってその取り組みをさらに進展させつつ（仲間を得て一緒にセッションをするようになる）、その内容もますます広がっていきます（演奏会や施設でのボランティアコンサートを実施するようになる）。このようなプロセスに見られるように、ある活動を継続すること自体が別の活動へ広がり、それは活動する本人にとっても楽しさ、充実感、やりがいを感じることにつながります。そのように、活動がポジティブ感情にもとづいて持続的かつ発展的となることから「やり抜く力」が促進され、それは人生におけるその人にとっての達成に向かう道に通じていくという好循環を生むと考えられるのです。

意識的であることが基本

「ホリスティックな体験」では、ここまでに述べてきたように、ある活動が他の活動へとつながり広がっていき、それが持続されていくプロセスを志向します。その「ホリスティックな体験」において一貫して大切なことは、これまでに何度も触れてきたように、自分について意識的であることです。すなわち、自身の内面（感覚、感情、気持ち、等）と向き合い、自分の考えをうかがい知ることです。自分が何をすることに楽しみ・喜びを感じ、興味関心（好奇心）があるのか、している活動はどのようなもので（自己／仲間・社会／自然・地球に関わること？）、どう他の活動につながって広がっていくか（包括性・関連性）、とくに何を重視してどう継続させていくか（バランス・持続性）などということを、自分自身でよく思考することです。このように自分自身が何をどう考えているかについて、自己の内面をよく認識することが、「ホリスティックな体験」として重視されます。

それでは、そのような自分が行う活動にたいして「意識的」となるためには、どうすることができるでしょうか。そうなるための考え方が、次章以降の「ポジティブ・エクスペリエンス」における３つ目の本質や、その具体的な取り組み方に関わってきます。

注

1. 日本ホリスティック協会編『つながりのちから：ホリスティックことはじめ』せせらぎ出版, 2010, p.6-7.
2. Smuts, Jan C. *Holism and Evolution. 2nd ed.,* Macmillan and Co., Limited, 1927, 380p.
(邦訳書：ジャン・クリスチャン・スマッツ『ホーリズムと進化』石川光男ほか訳. 玉川大学出版部, 2005, 326p.
3. Miller, John P. *The Holistic Curriculum. 2nd ed.* University of Toronto Press, 2007, p. 6-15.
4. 成田喜一郎「次世代型学校組織マネジメント理論の構築——「水の思想・川の組織論」の創世過程——」『東京学芸大学教職大学院年報』1, 2012, p.1-12.
5. Kumar, Satish. *You Are Therefore I Am: A Declaration of Dependence.* Green Books, 2002, p. 85-95.（邦訳書：サティシュ・クマール『君あり，故に我あり：依存の宣言』尾関修，尾関沢人訳. 講談社，2005, 352p.），Kumar, Satish. *Soil · Soul · Society: A New Trinity for Our time,* Leaping Hare Press, 2017, 176p., 小森伸一「サティシュ・クマールのホリスティック思想とは何か——その理念形成の背景をふまえて——」『ホリスティック教育／ケア研究』2018, 21, p.11-28.
6. Rosenthal, Robert; Jacobson, Lenore. *Pygmalion in the Classroom: Teacher Expectation and Pupils' Intellectual Development.* Holt, Rinehart & Winston of Canada Ltd., 1968, 256p., 大橋昭一，竹林浩志「ホーソン効果の実体をめぐる諸論調：ホーソン効果についてのいくつかの見解」『関西大学商学論集』2006, 51(5), p.15-28.
7. Duckworth, Angela. *Grit: Why Passion and Resilience Are the Secrets to Success.* Vermilion, 2017, p. 276-278.（邦訳書：アンジェラ・ダックワース『やり抜く力：人生のあらゆる成功を決める「究極の能力」を身につける』神崎朗子訳. ダイヤモンド社, 2016, 376p.）
8. 同, p.278.
9. 同, p.279-280.

第 6 章　VARS 理論にもとづく進化志向の体験

1.　コルブ・モデルと VARS 理論

体験活動をただやっただけとならないように､自分がした内容について考え、学びを得て、次の活動に生かしていくという「体験学習サイクル」の考えがあります。それについてよく知られ､援用されているモデルに､コルブ博士によって提唱された理論があります。本書では、体験活動後に内省活動（ふり返り）を取り入れることで､活動を意味づけし､次回以降の体験に生かしていくといった考え方は共有しつつ、コルブ･モデルとはまたちがった新たなモデル､「VARS（バース）理論」を提案します。

VARS 理論では、人が多様な（直接）体験をすることによって、ポジティブな思考、学び、行為を生みだすプロセス、その反復と持続を通して、個と社会の進歩と繁栄をめざす“進化志向”の姿勢が根底にあります。本書では、そのような理念にもとづく､一連の循環プロセスを「進化志向サイクル」とします。「ポジティブ・エクスペリエンス」を考えるうえでの重要な要素であり、本質の 1 つとなります。本章では、一般的なコルブ・モデルを最初に簡潔に紹介しつつ、続いて筆者が考案したモデルとなる「VARS 理論」について提示していきます。

体験学習サイクル：コルブ・モデル

コルブ博士は、先人の著名学者である社会心理学者のレヴィン博士、発達心理学者のピアジェ博士、哲学者のデューイ博士による、経験論に関わる知見をふまえ、新しいモデルを提唱するに至りました。このモデルは、4 段階が循環するプロセスで考えます。その 4 段階は「①具体的体験」(Concrete Experience)､「②省察」(Reflective Observation)､「③概念化（Abstract Conceptualization)」、「④試行」(Active Experimentation) となります[1]。このように、コルブ・モデルでは体験活動について4つの段階が設定され、この一連の過程が循環します。このプロセスが繰り返されていくことで、体験活動による学習と行動が深まり拡大していくという考え方になります。

進化志向プロセスを核とするVARS理論

一方、VARSモデルでは、3つの段階から考えます。次のイラスト(図20)にあるように、最初が「Vision(ビジョン):展望する」、2つ目に「Action(アクション):行動する」、3つ目が「Reflection/Sharing(リフレクション・シェアリング):ふり返る・共有する」となります。これらの頭文字をとって、「VARS(バース)理論」としています。コルブ・モデルの4段階と同様に、VARS理論の3ステップもループ(循環)して繰り返されるモデルとなります。

ポジティブ・エクスペリエンスの実践およびその基盤となるVARSサイクルを考えるうえでの基本の1つとして、第4章において強調した、つねに「自分軸の体験」であることを重視します。そのためには「意識的・自主的」であること、また「自らの好奇心・探求心にもとづく」という姿勢が求められます。これは、小さなことでも自分の情熱や興味関心に意識を向けて、そのことを自らの意志や考えをもってやってみる(体験してみる)ことでもあります。それは、「他の誰かに言われたから」、「やることになっているから」などという義務や定例行事だからするといった受け身で無意識な(または、ほとんど自分で考えることをしない)他人軸の体験とは反対のものでした。つねに自分の熱意や好奇心・探求心といった、自らの内面に目を向けつつ意識することで、習慣や無意識となって変わらない現状を見直し、行動というチャレンジによって変化を生む姿勢がポジティブ・エクスペリエンスの考え方の根底にあることを意味するものでもあります。現状から前向きな変化を試みるという、進歩・向上を志向する態度が基本としてあるのです。したがって、ポジティブ・エクスペリエンスを意識して行動・活動することは、つねに自己との対話をしつつ、意識的に生きることを通じて、進化する自分でい続けることになります。

先のコルブ・モデルは、直接体験における学習のサイクルプロセスを中心に説明している理論ですが、そこではVARS理論にみる上述したような「自分」という視点は、ほとんど意識されていません。一方、VARSサイクルモデルは、同じく人の学びの側面もふくめつつ、「自己」を核として、自分自身やチーム(集

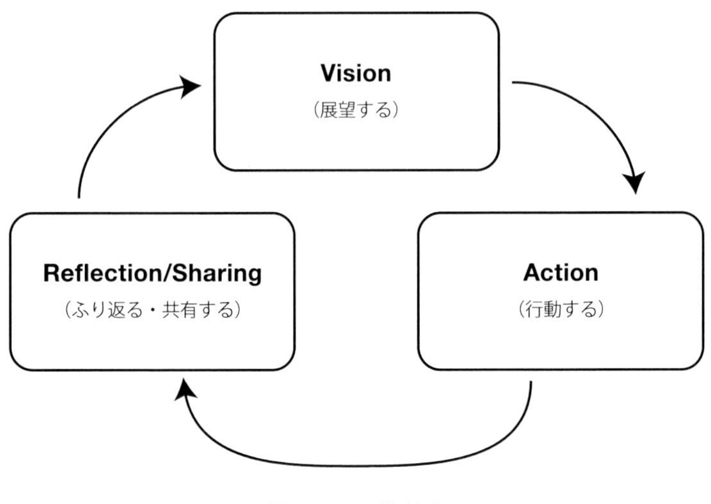

図 20　VARS サイクル

団・社会）が発展する考え方が基盤にあります。また自らの考え（Vision）を、行動（Action）に移していくことが強調されます。そして、その実践が自分と社会の豊かな生をもたらすことをめざします。それゆえ、コルブ理論が学習プロセスを中心に示されているのに対して、VARS 理論では、個の進歩に焦点をあててそれを軸としつつ、その集合体である社会の進化・繁栄をもたらすプロセスについて提案するものです。すなわち、単なる学習理論ではなく、それをもふくんだ、より包括的な考え方や取り組みについての理論となります。本書では、そのようなあり方を「進化志向プロセス」とよぶことにします。したがって、コルブ・モデルは体験を通した効果的な学習の進め方について説明するのに対して、ポジティブ・エクスペリエンスおよびその核となる VARS 理論は、体験による学びが、自己と社会（チーム）をどのように進化させ、豊かな生を創出するかというあり方の枠組みについて説くものとなります。

2.　VARS サイクルが生み出すポジティブ・スパイラル

そのような理解を基盤として、最初の「ビジョン」段階では、「自分が何をめざすのか＝どうしたいのか／なりたいのか」といった意図的な目標を意識・思考し、自分がこれからすることについて展望します。前章のウクレレ・サークルにおける仲間とウクレレ演奏会（ミニコンサート）をするという例でいえば、演奏会までの練習もふくめて、コンサートで演奏をすることを明確な最終目標として掲げつつ、それに関わる小目標や、することなどについて思いを巡らすということになります。そのうえで、次のアクション（行動する・活動する）の段階へと展開していきます（実際にウクレレの練習をして、最終的にコンサートで実演する）。

さらに、自分のした行為や体験をその場かぎりで終わらせないで、なされた活動（体験）に有意義な意味づけをします。そうするために、その内容を自身および仲間とふり返り、共有する「リフレクション・シェアリング」の活動をもちます。あることを体験して、学びにつながるようなことがあったとしても、それに気づかなければ学びや成長の機会を逃してしまいます。それゆえ、この「ふり返り」（リフレクション）の活動は、したことについての気持ちや事実を再認識しつつ、気づきや学びを得るきっかけとする段階として重要です。ウクレレの例で見れば、演奏会を終えた後に、実演してみてどうだったかについて、「こんなところが良かった」や「ああすればもっと良かった」など、自分自身や仲間同士で省みて考えることになります。そして、そこで出てきた意見をお互いに共有（シェアリング）します。いわゆる一般的にいわれる、「反省会・事後ミーティング」みたいなものです。

このようにふり返って、出てきた考えを共有することを通して、やったことについての、自分、仲間、グループにとっての効果や意義、課題などについて考え、自分（たち）にとって関わりのある、意味あるものとすることができます。ウクレレ演奏会後のふり返りで出された意見について、単に意見を出し合うだけでなく、自分にとって、また仲間にとってどのような意味をもち、今後どうできるかなどと考えてみることになります。たとえば、「今回やってみて、仲間と演奏会を創り上げることの楽しさや達成感が得られた」、「とてもやりがいを感じられたことに、自分としてもグループとしても意義があった」といった意見などの共有が考えられます。また、「演奏会をすることを通じて、自分のウクレレスキルも上がったことが嬉しかったし、忙しいながらも生活にハリを感じた」といった個人の感想もあるかもしれません。

ここで、とくに３段階目の「シェアリング」（共有する）の行為に目を向けると、その活動は、自分（たち）がしたことをふり返り、そこで得た気持ちや発想、次に取り組んでいくことなどのアイディアや目標について、外側にアウトプットしていくという思考作業をすることになります。またそれは、時に行動（アクション）というより実際的なアウトプットにもつながるでしょう。それは、「ふり返り〜シェアリング活動」によって浮かび上がった課題や改善点、新たな目標といったアイディアや知識を、続く体験（行動・活動）へとつなげていくことになります。すなわち、次なる活動の「ビジョン」(展望する）〜「アクション」(行動する)へと進展させ一歩ずつ前進していくプロセスとなります。そしてまた、そのなされた体験についてふり返り、その考えが共有されるといったように、この3つの段階が繰り返されつつ進化していきます。

再度、ウクレレ・サークルの例で想像してみましょう。ふり返りやその考えの共有を通して、自分にとっても仲間にとっても、やりがいといったポジティブな気持ちや成果が得られたことをみんなで確認できたことから、今後はもう少し演奏会の機会を増やして、年2回にすることにしました（新たなビジョン①)。そのためには、合奏練習の時間がこれまでよりも必要となるため、月4回の練習から6〜8回程度へと増やすことにして（新たなビジョン②)、それを実行します（新たなアクション①)。また、個人練習では、年2回の演奏会にむけたスキルアップのために、これまで週2時間程度だった練習を3〜4時間にするメンバーも多くいました（新たなアクション②)。そして、個人でも、合奏でもスキルアップを成し遂げたうえで、コンサートでのより高い演奏パフォーマンスを発揮するに至るのです。その後、演奏会をやり遂げた体験と充実感、およびそこから得られた気づきや学びといった考えが（リフレクション・シェアリング)、ウクレレ演奏についてさらなるアイディアや目標（さらなるビジョン）や発展的行動（さらなるアクション）を生み出し、ウクレレ演奏活動は、個人的にもチームとしても引き続いていっそう進歩していくのです。

ここまでに例を交えて見てきたように、VARS理論およびそのサイクルは、「思考（知識）〜行動」の往還が、生成発展的にループしていくプロセスともいえます。そのようにVARSサイクルをループさせていくことは、「思考と行動」の循環プロセスを通して、改善・進歩にむけた“チャレンジ”をしていく意識的なプロセスとなります。それは、「思考〜行動」の往還がより良い状態をめざして反復される「トライ・アンド・エラー」、または「試行錯誤」のプロセスであるともいえるでしょう。したがって、VARSサイクルを繰り返すというチャレンジ行為によって、よりいっそうの向上や成長をめざすことから、単にサイクルが循環するというよりも、図21にあるようにサイクルが上向き

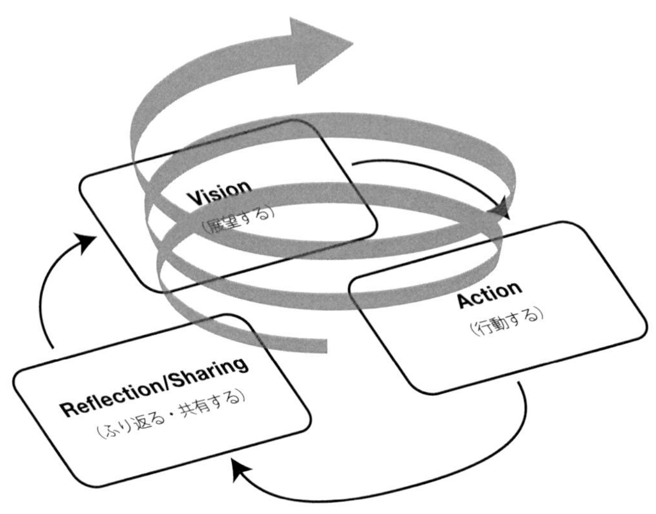

図 21　ポジティブ・スパイラル（VARS サイクル）

に繰り返されていくという上昇スパイラルのイメージとなります。本書ではこれを「ポジティブ・スパイラル」とし、前向きで発展的、創造的なプロセスを意味します。それは、意識的で自主的な取り組みでもあります。したがって、VARS 理論およびサイクルは「進化志向のプロセス」となるのです。

この「進化志向のプロセス」（＝ VARS サイクル）には、ある目標・課題としたことに取り組み（＝チャレンジし）、やり遂げることで、喜びや充実感といったポジティブ感情をもたらす達成体験が内在するものでもあります。そのような楽しさ、心地よさ、喜びといったポジティブな感情は、私たちの生活に活力を与えてくれることは誰もが経験しているところです。そのような肯定的な感覚や気持ちを抱くことには、私たちの行動の継続性をもたらすという「ドーパミン・サイクル」の効果があることも認められています [2]。

私たちが試行錯誤をする中でうまくいったり上達したりして、ほめられる、報酬を得る、達成するといった経験をすると、「快感・喜び」を生み出す「ドーパミン」という神経伝達物質（情報を運搬する役目をもつ化学物質）が脳内にて分泌されることがわかっています。その量が多いほど、人はより大きな快感を得ることが実証されています。人間の脳は、ドーパミンが出たときにどんな行動をとったかをしっかりと記憶し、その快感を再現しようとするそうです。さらに、もっと効率的にドーパミンを分泌させて快感を得るためにその行為が反復され、神経細胞（ニューロン）のつながりを変えていき、新しい神経回路（シナプス）を生み出していくというのです。そのようにして、快感・喜びを生み出す方向への行動が次第に強化、常態化され、繰り返し続けられていくことで、その行動が上達したり改善されたりするという学習がなされていくと指摘されています。とくに試行錯誤をすることが、より強固なシナプスを形成し、その行動や技能を身についた習慣として、さらに熟達へと向かわせるとされます。このようなサイクルが反復されることで、自らの行動や態度、パフォーマンスが習得（常態化）され、習熟してくことを「強化学習」といいます。

また、ドーパミンが分泌されることで、やる気（意欲）、幸福感、集中力が促進されることもわかっています。このドーパミンは実際に行動を起こしているときに活性化し、立てた目標についてワクワクしているときと目標を達成したときにより分泌されるといわれています。さらに、何か良いことを期待や想像するといったポジティブなことを想起するだけでも分泌されることもわかっています。したがって、目標を意識し、行動する前に、試行錯誤のプロセスと達成した場面や得られた成果（メリット・プラス面）についてのポジティブなイメージをすることは、脳内のドーパミンの増加をもたらすと同時に、意欲や集中力を高めてより活発な行動と好結果（成功）が期待できるのです。そして、実際に試行錯誤を経た達成体験は、前述したように、さらなるドーパミンの分泌をうながし、やる気、集中力、幸福感を高めて、その取り組みへの持続に結びついていくという反復性の好循環によって習得・習熟を生み出していくのです。そのようなポジティブな状態となることが、学習や作業効率を上げてよりドーパミンを増やし、さらに目標を達成しやすくします。そして、達成すればまたドーパミンが分泌されるといった、相乗的効果を生むドーパミンのサイクルの持続性と強化学習の効果がもたらされるのです。

したがって、あることについての「やってみよう～やってみる・やってみた～できた」という一連の体験が、ドーパミン・サイクルを発動させ、さらに「次にこれをやってみよう！」につながって、持続的かつ発展的な取り組みにしていくといえるでしょう。「○○（目標・課題）をやってみよう」(Vision) ～「やってみる・やってみた」(Action) ～「できた」(Reflection-Sharing) の一連のチャレンジ・プロセスとなる VARS サイクル（＝ポジティブ・エクスペリエンス）においては、このドーパミン・サイクルが機能していることが大いに示唆されるのです。ドーパミン・サイクルは私たちの生体にそなわっている有効な機能です。すでに手元にあるツールです。使わない手はありません。ぜひ活用していきましょう。

したがってVARSサイクルには、ドーパミン・サイクル（および強化学習）の好影響が及ぼされていることも相まって、「ポジティブ・スパイラル」（発展的循環）を形成していくものと考えます。このような、VARSサイクルが「ポジティブ・スパイラル」を引き起こすという考え方は、続く「Cゾーン理論」を交えて考えてみることで、よりその具体性と重要性が明らかになるでしょう。

3.　コンフォート・ゾーン理論

「Cゾーン理論」の3層

「Cゾーン」という耳慣れない用語が出てきました。これは、コンフォート・ゾーン（Comfort Zone）の、頭文字をとったものです。それゆえ「Cゾーン」とは、その人にとって「快適・楽・安心（コンフォート）な領域・空間（ゾーン）」という意味となります。無理のいらない、あまりストレスのかからない状態ということもできます。私たちの生活に当てはめれば、定例活動が中心となっている慣れ親しんだ日常といえるでしょう。

Cゾーンは図22のように表すことができます[3]。中央の円が、コンフォート・ゾーン（快適・日常領域）です。その外側を、近い方、内側から「Growth/Learning Zone：グロース・ラーニングゾーン」（成長・学習領域）、「Panic Zone：パニックゾーン」（混乱・危機領域）が囲む形となっています。いわば、木目のような形状をしています。皆さん自身を例にとれば、中央のCゾーンはあなた自身の現状を表します。外側に向けて矢印が伸びているのは、普段とは違うことを試みたり、何かにチャレンジしたりすることで、できる知識・技術が増えて、Cゾーンの外枠が少しずつ広がっていく可能性があることを意味しています。

それゆえ、Cゾーンの外側の円は、自分ができないことや、新たな課題に取り組むことで学びが得られ、改善や進歩をもたらす「グロース・ラーニングゾーン」＝成長・学習領域となっています（「ストレッチゾーン」ということもあ

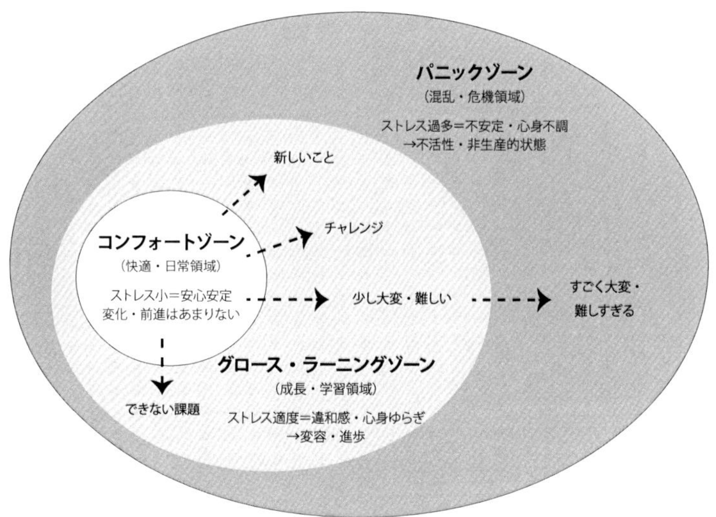

図 22　「C ゾーン理論」モデル

ります）。慣れた日常的な行為とは違うことをするので、困難や違和感をもつこともあるでしょう。しかし、そのような適度な心身への刺激や揺らぎをもたらすストレスは、それらに対処し乗り越えることでもたらされる成長の種となり大切です。そのように、変化や新たな課題にトライしていくことで自分の知識やできることが増えることへとつながるのです。そのようなことを、「引き出しが多くなる」といったりします。また、ものごとへの許容力が大きくなったり、何かがあっても動じず対処できるようになったりして、人としての総合的な力がつくことを「器が大きくなる」などといったりもします。C ゾーンが広がり大きくなっていくことは、そのような慣用句とニュアンスを同じくするものといえるでしょう。

私たちは生まれてから現在にいたるまで、実にさまざまなことを学びながら成長し、今ここの自分となっています。それゆえ、誕生してからまだ間もない、幼いときはとても小さかった C ゾーンは、成長の過程とともに大きくなってきたということができます。それは学校での学びによるものだけではありません。おはしやトイレの使い方といった、生活するのに必要な基本的所作もふくまれます。直火など熱いものに直接触れたら火傷をするから気をつけるという、危険を回避して安全に過ごすための、生命や健康に関わる重要な行動についても学んできています。生まれてからまだ幼い時には、食べる、しゃべるなど生きる上で必要な基礎的なことについて、実に多くのことを学ぶことで、少しずつ周囲の人のサポートなしで生活できるようになっていきます。

その後、保育園・幼稚園、小・中学校と集団の中で、文字・数字・記号が使われるより抽象的な知識や技術について学び、学年が進むごとにそれらは高度化していきます。人によっては、高校、大学へと学習は続き、そこでは知識、技術は、より高度化、専門化していくのです。各自、最終的な学校を卒業すると、企業や団体等に就職して働くことになり、そこではその仕事に特化した知識・情報・技能について精通していきます。

組織的に集団で活動する学校や企業という場所では、そのような知識や技術だけを学んでいるわけではありません。友だちや仲間との関わりをとおして、他者との接し方や集団の中での自分の振る舞い方という、いわゆるソーシャルスキルや社会性・コミュニケーション法などの具体的な振る舞い方や行動方法も身につけていくことになります。

このように、今の自分があるのは、生まれてから今日に至るまでの、生活に必要な基本的行為から、より高度な専門的知識や社会のなかでの実際的な態度まで、実に多くのこと習得をしてきたからにほかなりません。そのような成長とともにできることも多くなることは、Cゾーンが拡大してきたことでもあります。

一方で、「グロース・ラーニングゾーン」（成長・学習領域）の外側は、「パニックゾーン」（混乱・危機領域）となっています。これは、自分ができることや日常の活動から大きくかけ離れている場合や環境では、大きな不安を生じて過度なストレスがもたらされることを意味します。そうなると、心身機能は不活性化し、高いパフォーマンスは望めない状態となります。そのような状態が長く続くと心身の不調をきたし、それが高じると病気にもなってしまいます。たとえば、外国語が苦手でほとんどしゃべれない人に、大学生だからといって通訳を頼んだとしたら、その人は非常に強いストレスを感じて、胃がいたくなるなど具合が悪くなってしまうこともあるでしょう。また、自分自身が何かにチャレンジする場合でも、現時点でのその人にとって、とても手が届きそうにもない大きすぎる目標設定をしてしまうと、あまりにできな過ぎて自信と意欲を失い、継続できずに何の成果も得られないということにもなります。

したがって、少し手が届かない（届きそうで届かない）くらい、いわばCゾーンの少し外側に目標をおき、チャレンジ（練習・試行錯誤）を繰りかえして達成できる程度の課題設定とすることが重要とされます。私たちの脳も、Cゾーン内にあるすでにできることをやって成功しても、あまり喜びません。できないことに（＝Cゾーンの少し外側：グロース・ラーニングゾーンにて）チャレンジや試行錯誤して､達成をすることによって脳は大きく喜ぶというのです。すなわち、ドーパミンがよりたくさん分泌されることになり、「ドーパミン・サイクル」が発動され、その効果も期待できるでしょう。したがって、そのようなCゾーンの外側に向けた取り組みの反復が、少しずつCゾーンを広げていくことになり（＝進歩・前進・改善)、有効だといわれているのです。

新たな体験が「Cゾーン」を拡大する

上で述べたように、誕生してから始まる学びと成長は、すべては自分自身のさまざまな体験によってもたらされるものです。このことは当たり前となっていて、改めて意識したり思ったりすることはほとんどありませんが、私たちは体験によって創られてきたといっていいでしょう。いわば、生きるということは、人生という舞台での、さまざまな体験活動とも見なすこともできます。「Cゾーン」との関わりでいえば、多様かつ特別な体験を通して、日常において難なく行動できる範囲となるCゾーンを広げてきたともいい換えることができます。

このように、私たちは年を経るごとにいろいろなことを体験によって学び、多様な知識が蓄積されて、Cゾーンも大きくなっていきます。しかし一方で、年を経るごとに新たに学ぶことは少なくなってきます。たとえば、衣食住に関わる日常で必要な基本的動作ほど、生まれてから年を重ねるほど習慣となるため、意識することなくできるようになります。また、現在自分が所属する学校や職場などでも、入りたての時は初めてのことも多く、知るべきこと、やるべきことは多々ありますが、いずれそれも習慣化して定例行動となり、難なくできるようになるでしょう。私的な生活上でも、学校や会社など社会上であっても、経年することによって積み重ねができてくることで、対応できることも増えてきます。それで、新しく学ぶことは少なくなっていく傾向となるのです。逆にいえば、年を経るごとに習慣でできることが多くなるため、意識をしなければ自らが新たな体験をして学ぶことも少なくなっていくことを意味しているのです。「Cゾーン」の視点からいえば、経年して習慣としてできることが多くなるほど、Cゾーンの広がりも鈍くなり、あまり変わらないということになります。

もちろん、すべてにおいて永久に前進・進歩が求められるものではありません。良い習慣であれば、それが身についている状態は1つの完成形といえます。また、ある課題としていたコト・モノについて、すでに目標に到達し、それが安定して良い状態が維持されているのであれば、その現状維持が好ましいということもあるでしょう。一方でそうでないケースも見られます。まだ改善・向上の余地がある、必要があるとされているものの、習慣や定例活動となってしまうことで、進歩に向けた試みがとまってしまうという望ましくない場合です。習慣化することで変化の意識は日常に埋もれ、そうなると現状に潜む改善すべき課題が見えにくくなることから起こる停滞状態です。

私たちは生きていくうえで、心身両面で安定を求め変化を避ける生き物といえます。それゆえ、基本的には「Cゾーン」にとどまっていたいという傾向をもちます。私たちには心身両面での「恒常性」を意味するホメオスタシス(homeostasis)があるからです(「同一の状態」を意味するギリシア語が語源)。まず生体面のホメオスタシスは、外部環境の変化にかかわらず、身体は生理的変化を拒んで一定の状態を保とうとする調節機能をいいます。たとえば、人間も含む哺乳類は、周囲の気温が上がってもそれに合わせて体温が上がったりせず、自律神経が働いて汗をかくことで体温が一定に保たれます。このような恒常性の機能は安定して生きるための生存に欠かせない機能となります。

このホメオスタシスはもともと生物学の用語ですが、心理面について使われることもあります。心理学におけるホメオスタシスとは、現状のライフスタイルや生活環境をなるべく維持しようという考えおよびその行動です[4]。この心理的恒常性も、先の生理的ホメオスタシスと同様に、暮らしにおいて、安心してよりよい状態で生きていくために必要といえます。この安定しようという気持ちとその行為があるからこそ、変化によって現状とのズレから生じるストレスも最小限に抑えられ、生活が安定するからです。反対に、心理的ホメオスタシスがなければ、たとえば、ある場所に引っ越してもすぐに飽きて、別の土地に移りたくなるといったことになります。これだと変化が連続して落ち着かないことから、ストレスが多くかかる不安定な生活となってしまうでしょう。

このように、心身両面でのホメオスタシスが機能して過度な変化を避けることで、ストレスは最小限となって、安定・安心して生きていくことができます。一方で、心理的ホメオスタシスがマイナスに働くこともあります。何か新しいことを始めよう、挑戦しようとするときに、いつもの習慣を維持しようと心理的に作用することで持続が難しくなることです。たとえば、何か新しい趣味やダイエットなどを初めても三日坊主となったり、新たに始めた習い事ではあるものの、その習慣がなかなか身につかなかったりといった経験は誰もが身に覚えがあるのではないでしょうか。また、ホメオスタシスによって日常の習慣や現状維持が当たり前となるため、より良くしていこう、進歩していこうといった前向きな気持ちが生まれにくくなってしまうのです。

それでは、改善や向上が求められる中で、習慣化による進歩の停滞に陥らず、その歩みを持続し続けるためにはどうすることができるでしょうか。それには、心理的ホメオスタシスを解除することが求められます。そのためには、進化し続ける自分を意識して生きることです[5]。上で述べたように、生きることは人生という舞台での体験活動と見なすことができます。したがって、進化し続ける自分でいることは、意識的な体験をもつことに通じます。そしてそのような体験活動の考え方およびあり方として、VARS 理論からなるポジティブ・エクスペリエンスが提案されているのです。

4.　VARS サイクルで「C ゾーン」を楽しく広げる

ポジティブ・エクスペリエンスの核となる考え方でもあり、具体的な方法でもあるのが、「VARS 理論・サイクル」です。先述したように、VARS サイクルは「思考～行動」の往還をしながら前進する、チャレンジ・プロセスとも考えられます。それゆえ、そのサイクルを意識し循環させること、つまりチャレンジし続けることが、現状という領域である「C ゾーン」に変化をもたらし、広げていくことになるのです。ここで再度、図 21 のポジティブ・スパイラルに目を向けてみましょう。このイラストは、一番下の小さな円が上向きにループをするたびに大きな円となっていることが描かれています。これを「C ゾーン」に重ねて考えてみると、最初は小さな C ゾーン（円）だったのが、サイクルを繰り返すというチャレンジをし続けるたびに、C ゾーンを表す円が大きくなっていくことを表しています。

そのように、VARS サイクルにおいては、何らかの考えを意識的に行動へと展開していく「チャレンジ」をつねに心がけることで「C ゾーン」を大きくしていくことになります。ここで使われる「チャレンジ」（挑戦）という用語は、人にもよりますが、ときに「大変なことに挑戦する」といった、比較的ハードで深刻なイメージをもつ人も多いのではないでしょうか。しかし、VARSサイクルの過程においてなされるチャレンジは、もっと軽やかなニュアンスとなります。いわば、ゲーム（遊び）感覚といった、楽しむ気持ちで取り組むという意図で使われています。

ポジティブ・エクスペリエンスでは、これまでも述べてきたように、自分がもつアイディアについて、速やかに、かつ軽快に行動へと転じていくことを重視しています。その行動への結びつきがなければ、どんなに良い考えであってもそれは具現化することなくアイディアだけで終わってしまい、そこでプロセスは途切れてしまうからです。それには、「大変そうだからやめておこうかな……」と重く受け止めすぎて、行動をためらう気持ちとなってしまうのではいけません。反対に、「出来不出来は気にしなくていいので、まずはやってみよう！／どんどんやってみよう！」といった、より積極的な感覚で取り組むことが大切です。それゆえ、ゲームや遊びをするときのような軽快でリラックスした心持ちで試みる（チャレンジする）ことを提案するのです。そうすることで、VARSサイクルでの多くのチャレンジ場面において、より自分なりに楽しみながら、前向きな気持ちをもってスムーズな取り組み（＝チャレンジ）になることが期待できます。

また、先述した幸福感や意欲をもたらすドーパミンは、達成体験のときだけでなく、これからしようとしていることについてワクワクしているときや、何か良いことを期待や想像するといったときにも分泌されることが認められています。したがって、何かにチャレンジしていくときには、上で述べたように、深刻で重い気持ちであたるのではなく、遊び感覚でのゲームと考えて、軽やかな気持ちで楽しいチャレンジとすることが大切となるでしょう。そうすることで、ドーパミン・サイクルの発動と効果も期待できます。

注

1. Kolb, David A. *Experiential Learning: Experience as the Source of Learning and Development.* Prentice Hall, 1984, 256p.
2. 茂木健一郎『脳を活かす勉強法』PHP文庫，2010，p.26-46.，中野信子『脳内麻薬：人間を支配する快楽物質ドーパミンの正体』幻冬舎，2014, 174p.
3. Panicucci, Jane. “Cornerstones of adventure education”. Prouty, Dick et al., eds.

Adventure Education: Theory and Applications., Human Kinetics, 2007, p. 33-48.

4.　加藤勝『ホメオスタシスの謎：生命現象のゆらぎをさぐる』講談社，1987，216p.

5.　苫米地英人『残り 97% の脳の使い方　ポケット版』フォレスト出版，2017，p.125-136.

Part 3 ポジティブ・エクスペリエンスの実践としてのVARSサイクル

前のPart 2の最後において、ポジティブ・エクスペリエンスの3番目の特性として「VARS理論」について述べました。それは、体験というプロセスを、「ビジョン（Vision）：展望する」、「アクション（Action）：行動する」、「リフレクション・シェアリング（Reflection/Sharing）：ふり返る・共有する」という3段階（ステージ）の循環ととらえるモデルです。自分（たち）がする直接体験について、それら3ステージを意識して繰り返し取り組むことで、自分自身やチームが成長・進化していくことをめざすプロセスとなります（VARSサイクル）。

したがって、「VARS理論」はポジティブ・エクスペリエンスを考えるうえでの基盤となります。同時に、その実践的側面となるVARSサイクルにそって行動・活動していくことが、ポジティブ・エクスペリエンスの取り組みとなります。また、このVARSサイクルの実践は、科学的に実証されている効果的な上達・進歩をもたらす「意図的練習（Deliberate Practice）」理論を活用する試みとしてもとらえられます。すなわち、私（たち）の成長と進化をめざすポジティブ・エクスペリエンス（＝VARSサイクル）の考え方と実践の有効性における論拠にもなるのです。

Part 3では、そのVARS理論・サイクルを構成する3要素となる「Vision」（7章）、「Action」（8章）、「Reflection/Sharing:」（9章）について、各章にて詳しく見ていきます。

第 7 章　　ビジョン (Vision)

「VARS」理論の最初の段階（ステージ）となるのが、「Vision（ビジョン）：展望する」となります。何かしらの意図や目的があってどこかに向かうときには、当たり前ですがその目的地を意識し見据えて向かわなければ、そこにたどり着くことはできないでしょう。また、そこに到達すのには、もっとも効率の良い交通手段で行くのか、途中どこかによって用事をすませてからむかうのかというように、ゴールにたどり着くまでの予定や計画といった内容を考えてから出発することが大切です。そうしないと、自分が望む時間や行動を満たした上で到達することはできませんし、迷子になってしまうこともあるでしょう。

したがって、何かの目的をもってことにあたり、充実した成果をめざすには、上述したような「いつまでに、どのような状態で、何の方法を使って」などのゴールに至るまでの内容についての思考をすることが重要です。本書の体験活動プロセスモデルとなる VARS 理論・サイクルでは、そのように自分（たち）が設定するゴール（課題・目標）に至るまでのプロセスについて、前もって考えイメージしたり、意図したりすることを「展望する」（ビジョン）としています。

本章ではその「Vision：展望する」することが、課題達成のためにとても重要であることやその有効性について説明していきます。また、その展望(ビジョン）をするにあたって、どのような意識（思考やイメージを含む）をもちながらするのが効果的なのかについても取り上げていきます。

1.　目標・課題の認識

活動の目標は忘れられがち

みなさんは、今現在何かやってみたい活動、チャレンジしてみたいことはあるでしょうか。または、自分の希望は別にして、普段の生活や学校、仕事などで取り組むべき課題やプロジェクトはありますか。それらは、ある意味ですべて（直接）体験活動と見なすことができます。そのような活動は、何かしらの目標をもつ、もともと意図的な取り組みでもあるはずです。“もともと”としたのは、とくに学校や会社などのグループやチームで取り組むような場合においては、めざすべき目標は設定されているにもかかわらず、ときにそれは形だけとなってあまり意識されず忘れられている場合が多々見られるからです。たとえば､筆者自身も引率指導で多く関わってきた林間学校で考えてみましょう。しおりには必ず目標・ねらい書かれています。しかし、それは毎年引き継がれてきている同じ内容で、形式的に掲載されているだけの場合が多いのではないでしょうか。とくに児童生徒たちは、その目標・ねらい自体を強く意識して活動していないことがほとんどのように思います。

ここでいう「ビジョン：展望する」は、何かに向けた行動をする上では、自分の「めざすことは何か＝目標・課題」をよく認識することの段階です。そのため、それをできるだけことばにしたうえで、その課題の達成をめざして取り組むことの大切さを理解し、実践することを強調します。

枠組み (＝目標・課題) を意識すると成果があがる

ある目標を成し遂げるために、そのことを意識して取り組むことの重要性は次のような実験によっても示唆されるところです。書くことについて、何の目標・課題をもつことなしに行動しても、あまり良い成果を生み出さないことを実証した実験があります[1]。すなわち､義務づける(意図的な枠組みを設定する)方がより良い結果を生み出すことを実証しています。ここでは目標ということばは使っていませんが、意図的な枠組みをもつことはある意味、達成課題を設定する＝目標をもつことと同じと解釈できます。そのことを念頭におきつつ、その結果を見てみましょう。執筆を欠かすとペナルティが課されるという条件におかれた(＝ペナルティをもらわないように執筆を欠かさずするという目標・課題が設定された）グループ A の実験参加者は、気が向いたときに執筆するグループBの3.5倍、緊急性のある執筆以外認められなかったグループCの1.6倍で執筆量が多い結果となったのです。

さらに、そのような書くことについての意図的な枠組み設定（＝目標・課題設定）をしたグループ A の方が、独創的な執筆アイディアもどんどん浮かんでくる結果にもなりました。独創的なアイディアが思い浮かぶ間隔は、グループ A の実験参加者の場合はわずか 1 日、グループ B の場合は 2 日、グループ C では 5 日でした。このことから、明確な課題を意識しながらする行為は、優れたアイディアを育む可能性も示されたのです。

加えて、目標を確認することの大切さ、とくに目標をことばにすることについて、目標を語る頻度に着目した調査があります[2]。その結果は、目標について話す頻度が高い人ほど「目標を覚えていて、達成するために行動している」ということが明らかになりました。「週に 1 回以上目標について話す」人の 92%は、「目標を覚えていて、達成するために行動している」と答えました。一方、「半年に 1 回程度」目標について話す人では「目標を覚えていて、達成するために行動している」と答えたのは 49%、「1 年に 1 回程度」と答えた人では 29%と、その数が大きく減る傾向となるのです。

さらに、その研究結果を支持する別の研究もあります[3]。目標達成や夢の実現をめざす世界中の 5000 人以上の人たちを対象に、やる気を高める心理について半年から 1 年間追跡した大規模調査がなされました。調査が終わるころ、全員に目標達成のためにとった方法を聞き、成功の度合いを報告してもらったのです。最初は、ほとんどの人たちが自分の成功を確信していましたが、最終的に目標を成就した人は 10%だけでした。この調査結果で明らかになったことは、成功の確率をかなり高める方法が 5 つ認められ、そのうちの 1 つが、「目標について人に話すこと」でした。成功した人は、失敗した人たちより、自分の目標を友人、家族、同僚などに話すことが多いことがわかりました。誰にも話さない方が、失敗したときに恥をかかずにすみますが、同時にそれまでの習慣や日常から抜け出せないため人生を変えにくい、つまり成功に向けた新しい行動を取りにくいからだとされます。反対に、人は自分の約束や考えを周囲に公表すると、それらを守り通そうする傾向が強いことが、別の心理学の実験によっても裏付けられています[4]。これらの結果は、自分の目標について話した相手の数が多いほど、目標達成への意欲が高まることが認められたという他の研究結果[5]とも重なります。したがって、目標を達成するには、その目標について他者に話すなどの表明をすることを通して、その確認や自己認識をすることが重要となることがわかります。そうすることで､達成に向けた行動を促し、実際に成就することの可能性を高められることが示唆されるのです。

加えて､そのように外に向けて自分の考え（ビジョン）を発信するときには、そこで使うことばの質が成否に影響を及ぼすこともあるため、ことば使いには注意が必要です。使うことばの内容と業績との関係性について検証した研究があります。ある企業で働く人を対象にした調査では、業績の高い上位15%の人と、それ以外の人たちでは、メールの中で使っていることばが違うことがわかりました[6]。データ解析の結果､業績の良い人たちは､｢率直だ｣｢スムーズだ｣「前向きだ」｢有意義だ｣｢特別だ」などのポジティブなことばが有意に多いことが確認されました。それに対して、業績が芳しくない人々がメールでよく使うことばは､｢厳しい｣｢面倒だ｣｢大変だ」細かい｣｢悪い｣｢同じだ」などのネガティブなことばが有意に多いことが判明したのです。このことから、上述した目標（ビジョン）について話したり確認したりする際には、より良い成果やパフォーマンスへとつなげていくために、ポジティブなことばを意識して使うことの重要性もうかがえるのです。

なお、この点は目標を設定することや意識することとは少し論点がずれますが、自分の進行状況を把握することで、行動動機を高めることが確認されています。すなわち、そうすることで、行動を継続していく推進力が得られるのです。行動研究から､そのように自分の行動について認識することが(自己観察)、自身がしている、またはしていこうとしている行動を誘発することがわかっています[7]。

「選択的注意」機能から考える

行動（体験）をする前に目標を具体的に意識すること、つまり達成課題の内容について事前により認識しておくことの有効性は、｢選択的注意」という私たちの心理・脳機能によっても支持することができます[8]。人間は五感を通じて非常に多くの情報を取り入れていますが、一度にその全てに注意を向けることはできません。それゆえ、我々の脳は意識しているものや大切だと思っているものについて、選択的に認識するように働くというものです。逆に言えば、意識を向けていない、重要性を感じていないものには、それが現実にあったとしても脳は感知しない、つまり見えていない、盲点となるということになります。たとえば、車を運転しているときに、あの人が何色の服を着て、あそこにどんなお店があってといったことすべての情報を認知しなければならないとしたら､車の運転に集中できずに事故を起こしてしまうでしょう。車の運転中は、前を走る車や歩行者、信号といった、安全に運転して目的地にたどり着くという目的に関わる重要な情報が選別されて認識されることで円滑に運転できるのです。

また、大勢いるパーティでの例で考えてみます。そこでは、当然みんなが何を話しているかのすべてを感知できません。しかし、自分のこと、また自身が気にかけていることば・話題が出てきたときや見かけたときは、それに反応したり気づいたりするということについてみなさんも身に覚えがあるのではないでしょうか。これも同じく｢選択的注意｣の 1 つで､心理学用語で｢カクテルパーティ効果」といったりします。

そのような認知作用は、心理的盲点を意味する「スコトーマ」の見解からも説明できます。スコトーマはギリシャ語を語源とする「暗転･盲点」を意味し、もともとは眼科の用語だったのが、最近では心理学分野でも使われるようになりました。上で述べたような、自分が重要だと思っている信念・観念という色眼鏡を通して見ることで、そのことは認識しやすくなりますが、そうでないものは見えなくなってしまう傾向となります[9]。この作用は、脳幹の基底部にある網様体賦活系で「RAS」（Reticular Activating System：ラス）といわれる、無意識に働くフィルターシステムによることが認められています。簡潔にいえば、視界に入ってきた情報について自動で重要なものとそうでないものを選別して、重要と判断したコト・モノ以外は遮断してしまう機能です。私たちは生まれてこの方、育った地域の慣習・文化、家庭や学校での教育によって多くのことを意識的にも無意識的も学んでいます。それらは、社会の中で生きていくために大切なこととして、自分の信念や価値観を形成して固定観念として定着し、当たり前（常識）や思い込みとなっていきます。一方で、それ以外のことは、意図的に見ようとしなければ認識されにくくなるという「スコトーマ」も多くあるということがいえるでしょう。

このような人の不思議な心理・脳機能は、｢Selective Attention Test｣（選択的注意テスト）として､動画配信サイトで紹介されています。みなさんは､｢The Monkey Business Illusion」という映像を見たことがあるでしょうか。白と黒の T シャツで別れた二組のグループがいて、「白 T シャツの人たちがバスケットボールを何回パスするか数えて下さい」という課題が出されます。その後、画面上で各チームが動き回りながらパスを繰り返し、約30秒後に画面から消えていきます。続いて、ナレーションが「正解は16回でした」と答えを示します。続けて「ゴリラは見えましたか」と問いかけるのですが、視聴者はここで「え！　ゴリラなんか出てきた？」と驚くのです（気づく人もいます）。実際のところ、映像にはパスをしている間に画面右側から着ぐるみのゴリラが堂々と登場し、途中真ん中に立ち止まって胸を数回たたいてから左端に消えていくのです。この動画は、ゴリラが登場するところまで映像を早送りで巻き戻して、再度視聴者に見せます。すると不思議なことに、先ほどは見えなかった人も、今度は確かにゴリラが登場しているのがはっきりと確認できるのです[10]。

このように、私たち（の脳）は、1つのことに集中することで、それ以外の他の情報は認識されにくい傾向となってしまいます。いわば、私たちが見ているもの、見えているものは、自分は見ているつもりでいてもそれがすべてではないということです。したがって、私たちは事前にAを意識して知っていたり、重要性を感じていたりすることで、Aというモノ・コト・現象をより認知する、すなわち体感＝体験できるのです。

この私たちにある「選択的注意」機能やスコトーマ（心理的盲点）作用から示唆されるのは、ある（体験）活動を実施する時には、自分が何をするのかという課題（目標・ねらい）を明確にして、それを意識して行うことの大切さです。すなわち、課題意識をしっかりともつことで、その課題に関係する事物により注意が向くようになります。そうすることによって、その気づきや理解への深まりが期待できるからです。たとえば、学校などで登山をする時に、そのねらいの1つに周囲の自然を味わうということがあったとします。しかし、ただ登って帰ってくるのでは、登頂するという目的はかなえられ、ある一定の達成感はあっても、前述の自然との関わりといったねらいの点については、多分に抜け落ちてしまうでしょう（よくある）。一方、登山開始時にすぐ登り始めてしまうのでなく、まず全体で登山のねらいや課題を皆で共有する時間をもってからスタートしてみてはどうでしょうか。自然を味わうというねらいで言えば、歩行時に「いくつの鳥の鳴き声を聞くことができるか」「何種類の木を見つけることができるか」などといった具体的なことを投げかけてから出発するのです。そうすることで、子供たちの自然に対する選択的注意を働かせ、自然認識への感度を高め、自然についてのより深い理解へとつなげていくことができるでしょう。つまり、目標・課題の達成へとより近づけられるようになると考えられるのです。

2.　課題意識と内発的動機づけ

ここまで、目標を明確に自覚することの重要性について述べてきました。VARSサイクルの「ビジョン段階」においては、この目標認識について、「なぜ自分はそれをするのか」および「なりたい自分は何か」を意識することも、重要事項として考えるようにします。まず「なぜそれをするのか」ということについては、それをすることが自分（および仲間／チーム）にとってどのような価値（意味・意義）やメリットがあるのかを、自分との関係性において認識しつつ納得した上で行動することです。この姿勢は、“自分にとってどうなのかという自分軸”で考え取り組むことにもなります（ポジティブ・エクスペリエンスの考え方では、自分軸の体験とすることが重要：前掲4章にて説明）。自身がすることの意味を理解し納得してことにあたるのと、それなしで「〜しなければならないから」や「〜することになっているから」などと義務や要求でするという消極的な気持ちで行うのとでは､行動の質が違ってくるでしょう。自覚的に意味をもって行う前者の方が、受け身で行う後者にくらべて、気持ちや行為の面でより前向きで生産的となることは想像に難くありません｡これは、人間のやる気に関わる動機付け（モチベーション）の問題でもあり、そのモチベーションについての研究からも実証されているところです。

動機づけについては、広く支持されている考え方に心理学者のリチャード・ライアン博士とエドワード・デシ博士が提唱した自己決定理論（SDT: self-determination theory）があります[11]。何かをすること自体から得られる喜び・楽しさ・満足感を行動の源とする「内発的動機」の考えを発展したものです。内発的動機づけは、やる気を引き出し、強めて自発的行動を持続させる原動力となるものです。一方、内発的動機づけの反対語に、外発的動機づけがあります。これは、「ほめられたいから／合格したいから」という報酬や「怒られたくないから／罰を受けたくないから」など望まない結果を避けるといった外的要因が動機となるものです。

自己決定理論によれば、内発的動機は、自分がすることは自らが選択して決めて、主体的に行動したいという「自律性の欲求」を満たすことで、生み出し高められるといわれています。また、自分はできる、自分には能力があるということを感じることを求める「有能性の欲求」や、他者との関わり、良い関係の築き、他者や社会への貢献を求める「関係性の欲求」を満たすことでも内発的動機は高められるとされています。このように、行動に対する自己決定性の高さが内発的動機づけを引き起こし、学業成績、作業効果、精神的健康などに好影響をもたらすことが指摘されています。

与えられた目標であっても、その中で「なぜ自分はそれをするのか」について自身で考えることは、自分にとっての意味や意義、有効性を認識して価値づけをすることになります。これは、外的な規範や要求を、自らにとって価値あるものとし、自分の目標として受け入れるようになるという、心理学でいう「内面化」をすることに通じます。内面化は、先述の自己決定理論における３つの欲求を満たすことで促されるとされています。

そのような内面化による価値づけは、他からの要求とは関係なしに、自身に関わることで自分なりに決めて良いものです。つまり「自律性」をふくみます。また、その価値づけが「(それをすることで) 〜ができるようになるから」という「有能性」に関わることもあれば、「(そうすることで) 自分だけでなく仲間の役にもたつから」などという「関係性」の要素にも関わることも考えられます。したがって、「なぜ自分はそれをするのか」を考え、自分軸での価値づけをすることで、それをする理由（動機）について行動自体が自らの興味関心にそっているという完全な内発的動機でなくても、内面化によってより内発的動機づけへと近づけて、その活動をより効果的なものとしていくことができると思われます。

そして、その価値づけは３つの要求を満たす観点からなされることで、内面化はより進むとともに内発的動機づけも高まるのです。たとえば、作業場や教室などで役割となっている掃除をすることについて、「なぜ自分がそれをするのか」を考えたとします。それは、最初は自分がしたいことでなくても、「掃除してきれいにすることで自分が気持ちよくなれるし、それをやりきれば達成感がある」、「きれいになることで自分も仲間も嬉しい」、「きれいになることで自分も満足するし、結果みんなへの貢献にもなる」などといった意識をもつことで、自分と関わりのある価値づけとし、より内発的動機づけとしていくことができるでしょう。そのような内発的動機づけからされた活動は、自分にとっても、またときに他の人やチームにとっても、その成果やパフォーマンスなどへの好影響をもたらすのです。

「なりたい自分は？」という課題意識

次に、その体験を通じて「なりたい自分」を考えること、もう少し付け加えれば「こうありたいと考えるより良い自分＝目標を達成している自分＝理想の自分」＝“ポジティブなセルフ（自己）”を思い描くことも大切です。本章ではそれを、「ポジティブ・セルフイメージ」とします。大それたことでなく、嬉しさ喜びといった身近な肯定的な感情や次のステップにつながる発展的な未来像など、ささやかなことで良いのです。たとえば、目標とした課題を達成することで「喜びや充実感があふれた／生き生きとした自分」「精神的に強くなった／人間的に成長したと思っている自分「仲間と喜びを分かち合い、よりいっそう絆が深まった自分たち」「その目標を達成したことで、自分にとって嬉しいチャンスを得ている自分／さらに楽しいことに取り組むことになっている自分」などといったことを思い浮かべてみるのです。

このような「なりたいと思うより良い自分＝ポジティブ・セルフイメージ」を考えることは、まさに自身について思いを巡らせることにほかなりません。自分ごととなることから、先の「なぜ自分はそれをするのか」を考えるのと同様に、内面化することに通じます。したがって、ポジティブ・セルフイメージについて考えるときも、自己決定理論における「自律性」「有能性」「関係性」の３つの欲求を満たす観点から考えることが内発的動機を高めることに通じて、より自発的で発展的な取り組みへと寄与することが考えられます。

目標・課題意識は周囲のサポートも大切

「ビジョン段階」においては、「目標・課題の意識」を明確にすること、そしてその認識には「なぜ自分はそれをするのか」および「ポジティブ・セルフイメージ」（なりたい自分）を考えることもふくめて、そのような内面活動には周囲のサポートが大切です。自分自身で留意することが基本ですが、年齢が低くなるほど自主的に自分へ問いかけをすることは難しくなるでしょう。それゆえ、親、先生、コーチなどの支援的立場にある周囲の人たちが、ここで取り上げた問いを適切なタイミングで投げかけてみることが必要です。

その中でも、「なぜそれを自分はするのか」という問いは、学校行事や仕事上での共同作業、チーム練習といった集団で一緒に何かをするようなときには、年齢に関係なく大人でもなかなか考えるのが難しくなります。「やってみたいから」「自分が成長できるから」と、もともと個人の興味関心にもとづく内発的動機による個人活動の場合は、それ自体をすることが本人にとっての理由となります。しかし集団でする場合は、そのグループの目標が優先されることや、「～することになっているから」という定例活動、および「～しなければならないから」という義務活動だからという外的な理由（外発的動機）が中心となることが少なくありません。そのような状況下では外的理由に流されてしまい、「なぜ自分がそれをするのか」という自問にはなかなか至らないものです。

したがって、集団での活動のときほど、その問いについては、支援者からの問いかけというサポートが必要になるでしょう。そしてその際には、すでにあるグループ、チームとしての目標を認識しつつも、その中で本人が考えることを推奨し、自身が得ている発想は自らが選択し決めた結果であるという自律の感覚をもてるようにするのが効果的です（上掲の自己決定理論による）。そのような自律性を尊重することは、与えられた目標であっても内面化を促進して、より内発的動機にもとづいた行動にすることが期待できるからです。先述の通り、内発的動機づけによる活動は、やる気が強化されることで行動や努力がより持続され、成果やパフォーマンス、精神的健康に良い結果をもたらす傾向をもつとされているからです。

3.　ポジティブなプロセスイメージ

成果と過程の両方のイメージをもつ

ここまで、VARSサイクル「ビジョン段階」において、何をめざすのか＝達成課題＝目標・ねらいを認識することの重要性について触れてきました。同時に、「ビジョン段階」では“ポジティブなプロセスイメージ”をもつことも重視します。このプロセスは、目標を達成したとき“成果”について思い描くこともふくみます。ここでいう成果とは、主として、目標を成就したときの“プラス面・メリット”について考えてみることをいいます。具体的には、自分がめざす目標や課題を達成したら、自分や周囲の人たちにどんな良いことが起こるかについて、客観的にいくつか挙げてみることをするのです。目標達成をめざす 5000 人以上の人たちを対象にした調査において、成功の確率を大きく高める５つの方法が見出されたことについて述べました。その中で、「目標を達成したときのプラス面・メリットを考えること」もその１つとなります。研究によると、成功しなかった人は、失敗した場合に起こる嫌なことやデメリットばかりを考えがちでした。たとえば、新しい仕事に就くことのメリットを書き出すようにいわれると、成功した人は今よりやりがいがある仕事で給料も良いと答えたのにたいし、成功しなかった人は、失敗したら自分は行き詰まり不幸になると書きました。また、ダイエットを目標とした人たちのケースでは、成功した人たちは、サイズが一回り小さくなったら、自分がどれほどきれいになり、気分が良くなるかということを書きました。他方、うまくいかなかった人たちは、減量できなかったら、また自分の外見に悩まされないといけないと否定的に答えたことが報告されています[12]。

したがって活動前には､1 つは目標を達成した際の「成果」（プラス面･メリット）について、もう１つはその達成に至る過程の両方についてイメージするようにします。そして、それらの場面について考えたりイメージしたりするときは、生き生きと活動している様子を想像する一方で、障壁や困難さに直面しているがそれにめげずに取り組んでいる様子の両方についてイメージします。その理由については、このすぐ後の項目で述べる「ポジティブ・イリュージョン」への対処のためです。また、イメージする際はその時のポジティブな気分や感情について、できるだけ具体的に一緒に想起するようにします。

たとえば、課題を成し遂げたときに笑顔で喜んでいる様子と、そうなることで自分や周りの人たちに起こっている良いことなどです。また、その達成に至るプロセスにおいて、自分が楽しんだり熱心に取り組んでいたりする姿や、仲間とともに笑いながら協力して活動している様子などをイメージしてみます。加えて、やることが増えて忙しくなってしまっているけど、その状況にひるむことなく自分で、または仲間で団結して挑んでいる状況を思い描いてみるなどです。先の登山を例にとれば､登頂して喜びや達成感を味わっている姿に加え、登り切ったことできれいな景色をすがすがしく眺められていることや、頂上で友だちと楽しくおいしいお弁当を食べられている様子など（プラス面・メリット）を思い浮かべてみることなどが考えられるでしょう。他方、その達成時に加えて、その登頂に至るまでに前向きに取り組み、そして障害や困難に負けずに挑戦しているプロセスもイメージします。自分が景色や友だちとのおしゃべりを楽しみながら登山している様子や、大変な坂道を懸命にチャレンジして登っている場面、「あと少し！　がんばろう！」と仲間と励まし合いながら努力して登っている様子などです。このように、成果と過程の両方について肯定的イメージを抱くようにします。

「ポジティブ・イリュージョン」に気をつける！

なお、先のポジティブ・セルフイメージを可視化することもふくめ、肯定的なイメージをもつことについて、1点触れておきたいことがあります。それは、成功をイメージすることで、ときに「ポジティブ・イリュージョン」という負の作用が起こることです[13]。実在の事物について過度に肯定的にゆがめて解釈し、想像する精神的活動のことをいいます。ポジティブ・イリュージョンには、①自己を過大に肯定的に知覚する、②自己の将来を非現実的なほど楽観的に想像する、③外界に対する自己コントロール力を過剰に高く評価する、という3つの領域があるとされます。いくつかの研究によると、ただ成功イメージをもっても、実際には研究参加者たちの成果は上がらなかったという結果もあります。

たとえば、約1週間後に中間試験を控えた学生を対象に、試験で良い点を取った自分と、その時の気分の良さを毎日数分間イメージした人たちと、いつもどおりに試験勉強をしてもらった人たちについて、試験の成績を比較した実験があります。すると、前者の方が勉強時間は短く、成績も悪かったという結果となりました[14]。また、ダイエットプログラムに参加した肥満体の女性が、ダイエットに成功している自分を想像する[15]、卒業前の大学生が仕事で成果をあげている自分を想起する[16]といった各実験では、成功イメージの頻度が高い人ほど、実際には悪い結果となったということも認められています。その原因は、イメージした成功を脳が単なる幻想としてとらえて、つまり非現実的な空想でエネルギーを使い果たすことで行動に対する意欲が失われ、実際の具体的な行為へとつながりにくくなってしまう傾向にあるからとされています。もう少し詳しくいえば、現実において、途中で遭遇する障害や困難に対して準備をしなくなることや、単に「夢見る人」となって現実逃避に陥って、目標達成に必要な行動や努力をないがしろにしてしまうという理由が指摘されています[17]。

このポジティブ・イリュージョンを回避する方法として有効とされるのが、単に目標を達成した成功の結果を可視化するよりも、“取り組みのプロセス＝努力している過程”をイメージすることです。前掲した中間試験に向けて学生がイメージする実験では、「良い成績を取る自分」をイメージした学生よりも、「図書館で勉強している自分」をイメージした学生のほうが実際の成績が良好だったという結果が出ています。

加えて、対称的なことを思考する「メンタル・コントラスティング」が効果的とされています[18]。成功＝目標達成時の成果（プラス面・メリット）などのポジティブなイメージをすると同時に、その達成に至るまでの過程で想定される大変、苦労、邪魔といった障害や困難な現実も考えるようにすることです。さまざまな目標についての成功を想像した人たちを対象にした調査では、「メンタル・コントラスティングをするグループ」、「ポジティブなイメージだけをするグループ」、「ネガティブな現実だけを思うグループ」などを比較した結果、「メンタル・コントラスティングをするグループ」がもっとも目標の達成率が高かったという結果となりました。

2パターンの活動とイメージ

VARSサイクル「ビジョン段階」では、以上のようなこれまでの調査結果をふまえ、最初に示したように、目標を達成しているときの成功イメージ（および、その時のポジティブ・セルフイメージ）（①）をもちます。次に、その過程での作業や活動に前向きに取り組んでいるイメージ（②）ももつようにします。さらに、その目標達成に向けたプロセスにおいて、予想される困難や障害も思い浮かべつつ、それらの克服に向けて努力や挑戦している様子のイメージ（③）ももちます。目標に向けた行動の内容によっては、②と③は一緒にイメージしても良いでしょう。

ポジティブ・イリュージョンに見る負の影響は、イメージが頭の中の空想だけにとどまり、単に「夢見る人」で満足してしまうことでした。そして、現実の具体的な行動や努力がおろそかになって、最終的な目標の達成へと結びついていかない傾向となってしまうことです。ここで、ポジティブなイメージと行動という点に着目すると、考慮すべきことがあります。それは、上で取り上げた実験の設定は、取り上げる目標（ダイエットしてやせる、試験で良い成績を取る、卒業後に活躍している、等）に向けた達成へのプロセスが比較的長期であることです。逆にいえば、行動や活動をする直前にポジティブなイメージをして、その後すぐに、達成に向けた行動に移るという一連の流れからなる活動とは異なります。先の登山の例は、まさにこのポジティブなイメージをしてから登るという、行動の直前に視覚化してからすぐに活動へと進んでいく連続したケースとなります。

ここで示す「ビジョン・ステージ」の考えでは、長期の目標に向けた場合と、直後に行動・実践ありきである場合とどちらも扱います。そして後者の場合となる、本番前にポジティブなイメージをした上で課題に取りかかることで、高い成果をもたらす効果も実証されているところです。手術前にその成功や良好な実地プロセスをイメージする「メンタル・プラクティス」を行う外科医は、技術的能力の向上とパフォーマンスの向上を示す結果がでています[19]。また、このようなメンタル・プラクティスは、本番の直前に集中して行うなど、実際に行動・活動するまでの時間が短いほど効果的であることもわかっています。

前章において触れましたが、意欲、幸福感（快感・喜び）、集中力の向上をもたらす脳内神経伝達物質の「ドーパミン」は、とくに達成体験をもつことで分泌されます。また、目標を明確に意識しつつ、その達成場面や成果などについてのポジティブなイメージをもつことでも増加します。そうなることで、さらに意欲や集中力が高まって高パフォーマンスをもたらすという好循環をもたらします。このことは、外科医が手術本番前に成功やうまくいっている過程の様子を視覚化するメンタル・プラクティスの実施が、高いパフォーマンスへとつながる傾向を示すという先の調査結果とも重なるでしょう。さらにそのような成功体験がドーパミンの分泌を促し、やる気、幸福感を高めて、その取り組みへの持続性を生む「ドーパミン・サイクル」をもたらします。そしてその反復によって、その行為やパフォーマンスの改善や向上（強化学習）につながっていくことが指摘されているところです。

このことから、何かの取り組み（体験）をするにあたっては、すぐ行動ありきとなる場面では（登山、手術の例）、その本番前にポジティブなイメージをして活動にあたるのは有効といえるでしょう。その場合、目標を達成した場面（およびその時のポジティブ・セルフイメージ）、そしてそこにむけた良好なプロセス（楽しんでいる、熱心に取り組んでいる、うまくしている様子、等）を視覚化する（①+②）といった方法がとれます。一方で、めざす目標や課題に向けてのプロセスが比較的長期となる場合は（ダイエット、良い成績をとるなどの例）、ポジティブ・イリュージョンの罠にかからないためにも、想定される大変なことや障害についても思い描いて進めることが肝要となるでしょう。このケースの場合は、前者に比べて視覚化行為にかける時間がよりとれることが多いため、イメージを描いたり考えるだけでなく、より現実感を認識するために書き出してみるのが良いでしょう。その上で、それら困難に向き合い克服に向けて努力やチャレンジをしている姿といったポジティブな様子をイメージする（①②③）ことが有効だと考えます。

4.　ビジョン段階で重要なこと

「スモール・ターゲット」「スモール・ステップ」の意識が大切！

VARS サイクル「ビジョン段階」は、その（体験）活動をするにあたって、まず自分やチームがめざす目標・課題をしっかりと認識することが大切なことについて述べてきました。その上で、具体的な行動や実践の前には、ここまでに示してきたような点をふまえたポジティブなイメージをつくって取り組むという展望をもつこととなります。

さらにその際の注意として、また重要な点として忘れてならないことは、達成をめざす目標・課題に向けて、具体的な“行動”をするということです。つまり、イメージするだけにとどまってはならないということです。想像するだけでは、実際の行動なくしては、目標を達成するという現実化は起こり得ないからです。

目標に向けた行動は何か大きなことをするのでなくて良いのです。むしろ、自分ごとで取り掛かりやすい小さな目標を考え、決めて（スモール・ターゲット）、わずかでもやってみる、そして、実際にやってみたという小さな達成体験をします（スモール・ステップ）。たとえば、ウクレレ演奏に興味が出てきて 1 曲弾けるようになるという目標ができたとしましょう。その場合は、まずはウクレレについて調べてみるといった目標をもち（スモール・ターゲット）、インターネットを使って実際にウクレレの値段や動画共有サイトを見てみるといった行動をしてみます（スモール・ステップ）。当然と感じるかもしれませんが、これも行動の 1 つです（そう意識することも大切です）。そうしたら、実際にウクレレという楽器を手にするためにお店に足を運んで事物を見て触ってみます。そして、実際に購入してウクレレを手に練習してみるのです。このように、途中で本人が辞めない、あきらめない限り、目標に向けた行動とやってみた体験は続いていきます。そのような、一見すると当たり前と思えるような目標設定および行動で良いのです。むしろ、その「スモール・ターゲット」(小さな目標設定）と「スモール・ステップ」（小さな行動―達成体験）を積み上げていくことで、その先にあるより大きな目標や課題の達成へと通じていくことになるでしょう。そのような小さなことでも、実際に動いて自らやってみたこと＝自分で体験を創り上げていることを意識することが大切です。

ここで再度、目標達成を目指す5000人以上を対象にした研究でわかった、成功を高める５つの方法を見てみます。その５要素のうち、「目標について人に話すこと」「目標を達成したときのプラス面・メリットを考えること」の２つが既出です。加えて、「小さな目標を立てること」も有効な１つの方法として挙げられています。成功した人たちは、最終的な目標に到達する過程に、いくつかの小目標を設けています。それらの期間や回数などがきちんと決めてあるというように、より具体的であることがとくに効果的であったことが確認されています。たとえば、新しい仕事を得ることを目標にした人たちのケースでは、成功した人たちは６か月の間に週に１回は履歴書を書き、２週間に１度は採用試験を受けたと報告しています。また、人生を楽しむことを目標とした多くの人たちの中で、成功した人たちは、毎週２晩はかならず友人と一緒に過ごし、毎年１度は新しい国を旅行するようにしていたことがわかっています[20]。なお、そのように小さな目標を立てて、達成されるたびに「自分にごほうびをだすこと（＝自分をほめること)」も、成功をよぶ５つの方法のうちの１つとして挙げられています（最後のもう１つが､自分の取り組みについて「記録すること」)。この調査結果が示すように、成功をもたらす小さな目標を立てて行動することは、まさにここでいう“スモール・ターゲット＆ステップ”の考え方と同じくするものといえるでしょう。

そのような“スモール・ターゲット＆ステップ”、つまり、１つ１つの小さな目標を設定して、実際にやってみたという一連の具体的なプロセスをもつことが重要です。ある意味、それ自体が達成体験としてとらえられるからです。ささいなことでも１つの「やってみた！（できた！)」が先述のドーパミン・サイクルを発動することで､さらに「次にこれをやってみよう！」に結びつき、発展的な取り組みへと続いていくことが期待できるのです。個人で練習を始めたウクレレはやがて上達して、目標である１曲を弾けるようになります。その達成感から、別の曲にもチャレンジしてみようという意欲がわきます。そして、２曲目、３曲目へと行動は広がっていきます。さらに、仲間を得て合奏するようになり、地元で小さな演奏会をするようになるかもしれません。そのような、行動・活動（体験）の展開も考えられるのは、先述の例で示したところです。

このように目標の実現には、“スモール・ターゲット＆ステップ”（小さな目標設定・行動―達成体験）の積み重ねということが大切です。しかし同時に、目標の達成には、本章で示しているように、最終的なその形（成果：プラス面・メリット）の種となるイメージをもつことも同じく重要です。私たちが何気なく当たり前のように普段つかっているテーブル、イスなども、最初はある人のイメージ・考えから生まれたものです。しかし、当然イメージしただけでは実際に使える形にはなりません。手足を動かすという行動によって、イメージしたテーブル・イスといった実物がつくられて目の前に現れ、実際に使うことができるようになるのです。ここで述べているイメージと行動による目標達成のプロセスも、その根本的な考え方は同じといえるでしょう。

「ビジョン段階」において軸となる３プロセス

ここまでのことをまとめると、「ビジョン（展望する）段階」においては、軸となる３つのプロセスが考えられます。それらは、「1. 小さな目標の具体的認識と設定：スモール・ターゲット」〜「2. 達成にむけたプロセスの肯定的イメージ（達成時・成果＝プラス面・メリットを含む）：ポジティブ・イメージング」〜「3. 小さな実際の行動：スモール・ステップ」です。２つ目のポジティブ・イメージにおける方法などの点は、より効果的なイメージングとするために、現時点で実証されている知見を参考に発案しているものです。

ポジティブ・イリュージョンの罠にはまりやすいか、そうでないかは個人差があると思っています。それゆえ、この「ビジョン段階」においては、上述３プロセスを基本軸としてふまえた上で、視覚化のプロセスについては柔軟に考えてください。つまり、イメージングのやり方は、ここでの提案についてその通りにしなければならないと考えるのではなく、あくまでも参考としていただき、実際に試してみて自分にとって有効な要素をつかっていただければと思います。

注

1. Boice, Robert. (1990). *Professors as Writers: A Self-Help Guide to Productive Writing.* New Forums Press, 1990, p. 80.
2. 粟津恭一郎『「良い質問」をする技術』ダイヤモンド社，2016，p.144-147.
3. Wiseman, Richard. *59 Seconds: Think a Little, Change a Lot.* Pan Books, 2010, p. 40-82.
(邦訳書：リチャード・ワイズマン『その科学が成功を決める』文芸春秋，2012，350p.）
4. Deutsch, Morton; Gerard, Harold B. "A Study of Normative and Informational Social Influences upon Individual Judgement." *Journal of Abnormal and Social Psychology.* 1955, 51(3), p. 629–636.
5. Hayes, Steven C. et al. "Self-reinforcement Effects: An Artifact of Social Standard Setting?." *Journal of Applied Behavior Analysis.* 1985, 18(3), 201-214.
6. 安田雪『「つながり」を突き止めろ』光文社，2010，p.58-59
7. Korotitsch, William J.; Nelson-Gray, Rosemery O. "An Overview of Self-monitoring Research in Assessment and Treatment." *Psychological Assessment.* 1999, 11(4), p. 415-425.
8. 渡辺功「選択的注意と記憶」『心理学評論』1980，23(4)，p.335-354.，"選択的注意". 心理学用語集サイコタム．2019-10-01．https://psychoterm.jp/basic/cognition/selective-attention,（参照　2021-02-02).
9. 苫米地英人『残り97%の脳の使い方　ポケット版』フォレスト出版，2017，p.114-124.
10. Chabris, Christopher; Simons, Daniel. *The Invisible Gorilla: How Our Intuitions Deceive Us.* Harmony, 2010, p. 320.
11. Deci, Edward L.; Ryan, Ryan. M. *Intrinsic Motivation and Self-determination in Human Behavior.* Plenum Press, 1985, 388p., Deci, Edward L.; Ryan, Ryan M. "Self-determination Theory". *Handbook of Theories of Social Psychology: Volume 1.* Van Lange Paul A. M. et al., eds., SAGE Publications, 2011, p. 416-433., Ryan, Ryan M.; Deci, Edward L. "Intrinsic and Extrinsic Motivations: Classic Definitions and New Directions." *Contemporary Educational Psychology.* vol. 25, 2000, p. 54-67., 櫻井茂男「夢や目標をもって生きよう！――自己決定理論――」『モティベーションをまなぶ12の理論――ゼロからわかる「やる気の心理学」入門！』鹿毛雅治編．金剛出版, 2012, p.45-72.
12. 前掲注3，p.40-82.
13. Taylor, Shelley E. *Positive Illusions.* Basic Books, 1989, 320p.（邦訳書：シェリー・E・テイラー『それでも人は，楽天的な方がいい：ポジティブ・マインドと自己説得の心理学』宮崎茂子訳．日本教文社, 1998, 285p.）
14. Pham, Lien B.; Taylor, Shelley E. "From Thought to Action: Effects of Process-Versus Outcome-Based Mental Simulations on Performance." *Personality and Social Psychology Bulletin.* 1999, 25(2), p. 250-260.
15. Oettingen, Gabriele; Wadden, Thomas. "Expectation, Fantasy, and Weight Loss: Is the Impact of Positive Thinking Always Positive?." *Cognitive Therapy and Research.* 1991, 15(2), p. 167-175.
16. Oettingen, Gabriele; Mayer, Doris. "The Motivating Function of Thinking about the Future: Expectations Versus Fantasies." *Journal of Personality and Social*

Psychology. 2002, 83(5), 1198-1212.

17. Oettingen, Gabriele. *Rethinking Positive Thinking: Inside the New Science of Motivation.* Current, 2014, p. 46-56.（邦訳書：ガブリエル・エッティンゲン『成功するにはポジティブ思考を捨てなさい 願望を実行計画に変えるWOOPの法則』大田直子訳. 講談社, 2015, 256p.）
18. 同, p.57-117.
19. Arora, Sonal et al. "Mental Practice Enhances Surgical Technical Skills: A Randomized Controlled Study." *Annals of Surgery.* 2011, 253(2), p. 265–270.
20. 前掲注 3, p.40-82.

第 8 章　アクション (Action)

本章の「Action（アクション）：行動する」段階は、その名の通り行動・活動することです。しかし、ただやる・こなすのではなくて、このステージの意味するところは、“ポジティブな行動とする”ことをめざします。ここでいうポジティブは、いくつかの点を意識しながら活動することで、当事者を活性化し（アクティブ・セルフ）、より良い効果をもたらしいくという意味合いをふくんでいます。

それでは、何を意識しつつ行動・活動することが、実りある創造的な取り組みとなって成果を生み出していくのでしょうか。ここでは、とくにポジティブ心理学の研究で実証されている知見を生かした提案をします。それらは、「楽しい」「強みを生かす」「感謝する」「親切にする」「人とつながり良い関係をつくる」「メディテーションを取り入れる」という 6 つの点を意識した活動となります。

1.「楽しい」を意識して活動する

楽しんで何かをすること、できることは素晴らしいことです。ここでいう「楽しい」は、喜び、嬉しい、ワクワク、良い気分などといったポジティブな感情や気持ちをひっくるめて「楽しい」としています。そのような「楽しい」という気持ちを意識しながら行動してみようというのが、ここでの提案です。

それでは、楽しいという感情はなぜ良いのでしょうか。これまでに何度か触れてきましたが、反復性の循環を生む「ドーパミン・サイクル」の点から考えてみます。復習となりますが、意欲、幸福感（快感・喜び）、集中力の向上をもたらすドーパミンは（脳内神経伝達物質）、とくに試行錯誤を経て目標を達成したときによく分泌されることが確認されています。それゆえ、あることにチャレンジし、その達成によってドーパミンの分泌が促進され、やる気・集中力・充実感などが高められて、さらなるその取り組みに結びついていくという反復性をもたらすことも認められています。そのようなポジティブ状態が、学習や作業効率を高めてドーパミンの分泌を活性化することで、より目標を達成しやすくなります。そして達成すればまたドーパミンが分泌されるといった好循環が期待できるというのがドーパミン・サイクルでした。そして、そのような発展的な持続プロセスが繰り返されることで、行動やパフォーマンスが習得され常態化しつつ、改善や熟達されていきます（強化学習）。

このドーパミンがもつ効能をふまえると、行動しているときに「楽しい」という気持ちを生起すること、またその感情に意識を向けることに意義が考えられるのです。自分が楽しみにしていたことをするときは、当然楽しい活動となることでしょう（期待はずれということもあるかもしれませんが……）。そのようなときは思いっきり楽しみましょう。しかし、自分がとくに楽しみにしていた活動ではないことも少なからずあるはずです。そういうときは自分なりの「楽しさ」を見つけて楽しめるといいでしょう。たとえば、「自分だったら、こうすることで楽しめる」と活動への取り組み方を自分なりに工夫してみたり、「○○と一緒にやることで楽しむ」というように、仲間とともにやることに楽しみを見出したりするといったことが考えられます。

いずれにしても、あることをして自分が楽しめているときは、そのことに無意識であってもドーパミンは分泌されていると察します。加えて、「自分は今、楽しんでいるなあ」という実感、つまり「楽しい」を味わっている自分を認識することも効果的でしょう。私たちは、先述の「選択的注意」機能に見られたように、注目する事物に意識を向けることでその対象を認知し、その認識を続けることで、その知識や理解を広げていくといった認知機能を強化する働きが見られます。私たちの脳や心理的機能には、そのような「意識を向け続けるものを拡大・強化する」といった傾向をもちます。この点は、あることについて意図的に意識し続けたり学び続けたりすることで、そのことに関する脳の神経細胞（ニューロン）の接続へと変化をもたらし、その神経回路（シナプス）が新たにつくられていくという脳（神経）の可塑性からも考えられます[1]。ここで取り上げている「楽しんでいる自分」を意識することの文脈でいえば、そのような意識を意図的にもつことで、自分の「楽しい」に気づいたり感じたりできる認知機能や脳神経が形成されていきます。そして、自分自身における「楽しさ」のセンサー（感知・認識能力）を発達させることになるでしょう。とくに、

「楽しさ」の感情にはドーパミンが作用します。それゆえ、脳がその楽しい行動について克明に記憶し、その快感(＝楽しい感情)を再現しようと働くことで、楽しさをもたらす行動やそれを感じている自己意識を強化していことにもなるでしょう[2]。このようにして、「楽しさ」が増幅されていくことが期待されます。そして、「楽しい」の感情に加えて、ときに楽しさにともなう喜びや嬉しさ、充実感などの心情も相まって、心が満たされたポジティブな状態となり、ドーパミンのいっそうの放出が期待できるでしょう。したがって、自らがしていることに「自分は今、○○して楽しんでいるなあ」と「楽しい」を意識的に感じることが、ドーパミンをより増加させて、さらにドーパミン・サイクルを誘い、私たちのより良い状態や成果を引き出していくことが示唆されるのです。

「イヤイヤ我慢」から「積極的我慢」へ

しかし、いつも楽しいと感じる、または「自分なりの楽しい」を見つけることができる活動であるとは限らないと思います。どんなに努力しても、楽しいと思えない、楽しさを見出せない活動があるのも当然です。そんなときは「我慢」をしてやることになります。しかし、それが一過性や限られた時間のものであればよいですが、長期にわたる「我慢」はよくありません。それは、常態化する過度な精神的なストレスとなるからです。慢性的なストレスが、わたしたちの心身に悪影響を及ぼすことは多くの研究で実証されているところです[3]。

そのような負の状況にある場合は、可能であればその環境（人間関係・場所）から離れるという物理的な距離をおくこと望ましいです。しかし、仕事や学校といった日常に関係する場面では、そうはいかないことも多々あるでしょう。そこで、ストレス（我慢）元に対するモノの見方や考え方について違った角度からとらえるという、精神的な距離をおくことを提案します。それは、同じ「我慢」でも、“積極的な我慢”というとらえ方をすることです。我慢することに覚悟を決めてことにあたることを意味します。

その反対にある、いわば“イヤイヤな我慢”と比較して考えてみると理解しやすいかもしれません。イヤイヤな我慢は、自分がおかれている我慢の状況を受け入れているだけの受け身の状態にあります。それは、自分以外の周囲の環境に支配されている他人軸にあり、この状態では、自分ではどうしようもないという無力感が根本にあって、何も対処をしない、対処できない状況に陥っているといえるでしょう。

一方で、積極的な我慢は、自分は「我慢するんだ」と決めて強い意志をもつことで、我慢すること自体を自分ごとにすることができます。いわば、自分で対処できるというコントロール感のもてる自分軸とし、ゲームのように考えて、自分でチャレンジしてクリアしていく課題としてとらえることが可能です。そして課題（我慢）をクリアするためには、どのような作戦があって対策していけばよいかというように、一歩引いて客観的に考えることにつながるでしょう。ゲームの攻略本があるように、我慢もふくめたストレス対処法（ストレス・コーピング）を紹介した本は多くあります。ここでは本書のテーマからは逸れるため、その点については詳しくは取り上げませんが、その数ある方法を参考にしつつ、自分に使えそうなものを試してみるのも有効でしょう。自分が現在おかれている状況に合った対処法を見つけ出してみるのです。そして、少しでもうまくいった対処法は、小さな成功体験となり達成感を得られます。それを積み重ねていくことです。

たとえば、筆者自身もふくめ多くの人が、割り当て担当者として出席が義務づけられている、いわば“イヤイヤな我慢”が必要となる会議を１つや２つ抱えていることでしょう。そのような場合における、筆者の“積極的な我慢”をする方法としては、我慢をするという行為自体に意味づけするということをしています。具体的には、他の人の話を聞いて、何かしらの新しい知識・情報を得る“研修会”だと見なして参加するようにしています。

また、他の人がある議題について説明する姿を見ながら、効果的な伝え方（プレゼンテーション）をする方法について考えるようにしたりもしています。心に響くような話し方に出会った場合は、自分が説明する場面で取り入れたりするようにします。反対にそうでないようなケースでは、自分が伝える場合はもう少しこうできるなどと考えたりしながら、話を聞くようにしています。このように、会議の間、ただそこに座って我慢しながら話を聞いて過ごすといった受け身で終わらないように心がけています。自分なりの意味を付け加えることによって、自分軸（自分ごと）に変えて、ちょっとした創造的なプロセスにすることができます。そして、会議が終わったときには、小さな“やった感”（＝達成感）を味わうことができます。

以上のように考えて実際にやってみることは、自分がある課題にチャレンジし達成をめざすプロセスに他なりません。意識的な目標に意欲的に取り組み、達成する過程となります。それゆえ、前述のドーパミン・サイクルの発動へとつながることが期待できます。したがって、我慢する行為自体を、自らのポジティブな状態を生み出す、前向きな取り組みへと変換することができるのです。このように、我慢することも“積極的な我慢”として、自分軸としてコントロール感をもつことで、創造的な活動とすることができるでしょう。

2.　自分の「強み」「弱み」を意識して活動する

自らの「強み」を認識して、それを活動や行動に生かしていくことの意義や有効性などについては、すでに前掲 4 章で説明しています。簡潔に復習すると、自分の「強み」を生かした活動とすることでポジティビティやレジリエンスを高め、心身を活性化して、豊かな生に向かう傾向をもつ人となることでした。そのためにも大切なのは、「強み」について単に知るだけではなくて、それを日頃から意識しながら行動へと結びつけていくことです。

この Action ステージでは、その「強み」を実際の行動へとつなげる段階となります。ここでは、体験活動の場面のなかで、「強み」をどう活用できるかということについて考えていきます。なお、この点の検討にあたっては、日本ポジティブ教育協会が、テキストとして使用している書籍の中で説かれていることを中心に参照かつ引用しつつ見ていきます[4]。

活動のなかで「強み」をみがく

第 4 章では、強みの判定方法をいくつか紹介しました。そのツールをつかって自分の「強み」を調べ、それがわかったら日常生活のなかでその強みをみがいていきます。そうすることが、強みがもたらす効果をより持続させて、大きくすることに通じていくこともすでに述べたとおりです。

それでは、その「強み」について、体験活動という文脈においてどう活用できるでしょうか。基本的な考え方としては、「強み」を生かせる場面や、強みに関連する知識や技術を高められる機会について常に意識しながら、そのような場面があれば、積極的に強みを使っていくように努めることです。以下は、体験活動をするにあたって、実際に「強み」を発揮するためのアプローチ例として提案するものです。

① 「強み」を軸に活動を決める

何らかの活動をするときに、「○○をしたい」という内容を先に決めるのはなく、その人（たち）の「強み」をもとにして活動を決めてみます。たとえば、旅行で自由時間での行動を決めるような際に、「創造性」や「審美眼」を強みとしてもっていれば、その土地の美術館を訪れてみるといったことが考えられます。仲間と複数人の場合でも、それぞれがもつ「強み」をすり合わせて考えてみることができるでしょう。

一方で、ポジティブ・エクスペリエンスの考え方として、自分軸の体験活動とする観点から、自分（たち）がしたい活動をすることも大切です。「強み」をもとに活動を考えることと、「したいこと」の両面から考えて、それらが重なるような視点から活動を決めるということも有益でしょう。

② 相手の「強み」を意識した依頼をする

たとえば、体験活動中に他者に何かを頼むような場面で、「思いやり」の強みをもつ人には、誰かのお世話やサポートをするような内容についてお願いしたり、「リーダーシップ」のある人には、あるグループやチームをまとめる役割を依頼したりすることなどが考えられます。そうすることで、お願いされて手伝った人は、自らの「強み」を発揮しつつ貢献感も高まって、ポジティビティの促進が期待できます。

この点は、学校であえれば先生が児童・生徒へ、職場であれば上司が部下にというように、リーダー的な立場にある人が、グループのメンバーに何かを依頼する場面で、相手の「強み」に配慮してというアプローチでの考え方となります。そのような、主として縦の関係において多く活用されることが想定されるでしょう。一方で、友だちや同僚といった横並びの関係においても、同様に充分に生かすことが可能です。友だちに何かをお願いするときに、その対象が複数人いたり、依頼内容が複数件あったりするような際には、何も考えずに人を選んでお願いするのではなく、それぞれの「強み」を見極めたうえで、人や案件を選んで依頼することができるでしょう。

③ お互いの「強み」を共有しつつ取り組む

家庭、学校、職場といったグループやチームで、一緒に何かを体験するような場面において、周囲の仲間同士でお互いの「強み」を共有したうえで取り組むことも有効でしょう。そのような共通理解をもちつつ、お互いの「強み」を生かし合っていくような、取り組みとなるよう努めていきます。その際には、先の２つのアプローチを適宜取り入れていくとこともできます。そうすることで、相互理解も深まり、より良いコミュニケーションの築きにもなるでしょう。そうなることで、集団としての総体的なポジティブ度も高まり、良い成果を生み出すといった好影響が期待できます。

たとえば、チームで何かの活動を始めるのだけれども、メンバーがほぼ初対面などというときには、最初の自己紹介時に、自分の「強み」の点をふくめて話すようにするといったことが考えられます。そうすることで、単に表面的なことでなく、お互いのより深い理解につながります。また、その後の活動において、それぞれの「強み」をお互いに生かしていこうとする試みは、各自の良いところを引き出し活用することに通じることにもなるでしょう。そうすることは、より生産的な対人関係をもたらし、グループ全体としてのポジティビティを引き上げることにもなります。その結果として、チームとしてのより高いパフォーマンスへとつながることが予見されるのです。

しかし「強み」も、使い過ぎると悪い影響を及ぼす場合があるとされます。たとえば、「思いやり」という強みは、とても素晴らしいものではありますが、それを周囲に使いすぎることで、「余計なおせっかい」となってしまうことにもなります。また、親切心ということで、いつも誰かを手助けするばかりでは、その人が自分だけでできるようになるといった自立の力をうばうことになります。それは過ぎた干渉となってしまうでしょう。何ごともやり過ぎないで、バランスが大切となります。

「弱み」への対処

ここまでは、体験活動において「強み」をどう生かすかに焦点をあててきましたが、ここで「強み」の裏返しとなる、「弱み」の観点から考えてみます。「弱み」は、いわば「強み」の反対となる「あまり得意でないもの、うまくできないこと」といった弱点や短所といえるでしょう。しかし不得手だからといって、自分の弱みをそのままにしておくのではなく、その「弱み」を認めつつ、それに向きあい克服するよう努めることで、大きく成長ができるといわれています。その「弱み」への対処については、次の３つの考え方や対処法が有効とされます。

① 弱みを強みに変える：リフレーミングをする

自分で「弱み」であると思っていることでも、時と場合によっては「強み」に転じることもありますし、意識的にそうすることも可能です。たとえば、中卒で高校を出ていないため、自分の学のなさに後ろめたさを感じる会社経営者がいたとします。しかし、自分には知らないことが多くあるからこそ、いろいろな人から多くのことを吸収するという積極的に学ぶ姿勢をもてて、固定観念にとらわれない柔軟な発想ができるという強みとしてとらえるようになりました。そう考えて、自信をもってことにあたることで、斬新なアイディアや発明に結びついて、成功をおさめたという例もあります。

そのように、「あきらめが悪い→粘り強い」「おとなしい→穏やか」「落ち着きがない→活発で元気がいい」というように、ある状況や出来事を、今のしている見方とは違った角度からとらえることで、もともとの意味づけを変化させて、自分の気持ちや感情を変えることを「リフレーミング」といいます。上の例以外にも、たとえば仕事で失敗した際に「自分はダメなやつだ」と見るか、「自分の成長のためのいい経験をした」ととらえるかで、感じ方や気分は大きく違ってくるでしょう。ここで取り上げている自分の「弱み」について、時と場所に応じて見方を変えて「強み」へと転じていくのも、“リフレーミング”の一種といえます。そのようなリフレーミングを使うことによって、「弱み＝ネガティブ」を「強み＝ポジティブ」へ転じるのです。「失敗を学びの機会に」「逆境は才能の発掘・成長のチャンスに」「苦しい別れは、また新たな価値をもった別の人との出会い」というように、発展的に変化＝進歩前進するためのチャンスとしてとらえ直すことができます。

ある体験活動に取り組んでいるときは、たとえ自分の強みを発揮できるように配慮をしたとしても、いつもそうできるとは限りません。自分の「弱み」に関連した不得意なことも少なからずあることでしょう。そのようなときは、ここに示したようなリフレーミングによって、ものの見方・とらえ方を少し変化させることで、ネガティブな「弱み」をポジティブな「強み」へと変えるといった工夫をすることができます。そうすることで、ものごとを前向き・発展的にとらえてポジティティを養うことに寄与できるでしょう。

② 弱みを克服する

たとえば、発達段階にある小さい子供ほど、「強み」はまだはっきりとしないことが多いとされます。一方、「弱み」についてはその逆であることが多く、一般的に子供は、「粘り強さ」や「自制心」が弱いといいます。「自制心」や「粘り強さ」は、人生の成功に大きく関わる能力であることが認められています。それゆえ、より良く生きていく上での成長や成功にマイナスに影響する「弱み」については、ただ放っておくのではなく、改善や克服を試みることが大切です。

「弱み」を克服するための実際の方策としては、自分の「弱み」に関係する事態になったときに、自分が気軽にできる別の行動をとることで、弱みを減じることができるといいます。また、自分がイメージできて手が届きやすい範囲に目標を設定し、達成しやすくすることで、弱みとする状態を減少させて克服に通じるとされます。たとえば、「自制心」が弱みであるという場合で考えてみましょう。自制心が弱く、何かに反応して、体がとっさに動いてしまったと気づいたとします。その際、反射的に大きな行動をとる前に一度立ち止まり、深呼吸を 2 〜 3 回してみます。そのように、まさに一呼吸おくことで衝動を抑え、単に反応して動くのではなく、少し冷静になったうえで行動を起こすことができます。また、勉強や仕事などを投げだしてもうやめたくなったときには、「あと 5 分だけでも続けてみよう」や「あそこまでやって終わりにしよう」などと、身近な目標設定をします。具体的なゴールが想像できることで、「やめてしまおう」という衝動をとめて、継続するという気持ちと行動へと改善できるといわれています。

したがって、先の「自制心」や「粘り強さ」、さらに「レジリエンス」（逆境にたいする克服力・再起力）といった、生きるうえで重要とされる力が「弱み」となっている場合は、体験活動のプロセスを利用して、それらの力を養成していく機会として考えるのが有益でしょう。実際、上記の「レジリエンス」やそのほかの力などは、固定的ではなく、先述した見方・考え方の工夫やトレーニングによって改善できることがわかっています（「レジリエンス」については、後掲 11 章にて詳述）。

③　弱みを補完する

これまでに述べてきた対処法以外にも、チームで動いているような場合には、自分の不得意な部分を、他の人に補ってもらうことも有効な方法となります。たとえば、「自分はリーダーシップをとるのが得意だけど、創造的なことは苦手だ」と感じている人が、仲間たちとあるパーティーでの出し物をすることになったとします。そのような場合は、出し物のアイディアやパフォーマンスは他の人に考えてつくってもらい、本番までのグループをまとめたり、リードしたりする役目は、自分が引き受けるといったようにすることができるでしょう。それぞれの「強み」「弱み」を見定めて、弱い部分はお互いの「強み」を生かす形で補完し合うといった対応をとるようにします。

体験活動の文脈においても同じことがいえます。たとえば、「自分には愛情や思いやり、対人関係には強いけど、リーダーシップをとるのが苦手だ」と思っている人が、養護施設で、サークル仲間の約 30 人によるボランティア活動をすることになったとします。1 グループ 5 ～ 6 人で構成されるいくつかのチームに分かれて活動をする中で、自分が入ったチームは、子供たちと楽しめるゲームを企画し、一緒に遊ぶことを任されたとします。そのようなケースにおいて、チーム内での役割分担を考えるにあたっては、自分の強みを生かして、子供たちと遊んだり、活動をサポートしたりするゲーム担当を買って出ることができます。他方、本番までの取りまとめ役や、当日の進行も交えた指導的役割は、それらを得意とする別の人にやってもらうということができるでしょう。

このように、自らの「強み」を知って、それを体験活動のなかで生かしていくことや、他方「弱み」についてうまく対処していくことは、私たちにとても大切となります。それゆえポジティブ・エクスペリエンスにおける「アクション（行動）」ステージでは、各自が取り組む活動がより発展へと向かうように、自らの「強み」を意識しつつ、それを活動に取り入れることを志向するのです。そうすることで、活動者自身および活動内容が活性化して充実し、より高いパフォーマンスや成果を生み出すことが期待できるのです。

3. 「感謝」を意識して活動する

何かしらの体験活動をする中で出くわすいろいろな出来事について、積極的に「感謝・ありがとう」を感じる・いう（心の中でささやくことも含む）ことを提案します。感謝することは、自分のポジティブ感情を高める強力なツールであることがわかっています。それゆえ、行動や活動の過程において感謝の気持ちをもつ､感じることは自身の心身の活性化につながる効果があるからです。

「感謝」の研究と感謝パワー

カリフォルニア大学デービス校のロバート・A・エモンズ博士は「感謝」の研究における著名な心理学者です。エモンズ教授は、感謝が人のウェルビーイング（主観的幸福感／人生の満足度）や健康にもたらす効果について長期にわたって検証をしてきてきました。博士はその成果をまとめた一般向けの著書 *Thanks!: How Practicing Gratitude Can Make You Happier*（邦訳書『G の法則――感謝できる人は幸せになれる――』）を出版しています。その中で次のようにいっています[5]。

> 日々においてどのような情緒を経験するかをみた調査では、人は謝意、ありがたさ、感謝といった気持ちをもつときに、愛や許し、喜び、熱意をより感じることが確認されています。このような深い感情は、感謝する姿勢を身につけることによって形成されていくと考えられます。
>
> （中略）。私たちの草分け的な研究によって、感謝する人は、そうでない人よりも、喜び、熱心さ、愛、幸福、楽観性といったポジティブ感情をより高いレベルで経験します。また、修養された感謝を実践することで、ねたみ、恨み、貪欲、苦しみといった破壊的な衝動から自分を守ることもわかっています。さらに、人は感謝を体験することで、日々のストレスにたいして効果的な対応ができること、トラウマを引き起こすようなストレスに直面したときのレジリエンス（困難に対処し再起する力）を高められること、病気の回復をより早めることや身体的な健康への恩恵があるについて明らかにされてきています。

このように、感謝の気持ちをもつことが、幸福感といったポジティブ感情を高めることに加え、心身の健康の維持促進にもつながることが明らかにされています。たとえば、感謝していること、つまり「恵まれていると感じること」を 10 週間にわたって週に一度、５つ書き出すという、いわば「感謝日記」を使った調査があります。感謝を記すグループ（感謝グループ）と、「その日に起こった面倒な問題や出来事」を５つ書き出す対照グループを比較しました。

その結果、感謝グループの参加者は、対照グループと比べて、人生についてより楽観的に感じ、より満足感をもっており、より健康にもなっていたことがわかりました。また、頭痛や吹き出もの、せき、吐き気など、身体に起こるさまざまな悪い症状が減少すると同時に、運動をする時間が増えたという結果が見られました。さらに、持病をもつ学生や成人を対象にした同様の調査でも、同じ結果が確認されたのです[6]。

また、感謝が慢性疾患の患者の気分を良くすることができるのかという実験もされています。神経や筋肉の障害で動作の自由がうばわれる筋萎縮症などにかかっている成人の患者を対象に、3週間にわたって良いことを書く、いわば「いいこと日記」を記録してもらいました。自分におきた良いことに着目し再評価することは、「感謝」の気持ちを生起することにつながります。そうしたところ、対照グループに比べて、ポジティブ感情や楽観性の度合いが向上し、他者とのつながりの気持ちも強くなったことが明らかになりました。よく眠れるようになったという報告もされています[7]。

さらにエモンズ教授は、それまでの成人を対象とした研究に加えて、10代の青少年を対象にした調査も行っています。この年代においても、感謝がウェルビーイングの向上に効果があることが実証されています。この実験では、221人の10代の若者が、感謝につながる「いいこと日記」グループと、面倒だったことを書くグループに無作為に分けられました。結果は、前述の調査と同じように、「いいこと日記」グループの人たちは、感謝の気持ちが増してウェルビーイングの向上も見られました。また、感謝することを実践している者は、家庭でも学校でもポジティビティの度合いが高い傾向にあることも確認されたのです[8]。

このような調査結果を受けて、エモンズ教授は前掲の著書のなかで、感謝の気持ちをもつことが、他者との関わりの意識を強めて人間関係を良くし、相手を思いやる気持ちをもたらすようにもなると結論づけています。さらに、次のようにも言及しているのです[9]。

> 感謝の重要な点は、(中略) 人生を豊かにする力があるということです。感謝は私たちを高め、エネルギーを与え、鼓舞し、変容させます。人は感謝を体験し表現することで、心を動かされ、心をひらき、謙虚になります。感謝は、人生そのものを贈りものとして大切にすることになり、人生に意味を与えます。感謝がなければ、人生は孤独かつ憂うつで、不毛なものと

なってしまいます。

以上のようなエモンズ教授による「感謝」についての調査結果と見解は、他の研究によっても支持されています[10]。それらの結果でも、感謝の気持ちを決して忘れない人は、そうでない人に比べると、より幸福かつエネルギッシュで希望に満ちており、ポジティブ感情を抱きやすいことがわかっています。また、感謝をよく示す人ほど、落ち込み、不安、孤独、嫉妬を感じにくく、ノイローゼにもなりにくいことが報告されています。さらに、あまり感謝の気持ちを抱かない人よりも、人助けをし、共感し、寛大で、信仰心に厚く、ものごとにもあまり執着しない傾向にあることも確認されています。

これらの結果にも見られるように、感謝の気持ちを表すことは、エモンズ教授が実証したのと同様に、その人のウェルビーイングを向上させることに加えて、心と体の健康の促進にもつながることが、明らかにされてきているのです。感謝の気持ちをもつことには、私たちの心身をより活性化させ、人生を豊かにしてくれる活力源となっていることが見て取れます。いわば、「感謝パワー」です。それゆえ、ある活動や行動をしているときに、そのプロセスにおいて何かについて「感謝」の気持ちを抱くことや表すことは、とても有益だと考えられるのです。

「ありがとう筋肉」を鍛える

多くの研究結果が示すように、「感謝」には私たちの心も体も元気にする力があることが認められています。しかし、感謝の感じ方には個人差があり、もともと感じやすい人、そうでない人と人それぞれで、個々の気質によるところが大きいとされます。一般的に、抑うつや不安の傾向が強い人は、感謝の気持ちが弱いことがわかっています[11]。これまでのデータからすると、感謝の念を抱きやすい人は、その効果をより得ることができ、より活性化に向かうことができます。反対にそうでない人は、感謝をよりもつ人にくらべると、「ありがとう」の気持ちをもつ度合いが少ない人ほど、当然ながらその感謝のパワーを得る程度も小さくなるでしょう。しかし、上掲したこれまでの感謝に関わる研究が示しているように、「感謝」の気持ちはトレーニングによって高められるものです。筋トレが体力・健康の増進につながるように、「ありがとうマッスル」を鍛えて感謝パワーを得ることが可能なのです。

前出の実験で実施されてきたのは、「ありがとう日記」や「いいこと日記」でした。これらは過去をふり返り、感謝や良かったと思ったことについて思い出したことを書き出してみるというものです。しかし、ここでのテーマはある行動や活動をしている過程において「感謝」をすることになるため、事後に思い返すそれらのアプローチとは違ってきます（むしろ、上記の方法は後述の「リフレクション・シェアリング」ステージで活用されます）。それでは、ある活動をしている中でどのように感謝し、「ありがとうマッスル」を鍛えることができるでしょうか。

周囲の人・モノ・出来事への「ありがとう」

何らかの活動をしている中で、誰かに何かをしてもらったときや、ご恩や温情、善意などを受けたときに、「ありがとう」を感じたりいったりするのはよくあることです。そのような経験をしたときは、反射的に単に「ありがとう」いうのではなく、できるだけ感謝の気持ちを感じながら、意識的な「ありがとう」をいいたいものです。ここでの提案は、ささやかなことでよいので、いろいろなことに意識して「ありがとう」を伝えてみようというものです。

まずもっとも考えられるのは、人（他者）に対してでしょう。とくに仲間と何かを一緒に取り組んでいるような活動では、相互のコミュニケーションの中で他から援助を得たり、何かをもらったりするような、支援や恩恵を受ける場面は少なからずあります。そのようなときに、「感謝」の気持ちの「ありがとう」を伝えることは多々あることでしょう。

知人など関わりのある人には当然ですが、知らない人に対しても「ありがとう」を伝えることができます。私たちの日常生活の中では、意識して見渡してみると、実に多くの見知らぬ人に支えられていることがわかります。たとえば、真夏の炎天下という過酷な環境下において、道路工事や建築作業をしてくれている人たちや、たとえ悪天候であっても、1年中モノを送り届けてくれる配達員、毎日ある場所まで私たちを運んでくれる交通機関の関係者、日常において道路、公園、建物を欠かさずきれいにしてくれている清掃員、せまい歩道ですれ違うときに何気なく道を譲ってくる人など、よく見れば、そのような人たちがたくさんいることに気づきます。このような方々は、自分にとって直接関わりのある人たちではありません。しかし、ありふれた日々のなかで、またときに大変な状況下にあっても、社会の円滑な営みのために働いてくれている人や、支えてくれている人たちです。一歩家の外にでれば､多くのそのような場面や、そこで従事する人たちを見かけたり出会あったりします。そんなときに、心の中で「ありがとう」をそっとささやいてみるのです。

私たちを取り巻く存在は、人だけとは限りません。現在では、多くの家庭で犬や猫などと、家族の一員として一緒に暮らしているのを目にします。観葉植物や家庭菜園などを、趣味で手がけている方も多くいることでしょう。動植物と生活をともにすることでも、癒やしや元気をもらったり、生きがいを感じたりする機会は少なからずあるのではないでしょうか。そんなときは、日常をともにする仲間や家族として、動植物たちに「ありがとう」をいえるでしょう。

また、人や動植物といった生物以外にも、私たちの周囲には多くのモノや出来事が存在しています｡現代人は実にたくさんの便利なモノに囲まれています。それが当たり前となっていて、気に掛けることはほとんどありませんが、あるモノがあったことで助けられたことや、ありがたいと思ったことは、誰しもあるのではないでしょうか。自分の最近の例でいえば、インスタントスープの袋を開けようとしたときのことです。その袋には切り口がついておらず、なかなかうまく切れないことがありました。どうしようかと周りに目をやると、すぐ目の前に“はさみ”があって､それを使って無事にすぐ切ることができました。非常にささいなことですが、そのときのはさみは自分にとっての救世主となって、とてもありがたかったです。そんなときは、モノではありますが、はさみに対して「ありがとう」をいえるでしょう（そのときの自分の周りには人がいなかったので､「“はさみ”さん、助かった〜。ありがとう！」と独り言をいっていた記憶があります)。ほかにも、自分がよく感謝を感じるのは、朝の寝起きのシャワーや､疲れているときに入るお風呂などです。「あ〜､気持ちいい〜」などとつぶやきながら入浴している自分がいます。そんなときもありがたさを感じて､シャワーやお風呂（およびお湯）に「ありがとう」をいったりします。

モノと同じように、自分の身の回りに起こる出来事にも感謝の念を抱くことがあります。これも私のケースですが、子供たちが緑豊かな公園や広場などで楽しくかけ回っているのを見ると、とても安息と平和を感じます。そんな場面に出会ったときにはいつも心が温かくなって、平穏な今このときに自分がいられることに感謝の念を抱きます。また､私が最近よくありがたさを感じるのが、朝起きたときです。とくに天気が良くて、朝陽が差すきれいな外の景色を見たときに、また今日という気持ち良い朝を迎えて１日をスタートできることにたいして「ありがとう」の気持ちがこみ上がってきます。

これらのように、自分の周囲に意識を向けてみることで、たくさんの「感謝」の場面に出会い、つながることができます。そのたびに「ありがとう」を、心の中でよいのでいってみてはいかがでしょうか。

自然・地球への「ありがとう」

人に対して感謝を表すのと同様に、私たちは「自然」に対しても「ありがとう」をいうことができます。自然というと、どこか遠くの大自然を思い浮かべる人がいるかもしれません。当然そのような大自然もふくみますが、ごく身近な、日々感じることのできる自然に意識を向けてみます。私たちが気づかないだけであって、意識してみれば、私たちの周囲にはさまざまな自然との関わりと、その恩恵を感じることができるでしょう。たとえば、暑い日に木陰をつくってくれる木々、木漏れ日、緑や草花の輝き、街路樹、そよ風の涼、川のせせらぎや波の音、鳥のさえずり、虫の鳴き声、暖かな日差し、美しい夕日、生命の源となる水をもたらす雨、きれいな景色・星空、草花・緑のにおいなど、わたしたちの周囲には、目を向けてみれば感じることのできる多くの自然があります。散歩しているとき、通勤・通学をしているとき、仕事や勉強をしているときに、少し手足を止めて意識して眺めてみれば、そこには感じて、つながることのできる、多くの身近な自然があることに気づくでしょう。

日常に溶け込んでいる自然ほど当たり前となって気づかないことが多いものです。しかし、私たちは上にあげたような地球や自然がつくり出す出来事に、安心、快さ、喜び、楽しさ、美しさ、充足感などを感じて、生きていくうえで多くの恩恵を受けているのです。それゆえ、そこにある自然を当たり前として見るのでなく、意識して感じるようにし、自然からもたらされるその美や心地よさなどに触れた際には、心の中で「ありがとう」をいうことができます。

食べ物をいただくときも同様です。私たちが口にする食物は、もとをたどれば、その源は自然や地球、そこに生きる他の動植物からもたらされる恵や命からいただいているのです。コンビニやスーパーでつくられているわけではありません。私たち日本人は、食事の際に「いただきます」と「ごちそうさま」をいう習慣があります。これらの言葉には、地球によって育まれた、命をいただくことへの感謝の念がふくまれているものと察します。したがって、いつもの「いただきます」や「ごちそうさま」に加えて、自然と地球から生きる糧（エネルギー）をいただくことへの感謝として、意識的に「ありがとう」を一緒にいうこともできるでしょう。

食べるという行為が、日常での定例活動として無意識に行われていることも多々見られます。食事の際にも、そのような意識的な「ありがとう」のことばを加えることで、「感謝」というポジティブで意味のある活動とすることができるでしょう。そうすることで、お腹だけでなく、心も満たされる豊かな食事の場とすることができるのではないでしょうか。

自分への「ありがとう」

ここまで、「他者」と「自然」への感謝について述べてきましたが、自分自身に対していう「ありがとう」も考えられます。1 つは、自分の体に感謝をいうことです。私たちの体は、ありがたいことに、特別に何かを意識することをしなくても、毎日自動で動いてくれています。「まずは右足を、その次には左足をだして……」などと考えなくても歩くことができます。また、はしを使って何かを食べるときにも、「まずこれをはしでつかんでから、それ口まで運んで……」などと意識することはありません。食べるとなったら、無意識に手と腕が動いてくれます。心臓をはじめ内臓にいたっては、私たちが寝ている間も常に働いていてくれます。

それゆえ、自分の体によるこれらの献身的な働きに対して敬意を表し、「ありがとう」をいいます。体全体に投げかけるのでもいいですし、腕や足、心臓などの部位に対していうこともできます。たとえば、長距離を走り切ったときに「自分の体（または足、心臓）、よくがんばってくれた！　ありがとう」や、試験を終えたときに「自分の脳みそさん、最後まで知力をつくしてくれて、ありがとう！」などと自身にささやいてみるといった感じです。

このように、何かの活動をやり終えたときにいう場合に加えて、お風呂やシャワーといった生活上の行為に関係させて、体に感謝を伝えることもできるでしょう。そのような入浴時は 1 日の終盤となることが多いと思います。湯船につかり（またはシャワーを浴びて）、リラックスしながら、自分の体に「今日も 1 日、元気に動いてくれてありがとう」や、体を洗う際に「足さん、今日も 1 日体を運んでくれてありがとう」などと、各部位に感謝をいうこともできます（自分も体を洗う際には、できるだけ各部位に「ありがとう」を伝えながらするように心がけています）。

「ありがとうセンサー」を発達させる

上述した「(知らない) 他者」「自然・地球」「自分」への感謝に意識を向けてみることで、世界には、たくさんの“ありがとう！”であふれていることに気がつくことができます。より多くの「ありがとう」を日々感じることを通して、自分と他者・自然・自分自身とつながって、自らの心身を活性化し、ひいては私たちの日常や人生を活気づけていくことに寄与してくれます。そのような人生のウェルビーイングの促進に効果があることは、多くの調査によって確認されていることは先に示した通りです。

したがって、自分の日々周囲に起こる感謝の機会に反応することのできる「ありがとうセンサー」を発達させていきたいものです。日常の「ありがとう」場面に意識的に目を向けていくことで、そのセンサー感度を高め、より「ありがとう」を感じていくことで、「ありがとうマッスル」を鍛えることができます。

私たちの大脳神経系には「テトリス効果」という、1つのことに長時間意識を向けつづけることによって、そのことへの認識につながる脳の神経細胞 (ニューロン) の回路が強化され、そのモノ・コトへの感性や学習効果を高めていくという脳機能があることがわかっています。テトリスは、多くの人がやったことがあるだろうコンピューターゲームのあのテトリスです。画面の上から落ちてくる、四角形4個からなる7種類のブロックを回転移動させて積み上げ、横1段をそろえて消していくパズル型ゲームです。ハーバード・メディカルスクールの心理学部において、27人の学生に1日に数時間、3日間連続でテトリスをやってもらうという実験がありました。学生は、達人から初心者まで、さまざまなレベルの腕前をもつ者が集められました。その結果、実験の後の数日間において、学生たちの何人かは、テトリスが回りながら落ちてきて、ピッタリとはまるイメージを夢に見続けたそうです。さらに、目が覚めている間も何かを見たときに、テトリスの形で見えたという報告もありました。このように繰り返しゲームをすることで、ゲーム後にもそのような「認識の残像」といわれる現象にとらわれることについて、のちに「テトリス効果」とよばれるようになったのです[12]。

2009年に行われたその後の研究では、若い女性にテトリスを週平均1時間半、3ヵ月にわたってしてもらうという実験が行われました。その結果、脳の大脳皮質が厚みを増し、ほかの部分の活動が減ったことが判明しました[13]。研究協力者たちがゲームをくり返して (反復練習して) 遊び方を習熟していくなかで、脳の構造的な変化が関与することが確認されたのです。脳内のニューロン（神経細胞）はお互いにつながり合い、シナプスを通じて情報を伝達します。何かを学習すると、そういう神経細胞同士のつながり方（神経回路）が変化します。神経回路のスイッチが入るたびにシナプスの働きは効率的になり、回路は強固となってスイッチが入りやすくなるのです。これが意味するところは、ある課題を何度も繰り返し行うことで、脳の余計な機能・エネルギーを使わなくても、自動的にできるようになるということです。

そのような、私たちが何かを考えると脳の中で化学反応が起こり、その思考を頻繁に繰り返すと構造的な変化が起こることを「神経可塑性」（脳の可塑性）といいます。現代の神経科学の大きな発見の 1 つといわれています（1990 年代までは、成人すると脳は変化せずに固定化するというのが定説）。先の脳の「テトリス効果」は、この脳の神経可塑性によるものです。

脳の神経可塑性による「テトリス効果」の話が長くなってしまいましたが、脳がもつその性質はとてもすばらしい機能です。私たちがある課題について、それを意識的に認識し、考えて行動することを繰り返すことで、自動的な習慣にすることができるからです。それゆえ、私たちがもつこのような脳の「テトリス効果」（神経可塑性）を活用して、「ありがとう」を意識的に感じることを試みていくことで、「ありがとうセンサー」の感度が高められることが期待できます。そして、「ありがとう」場面のたびに、感謝の念を心の中でもよいので伝えていくことで、「ありがとうマッスル」の発達へも通じていきます。その結果、「ありがとう」の気持ちがもたらす効果の恩恵をより多く受けることになるでしょう。

4. 「親切に」を意識して活動する

利他的な行為となる親切は、いわば「情けは人の為ならず」という、ことわざに通じます。一般的にいって、「人に親切にすることは、その相手のためになるだけでなく、やがては良い報いとなって自分にもどってくること」を意味しています。それゆえ、何かしらの活動や行動の過程において、上で取り上げた「感謝」の気持ちを抱くのと同様に、他への親切な行為を積極的にすることも提案します。

そのような利他的な親切行為については、主に他者に対してなされる行動として説明されます。しかし個人や特定の人に対してだけでなく、社会的に意義のあることや貢献行為をすることも、社会全体に対する親切行為として見なすことができるでしょう。他者に対する親切行為そのものが、個人に特定されるものでなく、社会的に意義あるものや貢献と重なっていることも少なくありません。たとえば、被災地におけるボランティア活動で、ある特定の家族の支援活動をすることになった場合、それは同時にその被災地全体の復興という社会的な貢献と意義ある活動にもなるでしょう。したがって、親切行為は人に対してだけでなく、全体としての社会への貢献といった、利他的な善行そのものを意味するものと考えられます。また本書では、親切な行為といった場合、そのような人と社会の両方に対してなされるというニュアンスでとらえるものです。

そのような、他者や社会にたいして利他的な善行（親切）をすることは、わたしたちの感情面、精神面、身体面の活性や充実を促進していくといった、いわばウェルビーイングを高める効果が近年の科学的調査によって明らかになっています。たとえば、カリフォルニアで10代の若者を対象にした親切行為に関わる長期にわたる研究があります。1930年代から始まり90年代後半の約60年間にわたって、10年おきに聞き取りを行うという追跡調査でした。この研究で明らかになったのは、子供のときから人を助けるといった利他的な向社会的行動（援助行動）をとっていた者は、そうでない人より、大人になったときに心身ともに健康な状態にあったという事実でした[14]。

また、2001年に2,681名を対象としてヴァンダービルト大学によって実施された、人助けというボランティア（利他的行為の1種）を習慣とする人に焦点をあてた調査があります（American's Changing Lives Survey）。その結果、定期的にボランティアをしている人は、「幸福感」「人生の満足度」「自尊感情」「人生をコントロールできている感覚」「身体の感覚」「抑うつの減少」といった、人生の充実に関わる6側面において改善が見られたことが報告されています[15]。

精神面（メンタルヘルス等）への効果

人に対する「親切」が、相手に嬉しさをもたらしたり、気持ちの良い行為となったりするだけでなく、自分の心身の健康に良い影響を及ぼすことについて見ていきます。教会の信者を対象にした2006年に実施された大規模調査では、積極的に人助けをしている人の方が、助けられた人よりもメンタルヘルスの面ではるかに良い状態にあることが明らかになりました[16]。また、1981 年に実施された 65 歳以上の退職者を対象にしたある調査があります。それによると、親切行為としてのボランティア活動をしている人は、そうでない人と比べると、より自分の人生に満足しており、抑うつや不安の症状および身体症状症（身体を調べてもどこも悪くないものの、明らかに本人は症状を感じて、身体の不安がつきないといった、ストレスが身体の症状となって表れてしまっている病気）をもつ人が少ないことがわかっています。さらに、生きることへのより強い意志をもっていることも報告されています[17]。

このようなメンタルヘルスとボランティア活動の関係性についての研究は、ほかにも見られます。テキサス大学が 2003 年に行った 25 歳以上の 3,617 人を対象にした調査では、ボランティア習慣をもつ人と、抑うつの低下には明確な関係性が見られるという結果を得ています。ボランティアをした人は、しなかった人よりうつ症状が少なく、65 歳以上ではその傾向はさらに顕著であったことが明らかになりました[18]。ボランティア活動という親切行為がうつ症状の軽減につながること、さらに抑うつへの耐性をもたらすことは、2004 年のウィスコンシン大学によって実施された、65 歳から 74 歳の 373 人を対象にした調査でも確認されています[19]。

このように、他者への親切行為には、精神活動へ及ぼす好影響が見られます。それゆえ、現在のニューヨーク州における多くのメンタルヘルスの関係機関では、うつを患う人たちに自助グループへの参加をとおして、他者への支援活動をすることをすすめるという取り組みもなされています[20]。

身体面への効果

親切の利他的な行為は、上記したような精神的健康面に良い効果をもたらすのと同様に、身体面へも良い影響を及ぼすことがわかっています。たとえば、ニューヨーク州北部に在住する 427 人の子持ちの主婦を対象にした、30 年にわたる追跡調査があります。週に 1 度でも何らかのボランティア活動をしていた女性は、そうでない人より身体機能が衰えておらず、より長生きの傾向があることが示されました。この結果は、子供の人数、職業、学歴、その他の要因（社会的立場、等）を考慮してみても同様でした[21]。

また、他者を支援するという親切行為が、身体の痛みの軽減につながるという鎮痛剤的な効能も見られています。ボストン大学の看護師が2002年に実施した調査では、慢性的腰痛に悩まされている患者が、同じような痛みを感じている患者を助けることで、大きな鎮痛効果があったことが報告されています(加えて、抑うつや障害の軽減効果も見られた)。この鎮痛効果は、脳内麻薬（体内アヘン）の1種とされるエンドルフィンによるものだとされています。親切行為によってエンドルフィンが分泌され、痛みの伝達に関わる脳細胞に結合し、痛覚信号を伝える化学物質を抑制することによって脳内での痛みの情報が、伝わりにくくなることが研究によってわかっています[22]。

上のような鎮痛効果に加えて、薬物などの依存症を軽減する効果があることも報告されています。2004年にブラウン大学医学部の研究者たちが、アルコール依存症患者の一部に、他の患者の手伝いをさせて禁酒成功率を調べたという調査があります。その結果は、手伝いをした患者の40%が次の1年間の禁酒に成功し、しなかった患者は22%にとどまるというように、親切行為をした者とそうでない者で、約2倍となる明確な差が確認されたのです。このような結果を得ていることから、アルコール中毒患者が立ち直る過程で、親切行動をプログラムに活用しているというケースも見られます。たとえば、アルコール依存症改善プログラムとして広く知られる「AA 12-ステッププログラム」の最後は、「ほかの患者を助ける」という取り組みとなります。他者に手を差し伸べることで、飲酒を我慢する能力そのものが高まるだけでなく、気分も良くなるため、お酒を飲みたいという気持ちそのものが起こらなくなる傾向にあることが認められています[23]。このような効果が見られるのは、いくつかの研究結果によれば、親切心をもつことで、「脳内麻薬」が分泌されて、それが依存症を弱める薬物と同じ神経回路で機能しているからとされています[24]。

加えて、「Making Australia Happy」（オーストラリアを幸福にする）というテレビ企画のなかで実施された実験でも、利他的な親切な行為が、生理的な身体反応に好影響を及ぼしたという結果が確認されています。「Making Australia Happy」は、オーストラリアの国営放送局ABCが作成したドキュメンタリーです。オーストラリアでもっとも幸福度の低いマリックビル地区から、決して幸福とはいえない境遇にある多様な背景をもつ男女半々の8人の参加者を選出し（26歳～63歳)、心理学や脳科学によって有効性が認められている幸福度を高める8つの方法を8週間実践しました。参加者の幸福度の改善をめざすとともに、その効果を科学的に立証したチャレンジ番組です。この中の1つの取り組みで、参加者にはエクソダス基金というボランティア団体が運営するレストランにて、厨房と給仕のボランティア活動を 2 時間してもらいました。そうしたところ、参加者全員がその経験に満足感を得るとともに、風邪やインフルエンザといった病気から守ってくれる、免疫グロブリン値（唾液より採取）が活動後には実施前と比べて 35％も上昇したという結果が得られました[25]。この調査は、対象者が 8 人だけで 2 時間のみのボランティア活動というごく限定された条件での結果でしかありません。しかし、その非常に限られた時間にもかかわらず、それだけの成果が得られている点において、とても示唆に富む結果ともいえるでしょう。

これらの利他的な親切行為は、自分がするだけでなく、他者がしているのを見るだけでも、ポジティブな生理的反応を引き起こすことが確認されています。1988 年にハーバード大学でおこなわれた実験では、マザー・テレサが人々にいたわりを示している 50 分間の映像を 132 人の学生に見せ、鑑賞前後に唾液をとって唾液免疫グロブリン A という物質を調べました（食べ物に含まれる病原菌を退ける、最初の防波堤的な働きをする物質）。その結果、鑑賞後にその量が増えただけでなく、1 週間後でも通常より多い状態が継続されていたことが報告されています[26]。このことは、「マザー・テレサ効果」といわれています。ある親切行為は、私たちを病気から守ってくれる働きがあるとともに、それを施された人や、それをした本人だけでなく、その行動を目にした第三者となる他の人たちにまでにも、効果が波及して良い影響を及ぼしていくことがうかがえます。

「幸福感」「ポジティビティ」向上の効果

ここで、親切な行為が私たちの「幸福感」や「ポジティビティ」（ポジティブ感情を含むポジティブな状態）の促進をする効果について見ていきましょう。この点は、前出の精神面への効果に重なる点もあります。先の例でも取り上げた利他的行為となるボンランティア活動をすることが、幸福感、自尊心、達成感、自制心などのポジティブな気持ちや感情を高めることが報告されています[27]。このような、他の人に何か良いことをすると、とても良い気分になることは「ヘルパーズ・ハイ」といわれています。

アメリカで、3,296 人を対象者に行われた健康、幸福感、ボランティア習慣についての大規模調査が行われました。その研究結果の概要は、アラン・ルークス氏によって書かれた *The Healing Power of Doing Good*（邦訳本なし）

の著書の中で報告されています。それによると、95% もの人が、人助けをしたことで気分が良くなったと答えています。また、すぐに温かい気持ちになったこと（54%）、多幸感を抱いたこと（21%）、元気が湧いてきたこと（29%）なども報告されています。そのおかげで、57% の人がとても大きな自尊心をもつようになって、53% の人がより幸福感を感じ、モノの見方もより楽観的になったことが報告されています。そして、80%の人たちが、それらの感情は、事後の何時間も続き、人によっては数日間も持続したことが確認されています[28]。

また、ボランティア活動とポジティビティ向上の関係性を示す別のユニークな研究に、多発性硬化症（脳や脊髄などの中枢神経に異常をきたす病気で、「MS」と呼ばれる）を患う 5 人の女性を対象に、3 年以上にわたって行われた追跡調査があります。5 人の女性には、67 名の他の MS 患者を相互支援するという、ボランティア活動をすることで選出されました。積極的かつ同情的に話を聞くという傾聴技術を学んだ上で、月に一度、自分が担当する患者を訪問するという指示が与えられました。その結果、3 年以上にわたってこの活動をした女性たちは、満足感、自己効力感、達成感が高まるとともに、以前と比べて社会的活動により加わるようになり、落ち込むことがより減ったことも報告がされています。さらに興味深いのは、相互支援の活動をした 5 人の女性に見られたポジティブな変化は、彼女たちが担当した患者たちの変化よりも大きかったことです。たとえば生活満足度においては、彼女たちは他の患者のものと比べて、7 倍も高い数値を示しました[29]。

加えて、利他的なお金の使い方が、幸福感へ良い影響を与えることを検証した調査を紹介します。2008 年にブリティッシュ・コロンビア大学の研究者たちが、632 人を対象にして、それぞれに 5 ドルまたは 20 ドルを渡し、自分のために使うグループと、他の人のために使うグループに分けて実際に使ってもらい、1 日の終わりにそれぞれの幸福度を測定するという実験です。その結果、他の人のために使うグループの人は、自分のために使うグループの人よりも、幸福度が高いことが判明しました。また、5 ドルか 20 ドルの金額の違いは幸福度には関係しないことも明らかになりました。すなわち、金額の大小ではなく、お金の使い方が幸福度の向上に重要なことが示唆されたのです[30]。

お金の使い方と幸福度の関係に関しては、2007 年にオレゴン州立大学によって行われた実験において、たとえ税金であってもそれが人の役に立っているとわかることで、肯定的な反応を示すことが確認されています。この研究がユニークなのは、実験にあたり fMRI（functional Magnetic Resonance Imaging：機能的磁気共鳴装置）を使って、研究協力者（女子学生）の脳の反応をスキャンして調べた点です。女子学生にはそれぞれに 100 ドルが渡されて、コンピューター上で「慈善」ゲームをします。終了時に残っていたお金は、自分のものにしてよいというルールです。コンピューター・プログラム上の自分の口座において、お金の入出金を確認するのですが、ときにフードバンクへの寄付をもちかけられます。また税金として、本人の許可に関係なく自分の口座から自動的にフードバンクにお金がときどき送金される仕組みとなっています。一方で、どこか知らないところからも、自分の口座やフードバンクの口座に振り込まれることもあり、それをスクリーン上で見ることになります。

そうしたところ、学生が寄付を選択したときには、喜びや嬉しさといった快楽に反応する報酬系の脳機能の活性化が見られました。この反応はこれまで見てきたように、利他的な行為が幸福度やポジティブ感情を高めることを考慮すれば、充分予想されることであり、「温情効果」といわれます。同時に興味深い結果となったのは、税金という名目でも、自分たちの口座から自動的にフードバンクにお金が振り込まれているのを見たときに、自ら寄付したほどではないものの、同じく脳の報酬系が活性化した学生が何人かいたことです。さらに驚くべきことに、自分たちの口座に入金がされたときよりも、フードバンクの口座にお金が振り込まれたのを見たときの方が、より大きな喜びの反応を示したことでした。このように、フードバンクへの口座に税金として自動入金された場合でも、自発的な寄付の場合でも、どちらも脳の報酬系が活性化しました。しかし、より反応が大きかったのは、自らが進んで寄付をしたときの「温情効果」が見られたときだったのです[31]。

以上の調査結果のように、親切行為を意識して何かをすることが幸福度の向上をもたらすことについては、カリフォルニア大学の心理学者ソニア・リュボミアスキー博士によって検証された、よく知られた研究があります。大学生を研究協力者として、1 週間の中でどこか定めた 1 日に（たとえば毎週○曜日など）、5 つの親切行動を 6 週間してもらうという実験です。対照群として、親切な行いをしない学生のグループも設定し、比較されました。その結果、6 週間後の対照群の幸福度は減少していたのに対し、親切行動をしたグループは 41.66％の幸福度の上昇が見られたのでした[32]。

また、効果の見られた「親切行為を特定した 1 日に 5 つするグループ」に対して、「1 週間のうち、いつでもいいから 5 つの親切行為をする（曜日を特定しない）グループ」との比較もされています。各グループの参加者は、6週間、毎週日曜日の夜に、いつ誰に何をしたかなどを記録した「親切の報告書」を提出することになっています。その結果、どちらのグループも実験前よりも実験後のほうが、「人を助けるようになった」ということが報告されました。しかし、幸福度の大きな上昇が見られたのは、1週間で特定した1日にまとめて5つの親切をしたグループの人たちだけで、もう1つのグループの人たちの幸福度は変わりませんでした。その理由として、後者のグループの人たちがした親切行動はささやかなものだったため、毎週、それらが7日間の中であちこちに散らばってなされたことで、親切をしたという行為の意識は薄まってしまい、普段とあまり区別のない行動となってしまったからだとリュボミアスキー博士は推察しています[33]。

リュボミアスキー博士の実験に類似して、自分のした親切行為を書き出して認識することで幸福度の変化を検証した別の調査もあります。専門誌 *Journal of Happiness Studies*（『幸福研究ジャーナル』）において2006年に発表された、119人の日本人女性を対象にした実験です。研究対象者のうち71人は他者への親切行為を毎日ノートに記録して回数と内容を把握する作業をし、残りの48人は何も指示をしない対照グループとして、これを1週間実施しました。調査開始と終了において、日本版主観的幸福感尺度（Japanese Subjective Happiness Scale）を使用して幸福度を測定したところ、対照グループの48人には目立った変化が見られませんでしたが、親切行為を数えたグループでは、71人全員の幸福度の向上が確認されました。特筆すべきは、71人のうち約30%となる20人は、単に「幸福である」でなく、「とても幸福」のレベルであった点です[34]。

この日本人女性を対象にした調査と、リュボミアスキー博士の実験結果からうかがえることは、自分のした親切行為について、自分で意識することの重要性です。そうすることによって、自らのポジティビティや幸福度を向上させ活性化へとつなげていくことが示唆されているからです。リュボミアスキー博士の実験で、親切な行動をしたものの、幸福度の高まりが見られなかったのは、した行為が散逸すると意識に残りにくくなり、普段の行動とほぼ同じとなることで、特別感がなくなってしまうことが考えられていました。一方、日本人女性の実験では、自分のした親切行為をふり返って記録することを通して、意識づけされている点に大きな違いがあります。こちらの方は、1週間だけの作業（介入）にもかかわらず、幸福度の大きな向上が見られているのです。このことからも、前出の「感謝の気持ちを書き出す」(感謝日記）ことの効果と同様に、親切行為がもつ効力を自分に効かせていくためには、その行動を思い返して、意識付けすることの重要性が示唆されるのです。自分のしたことを思い出して意識に残す、意味づけするという試みは、ふり返りのプロセスにあたります。その取り組みについては、次章での「リフレクション・シェアリング（ふり返る・共有する)」に関わりますので、そこで詳しく取り上げていきます。

「親切」のさまざまな効果

ここまで、利他的な親切行為が、それをした本人への肯定的影響を立証した研究をいくつか取り上げて、精神面、身体面、幸福度／ポジティビティの面から見てきました。さらにここでは、それらの観点にはおさまらない点や、それらの効果が統合的に作用していると考えられる点について、２つの側面から取り上げてみます。

１つ目に、親切な行動をすることは、心身両面に肯定的効果をもたらす、脳内物質を分泌することが挙げられます。先に脳内物質の身体への効果には、親切な行為がエンドルフィンなどの脳内麻薬（体内アヘン）を出し、鎮痛効果や依存症を軽減する働きがあることについて示しました。加えて、利他的な親切行為をすることで､脳内ホルモンともよばれる神経伝達物質のセロトニン､ドーパミン、オキシトシンが分泌されるといわれています。これら３つの脳内物質は幸福ホルモンともよばれ、快感や心地よさ、やる気、心の安定、ポジティブ感情や幸福感をもたらし、痛みやストレスを軽減させる働きがあるとされています。

セロトニンは精神を安定させてくれる働きがよく知られ、やる気を出させ、ストレスを緩和するとされます。それゆえ、脳内にこの物質が減少すると、抑うつ状態になることもわかっています。ドーパミンは前出ですが、快楽物質ともよばれ、楽しさ、喜び、快さなどを感じたときに分泌されるとともに、意欲を高めてくれる物質でもあります。オキシトシンは､愛情ホルモンともよばれ、人との交流の中でつくられて、親近感を高める働きがあり、他者との絆を強めてくれる物質です。また、多幸感を高めてくれる働きとともに、ストレスの軽減の効果もあるといわれています。したがって、人に親切にすることが抑うつ状態を軽減したり、幸福感・ポジティブ感情を高めたりする効果は、脳内においてそのような化学的作用がおきるからだという理由が推察されます。前に述べた「ヘルパーズ・ハイ」が起きるしくみも、同じ作用が働いているものと考えられます[35]。

2つ目の点は、上の効果とも関連してきますが、親切行為は老化を防ぐ働き、いわばより長寿をもたらす傾向があるということです。1999年に、カリフォルニア州の地域在住者1,972人を対象にして行われた調査があります。2つかそれ以上の機関でボランティア活動をしている人たちは、まったくしていない人たちと比べて、死亡率が44%も低かったことが報告されています[36]。70歳以上の7,527人を対象にした、2005年の調査でも同様の結果が出ています。これによれば、まったくボランティア活動をしていない人と比べて、頻繁にしている人で33%、ときどきしている人で25%の確率で、死亡率が低いことが確認されているのです[37]。

このより長生きとなる傾向は、親切行為によってもたらされるストレス軽減の働きが関与していると考えられています。現代においては、ストレスは老化に影響し、一連の病気を加速させる大きな要因の1つとされているからです。親切行動がストレスを和らげる効果があるのは、すぐ上で触れたように、親切行為によって分泌される、セロトニンやオキシトシンといった脳内物質には、ストレスを軽減する効果があるからとされます。2002年のマイアミ大学が、HIV/AIDS患者の寿命について行った研究では、他のHIV/AIDS患者への利他的行為をしている患者は、より長生きであることが報告されています。また、そのような利他的なHIV患者のストレスホルモンには減少が見られていました[38]。

さらに、親切行為がストレスを軽減するということについては、心理学でいう「打ち消し効果」からも考えられるでしょう。ポジティブ感情は、ストレスや不安を緩和したり、消し去ったりする方向へ機能するという効果です。心理学者バーバラ・フレドリクソン博士が行った次のような実験があります。集められた研究協力者たちは、いきなり「これから1分間あげるので、スピーチの準備をしてください。このスピーチはビデオで撮影され、他の参加者に評価されます」との説明を受けます（実際にはスピーチはされません）。そうしたところ、当然、協力者たちの不安は高まり、心拍数が上がり、血圧収縮や上昇が計測され、大きなストレス状態になっていることが確認されたのです。そのうえで無作為に4つのグループに分けられ、それぞれ違うビデオが見せられました。グループ1は「楽しい映像」、グループ2は「満ち足りた気分になる映像」、グループ3は「何の感情も起こさない映像」、グループ4は「悲しい映像」でした。つまり、グループ 1 と 2 はポジティブ感情を引き起こす映像、グループ 4 は悲しい感情を引き起こす映像、グループ 3 はそのどちらでもない映像となります。そして､スピーチすることを告げられて上昇した心拍数が、上記映像を見始めてから、元の心拍数に戻るまでの時間が計られました。その結果、グループ 1（楽しい映像）とグループ 2（満ち足りた気分になる映像）の協力者は、グループ 3（何の感情も起こさない映像）およびグループ 4（悲しい映像）の人たちより早く元に戻りました。回復がもっとも遅かったのはグループ 4 の人たちで、グループ 1 と 2 とくらべると、回復に約 2 倍近い時間を要しました[39]。

この実験結果が示しているのは、ポジティブ感情には、不安などのストレスを打ち消す効果があるということです(打ち消し効果)｡他者への親切な行動が、幸福感やポジティビティを高める効果があることはこれまでも見てきた通りです。それゆえ、親切行為によって引き出されたポジティブ感情は、精神的ストレスの軽減に作用することが期待できるのです。そのような効果があるからこそ、利他的な親切行為が老化の緩和に寄与し、長寿へと結びつく結果となっていることがうかがえるのです。

親切行為の好循環

ここまでは、親切な行為がもたらす肯定的効果を見てきました。ここではその反対に、幸福な人ほどそうでない人にくらべて、より親切で慈善的な行動をとり、より利他的な傾向となることについて取り上げます。

この点については、古くは 1970 年代におこなわれた公衆電話で電話をかけている人を調査した研究があります。この実験では、コイン返却口にコインが 1 枚あるのを見つけて良い気分となった人は、誰かがふと落としたものを拾うのを手伝うなどといった、親切をするという結果となりました[40]。また別の実験では、幸福な学生は、幸福・不幸のどちらでもない、またはネガティブな気分の学生よりも、はるかに寄付に協力的であることもわかっています[41]。寄付については、自己修養に取り組んでいるような積極的で前向きな姿勢にあるような人は、より進んで寄付をする傾向があることも認められています[42]。

2009 年アメリカで、8 人の会社員を対象にして月曜日から金曜日まで追跡した調査が行われました。研究協力者にそれぞれパーム・パイロット（携帯情報端末）を渡し、1 日のうちのさまざまな時間に合図を送って、そのときの気分や、誰かを手伝ったかなどの点もふくめ、前回の調査からしたことについて入力してもらいます。その結果、ポジティブな気分が、利他的行動や人を助ける行為を増やす傾向にあることが明らかになりました。生まれながら親切でない人であっても、とても幸福な気分になると、もともと親切な人と同じくらい利他的になることも確認されました[43]。この結果は、幸福感が利他的行動を促進することが、職場においても作用することを示しているといえます。一方、休日を楽しんでいる自分を想像しただけでも親切になる傾向となることを検証した研究もあります。ハワイでバケーションを楽しんでいる自分の姿を想像させて幸福感を高めたグループと、そうしない対照グループをつくって比較しました。その結果、仮想のバケーションを楽しんだグループは、そうでない対照グループよりも多くの質問項目に回答するなど、調査に協力的だったのです。

以上の研究結果をふまえると、次のことを指摘できるのではないでしょうか。人は親切な行為をすることで、より幸福感やポジティブ感情を高めます。そのようなポジティブ状態となると、さらに親切などの利他的な行動が増えていくという好循環を生むことです。すなわち、反復されるポジティブなプロセスを生みだし、その人をより活性化していくのです（親切行動→幸福度向上→親切行動の増加→幸福度向上……）。したがって、他者への親切行為は、その人をより豊かな生へと向かわせる傾向となるのです。

「親切マッスル」を鍛える

ここまでに取り上げてきた、さまざま研究において実証されているように、利他的な親切行動は、私たちの心身の活性化をもたらしてくれます。それゆえ、このポジティブ効果を生かして、私たちが何かを体験するその活動プロセスにおいて、積極的に「親切」な行為を意識し実践していきたいものです。先述の「感謝」を意識するのと同じように、この「親切行為」についても、日々、意識的に実践することを通じて習慣化し、自分の一部としていくことで、その効果の恩恵がよりもたらされることでしょう。それゆえ、「感謝」のときと同様に、「親切マッスル」を鍛えて、その状態を持続させていきましょう。

そうするには、自分がする何かしらの活動において、ただやる・こなすのではなく、意識的であることが求められます。自らがする行動の過程において、親切行為ができる場面に気づいたときには、その状況を流してしまわないで、積極的に関わり実際に親切を実践してみることです。そのような、「気づいて（認識して)実践する」を意識的に繰り返すことで、習慣化へとつなげていくのです。あることが習慣化するということは、あまり意識することなくても、そのことに気づいて体が動くことです。スポーツにおいて、ある動作をほぼ意識しなくても素早く反応できるように反復トレーニングが必要なように、親切な行動が習慣となるためには、最初はそのための意図的な練習が必要となるでしょう。

初めのうちは意識する必要がありますが、一定期間、心がけて行動を続けることで脳内の物理的変化を起こし、「親切をする脳構造」をつくっていくことができます。前述した「ありがとう」を意識するところで説明した、脳の「テトリス効果」（神経可塑性）をここでも生かしていきましょう。目を閉じて深く静かに思いをめぐらす瞑想行為をするだけでも、前頭前野が発達して厚みが増していくという、脳構造の変化が起こることがいくつかの研究によって確認されています[44]。前頭前野は、脳全体の重さの約８割となる大脳において、前頭葉の大部分を占める部分です。「考える・判断する」「記憶する」「アイディアを出す」「行動や感情をコントロールする」「コミュニケーションをする」「応用する」「集中する」「やる気を出す」などといった、まさに人間が人間らしくあるためにもっとも重要な働きを担っている部位といわれています。2007年、トロント大学のノーマン・ファーブ博士の研究チームは、マインドフルネスという瞑想法による脳の構造変化への影響を検証する実験を行っています。瞑想している研究協力者の脳を fMRI でスキャンした結果、神経回路が再構築されることが確認されました。人間の意志の力で、脳の構造をつくり変えられることが実証されたことになります[45]。

レーゲンスブルク大学（ドイツ）によって行われた実験も、神経可塑性を実証するものの１つです。研究協力者に３つの玉をジャグリングする練習を３ヶ月続けてもらうという調査でした。実験終了後、研究協力者の脳について fMRI で調べたところ、運動視（動いているものを見ること）に関わる部分が大きくなっていました。練習によって神経細胞の何百万もの新しいつながりができ、ジャグリングの動きに必要な回路が増強されたことを意味します[46]。

親切行為も同じことがいえます。たとえば、誰かのためにドアを開けてあげるという利他的行為をしたとしましょう。その行動をした瞬間、脳に化学反応と構造変化が引き起こされます。そして、そのような親切行為が日常的となって増えていくことで、神経細胞の化学的、構造的な変容が起きて回路が大きく変わります。さらにその変化を繰り返すことで、私たちは自分が求める性質のもの、ここでは「親切行為」についての脳構造を築いていくことになるのです。

その結果、ますます親切になっていく傾向となるのです[47]。それは、親切をするという行為が通常の習慣となっていくといい換えられます。このような仕組みにおいて「親切マッスル」は鍛えられ、同時にそれが持続されるようになるといえるでしょう。

加えて、ある意識や行動を繰り返す（練習する）ことで、そのことが強化され習慣化さていくという脳機能があることの背景には、脳内物質による生理的反応によることも考えられます。親切をすることで、脳内麻薬、セロトニン、オキシトシン、ドーパミンの脳内物質が分泌されることは上で述べたとおりです。親切行為を長く続けると、前述のように脳内の神経回路が変化して、それらの脳内物質の濃度が高く保たれ､脳のその状態が維持されることで､ポジティブな気分や感情がより長く維持されるようになります。それは、運動習慣のない人が運動をして筋肉痛となるケースに似ています。そのような人が運動をすると、すぐに筋肉痛になりますが、続けることで筋肉は動作になれて痛みはなくなってきます。さらに習慣化して、より長く行うことで、その使われる筋肉の力や柔軟性などの機能は発達し維持されます。親切行為もそれと同じで、繰り返し行うことで、ポジティブな感情を引き起こす脳内物質の分泌とその神経回路が強化されることで、親切行為は自分を活性化する行動として強く認識されるとともに、日常化していくと考えられるのです[48]。またこのような習慣化には､脳内物質のなかでも､とくに快感物質であるドーパミンの反復作用（ドーパミン・サイクル）も作用しているものと考えられます。

親切の連鎖と波及

親切行為は、それを施された人はもちろん、実施した本人だけでなく、それ以外の第３者となる人たちにも良い影響を及ぼすことがわかっています。先に取り上げた「マザー・テレサ効果」もその一つの現象です。マザー・テレサが人々にいたわりを示している 50 分間の映像を見た学生は、鑑賞後に体の免疫反応に関わる物質「唾液免疫グロブリン A」が増加し、1 週間後でも通常より多い状態が継続したという効果が見られたものでした。

子供への影響の研究も見られます。子供たちはボーリングをしている人たちのテレビ映像を見るのですが、そのうちの何人かの子供たちについては、最後にその勝者が賞品を慈善団体に寄付するというシーンを見せられます。鑑賞後にすべての子供たちに賞品を渡すと、寄付をした場面を見た子供たちは、見なかった子供たちにくらべて、それらを誰かに差し出すことがより多い傾向が確認されたのです。子供たちは、自分たちがテレビで見た親切行為に影響されて真似たのでした [49]。

また別の研究では、親切な行動が社会に肯定的な影響を及ぼすことも確認されています。その調査によれば、人々は親切行為を見聞きしただけで、胸が熱くなって感動したり、畏敬の念を感じたりと高揚した気分となり、自分も良い行いをしたいという気持ちが高まったということが明らかになりました [50]。さらに、アメリカの 9.11 事件の際に、ニューヨークの消防士や救急隊員、ほかにも英雄的な行動をとったさまざまな人々の活動をテレビで見た人たちが献血をしにいった割合は、普段の 2 ～ 5 倍になったという研究報告もされています [51]。

以上の研究結果からもうかがえるように、自分がした親切は、たとえ自分が気づいていなくても、その利他的行為を見た周りの誰かに良い影響を与える可能性があるのです。自分のした親切行為が、直接関わらない他の人に対して、それも映像を見ただけといった、たとえその同じ場所にいない場合でもあって、それを目にした人たちに波及していくというのは、とてもすばらしいことです。そうやって、ある 1 人の親切な行動が、たとえ顔見知りでなくてもそれを見た誰かに影響し、そしてまたその周りの誰かへと連鎖が続き、親切の輪が広がっていくのです。そのことを思い描くと、今ここでできる、私たち 1 人 1 人のするたった 1 つの親切でも、思いやりあふれた世界をつくることができるといっても過言でないでしょう。それを続けることの「親切のパワー」は計り知れません。そんな「親切」のもつ波及効果を見ても、今できるちょっとした他者への親切の意義を思うのです。

5. 「人とつながり良い関係をつくる」を意識して活動する

世界で実施されているもっとも長期的研究のうちの 1 つに、ハーバード大学によって 1938 年から 75 年にわたって行われた「グラント・スタディ」があります。人間にとって、どんな要素が幸福、健康にするのかを検証するために、ティーンエイジャーの頃から年老いるまでのライフ・ストーリーを追跡調査したものです。ハーバード大学に在学した 268 人の男性を対象にして開始され、その後も他の研究協力者が加わって合計742名について、毎年健康診断と心理テストを行うことで、仕事、家庭生活（結婚・離婚、育児、老後、等）、健康といった彼らの人生が記録されました。2009年の夏に『アトランティック・マンスリー誌』（*The Atlantic*）」がこの調査をまとめて記事にしています[52]。そのなかで、この研究を30年間指揮してきたハーバード大学メディカル・スクールの精神病医のジョージ・バイアン教授は、幸福、健康、良好な人間関係の3つの要素が強い相関関係にあることを主張しました。この記事が発表された後、この相関関係の強さについて疑問が呈されたことで、バイアン教授は1960年代の研究にまで立ち戻りデータを再検討したところ、周囲の人との関係が人生において何にもまして重要であることが実証されたと述べています[53]。

このグラント・スタディの結果で確認されているように、私たちは周囲の人と関わって良い関係を築くことは、ウェルビーイング（主観的幸福感／人生の満足度）や健康に大きく関わることがうかがえます。したがって、これまでに見てきた「感謝」「親切」と同様に、体験活動における行動のプロセスにおいて、周囲の「仲間とつながる」ことを意識して、実際に良質な関係をもつことは、自らをより活性化させ豊かな生に向かわせてくれます。また、そうすることは自分だけでなく、チームの成長や発展にも通じることがわかっています。他者とつながることが、私たちの心身にとってどうポジティブな影響を及ぼすかについて、先の「感謝」「親切」と同じように、これまでの研究成果を取り上げつつ見ていきたいと思います。

人とのつながりとポジティビティ・幸福感の向上

もっとも幸せな上位10％に入る人たちの特質を調査した「非常に幸せな人々」というタイトルの研究があります。そのような上位に位置する幸せな人たちの特質について、温暖な気候の土地に住んでいるから、経済的に裕福であるから、健康面が良好であるからなどといった点から検証されました。その結果、他の人たちとは区別される顕著な特質は、「強固な人間関係」であることがわかっています[54]。また、1,600人のハーバード大学の学生を対象にした調査でも、幸福感にもっとも大きな関係があったのは、周囲からの支えがあるかないかという要素、すなわち、人との関わりの点だったことが確認されています。その他の要素である、成績の平均点、家族の収入、SATのスコア、年齢、性別、人種などの影響と比べて、人間関係が幸福感にもっとも高い関係性を示したのでした[55]。

このような人同士や社会とのつながり（ネットワーク）がウェルビーイングに与える肯定的な影響については、古くは 1893 年に社会学者がすでに言及しています[56]。個人のもつつながりの人数が増えれば増えるほど、その人はより幸福になる傾向があるとされます。それは、他者と関わる社会的なネットワークによって、いろいろな効果がもたらされるからです。たとえば、私たちは他者とのネットワークを通じて重要な情報の入手が可能となりますし（学校、転居、運動などの上達法、等）、困難なときには精神的・社会的サポートを受けることができるといったことがあります[57]。

他者との関わりと、ポジティビティの程度との関係性について検証した実験があります。実験協力者たちを無作為に 2 つのグループに分け、1 つは人々が一緒にいるようにし、別のグループでは 1 人ずつバラバラにすごしてもらって、ポジティビティ値を比較しました。その結果、人々が 1 人でいるときより、他者と一緒にいる方がポジティビティ比は高いことがわかりました[58]。他者といることと、1 人でいるという行動が、人々のポジティブ感情に及ぼす影響を調べた追跡調査などでも、同様な傾向が見られることが明白となっています[59]。心理学者のエド・ディーナー博士とロバート・ビスワス＝ディーナー博士は、ここ 20 年ほどの異文化も含む、「幸福」に関する膨大な量の研究を検証しています。そうしたところ、他者とのつながりは、食物や空気と同じように、人が生き生きと生きていくために欠かせないことだと結論づけています[60]。

他者とのつながりが、生きていくうえで大切な不可欠要素であることは、私たちが生得的にもつとされる、人は何らかの安定した社会的枠組みの一員として加わり、他者との良い関係を育みたいという「所属欲求」の点からもいえるのではないでしょうか。人は、その所属欲求が充足させられることで、ポジティブ感情や幸福感がもたらされると考えられるからです。「所属欲求」（Need to belong）と題された論文では、説得力のある事例を取り上げつつ、「人間は、強力かつ安定したポジティブな対人関係を求め、維持したいという、強い欲求に動かされる」と主張されています[61]。

また、この所属欲求と同じような考え方に、「関係欲求」というものがあります。人は集団の中で生活し、行動する社会的な動物として進化してきたことから、他の人と関わることで生きることができるのであって、私たちは遺伝的にそのような欲求をもっているというものです。このことを示す、13 世紀のドイツの王・フリードリヒ２世が行った残酷な実験があります。生まれてきた赤ん坊は、他者から一言も話しかけられなければ、どのような言葉を自然にしゃべるようになるかを調べるため、50 人の新生児を集め、ミルクを与えるなどの生理的欲求は満たすが、話しかける、目を合わせる、笑いかける、ふれあいをとるなどの愛情行為は一切しないという実験でした。その結果はとても悲惨で、乳児のすべてが１歳になる以前に、一言もしゃべる前に死んでしまったということが記録に残されています[62]。乳児における、他者との関わりの必要性を検証するような実験が、より現代に近い第２次世界大戦後直後のスイスで、心理学者ルネ・スピッツによって行われています。戦争孤児になった乳児 55 人にたいし、食事や排泄など、日常の世話はするものの、話しかけたり笑いかけたりする人間的スキンシップを一切行わないという実験でした。その結果、27 人が２年以内に死亡し、残った子供も 17 人が成人前に亡くなり、11 人は成人後も生き続けたものの、多くの者に知的障害や情緒障害が見られたとのことです[63]。これらの実験結果からの示唆は、たとえ生理欲求がよく充足されたとしても、愛情やスキンシップなどの肯定的な関係欲求が満たされないと、心身の十全な成長に弊害が見られるようになるということです。

実際のところ、上述した所属欲求や関係欲求からうかがえる、他者と関わり、身近なコミュニティや社会の一員でいたいという生得的な動機があるからこそ、私たちは生き延びてこられたと考えられます。私たちが社会の中で生きていくためには、他との関わりの中で、困難の際には助け合い、食べ物を分け合うなどの､共有や協働をすることによって生存をより可能にしてきたからです。子孫を絶やさず、より繁栄するために家族という共同体をつくり、子を産み育て、より大きな集合体としてコミュニティという社会を形成して、持続していくために良好な関係性を築く努力をしながら、歴史は紡がれてきたのです。これは、テクノロジーが発達した現代であっても変わりません。ただ、身の回りのことを機械がやってくれる便利な生活である現代ほど、自分１人だけで何でもできると思いがちです。しかし、その機械を動かすにも、そのための電気やガスといったエネルギー源を供給するために働いてくれている多くの人が背後にいます。現在は、そのような関係性に気づきにくくなっているだけで、今でも私たちは、他の多くの人たちとの絆と協力の中で、お互いに支えあいながら生きている、生かされ合っているといった様相が、社会の根底にある事実は変わらないでしょう。それゆえ、人とつながり、より良い関係をつくっていくという所属欲求が満たされていくことは、私たちがただ生存し続けるだけではなく、より良く生き抜き繁栄していくうえでの、基本的要素でもあると考えられるのです。

このように、他者とともにいることが（よく知っている人でも、そうでなくても）、ポジティビティや幸福感を高める、有効な手段であることが確認されています。それゆえ、心理学者は「人生がうまくいくことと」と「より良い人間関係をもつこと」の相関関係は強く、顕著であることから、人同士の絆は「繁栄の必要条件」と考えています[64]。このことは、以下に取り上げる、良好な人間関係が健康面にも深く関与し、良い影響を及ぼすことからもいえるでしょう。

良好な人間関係と健康

上で取り上げたグラント・スタディからもうかがえるように、良い人間関係をもつことと、健康状態には深い関わりが見られます。実際、良好な社会的つながりをもつことで、心臓血管系、神経内分泌系。免疫システムが活性化することから、他者との良い絆をもつほど、頭も体もよりよく働くようになることがいわれています。そのような、他者と良いつながりをもつことで、喜びを喚起させるホルモンのオキシトシンが血中に放出され、不安を和らげるとともに集中力を増すという効果を生じることも、研究成果として明らかにされています[65]。人とのつながりによってオキシトシンが分泌され、心身に良い効果をもたらすという生理的反応の事実は、先述した、私たちが社会に属し絆をつくりたいという所属欲求や関係欲求が、生物的な本能であることを支持するものでもあるでしょう。

そのように、人とのつながりが、身体にとって肯定的に機能する兆候は、逆に社会的な関わりをなくすことで身体に生じる弊害を見ても、その大切さが理解できます[66]。たとえば、成人を対象にした社会的接触を断つという実験では、研究参加者は、血圧が 30％ポイントも上昇することが確認されています[67]。また、シカゴ大学の心理学者ジョン・カシポ博士による 30 年以上にわたる研究結果として、人は社会的なつながりが欠乏すると、病気にかかるのと同じように健康に害があることを、自身の著書 *Loneliness: Human Nature and the Need for Social Connection*（邦訳書:『孤独の科学: 人はなぜ寂しくなるのか』）において明らかにしています[68]。

精神面においても、同様の害が見られます。たとえば、アメリカにおいて 24,000 人の労働者を対象にした全国調査があります。これによれば、社会的つながりがほとんどない男女は、その逆の強い社会的な絆をもっている人に比べると、重症の抑うつにかかる割合が2倍から3倍も高いということが報告されています[69]。このような、人とのつながりが阻害されることでの心身への不具合は、先に述べたように生きていく上で大切とされる「所属欲求」が満たされないことで生じるとも考えられるのではないでしょうか。

一方で、周囲との関わりがあって支えが充分な人は、挫折から立ち直る力がとても高く、より寿命が長い傾向にあることがわかっています。ある研究では、心臓発作を起こした後の6か月間に、感情面で支えが得られた人は、そうでない人に比べて、生存率が3倍も高いという結果を示しています[70]。また別の調査では、乳がんの患者が支援グループに参加した場合、参加しなかった人と比べると、手術後の寿命が2倍も長かったという結果も確認されています[71]。

人との関わりと支えが、そのような寿命という健康に及ぼす影響は、禁煙、高血圧、肥満、定期的な運動などが寿命に与える影響に匹敵する大きさであることが証明されています[72]。たとえば、1965年に始まった長期間にわたる調査では、社会での人との関わりがより多い人は、関わりをほとんどもたない人と比較すると、9年後の死亡率がとても低い傾向にあることが確認されています。社会と接点をもって他とつながりをもつことは、死亡率を下げる効果が見られるほど、私たちの健康にとても良い影響を与えることがわかっているのです[73]。また、際立って長寿な人々が住んでいるイタリアのサルデーニャ、日本の沖縄県、カリフォルニア州ロマリンダのセブンスデー・アドベンチスト教団の3つのコミュニティを対象にした、それら共同体がもつ要素について検証した調査があります。その結果、その共通項として5つが見出され、その上位2つが「家族のことを第一に考える」「社会活動に参加し続ける」という人との関わりについてのものでした（他の3要素は「喫煙しない」「身体的に活発であり続ける」「野菜中心の食事をする」）[74]。

人間関係は、それがうまくいっていない場合に、大きなストレスのもととなることは、多くの人が実感していることでしょう。その逆もしかりです。より良い人間関係の絆をもつことは、ストレスを和らげることもわかっています。たとえば、ある企業の社員を対象にした研究では、職場で1日のうちに経験する周囲の人との良好な関わりが、ストレスの増加によって影響を受ける心臓血管系の働きを、安定した状態に戻すことが実証されています。この効果は、「ワーク・リカバリー」と呼ばれています。人との良好なつながりは、ストレスホルモンであるコルチゾールのレベルを下げ、仕事のストレスから早く立ち直らせます。次にストレスがかかったときにも、対処できるようにしてくれる効果があるとされます。長期的に見て、他者との良い関係性を多くもつ社員は、仕事のストレスからくる悪い影響を受けにくい傾向にあることが確認されています[75]。このストレス軽減の効果の点は、ポジティブ感情がストレスや不安を緩和したり消し去ったりするという心理学の「打ち消し効果」からも説明できるでしょう。前節で触れたように、人とつながり、良い関係を築くことは、その人のポジティビティ・幸福感を高めます。それゆえ、それらの向上によって「打ち消し効果」が働き、ストレスを緩和することが考えられるからです。

以上の研究結果からもうかがえるように、周囲の人とのつながりをもちつつ、お互いに協力・支援、助け合えるような良好な関係性をもつことが、健康と長寿をもたらす傾向となります。このことは、これまでの多くの調査において明らかにされてきているのです[76]。

良き人間関係はパフォーマンスを高める

あるチームスポーツを考えるとき、より良いパフォーマンス（成果・業績・プレーの質、等）とするには、メンバー同士の効果的な連携、円滑な協働作業、互いのフォローアップなどチームワークの良さが求められます。また、そのような良好な人間関係のあるチーム環境では、個人の能力も発揮しやすく、より良い成果を生みやすくなることは想像に難くありません。これと同じで、良好な人とのつながりをもつことは、自分のみならず、チームやグループといった集団としてのパフォーマンスに良い影響を及ぼすことがいえるでしょう。

上掲したハーバード大学による 75 年にわたる長期追跡研究「グラント・スタディ」では、前述した人との絆と幸福や健康の関係の点だけでなく、いろいろな視点からの検証がなされています。その中で、周囲の人とつながり、良い関係性をもつことは、専門分野における達成、仕事上の成功、そして収入といった面でも、最終的に好影響を及ぼすことも立証されています[77]。人間関係が個のパフォーマンスに影響することは、別の研究でも確認されています。たとえば、米マサチューセッツ工科大学（MIT）の研究者による IBM 社員 2,600 人を対象に、彼らの社会的つながりを 1 年かけて検証した追跡調査があります。社員のアドレスブックや友人リストを、数式を用いて分析し、人間関係の広がりが検討されました。その結果、社会的つながりの多い人ほど、業績がいい傾向にあることが確認されたのです。人間関係の広がりの違いをメール 1 通に換算して数量化したところ、1メールが平均約948ドル売り上げる効果に相当していたことがわかりました[78]。

これらの調査結果に見られるような、より良好な対人関係が、個についてのより良いパフォーマンスを生み出す傾向となるのは、職場における人間関係が及ぼす、社員の学習態度を調べた研究からもうかがえます。212人の社員を対象にして調査したところ、人との絆を多く感じている社員ほど、仕事の効率や自分の知識や技能の改善努力に、多くの時間を費やすということがわかりました[79]。すなわち、チームにおける周囲との良いつながりは、個のモチベーションを高めるからこそ、個々の良好なパフォーマンスへとつながるといえるでしょう。実際、専門職をもち、職業的にも非常に成功している引退間近の1,000人超の男女に、仕事をする上で何が一番モチベーションになったかを聞いたインタビュー調査があります。そうしたところ、金銭的報酬や社会的な地位よりも、仕事における友人との絆という回答が圧倒的に多かったことが報告されています[80]。

そして、個々のパフォーマンスの良さは、当然ながら全体としてのチームの高パフォーマンスをもたらしていきます。実際のところ、ある調査によって、職場での対人関係に良い感情をもっているほど、人は能力をより発揮し、チームの成果を高めることも確認されています。たとえば、ある金融サービス会社の60支店で働く350人を対象にした調査では、チームの業績の良さは、メンバーがお互いをどう思っているかということに影響されるという結果が得られています[81]。このような、他者との良好なつながりが、個のパフォーマンスを高め、ひいてはチームとしての良い成果へとつながるという理解を、実際に現場で実行している先進的な企業も見られます。とりわけよく知られているのは、誰もが検索でお世話になっているグーグル社です。グーグル社では、人と人とのつながりや関係性の重要性をよく認識し、たとえば会社のカフェテリアは、社員同士ができるだけ一緒に食事などができるように配慮され、規定の就業時間が過ぎても営業されています。また、社員が社内に設けられた託児所を利用できるようにして、勤務時間中も時間を見つけて、子供の顔を見に行くことを奨励しているのです[82]。ほかにも、サウスウェスト航空、ドミノ・ピザなどの企業では、健康を害したり経済面で厳しくなったりした同僚のために、社員が寄付することのできる相互扶助的なプログラムをつくっています。それに関わった社員のみならず、関わらなくてもそのようなプログラムがあることを知っただけでも、互いに強いつながりを感じ、会社への愛着が深まったという報告もされています[83]。

6.　周囲の自然や動植物と関わって活動する

ここまで、他者とつながることや関わることの効果については、人について述べてきました。しかし、人間以外の動植物や自然と関わることでも、私たちの心身は活性化する傾向が見られます。事実、地球・自然生態系の一部である私たち人間は、自然の中に身をおき、触れ合い、感覚をとおして自然を味わうことで、生理的・精神（心理）的にリラクゼーションして、かつ活性化される傾向にあることが、各種研究によって実証されています[84]。

自然と関わり、つながることの重要性

自然環境と関わり、感じることで心身へ及ぼされる効果は、いわば、自然体験の有益性と大切さを示しているともいえるでしょう。とくに、幼少時からの直接的な自然と接触する体験は、子供の心身の正常な発達にとって重要なことが指摘されています。より近年の神経科学における見解では、五感をはじめとする感覚を働かせて自然と触れ合うことが、脳機能をふくめた、子供の総体的な生理的・精神的発達に欠かせない大切なことだといわれています[85]。逆に、人間、とくに子供が屋外や自然の中で過ごす時間がより少なくなったことで、さまざまな問題行動を誘発したり、何らかの心身の不調につながったりするという「自然欠損障害（Nature-deficit Disorder）」も指摘されています[86]。

自然との関わり合いが基本として重要と見なされるのは、衛生仮説からの点からも解釈できるでしょう。現代人、とくに都会で生活する人々の間では自己免疫疾患が急増しています。物質的に整った生活となって、環境があまりにも清潔になり過ぎると免疫系が現実の敵を失います。自己免疫疾患は、免疫系の機能がもてあまされて、逸脱することに起因するという考えです。私たち人類は、誕生してから非常に多くの微生物に囲まれ、それらに対抗しながら、ときに共存しながら進化してきました。ゆえに、微生物がいない状況では、とくに体内の生態系（マイクロバイオーム）に問題が起きるとされます。したがって、健康であるためには、体の内側の生態系が外側の生態系と互いに結びついてい

ることが大切です。両者がつながるには、無菌の人工的環境から屋外に出て、自然に触れたり感じたりすることが必要です。この点を考慮して、とくに成長過程にある子供は屋内に閉じこもっているのではなく、できるだけ外に出て大地に触れたり日光を浴びたりするといった自然の中で過ごしながら、その結びつきを深めていくことが重要であることも指摘されているのです[87]。このように、私たちは人だけでなく、幼少時から周囲の自然や動植物とつながることで、さまざまなポジティブな効果がもたらされることが、近年の研究によって実証されてきています。そうしたつながりは、人間の十全な成長にとって、基本的要素として不可欠であることが科学的に認められてきているのです。

ここで少し視点を変えて、私たち人間が自然とつながり、味わうことが、生き生きと生きていく上で根本的に大切であることを見ていきましょう。天候とポジティビティの関係性を調べたある調査では、天候の良いときに 20 分以上をアウトドアで過ごした人に、ポジティビティの向上が確認されています。反対に、ほとんどを屋内で過ごした人には、天候とポジティビティの間の相関関係は見られませんでした。また、ポジティビティの増加が見られた人には、思考領域の拡大と、「知性を測る代表指標」と考えられているワーキング・メモリー（作業領域）の範囲の拡大も確認されたのです[88]。この結果は、アンケート調査をもとにして検証されたものですが、実験においても同様の結果が報告されました。無作為に選んだ人からなる、アウトドアで時間を過ごすグループと室内にいるグループをつくって、ポジティビティと思考の広がりを測定し比較したところ、アウトドア・グループの人は、室内グループよりもポジティビティが高く、視野の広い考え方ができるということが確認されました[89]。

このような精神的な効果に加えて、天候が良いときに外に出て過ごすことは、「ビタミン D」という観点からも、健康にとって重要なこともわかっています。ビタミン D は体にとって必要不可欠な要素で、欠乏すると病気になることが認められています。私たちは、日光の紫外線 B 波を知覚することはありませんが、陽を 30 分間浴びることで、その働きによって皮膚はビタミン D を 1 万 IU から 2 万 IU（International Unit：国際単位）生成します。しかし、現代人は、概して屋内で過ごすことが多くなり、自然との触れあいが減少傾向にあることから、ビタミン D 不足が深刻な問題になりつつあることが指摘されています。子供の場合、深刻なビタミン D 不足は、クル病を招きます。子供だけでなく大人でも、ビタミン D 不足は大腸がん、乳がん、前立腺がん、高血圧と心疾患、変形性関節症、自己免疫疾患のリスクが高まることがわかっています。さらにビタミン D は、現代人を悩ます睡眠障害の治癒効果があることも確認されています。1500 人の睡眠障害患者を対象とした約 2 年にわたる研究が行われました。その結果、ビタミン D の受容体が多い脳の領域が、睡眠の質に関わる領域であることが明らかになったのです。そのことから、現代における睡眠障害の蔓延は、ビタミン D 不足が 1 つの要因であると結論づけられています[90]。このようなことから、ビタミン D は、私たちの健康にとって、幼少時より不可欠であることがうかがえます。それだけに、天気の良い日には外に出て過ごし、日光という自然を味わうことで、ビタミン D を増やすことが大切です。とりわけ、子供については健全な成長をはかる点からいっても必要不可欠です。以上の点はきわめてシンプルな観点ですが、実は自然との関わりが少なくなった現代人にとっては、盲点になっていることでもあるのです。

脳機能との関連から見る効果

先のビタミン D の重要性について取り上げる中で、脳機能について少し触れました。ここで、その脳の観点から少し話をしていきます。脳からでるアルファー波は、抑うつを防ぐ働きのあるセロトニンの生成と関係があります。スウェーデンのウルリッヒ教授は、脳波計（EGG: Electroencephalograph）を使って、人が自然と関わっているときの脳波を測定しました。そうしたところ、自然の風景を眺めているときなどといった、自然とつながることがアルファー波を増加させ、不安や怒りや攻撃性を抑える働きをするという結果を得ました[91]。

脳へ及ぼす良い影響については、近年では脳をスキャンすることで、その効果を測る研究も実施されるようになってきています。ある刺激に対する活性部分を調べられる fMRI 機器で脳をスキャンして、自然と関わることで働きかけられる、脳の部位を特定するのです。その研究結果の 1 つとして、自然という刺激を受けることによって、海馬傍回（海馬周辺の灰白質）が活発化することがわかっています。この部位は、脳に強く影響するモルヒネ様物質（オピオイド）に結合する受容体である「オピオイド受容体」が豊富な部分です。セルフィーブ医師と自然療法医のローガン医師は、自然には脳に少量のモルヒネをたらすような効果があると述べています。自然に関わり感知することで、モルヒネに見られる鎮痛効果が得られるのです。別の実験では、都会の環境が怒りや抑うつに関係する脳の部分を活発化する一方で、自然の景色は、前帯状皮質と島皮質を活性化させることが確認されました。両皮質は、他者への「共感」

に関わる重要な中枢とされます[92]。すなわち、森林の中で遊ぶ、自然の風景を楽しむ、豊かな緑地を歩くなどといった、自然を味わう活動をすることで、共感力を高めることも期待できるのです。

健康増進・治癒効果

前出のセルフィーブ医師とローガン医師は､先のアルファー波の点もふくめ、自然との関わりが心身の健康へ及ぼす肯定的影響の事例についてまとめています。以下は、実験によって確認されたそのいくつかの効果となります[93]。

- テキサス州にある成人ケアセンターでの実験では、研究協力者は庭にいることで､ストレスホルモンであるコルチゾールのレベルの低下が見られた。
- カンザス州で行われた脳波計を用いた実験では､室内に植物があることで、ストレスの度合いが低下した。
- 台湾で行われた脳波計や皮膚伝導（皮膚内での電気伝導）などを用いた実験では、小川、渓谷、川、段丘、水、果樹園、農場を見ることで治療効果が確認された。
- 日本で行われた 119 人を対象とした研究では、植木鉢に土だけを入れさせたときより、植物も植えさせたときの方がストレス反応は低かった。
- 日本で行われた別の研究では、研究協力者に自然の風景を 20 分間見せることで､心拍数が下がった（すなわち､リラクゼーション効果が見られた)。

上記でも、治療効果の点が挙げられていますが、私たちが自然とつながることでもたらされる健康面での効果も多く見られます。たとえば、病気の罹患率や回復、免疫力の向上および死亡率の低下といった医療面への効果が多く報告されています。オランダの 195 名の医師によって行われた、患者 34 万 5143 人分の診療記録をデータとして、緑地の近くに住むことと病気へのかかりやすさ(罹患率)との関係を調べた調査があります。その結果は､緑地から 1 キロメートル以内に住む人は、24 の疾病のうち 15 の罹患率が下がる傾向が見られました。その割合は、貧困層においてより顕著であることが確認されたのです。とくに、不安障害と抑うつを防ぐ点で、その緑地の効果は強く認められたのです[94]。また、病室から見える自然の風景と、病気の回復の関係を調べた研究もあります。樹木群が見える病室の患者の方が、レンガの壁しか見えない病室の患者より、手術後の回復率が良い傾向となることもわかっています[95]。さらに別の研究では、屋外に出て自然に接する時間をもつと、病人が回復の軌道に乗りやすくなるという報告もされています[96]。ある工場では、労働者の見えるところに鉢植えの植物を置くだけで、全体の病欠時間が40％も減少したという研究報告もあります[97]。

植物と関わる効果

植物についてはすでに取り上げたように、それを植えることによりストレス反応が軽減される効果が報告されています。ハーバード大学による似たような研究があります。老人ホームの人たちに植木の世話をしてもらうグループをつくり、その経過を見たところ、そのグループの人たちの死亡率は、何もしなかったグループと比較して半分に低下した結果となったのです。普段は何の責任もなかったお年寄りの人たちも、植物を世話するという活動で触れ合いをもったことで、健康が改善されることが認められたのです[98]。

また、植物と触れ合うことによって得られる健康への効果は、木や植物から発せられるフィトンチッドが及ぼす心身への効能の点も挙げられるでしょう。木々や植物は多くのフィトケミカル（植物由来化学物質）を発散し、私たちの感覚を通じて脳に働きかけます。そのフィトケミカルの一種であるフィトンチッドは、とくに脳に強く影響し、コルチゾール（ストレスホルモン）の量を減らし、痛みや不安を抑える効果があります。そのいくつかは、免疫系を強化するナチュラルキラー細胞を活性化させることがわかっています。このように木々や森林が、がんの死亡率を低下させる、つまり、免疫力を高める効果があることから、森林浴が健康へ好影響を及ぼすことが確認されています。日本のビジネスマンを対象とした実験があります。森を歩いた後には、インフルエンザや風邪などの感染症を防ぐといった、ナチュラルキラー細胞が40％増えたことが実証されました。さらに1ヵ月後の追跡調査でも、基準値より15％も高かったという結果が得られています。森林浴によって、上述したような病気の抵抗力が強まり、心身の健康への恩恵が得られるのだと考えられています[99]。

木の多い地域と、がんによる死亡率の関係性を検証した調査もあります。喫煙や社会経済的状態などの他の要因を調整しつつ、GIS（地理情報システム）のマッピングツールを用いて分析されました。その結果、森林の存在が、がんによる死亡率を下げることが確認されています[100]。

動物と関わる効果

全体としての自然に加えて、動物と触れ合うことによっても、心身への良い影響が確認されています。ペットなどの動物との触れ合いには、人同士が関わり合うことで得られるのと、同じような心身への好影響が見られます。むしろ、ペットの方が高い効果がある場合も少なくないことが確認されています。心臓病で入院したことがある人を対象とした大規模調査では、余命にもっとも大きな影響を与える要因は、当然病気の重さでしたが、2番目はペットの有無でした。退院1年後の死亡率は、ペットがいる人は、いない人とくらべて4倍も低かったことも報告されています[101]。

人とつながることで、「幸せ物質」「愛情物質」とよばれる「オキシトシン」が出ることは先述したところですが、ペットなどと関わって、つながりを感じることでも同じように放出されることが判明しています。それゆえ、同様の効果が期待できるのです。たとえば、犬や猫をなでることで、オキシトシンの量が倍になり、血圧も下がってストレスが緩和し、うつになりにくいとされます(ペット自身の血圧も下がることがわかっています)[102]。

日本の麻布大学が行った実験では、飼い主たちにペットの犬と30分間遊んでもらい、遊ぶ前後でオキシトシンの濃度を調べることをしました。遊ぶ様子を録画して、犬が飼い主を注視していた時間を調べました。調査時間30分のうち、長い時間(平均2分半)注視された人たちのオキシトシン濃度は、遊ばなかった飼い主たちと比べて、20%も高くなっていたことが認められました。ペットと遊んだりなでたりして、楽しくなったり、癒やされて元気になったりすることで、抑うつや不安が軽減するのは、そうすることでオキシトシンがあふれた結果と考えられます[103]。

自分なりの「上質のつながり」を築く

ここまで、周囲の仲間たちとつながり(自然や動植物も含む)、良い関係をもつことが、私たちの心身をより活性化することについて、研究の成果を交えながら示してきました。ここに取り上げた調査結果を見ただけでも、他との社会的な関わりが、私たちにとっていかに重要であるかがうかがえるでしょう。しかし、そのような人間関係が大切とわかっていても、どの程度関わるのが心地よく感じるのかは、人それぞれです。その人のもともとの性格が、外向的か内向的かといった違いから千差万別であるといえます。効果があるからといって、無理して関係性をつくることで、それがストレスになるのでは本末転倒となります。

他者との関わりにおいて、1 人でいること自体がよくないということではありません。たとえば、ある研究では 1 人暮らしであっても、心身両面の健康に悪影響があるわけではなく、とくに 60 代の 1 人暮らしの女性は、夫と暮らす女性よりも自己満足度がかなり高い傾向にあるという研究報告もあります[104]。筆者自身でいえば、仲間と会食することは、生活上のとても楽しみな活動の 1 つですが、一方、1 人で過ごす時間もとても大切にしています。また 1 人暮らしですが、それで精神的にも身体的にも健康上の不具合を感じることはありませんし、充実した日々を送っています。上の例でも見られたように、1 人でいること自体は何ら問題ではありません。

良くないのは、社会から切り離され、孤立・分断していると本人が感じる「孤独」であることです。たとえ人との接触が多くあっても孤独は感じます[105]。孤独は私たちの健康を害し、孤独のような社会的な痛みは、体の痛みと同じことがわかっています[106]。骨折して物理的な痛みを感じるときに反応する脳の領域が、人に無視や拒絶されるなど精神的な痛みを感じるときにも、同じように反応することが確認されています。脳は社会的な痛みであっても体の痛みとして記録します[107]。さらに、慢性的な孤独は、心身の健康に深刻なダメージを与えることがわかっています。たとえば、10 代、20 代前半の若者の孤独は、心臓血管系疾患のリスク要因となる肥満、高血圧、高コレステロールを生じ、成人後のうつ病の発症率を上げる傾向にあります[108]。また成人の孤独は、悪いことだらけの調査結果が確認されています。アルツハイマー病を進行させ、自殺願望や自傷行為を助長し、睡眠不足、アルコール依存症、収入の減少、免疫力の低下を引き起こし、抑うつ傾向を強め、最終的に老人の死亡率を高めるといった症状が報告されています[109]。

加えて気を付けなければならないのは、孤独は孤独を生む、いわば伝染するということです。個人の交友関係の歴史に着目し、孤独との関連について長期にわたって実施された調査があります。それによれば、孤独でない人であっても、孤独な人とつきあっていると、いずれ孤独になり、そうなると社会的ネットワークの末端に追いやられるという、悪循環に陥る傾向が報告されています[110]。さらに悪いのは、孤独の人は、ますます孤立しがちとなります。孤独となって、他者に対して物理的にも精神的にも距離ができて疎遠となることで、相手に対して懐疑的になったり信じられなくなったりする傾向となります。ときに、敵意も示しがちとなることで友人はよりできにくくなり、よりいっそう孤独を深めるといった負のスパイラスに入りこんでしまうからとされます[111]。

外向的・内向的な性格と孤独について考えてみると、一般的に見れば、つながりを築きやすい外向的な人の方が、そうでない内向的な人と比べると孤独にはなりにくいのかもしれません。しかし、上記の研究が示すように、外向的な人であっても、孤独な人とつきあうことで孤独の悪循環へと落ちていく可能性もなきにしもあらずです。逆に、1人でいる傾向の多い内向的な人だからといって、それがそのまま孤独な人を意味するものではありません。むしろ、積極的に1人を楽しんでいる人も多くいることでしょう。したがって、どちらのタイプであっても、大切なのは、上で述べたような「孤独・孤立」の状態とはならないようにすることです。

外向的・内向的でいえば、概して、他者との関わりが多くなる外向的な人の方が、これまでに示したような、社会的なつながりによってもたらされる効果の恩恵を受けることができると考えるでしょう。逆に、内向的な人はその点において不利だと思いがちです。確かにそのような一般的傾向はあると察します。しかし、実際にはどちらの性格傾向であっても、重要なのは「つながりの質」だとされています。自分にとって良いと感じる関わり、つながりのレベルにおいて、人と関係性をもつようにすることが大切だということです。

もともとあまり外向的でなくても、ある調査によれば「もって生まれた性格に関係なく、他者と一緒にいるときに外向的であろうとすることで、より多くのポジティビティが引き出される」ということがわかっています[112]。「オープンハート調査」と称された別の研究では、とくに外向的な自分を演じなくても、自分なりの周囲の人への愛情ある気づかい、優しさ、思いやりなどをもつように配慮することで、ポジティビティが得られることが確認されています[113]。すなわち、自分なりの上質なつながりをつくることが大切なのです。

ミシガン大学「ポジティブ組織研究センター」のジェーン・ダットン博士は、人が他者と関わる瞬間にはある種の生細胞（生きた細胞）が生じ、それは生命力を生むこと、失わせることのどちらの可能性もあるといっています。生命力をもたらすのは「上質のつながり」をもつことであり、それは「互いの価値を認め合う」「一緒にいたい、何かをともにしたいと思わせる」「やる気と元気がわいてくる」「真の心理的変化をもたらす」などの要素を含むとしています。したがって、内向的または外向的といったどちらの性格であっても、大切なのは、それらの要素をふくむ、生命力をもたらす自分なりの上質のつながりを築くことです。

ダットン博士はその点をふまえ、「質の良い人間関係を作るための 4 つの方法」について、以下のことを提案しています[114]。

① **相手を尊重する**：心づかい、思いやりをもち、肯定的に受け入れる。
② **相手を支援する**：相手が成功するように手助けする。
③ **相手を信頼する**：相手が自分を裏切らないことを信じ、それを態度に示す。
④ **関係を楽しむ**　：何かの成果を求めず、単純に楽しい時間をともに過ごす。

続けて、「どんな他者とのふれ合いであっても、上質のつながりとなる可能性があります。ある会話やメールのやり取り、会議中でのひとときのつながりが、双方により大きな活力を感じさせ、足取りを軽くさせてくれて、行動の幅をもっと広げてくれます」とダットン博士は述べています[115]。すなわち、人との関係性において、たとえ限られたわずかな時間であっても、上の 4 カ条にあるような、誠意のある丁寧な関わりをもつことで上質なつながりがもたらされることがいわれているのでしょう。実際、組織心理学の研究によれば、人との関わりが必ずしも深いものでなく、短時間のふれ合いであっても、上質のつながりをもつことが可能であるといいます[116]。このことは、仲間と単にすれ違うといった日常場面においても、声をかけ、その際に相手の目をきちんと見ながら話すというような、何気ない所作にも通じます。これは単なるマナー的なことではなく、神経科学の研究によれば、人と目を合わせると脳にある種の信号が送られ、共感や信頼感が生まれるということが認められているからです[117]。

ダットン教授の指摘に関連して、カリフォルニア大学の心理学者シェリー・ゲーブル博士の研究からも、質の高い絆をつくり、維持することが大切であることの示唆がうかがえます。その研究によれば、ある会議やごく日常での会話において、肯定的で発展的な反応が、絆と満足感を強めること、また自分が理解され、認められ、気にかけられていると感じる度合いを高めることが確認されています。具体的には、人との関わりにおいて、他者の良いニュースに対する反応には 4 種類あり、そのうち「肯定的で発展的な反応」だけが人間関係にプラスに働くとしています。情熱的な支持を表しつつ、具体的なコメントをして、加えて関連した質問するのが良いとされています。たとえば、友人や同僚が何かの賞を取ったときに、「それは素晴らしい！　君がずっとがんばってきたことが認められたのが自分もうれしいよ。それで、授賞式はいつかな／いつだったのかな？」といった感じです。その他３つは、「へえ、よかったね」といった気のない反応、「君が受賞したの？　なんでxxじゃないの。xxの方がふさわしいのに」とあからさまに否定的な反応、「ねえ、私のスマホ、見なかった」と完全に話題を無視した反応があります。そのなかでも、気のない反応が、否定的な反応と同じくらい人間関係にとって害があり、話題を無視した反応がもっとも破壊的だということがわかっています[118]。したがって、対人関係においてポジティブな効果をもたらす、「肯定的で発展的な反応」を心がけるだけでも、有益で上質なつながりをつくることができるでしょう。

各自の他者との関わり方は、人それぞれ十人十色で、こうしなければならないという絶対的なあり方があるわけではありません。一方で、"自分なり"の他者とのつながりをできるだけつくることを意識しつつ、その関係において、ダットン教授が示した上の４カ条を参考にした関わり方をしてみることを提案します。日常的にそうすることを心がけることによって、より良い他者関係を築くことにつながり、双方のポジティビティを高めるともに、これまでに述べてきた心と体の活性化の恩恵を享受することが期待できるでしょう。

ポジティブ・エクスペリエンス「VARS理論・サイクル」におけるこの「アクション（行動する）」ステージでは、人との関わりにおいて、そのような「自分なりの上質のつながり」を意識して活動することを志向します。

7.　メディテーション（黙想）を取り入れて活動する

メディテーションとは

「メディテーション」（meditation）の一般的な日本語訳は、「瞑想・黙想」となり、よく使われるのは「瞑想」の訳語です。こちらは宗教的や精神修養的なニュアンスが強く、しばしば「心を無にする」ことと結びつけられます。それゆえ、瞑想となると、何か難しく大それたことをするイメージをもつ人は多いのではないでしょうか。

本書では、そのような大袈裟なことは意図してはいません。むしろ、目を閉じて、ゆったりとした呼吸に努めて息をととのえ、心を落ち着かせた状態で、自分自身に意識を向けることを意味します。それゆえ、メディテーションということばは使っていますが、本書では瞑想というよりも、「黙想」や「静思」の意味合いでこのことばを用います。また、自分の呼吸に意識的に注意を向けて、集中して行う瞑想方法を「呼吸瞑想」といい、誰もが手軽に取り組めるアプローチがあります。ここでいうメディテーションは、その呼吸瞑想のような、簡易にいつでもどこでも、使うことのできる方法を意図しています。

近年ではこのメディテーションの研究が進み、その心身に及ぼす肯定的な科学的効果が明らかになってきています。そのこともあり、普段の生活にも取り入れる人が多くなってきました。企業のアップルの創業者である故スティーブ・ジョブ氏が、瞑想を実践していた話は有名です。最近では、企業でも社員研修などにも採用されたり、スポーツの世界でも積極的に活用されたりしています。

メディテーションの効果

メディテーションをすることで、具体的にどのような効果があるのでしょうか。総じていえば、それをすることで、ポジティブ感情や幸福感といったポジティビティが強化される傾向となり、身体と心の健康に改善が見られ、知的・認知的機能も活性化されます。周囲の人に対しても、共感などの調和的な態度をとるようになることもわかっています。たとえば、次に示すような科学的な実験や調査による結果が報告されています。

メディテーションを練習した人たちの脳機能を調べた実証実験があります。練習をしたグループの人たちの事前、直後、4ヶ月後に脳の活動を検証しました。その結果、練習をした人たちは、しなかったグループの人たちと比べて、直後と4ヶ月後のテストで、ポジティビティの増加を示す左脳の動きが、練習前よりも活性化していることが認められました[119]。また別の調査で、メディテーションの練習が進んだ人と初心者とを比べると、練習を積んだ人たちは、ポジティビティが高いだけでなく、自己認識や自己受容度が増加していることもわかっています[120]。これらの研究結果などからは、メディテーションがポジティビティを向上する傾向をもつことがうかがえます。

また、働く健康な人を対象にした実験があります。8週間のメディテーションのトレーニングを受けた人たちは、そうでない対照グループの人たちと比べると、右の前頭前葉よりも左の前頭前葉における活動の増加が確認されました[121]。これは、前記した結果や他の研究でも報告されているような、定期的な瞑想活動は、よりポジティブ感情をより高め、不安や落ち込みを少なくする傾向をもたらす[122]ことに重なります。さらに、この研究でわかったこととして、瞑想を続けた人々は、体内に注射されたインフルエンザ・ウィルスに強い免疫反応を示し、左脳の活性化が右脳よりも大きくなるほど免疫反応がいっそう強くなったのです。この好反応は、短期間のメディテーション活動の場合でも、脳を活性化し免疫機能に影響を及ぼすことが明らかになりました[123]。また、メディテーションをしている最中の人の身体機能を調べた研究では、瞑想によって呼吸数がゆっくりとなるなどの、生理的安静状態がはっきりと現れました。一方で、血流や脳内物質が増加するなどの症状が見られ、気づきや覚醒が高い状態になっていることが確認されたのです[124]。

このように、メディテーションによって、生理学的機能にポジティブな変化を及ぼし、心身への健康に良い影響を与るという研究報告もあります。たとえば、患者さんにメディテーションを取り入れることが、心臓病や慢性的な痛み、皮膚疾患といった身体的症状に加え、うつ病や不安、パニック障害、薬物濫用などのさまざまな精神的な病をもつ人たちの症状の軽減に効果的だとされています[125]。また、医学生を対象にした研究もあります。メディテーションを実践することを指示された学生は、そうでない対照グループの学生より、「精神的にすばらしい経験をしたことで、他者に共感できるようになった」、「ストレスの多い試験期間中でさえ、不安感も落ち込みも少なかった」ということが報告されています[126]。

ここで、知的能力や認知機能への影響について見てみます。瞑想を学び実践するプログラムに参加した大学生たちは、そうでない対照グループに比べて、知能テストだけでなく、通常の試験でも大きな成績の向上が見られました。このように、瞑想が知性や創造性のような能力の向上に効果があることは、多くの研究によって確認されています。このような好影響は、年配者のように認識の柔軟性や向上が難しそうな人たちに対しても、作用することも判明しています[127]。

以上のような研究報告からもうかがえるように、メディテーションをすること、それを継続することが、大きな効果をもたらすことがうかがえます。そうすることで、私たちのポジティビティを高め、心身および認知機能を総体的に活性化させる好影響が期待できるのです。それでは、メディテーションをどのようにすればよいでしょうか。しかし、メディテーションと一言でいっても、多くの方法があるとされます。その具体的な手法については、現在多くの関連書籍が出ているのと、WEB 上で調べると、たくさんの情報を得ることができます。いろいろと試してみて、ときと場合に応じて、自分（たち）により良いものを選択するのがよいでしょう。メディテーションの方法はいろいろとありますが、近年において注目され、誰もが短時間で手軽にできる方法に「マインドフルネス・メディテーション」（以下、マインドフルネス）があります。次にそのマインドフルネスについて簡潔に紹介します。

マインドフルネス・メディテーションとは

日本マインドフルネス学会によると、マインドフルネスとは、「今、この瞬間の体験に意図的に意識を向け、評価をせずに、とらわれのない状態で、ただ観ること」で、“観る”は「見る、聞く、嗅ぐ、味わう、触れる、さらにそれらによって生じる心の働きをも観る」と定義されています[128]。簡単にいえば、「今ここに集中して、今を大切にする」手法といえるでしょう。マインドフルネスは、「集中力」を高めたり、自分の気持ちをコントロールできるようにしたりするという、いわば“心の筋トレ”ともいわれます。実際、私たちが何か不安や恐れなどをもっていても、好きなことに没頭している間は、その悩みにとらわれることから離れます。同様に、私たちの注意を今ここの時点に集中させることで、過去の失敗や未来への不安といったネガティブな気持ちを手放すことになるでしょう。したがって、マインドフルネスは、私たちの意識を目の前のことに集中させ、心身をより良い状態とし、パフォーマンスを高める実際的な手法となります。

1979 年にマサチューセッツ大学ジョン・カバット・ジン名誉教授が、仏教の修行法としての瞑想から宗教的要素を除き、ストレス緩和に適用したのが始まりとされています。広く注目を浴びるようになったのは、21 世紀に入ってからの比較的最近のことです。その理由として、著名な学者をはじめとする多くの実証的研究によって、科学的根拠と理論的枠組みが示されるようになったからだといわれています。脳科学の進歩によって、マインドフルネスの実践が、脳の働きに肯定的変化をもたらすことが客観視できるようになったことにもよります。

2013 年には、209 の研究における、研究対象者数 1 万 2000 人以上のデータについてメタ分析がなされました。その結果、マインドフルネスをすることで、とくに不安、うつ、ストレスの減少などといった、精神的な問題への改善に効果があるという研究報告がされています[129]。MRI(磁気共鳴画像診断装置)を使った実験では、マインドフルネスを続けた人について、感情コントロールに効果が見られました。うつ症状やPTSD（心的外傷後ストレス障害）の人では小さくなっている部位となる、左海馬における灰白質の密度の増加が見られました。さらに、思いやりや共感に関わる部位である、側頭頭頂接合部においても、灰白質の密度の増加が認められています[130]。

その他の効果も指摘されています。ここでは詳しくは触れませんが、人間関係のストレス軽減、創造性の促進、ダイエット、睡眠の質の改善にも有益であることが報告されています[131]。

それでは、どのようにマインドフルネスを行えばよいのでしょうか。マインドフルネスを実践する方法にもいろいろあるとされます。そのなかでも比較的実践しやすいのが、先述した自分の呼吸に意識的に注意を集中する「呼吸瞑想」です。自分の都合に合わせて、「じょうずにやろうと思わずに、好奇心をもってやることの気持ち」を大切にして行います。1回に45分間ほどするのが理想的だとされますが、自分の都合に合わせて、1日5〜10分行うだけでもよいとされます。そのマインドフルネスの「呼吸瞑想」を以下に紹介します。

【呼吸瞑想の方法】

① 背筋を伸ばしてイスに座る。足は肩幅に開き、肩の力を抜く。
② 視線を斜め前に落とす。または目を閉じる。
③ 自然に呼吸し、注意を呼吸に向ける。
※こうすべきという呼吸法をする必要はなく、自然に呼吸し、息を吸ったときにお腹の皮が上がって、皮膚が少し引っ張られる感覚を感じる。吐いたときには、それが緩む感覚を感じる（そこにある感覚を味わう感じ)。
④ 注意がそれたことに気づいたら、何に注意がそれたのかを、そっと「心にメモ」して、注意をまた呼吸に戻す。

呼吸に意識を集中しているつもりでも、している最中にさまざまな考えが浮かんでくることはよくあることです。そのたびに、呼吸に意識を戻すように努めます。その取り組みにおいて重要なのは、そのように雑念が浮かんだとしても、そのことを気にせずに、淡々と注意を呼吸に戻すことです。「雑念が浮かぶ→そのこと気づく→それを心にメモして単に呼吸へ意識を戻す」を繰り返します。そうすることで、実生活においても、自分の意識をいつでも「今ここ」に戻すことができるようになるとされます。これは筋力トレと同じで、トレーニングを反復することで、いわば「心の筋力」の鍛錬に通じていくのです。そうして「心の筋力」を発達させることで、日常場面においても、自分の気持ちや行動をコントロールしやすくなるという効果が期待できるとされます。

先述したメディテーションの効果においても触れましたが、効果をよりあげるには継続が大切となります。筋力トレーニングと同じです。大きなストレスを感じている人ほど、効果を感じやすいとされます[132]。

メディテーションの VARS「アクション段階」での活用

ポジティブ・エクスペリエンスでは、上記したメディテーションに見られる効果を念頭に、この「アクション（行動）段階」において、メディテーションを、適宜取り入れることを提案するものです。とくに、ここで紹介している“マインドフルネス”は、手軽に行えるために積極的に導入することが可能でしょう。たとえば、メディテーションを活動前に実施することで、よりリラックスして、集中した状態で活動に取り組むことができるでしょう。また、ポジティビティが向上するため、より良い活動パフォーマンスや成果へつながることも期待できるのです。

このメディテーションの導入は、個人でもチームで行う活動でも、どちらもでも有効です（チームで実施する場合でも、するのは個々でとなります）。取り入れるのは活動前でなくても、活動の途中や、内容が変わるときの切り替えのタイミングなどで適用可能でしょう。その取り組みの状況や必要に応じて、柔軟に活用することができます。ここでいう活用は、必ずしなければならないことを意味するものではありません。メディテーション活動はそれなりに時間を要するため、時間に余裕がないときなどに、無理にするものではないでしょう。一方で、その効果を考えると、積極的かつ柔軟に取り入れていくことを推奨するものです。

ここで取り上げているメディテーションは、ここ「アクション（行動）段階」において取り組むことを想定していますが、実際のところは、前後の「ビジョン（展望）段階」および「リフレクション・シェアリング（ふり返り・共有）段階」でも活用が可能です。たとえば、「ビジョン（展望）段階」では、目標を達成している自分や、なりたい自分をイメージする際の、イメージングの前後どちらかでやってみることができるでしょう。また、「ふり返り・共有段階」では、個々の内観活動（ふり返り）を始める前に、実施してみることなどが考えられます。

注

1. Hanson, Rick. *Hardwiring Happiness: How to Reshape Your Brain and Your Life.* Rider, 2014, p. 10-15.（邦訳書：リック・ハンソン『幸せになれる脳をつくる：「ポジティブ」を取り込む４ステップの習慣』浅田仁子訳．実務教育出版, 2015, 329p.）
2. 茂木健一郎『脳を活かす勉強法』PHP 文庫，2010，p.26.
3. NHK スペシャル取材班『キラーストレス：心と体をどう守るか』NHK 出版 , 2016, 240p.
4. 足立啓美，鈴木水季，久世浩司『子どもの「逆境に負けない心」を育てる本：楽しいワークで身につく「レジリエンス」』イローナ・ボニウェル監修, 法研, 2014, p.92-93.
5. Emmons, Robert A. *Thanks!: How Practicing Gratitude Can Make You Happier.* Mariner Books, 2008, p. 11-12.（邦訳書：ロバート・エモンズ『G の法則：感謝できる人は幸せになれる』片山奈緒美訳．サンマーク出版，2008，238p.）
6. Emmons, Robert A; McCullough, Michael E. “Counting Blessings versus Burdens: An Experimental Investigation of Gratitude and Subjective Well-being in Daily Life.” *Journal of Personality and Social Psychology.* 2003, 84(2), p. 377-389.
7. 同.
8. Froh, Jeffrey J. et al. “Counting Blessings in Early Adolescents: An Experimental Study of Gratitude and Subjective Well-being.” *Journal of School Psychology.* 2008, 46(2), p. 213-233.
9. 前掲注 5, p.12.
10. Mccullough Michael E. et al. “The Grateful Disposition: A Conceptual and Empirical Topography.” *Journal of Personality and Social Psychology.* 2002, 82(1), p. 112-127., Mccullough Michael E. et al. “Gratitude in Intermediate Affective Terrain: Links of Grateful Moods to Individual Differences and Daily Emotional Experience.” *Journal of Personality and Social Psychology.* 2004, 86(2), p. 295-309., Algoe, Sara B.; Haidt Jonathan. “Witnessing Excellence in Action: The ‘Other-praising’ Emotions of Elevation, Gratitude, and Admiration.” *Journal of Positive Psychology.* 2009, 4(2), p. 105-127., Bartlett Monica Y.; DeSteno David. “Gratitude and Prosocial Behavior: Helping When It Costs You.” *Psychological Science.* 2006, 17(4), p. 319-325.
11. 前掲注 5, p.38.
12. Stickgold Malia R. et al. “Replaying the Game: Hypnagogic Images in Normals and Amnesics.” *Science.* 2000, 290((5490)), p. 350-353., Achor, Shawn. *The Happiness Advantage: The Seven Principles of Positive Psychology That Fuel Success and Performance at Work.* Virgin Books, 2011, p. 88-90.（邦訳書：ショー

ン・エイカー『幸福優位７つの法則：仕事も人生も充実させるハーバード式最新成功理論』高橋由紀子訳．徳間書店，2011, 301p.）

13. Haier Richard J. et al. “MRI Assessment of Cortical Thickness and Functional Activity Changes in Adolescent Girls Following Three Months of Practice on a Visual-spatial Task.” *BMC Research Notes.* 2009, 2(174), p. 1-7.
14. Dillon, Michele; Wink, Paul. “Do Generative Adolescents Become Healthy Older Adults?”. *Altruism and Health: Perspectives from Empirical Research.* Post, Stephen G. ed. Oxford University Press, 2007, p. 43-54.
15. Thoits, Peggy A.; Hewitt, Lyndi N. “Volunteer work and Well-being.” *Journal of Health and Social Behavior.* 2001, 42(2), p. 115-131.
16. Schwartz Carolyn E. et al. “Altruistic Social Interest Behaviors Are Associated with Better Mental Health.” *Psychosomatic Medicine.* 2003, 65(5), p. 778-785.
17. Hunter, Kathleen I; Linn, Margaret W. “Psychosocial Differences between Elderly Volunteers and Non-volunteers.” *The International Journal of Aging & Human Development.* 1980-1981, 12(3), 205-213.
18. Musick, Marc A.; Wilson, John. “Volunteering and Depression: The Role of Psychological and Social Resources in Different Age Groups.” *Social Science and Medicine.* 2003, 56(2), p. 259-269.
19. Greenfield, Emily A.; Marks, Nadine F. “Formal Volunteering as a Protective Factor for Older Adults’ Psychological Well-Being.” *The Journals of Gerontology Series B Psychological Sciences and Social Sciences.* 2004, 59(5), p. S258-S264.
20. Hamilton, David R. *Why Kindness is Good for You.* Hay House UK, 2010, p. 9.(邦訳書：デイビッド・ハミルトン『「親切」は驚くほど体にいい！：“幸せ物質”オキシトシンで人生が変わる』有田秀穂監訳　飛鳥新社，2011，208p.）
21. Moen, Phyllis et al. “Social Integration and Longevity: An Event History Analysis of Women’s Roles and Resilience.” *American Sociological Review.* 1989, 54(4), p. 635-647.
22. 前掲注 20，p.11-12．
23. Pagano, Maria E. et al. “Helping Other Alcoholics in Alcoholics Anonymous and Drinking Outcomes: Findings from Project MATCH.” *Journal of Studies on Alcohol,* 2004, vol. 65, no. 6, p. 766-773.
24. 前掲注 20，p.10-11．
25. 同，p.74-75．
26. McClelland, David C.; Krishnit, Carol. “The Effect of Motivational Arousal through Films on Salivary Immunoglobulin A.” *Psychology and Health.* 1988, 2(1), p. 31-52
27. Piliavin, Jane A. “Doing Well by Doing Good: Benefits for the Benefactor”. *Flourishing: Positive Psychology and the Life Well-lived. Keyes,* Corey L. M.; Haidt, Jonathan eds. American Psychological Association, 2003, p. 227-247.
28. Luks, Allan; Payne, Peggy. *The Healing Power of Doing Good: The Health and Spiritual Benefits of Helping Others.* iUniverse, 2001, 404p.
29. Schwartz, Carolyn E.; Sendor, Rabbi M. “Helping Others Helps Oneself: Response Shift Effects in Peer Support.” *Social Science and Medicine.* 1999,

48(11), p. 1563-1575.
30. Dunn, Elizabeth et al. "Spending Money on Others Promotes Happiness." *Science.* 2008, 319(5870), p.1687-1688.
31. Harbaugh, William T. et al. "Neural Responses to Taxation and Voluntary Giving Reveal Motives for Charitable Donations." *Science.* 2007, 316(5831), p. 1622-1625.
32. Lyubomirsky, Sonja et al. "Pursuing Sustained Happiness through Random Acts of Kindness and Counting One's Blessings: Tests of Two Six-week Interventions." 2004, Unpublished data, Department of Psychology, University of California, Riverside. (Wood, Alex M. et al. "Gratitude and Well-being: A Review and Theoretical Integration." *Clinical Psychology Review.* 2010, 30(7), p. 890-905. より引用)
33. Lyubomirsky, Sonja et al. "Pursuing Happiness: The Architecture of Sustainable Change." *Review of General Psychology.* 2005, 9(2), p. 111-131.
34. Otake, Keiko et al. "Happy People Become Happier through Kindness: A Counting Kindnesses Intervention." *Journal of Happiness Studies.* 2006, 7(3), p. 361-375.
35. 前掲注 20, p.10-11.
36. Oman, Doug et al. "Volunteerism and Mortality among the Community-dwelling Elderly." *Journal of Health Psychology.* 1999, 4(3), 301-316.
37. Harris, Alex H. S. et al. "Volunteering Is Associated with Delayed Mortality in Older People: Analysis of the Longitudinal Study of Aging." *Journal of Health Psychology.* 2005, 10(6), p. 739-752.
38. Ironson, Gail et al. "The Ironson-woods Spirituality/Religiousness Index is Associated with Long Survival, Health Behaviors, Less Distress, and Low Cortisol in People with HIV/AIDS." *Annals of Behavioral Medicine,* 2002, 24(1), p. 34-48.
39. Fredrickson, Barbara, L.; Levenson, Robert W. "Positive Emotions Speed Recovery from the Cardiovascular Sequelae of Negative Emotions." *Cognition and Emotion.* 1998, 12(2), p. 191-220.
40. Isen, Alice M.; Levin, Paula F. "Effect of Feeling Good on Helping: Cookies and Kindness." *Journal of Personality and Social Psychology.* 1972, 21(3), p. 384-388.
41. Weyant, James M. "Effects of Mood States, Costs, and Benefits on Helping." *Journal of Personality and Social Psychology.* 1978, 36(10), p. 1169-1176.
42. Fishbach, Ayelet; Labroo, Aparna A. "Be Better or Be Merry: How Mood Affects Self-control." *Journal of Personality and Social Psychology.* 2007, 93(2), p. 158-173.
43. Conway, Jim et al. "Workplace Helping: Interactive Effects of Personality and Momentary Positive Affect." *Human Performance.* 2009, 22(4), p. 321-339.
44. Farb, Norman A. S. *The Brain That Changes Itself: Stories of Personal Triumph from the Frontiers of Brain Science.* Viking, 2007, 448p.
45. Farb, Norman A. S. et al. "Attending to the Present: Mindfulness Meditation Reveals Distinct Neural Modes of Self-reference." *Social Cognitive and Affective*

Neuroscience. 2007, 2(4), p. 313-322.

46. Draganski, Bogdan. "Changes in Grey Matter Induced by Training." *Nature.* 2004, 427(6,972), p. 311–312.
47. 前掲注 20, p.53-56.
48. 同, p.11.
49. 同上. p.14, Keltner, Dacher. Born to Be Good: *The Science of a Meaningful Life.* W. W. Norton & Company, Inc., 2009, p. 244-249.
50. 前掲注 10, Algoe, Sara B.; Haidt Jonathan.
51. Glynn, Simone A. et al. "Effect of a National Disaster on Blood Supply and Safety: The September 11 Experience." *Journal of the American Medical Association.* 2003, vol. 289, no. 17, p. 2246-2253.
52. Shenk, Wolf. "What Makes Us Happy?". The Atlantic. 2009-06. https://www.theatlantic.com/magazine/archive/2009/06/what-makes-us-happy/307439/, (accessed 2021-03-21).
53. Vaillant, George E. "Yes, I Stand by My Words, 'Happiness Equals Love—Full Stop'". Positive Psychology News. 2009-07-16. https://positivepsychologynews.com/news/george-vaillant/200907163163, (accessed 2021-03-21).
54. Diener, Ed; Seligman, Martin E.P. "Very Happy People." *Psychological Science.* 2002, 13(1), p. 81-84.
55. 前掲注 12, Achor, Shawn. p. 176.
56. Lukes, Steven. *Emile Durkheim: His Life and Work: A Historical and Critical Study.* Stanford University Press, 1985, 676p.
57. Eyal. Tal; Epley, Nicholas. "How to Seem Telepathic: Enabling Mind Reading by Matching Construal." Psychological Science. 2010, vol. 21, no. 5, p. 700-705., Burt, Ronald S. "A Note on Strangers, Friends and Happiness." *Social Networks.* 1987, 9(4), p. 311-331.
58. Fredrickson, Barbara. *Positivity: Discover the Upward Spiral That Will Change Your Life.* Harmony Books, 2009, p. 191.（邦訳書：バーバラ・フレドリクソン『ポジティブな人だけがうまくいく 3:1 の法則』植木理恵監修, 高橋由紀子訳. 日本実業出版社, 2010, 317p.）
59. Fleeson, William et al. "An Intraindividual Process Approach to the Relationship between Extraversion and Positive Affect: Is Acting Extraverted as "Good" as Being Extraverted?." *Journal of Personality and Social Psychology.* 2002, 83(6), p. 1409-1422., McNiela, Murray J.; Fleeson, William. "The Causal Effects of Extraversion on Positive Affect and Neuroticism on Negative Affect: Manipulating State Extraversion and State Neuroticism in an Experimental Approach." *Journal of Research in Personality.* 2006, 40(5), p. 529-550.
60. Diener, Ed; Biswas-Diener, Robert. *Happiness: Unlocking the Mysteries of Psychological Wealth.* Blackwell Publishing, 2008, p. 47-67.
61. Baumeister, Roy F.; Leary, Mark R. "The Need to Belong: Desire for Interpersonal Attachments as a Fundamental Human Motivation." *Psychological Bulletin.* 1995, vol. 117, no. 3, p. 497-529.
62. 高木貞敬『子育ての大脳生理学』朝日新聞社, 1980, p.80-81.

63. 『医学と科学の常識を超えた戦慄の人体実験 100』鉄人社，2017，p.150-153.
64. 前掲注 54.
65. 前掲注 61.
66. 前掲注 55, p.177-178.
67. Hawkley, Louise C. et al. “Loneliness Is a Unique Predictor of Age-related Differences in Systolic Blood Pressure.” *Psychology and Aging.* 2006, 21(1), p.152–164.
68. Cacioppo, John T.; Patrick, William. *Loneliness: Human Nature and the Need for Social Connection.* W W Norton & Co Inc, 2008, 317p. (邦訳書：ジョン・T. カシオポ、ウィリアム・パトリック『孤独の科学：人はなぜ寂しくなるのか』柴田裕之訳. 河出書房新社, 2010, 374p.)
69. Blackmore, Emma R. et al. “Major Depressive Episodes and Work Stress: Results from a National Population Survey.” *American Journal of Public Health.* 2007, 97, p. 2088–2093.
70. Berkman, Lisa F. et al. “Emotional Support and Survival after Myocardial Infarction: A Prospective, Population-based Study of the Elderly.” *Annals of Internal Medicine.* 1992, 117(12), p. 1003-1009.
71. Spiegel, David. et al. “Effect of Psychosocial Treatment on Survival of Patients with Metastatic Breast Cancer.” *Lancet.* 1989, 334(8668), p. 888-891.
72. House, James S. et al. “Social Relationships and Health.” *Science,* 1988, 241(4865), p. 540-545.
73. 前掲注 57, Burt, Ronald S.
74. Buettner, Dan. “New Wrinkles on Aging.” *National Geographic.* 2005-11, p. 2-27.
75. Heaphy, Emily D.; Dutton, Jane E. “Positive Social Interactions and the Human Body at Work: Linking Organizations and Physiology.” *Academy of Management Review.* 2008, 33(1), p. 137-162., Theorell, Töres et al. “Slow-reacting Immunoglobulin in Relation to Social Support and Changes in Job Strain: A Preliminary Note.” *Psychosomatic Medicine.* 1990, 52(5), p. 511–516.
76. 前掲注 72, Kaplan, Robert M.; Toshima, Michelle T. “The Functional Effects of Social Relationships on Chronic Illnesses and Disability”. *Social Support: An Interactional View.* Sarason, Barbara R. et al. eds., John Wiley & Sons, 1990, p. 427-453., Verbrugge, Lois M. “Marital Status and Health.” Journal of Marriage and Family. 1979, vol. 41, no. 2, p. 267-285., Lynch, James J. *The Broken Heart: The Medical Consequences of Loneliness.* Basic Books, 1977, 271p.
77. 前掲注 53 参照。
78. Baker, S. “Putting a Price on Social Connections.” Business Week. 2009-04-08.
79. Carmeli, Abraham et al. “Learning Behaviours in the Workplace: The Role of High-quality Interpersonal Relationships and Psychological Safety.” *Systems Research and Behavioral Science.* 2009, 26(1), p. 81-98.
80. Holahan, Carole K. et al. *The Gifted Group in Later Maturity.* Stanford University Press, 1995, 388p.
81. Campion, Michael A. et al. “Relations between Work Team Characteristics and

Effectiveness: A Replication and Extension." *Personal Psychology.* 1996, 49(2), p. 429-452.

82. 前掲注 55, p.186.
83. Grant, Adam M. et al. "Giving Commitment: Employee Support Programs and the Prosocial Sensemaking Process." *Academy of Management Journal.* 2017, 51(5), p. 898-918.
84. 小森伸一『自然環境を直接体験することの教育的意義——心理的・生理的観点から——』東京学芸大学, 1994, 修士論文.
85. 澤口俊之『幼児教育と脳』文藝新書, 1999, pp.119-197.
86. Louv, Richard. *Last Child in the Woods: Saving Our Children from Nature-Deficit Disorder.* 2005, Algonquin Books, 323p.（邦訳書：リチャード・ループ『あなたの子どもには自然が足りない』春日井晶子訳. 早川書房, 2006, 361p.）
87. Ratey, John J.; Manning, Richard. *Go Wild: Eat Fat, Run Free, Be Social, and Follow Evolution's Other Rules for Total Health and Well-being.* Little, Brown Spark, 2015, p. 173-191.（邦訳書：ジョン・J. レイティ；リチャード・マニング『GO WILD：野生の体を取り戻せ！　科学が教えるトレイルラン、低炭水化物食、マインドフルネス』野中香方子訳. NHK 出版, 2014, p.188-209.）
88. 前掲注 58, p.193.
89. Keller, Matthew C. et al. "A Warm Heart and a Clear Head: The Contingent Effects of Weather on Mood and Cognition." *Psychological Science.* 2005, 16(9), p. 724-731.
90. 前掲注 87, p.184-186.
91. 同, p.179.
92. 同, p.183-184.
93. Selhub, Eva M.; Logan, Alan C. *Your Brain on Nature: The Science of Nature's Influence on Your Health, Happiness and Vitality.* Wiley, 2012, 256p.
94. 前掲注 87, p.182.
95. Ulrich Roger S. "View through a Window may Influence Recovery from Surgery." *Science.* 1984, 224(4647), p.420-421.
96. Frumkin, Howard. "Beyond Toxicity: Human Health and the Natural Environment." American *Journal of Preventive Medicine.* 2001, 20(3), p. 234-240.
97. 前掲注 87, p.180.
98. Langer, Ellen J.; Rodin, Judith. "The Effects of Choice and Enhanced Personal Responsibility for the Aged: A Field Experiment in an Institutional Setting." *Journal of Personality and Social Psychology.* 1976, 34(2), p. 191-198.
99. 前掲注 87, p.182-183.
100. 同, p.181.
101. Guarneri, Mimi. *The Heart Speaks: A Cardiologist Reveals the Secret Language of Healing.* Touchstone, 2006, 240p.
102. 前掲注 20, p.81-82.
103. Callaway, Ewen. "Pet Dogs Rival Humans for Emotional Satisfaction". *New Science.* 2009-01-14.
https://www.newscientist.com/article/dn16412-pet-dogs-rival-humans-for-

emotional-satisfaction/#:~:text=Nicknamed%20the%20%E2%80%9Ccuddle%20chemical%E2%80%9D%20and,pair%20bonding%20and%20social%20memory, (accessed 2021-03-24).

104. Michael, Yvonne L. et al. "Living Arrangements, Social Integration, and Change in Functional Health Status." *American Journal of Epidemiology.* 2001, 153(2), p. 123-31.
105. Cacioppo, John T. et al. "Alone in the Crowd: The Structure and Spread of Loneliness in a Large Social Network." *Journal of Personality and Social Psychology.* 2009, 97(6), p. 977-991.
106. 前掲注 68.
107. Eisenberger, Naomi I.; Lieberman, Matthew D. "Why Rejection Hurts: A Common Neural Alarm System for Physical and Social Pain." *Trends in Cognitive Sciences.* 2004, 8(7), p. 294-300.
108. Caspi, Avshalom et al. "Socially Isolated Children 20 Years Later: Risk of Cardiovascular Disease." *Archives of Pediatrics and Adolescent Medicine.* 2006, 160(8), p. 805-811.
109. 前掲注 p.105.
110. 同.
111. Grant, Anthony M.; Leigh, Alison. Eight Steps to Happiness: *The Science of Getting Happy and How It Can Work for You.* Victory Books, 2010, p. 159. (邦訳書：アンソニー・グラント、アリソン・リー『8 週間で幸福になる 8 つのステップ』石川園枝訳．ディスカヴァー・トゥエンティワン，2012，301p.)
112. 前掲注 59.
113. 前掲注 58，p.191-192.
114. 同, p.201.
115. Dutton, Jane E. *Energize Your Workplace: How to Create and Sustain High-Quality Connections at Work.* Jossey-Bass, 2003, p.2.
116. Gable, Shelly L. et al. "What Do You Do When Things Go Right? The Intrapersonal and Interpersonal Benefits of Sharing Positive Events." *Journal of Personality and Social Psychology.* 2004, 87(2), p. 228-245.
117. 前掲注 55, p.190-191.
118. Gable, Shelly L. et al. "Will You Be There for Me When Things Go Right? Supportive Responses to Positive Event Disclosures." *Journal of Personality and Social Psychology.* 2006, 91(5), p. 904-917.
119. Davidson, Richard J. et al. "Alterations in Brain and Immune Function Produced by Mindfulness Meditation." *Psychosomatic Medicine.* 2003, 65(4), p. 564-570.
120. Easterlin, Barbara L.; Cardeña, Etzel. "Cognitive and Emotional Differences between Short- and Long-Term Vipassana Meditators." *Imagination Cognition and Personality.* 1998, vol. 18, no. 1, p. 69-81.
121. 前掲注 119.
122. Smith, W. Paul et al. "Meditation as an Adjunct to a Happiness Enhancement Program." *Clinical Psychology.* 1995, 51(2), p. 269-273.
123. Paul-Labrador Maura, et al. "Effects of a Randomized Controlled Trial of

Transcendental Meditation on Components of the Metabolic Syndrome in Subjects with Coronary Heart Disease." *Archives of Internal Medicine.* 2006, 166(11), p. 1218-1224.

124. Shapiro, Shauna L. et al. "Meditation and Positive Psychology". *Handbook of Positive Psychology.* Snyder, C. R. ; Lopez, Shane J. eds., Oxford University Press, 2002, p. 632–645.

125. Fredrickson, Barbara L. et al. "Open Hearts Build Lives: Positive Emotions, Induced through Loving-Kindness Meditation, Build Consequential Personal Resources." *Journal of Personality and Social Psychology.* 2008, 95(5), 1045–1062.

126. Lyubomirsky, Sonja. *The How of Happiness: A New Approach to Getting the Life You Want.* Penguin Books, 2008, p. 242.(邦訳書:ソニア・リュボミアスキー『幸せがずっと続く 12 の行動習慣』渡辺誠監修，金井真弓訳．日本実業出版社，2012，295p.）

127. 同.

128. "設立趣旨". 日本マインドフルネス学会. https://mindfulness.jp.net/concept/,（参照 2021-03-26）.

129. Khoury, Bassam et al. "Mindfulness-based Therapy: A Comprehensive Meta-analysis." *Clinical Psychology Review.* 2013, 33(6), p. 763-771.

130. Hölzel, Britta K. et al. "Mindfulness Practice Leads to Increases in Regional Brain Gray Matter Density." *Psychiatry Research: Neuroimaging.* 2011, 191(1), p. 36-43.

131. Black, David S. et al. "Mindfulness Meditation and Improvement in Sleep Quality and Daytime Impairment Among Older Adults with Sleep Disturbances." *JAMA Internal Medicine.* 2015, 175(4), p. 494-501.

132. 二村高史. "ジョブズ、琴奨菊も実践！「マインドフルネス」ってどんな効果があるの？：心の筋肉を鍛え、「他人の発言にくよくよしない」人になる！. 日経 Goodday. 2016-04-18. https://gooday.nikkei.co.jp/atcl/report/15/101600042/041500020/?i_cid=nbpg-dy_sied_searchlist,（参照　2021-03-26）.

第9章　リフレクション・シェアリング (Reflection/Sharing)

VARS 理論における「ビジョン(展望する)」「アクション(行動する)」に続く、循環プロセスの最後の段階が、「リフレクション・シェアリング（ふり返る・共有する)」の活動となります。自分がしてきたことについて省みて考え、かつ他者と共有する段階となります。直接体験の活動であっても、慣習的にただやった、こなしただけで終わってしまうことで、その体験の効果が薄れてしまいます。そのことを「体験活動の落とし穴」と称して、第2章にて説明しました。

ふり返りの活動は、その落とし穴にはまることを避け、自分（たち）がした体験からの学びを深め、より有意義なものとするための大切な活動となります。人は自分の体験した過去の出来事について、放っておけば忘れ去られてしまうようなそのときの感覚、感情、考え、記憶、エピソード等をふり返ることで、それらにスポットあてて、浮かび上がらせることができます。そして、自分にとって何らかの意味あるものとすることができるのです[1]。

ここでは、ふり返りをすることの効果、つまり重要性について述べた上で、どのようなふり返りをすることが有益なのかについて提案していきます。なお、ここで単に「ふり返り（Reflection)」と書く場合でも、「共有する（Sharing)」活動をふくむものとします。

1.　ふり返りの意義

セイバリング

ポジティブな体験をじっくり味わうことを「セイバリング（savoring)」といい、ポジティビティを高める有効な方法の1つとされています[2]。ある研究によれば、良い体験をして、それをしっかりと味わうことのできる人たちは、過去、現在、未来のすべてにおいて、その「良いこと」がより大きくなるように工夫をして、人生においてポジティビティをより引き出し、多くもつ傾向となることがわかっています。たとえば、何かを体験する前は、「素晴らしいことが起こるぞ！」と心を躍らせ、体験中は「味わいつくそう」と考え、終わった後は良かったことを何度も思い出して良い気分を味わうのです[3]。

このように、体験を味わうセイバリングは過去、現在、未来の出来事に対して行うことができます。その中で、「過去」についてセイバリングをすることは、「ふり返り」をすることにほかなりません。本章の冒頭でも触れましたが、体験したことについて肯定的な出来事を思い出すことによって、自分にとって意味のあることを意識に浮かび上がらせ、自身の光（活力、希望、勇気等のポジティブな何か）とすることができます。たとえば筆者の知り合いの話となりますが、大学卒業後の就職先でつらいことがあってひどく落ち込んでいるときに、楽しく充実していた学生時代のときに書いた手記をふと手にしたそうです。そこには、そのときの前向きで生き生きとした自分の心の状態や、活動している様子が描かれていました。それを読んだ際に、そのときの充足感にあふれ、活発だった自分のイメージが記憶によみがえり、「明日もがんばろう！」という気持ちになったということを聞きました。この話は、過去の文章に触れてということでしたが、楽しかった思い出のつまった写真や映像などを見てふり返る（セイバリングする）ことでも効果的でしょう。筆者自身の専門柄、宿泊をともなう大学外での野外活動の授業（いわゆる、キャンプ実習）をすることが多くあります。その時には、記録用として写真や映像を撮影します。その後、他の授業の教材で使うなどで、その記録をたびたび見ることがあるのですが、そこには学生たちの多くの笑顔や、楽しそうに活動している姿があります。それを目にするとき、自分自身も嬉しくなって元気をもらいます。そして、次も学生たちが良い体験ができるような授業をつくろうと前向きになれるのです。皆さんも、写真や映像を見て過去をふり返り、嬉しくなった、がんばろうと思えたなどと、同じような体験をしたことがあるのではないでしょうか。

ここでの「ふり返り」の観点とは少しずれますが、セイバリングは過去だけでなく、現在および未来についても有効だとされています。VARS サイクルの文脈において、「現在」に焦点をあてたセイバリングを見ると、「アクション（行動）ステージ」（第８章）で取り上げた各活動について、じっくり味わって取り組むということが考えられます。たとえば、相手の話を意識してしっかり聞いたり、周囲の自然をよく感じて味わったりするなどといったことです。また、相手の話にじっくり耳を傾けるという点では、このあとに取り上げるシェアリング（共有）活動時に、相手の話をしっかりと聞くという行為自体が、現在に焦点をあてたセイバリング行為となるでしょう。ブライアント博士とベロフ博士の研究では、食事やシャワーなどいつも急いでやることについて、ゆっくりと味わって行った人は、そうでない人と比べて幸福度が上がり、落ち込みが減っていたという結果が報告されています[4]。

また、「未来」に焦点をあてるセイバリングでは、今後楽しみしている出来事に対して、それを想像して味わうことになります。それゆえ、「ビジョン（展望）ステージ」（第 7 章）での活動に重なりが見られます。自分が取り組む目標・課題を達成して、喜びや充足を感じている様子や、そこに至るまでのプロセスを熱心に楽しく活動している姿といった、ポジティブな未来の自分をイメージすることになるからです。したがって、ビジョン・ステージにおいてそのようなポジティブなイメージをすることは、セイバリングの点からも有益なことがいえるでしょう。実際のところ、次の休暇に予定しているバケーションを楽しみにしたり、将来の夢についてワクワクしたりすることで、それに向けて「がんばろう」といったポジティブ感情がわき起こったという経験は、多くの人にあるのではないでしょうか。

フィードバックの効果

〈ふり返りとしてのフィードバック〉

スポーツや楽器演奏などの練習や学びにおいて使う用語に「フィードバック」があります。一般的な意味は、活動者や学習者が行った内容や出来栄えについて、反応・意見・評価することであり、またその見解を、実施した本人やグループに伝えることです。そのようなフィードバックも、やってみた過去の体験について考えて、その意見を共有するといった点でふり返りの一種ともいえるでしょう。逆も然りで、ふり返りは、ある意味フィードバックをすることともとらえられます。

このフィードバックの行為は、能力を伸ばすためのとても有効な手段であることが、研究によって認められています。より学びを深め、高い学習効果を得るための方法やプロセスといった学びのあり方を研究する、すなわち学習を科学する「学習学」という学問も誕生してきました。その実証研究の成果にもとづき、効果的な学習メソッドを提言している著書 *Learn Better*（アーリック・

ボーザー著）[5]があります。そこでは、目標設定に始まり重要概念を見直しするまでの学習方法における主要な段階として、「価値を見出す：Value」「目標を設定する：Target」「能力を伸ばす：Develop」「発展させる：Extend」「関係づける：Relate」「再考する：Rethink」という6つのステップが提示されています。その中の3段階目にある「能力を伸ばす：Develop」は知識とスキルを伸ばす段階で、能動欲を高めてパフォーマンスを向上させる過程でもあります。それは習熟の幅を広げることにも通じますが、そのような成長には、そのことに特化した練習が必要というのです。その有効な練習法の一つが、自分のやっていることの何が正しくて、何が間違っているのかを確認する「フィードバック」です。そのフィードバックは、次にどこに進めばよいかの指針を与えてくれる点でも重要であるとも言及されています[6]。

〈モニタリング＝自己フィードバック〉

そのフィードバックについては、「モニタリング」と「外部フィードバック」の2つの点から、その重要性が説明されています。ここでいう「モニタリング」とは、自分がしたことを、自身でふり返って記録することです。後述する、自分以外の他者から助言を得る「外部フィードバック」に対して、この「モニタリング」は「自己フィードバック」ともいえるでしょう。自分がした内容や結果を記録して残すことで、必然的に、自分に何が起きたかを認識・理解する機会となります。したがって、モニタリングというフィードバックをすることは、自分が体験したことについて、自身で気づきを得るための一つの形としてとらえることができるのです。

著書の中では、脳外科医マーク・バーンスタインのケースが取り上げられています。バーンスタイン医師は、10年間にわたって手術中に起きたミスをすべて書き出し、日付や患者の年齢などの詳細とタグ付けしてデータベース化しました。ミスを記録するというフィードバック・システムをつくったことになります。そうすることによって、効果はすぐに現れました。後に同僚とデータを検証したところ、記録するようになってから、チームのミスは大幅に減ったことが判明したのです。その効果は、10年以上も持続したことが報告がされています[7]。その要因としては、記録することで行動パターンが明らかになり、成長や改善に向けた意識がより高まるからでした。多くの分野において、自分のパフォーマンスにはほとんど注意を払わない人が多い傾向にあります。しかし、自分のパフォーマンスを記録することで、今の自分の状態・知識を自覚して、何を変える必要があるかを知ることができます。上達に意識が向くようになるからです。たとえば、「自分は正しくやっていただろうか？」「ミスはしなかったか？」「どうすればもっとうまくできるか？」などと、改善・向上に向けた自問をするようになるといったことが考えられます。このモニタリングの方法として、日誌や日記、ビデオなどの活用が考えられるでしょう。自らの学習や練習を定期的に記録していく学習日記は、とても有効であることが認められています[8]。

学びや技術の習得に関わることだけでなく、あることへの取り組みについても同じことがいえます。たとえばダイエットの実践において、多くの人に同じく効果的だったのは、ある特定の減量法よりも（炭水化物を摂らない、3000年前の人と同じ食事法にする、等）、つねに自分の体重をモニタリングしている人であったという調査報告があります。たとえば、少なくとも週に 1 度は体重計に乗り、毎食の摂取カロリーを記録しているといったことです。そういった点で、その日食べたものを書き出す食日記は有効だとされています[9]。また、目標達成や夢の実現をめざす世界中の 5000 人以上を対象にした大規模調査では（半年から 1 年間追跡）、成功の確率をかなり高める方法が 5 つ見出され、そのうちの 1 つが「記録をする」ことだったのです。目標達成ができた人たちは、自分の立てた計画、進み具合、プラスになったことがらや自分のほうびを、簡潔に書きとめていたことがわかりました。手書きやパソコンで記録し、冷蔵庫の扉やメモボードにグラフやイラストを貼りつける人も多かったことが報告されています[10]。このように、自らが行ったことの内容、つまりパフォーマンスの観察や記録をこまめに行うことが改善や上達に寄与し、成功や成果につながることが示唆されているのです。

〈外部フィードバック〉

次に、もう 1 つの「外部フィードバック」についてです。先の「モニタリング」（自己フィードバック）よりも、さらに効果的であることがいわれています[11]。なぜならば、自分で行うモニタリングでは、それをしていても、自身の弱点、間違い、改善点などには気づきにくく、そのすべてを見つけるには限界があるからです。とくに、より専門的な知識や技術の習得となると、その傾向は顕著です。先の著書では、下手だったバスケットボールのシュート技術が、元プロ選手のコーチからアドバイスを受けることで飛躍的に上達し、試合で活躍できたという著者の経験が述べられています。また、執筆の際には、編集者に原稿を渡す前に誤字や文法の間違い、論理の展開などの誤りがないように、何度も自分で読み返して入念な確認をしたとしても、編集者のチェックを受けると、それらのミスが指摘されるという例も紹介されています（なお、有名無名、新人ベテランに関係なく、どの作家にもあることだそうです）[12]。この点は、筆者自身の体験からも強く同感するところでもあります。

さらに、外部フィードバックの有効性を示す、放射線科の研修医を対象にした研究があります[13]。子供が足首を負傷している可能性がある症例を234件集め、どのケースにも複数のレントゲン画像と患者の既往歴や症状をまとめた資料を付けたデータベースをつくりました。研修医は、症例の概要とレントゲン画像を渡されて診断を下すように求められ、具体的にそのケースが正常か異常か、また異常であればどこに問題があるのかを指摘します。その後、すぐにベテランの放射線診断医から、診断のどこが正しくて、どこが誤っていたのか、何を見逃していたのかといったフィードバックがなされます。その結果、この練習とフィードバックによって、研修医の診断力が劇的に改善されることがわかったのです。初期には、研修医は主に既存の知識に頼るため、診断結果にはあたりはずれが見られました。しかし、20回目くらいの試みから、継続的フィードバックの効果が現れはじめ、診断の正確さに徐々に向上が見られるようになりました。このように、自分がすること、行ったことの上達をめざすうえでは、外部から判断し、的を絞った的確な指摘や助言をしてくれる他者による「外部フィードバック」が重要となります。進歩・向上をめざすうえでの、カギとなることが指摘されています。

フィードバックについて長年研究してきた、メルボルン大学のジョン・ハッティ教授をはじめとする専門家は、フィードバックの効用について、ミスに気づき正しい情報を得ること以上に大切なことがあるといっています。それは、フィードバックによって、学習者がテーマとしていることについての考え方が変化するという、新しい推論法を獲得することだといいます。つまり、フィードバックを受けることで、テーマにおける新しい発想や可能性、別のアプローチの仕方などに気づき理解することです。さらにハッティ教授は、良いフィードバックは、地図のように、学習が次にどこに進めばよいかの見当を与えてくれるという、「先行予測」の要素が必ずふくまれることにも言及しています[14]。

〈シェアリングの意義〉

以上見てきたように、「モニタリング」（自己フィードバック）および「外部フィードバック」のいずれであっても、行うことでの大きな効果が期待できるでしょう。自分（たち）がしたこと・体験をふり返ることで、間違いや改善点を見出すとともに、課題についての考えや理解を深め広げるといった、創造的変容をもたらすことができます。加えて、フィードバックすることで、さらなる進歩や向上にむけて、次にどうすべきかというビジョンや発展的思考を生み出される点でも有意義です。

「自己フィードバック」（モニタリング）と「外部フィードバック」について、どちらを先にやるかといった順番は、取り組みの内容によって変わってきます。より専門的な学びのプロセスとなるほど、初期段階には専門家による体系だった外部フィードバックが重要とされます。当然、自己フィードバックをしたとしても、初心者では気づくことの難しい専門的な視点や理解の部分があるからです。しかし肝心なのは、最終的には学習者が自分で頭を働かせて理解をして、自分で答えを考え出すことだとされます。認知心理学者のボブ・ビョーク博士は、「ミスの後のフィードバックであろうとなかろうと、単に事実や概念を繰り返し提示するのは、学習者に情報を「創出」させるのと比べるとはるかに効果が低い」と述べています[15]。それゆえ、外部フィードバックを活用していたとしても、時間の経過につれて、他者からのフィードバックは次第に控えて、自分自身で思考する「自己フィードバック」へとつなげていくことが望まれるのです。

この点から考えると、体験したことを他者と共有するシェアリングの活動（共有体験）の意義を指摘できるでしょう。シェアリング活動をもつことは、自分の考えを整理し、ことばにして発信するという一連の思考プロセス、つまり「自己フィードバック」がともなうことです。仲間と意見をシェア（共有）することは、自分の考えを他者に向けてアウトプットすることにほかなりません。シェアリングをするということで、自分がしたことや体験したこと、またそのフィードバックを通して得た気づきや理解を、自分の外側に向けて発信することになります。続いて、その共有体験となる「シェアリング」の効果について見ていきましょう。

2.　共有体験と自尊感情

共有とプロテジェ効果

自分（たち）がした体験をふり返ることで（フィードバックすることで）、

もたらされる効果があります。体験によって得たポジティブな気持ちや気づき・理解は、他者と共有するシェアリングをすることで、生起されたポジティビティをさらに高めたり、その学びをより強化したりするうえで有効です。先に述べた良い体験を味わうセイバリングは、その良いことを夫や妻、恋人や親しい友人などと分かち合うことで、そこで得られたポジティビティが何倍にもなるということが調査によって確認されています（ただし、共有する相手がその良いことを一緒に喜んでくれ、気持ちよく顧みさせてくれることが大切です）[16]。

また、「プロテジェ効果」といって、自分の考えや技術などを他人に説明したり、教えたりすることは、自分のもつその情報・知識について解釈を加えつつ整理することになります。自分のことばに直して伝えることで、理解が深まることがわかっています[17]。実際、筆者自身の経験でも、自分が得た新しい情報について、授業などで学生に伝えることで、その知識が整理され、より理解が進むことをよく実感します。この著作についてもそうです。自分がもつアイディアについて、書いて説明することによって、私自身がその内容についてより理解を深め広げることにもなっています。このようなプロテジェ効果については、みなさんにも同様に身に覚えがあるのではないでしょうか。それゆえ、学習場面において、取得した知識の理解をより強化したり発展させたりする方法として、グループで互いに教え合ったり、アイディアを共有したりすることが有効であると考えられます。

さらに、シェアリングすることは他の効果も期待できます。まず、「基本的自尊感情」の向上に寄与することが挙げられます。次に、自分の思考をアウトプットするという１つの創造的プロセスとなることです。さらにシェアリング活動は、良好な人間関係の向上をもたらす「共感的コミュニケーション」の力を育む良い機会となるであろうということです。以下これらの点から、シェアリングの効果について考えていきます。

基本的自尊感情を高める

〈「基本的自尊感情」と「社会的自尊感情」〉

自尊感情（または自尊心）は心理学の用語で、一般的には、「今の自分でいいんだ」という気持ちや、自分の考え・行動の正しさ、能力・価値を信じる、自信といった感覚もふくむ自分自身を重要な存在として思える気持ちをいいます。より広くは、そうした自分に対しての肯定的な考え・評価を抱いている状態を意味します。英語の「self-esteem」の訳語で、心理学の父と称されるウィリアム・ジェームズ教授が、1890（明治 23）年に出版した『心理学原理』（The Principles of Psychology）の中で、心理学用語として初めて取り上げたとされています（第 1 巻・第 10 章「自己意識（The Consciousness of Self）」のなかで取り上げられている）[18]。それ以降、自尊感情は心理学の主要な研究テーマの 1 つとして、その知見が積み上げられてきました。ここでは、それらをふまえつつ、教育的視点を交えて自尊感情を研究している、心理学者の近藤教授が示す「基本的自尊感情」と「社会的自尊感情」の考えを取り上げて検討していきます[19]。

「社会的自尊感情」は、他者からの良い評価や競争での勝利によって優越を感じることで大きなものとなります。ゆえに、逆に評価されなかったり負けたりすると、小さくなってしまいます。すなわち、「社会的自尊感情」は外部評価や他者との比較に影響されて膨らんだり、しぼんだりと、その度合いが左右されます。いわば、他人軸の自尊感情といえるでしょう。

一方の「基本的自尊感情」は、「自分は生きていてよい」や「自分の存在に不安はない」といった思いであって、他者からの評価や優劣の比較から生まれる感情とは違います。つまり、他の人より優れているから、他から高く評価されたから自分には存在する資格や価値があるのだという類のものではありません。「基本的自尊感情」は、そうした他者との関わりにおいてなされる比較や優劣とは関係するものではありません。外的な理由はなくても、「今の自分でいいんだ」「自分はこのままでいいのだ」と自分を肯定的に思えるような気持ちが「基本的自尊感情」です。先の「社会的自尊感情」が他者軸であったのに対して、「基本的自尊感情」は、自分軸の自尊感情ととらえることができるでしょう。

どちらも自尊感情の向上に関係しますが、とくに基本的自尊感情は、他者に影響されない点において、自分にとってより絶対的で根源的な要素と理解できます。前出の近藤教授は、この自尊感情の 2 つの領域について、基本的自尊感情は「基礎」をなすもので、社会的自尊感情はその上にかけられる「上屋（仮屋根）」のようなものといっています。基本的自尊感情という土台の上に、社会的自尊感情が乗る構図となります。そのため、ほめられたり、高い評価を受けたりして社会的自尊感情が大きくなっても、基本的自尊感情がそれを支えられるくらいに発達していなければ、全体としては不安定な状態となって何らかの不和・不具合が起きるとされます。一方で、外部評価によって増減する社会的自尊感情が、その低評価によってしぼんでしまったとしても、基本的自尊感情がしっかりとしていれば、自尊感情全体としては問題ないという解釈ができます[20]。

さらにいえば、自尊感情は、家を建てるときの基礎工事（土台づくり）みたいなものと見なすこともできます。家の基礎工事はコンクリートと鉄筋を使ってつくられます。さらにその耐久性（強度）は、鉄筋を組むときの施工の質に関係するとされます。この例でいえば、基本的自尊感情は、この基礎工事における鉄筋の施工作業において、強度の高い鉄筋部をつくることにあたるといえます。家の基礎（＝自尊感情）、さらにそれを構成する鉄筋部分（＝基本的自尊感情）が強固なほど、その上に組み立てる骨組み、壁、屋根もしっかりと構築できて、全体として強く安定した家ができあがります。そのような家は、台風や地震に対しても確固たる対処ができて、容易に壊れることはありません。基本的自尊感情もこれと同じで、これが基盤となることで、全体としての強固な自尊感情をつくって､より充実した人生を創造していくうえで大切な､「喜び」「楽しさ」「情熱」「好奇心」「やる気」などといった発展的で肯定的な感情も育むことができるのです。そして、より良い自分という人格が形成されていくものと考えられます。

基本的自尊感情が低い状態、たとえば「自分はダメな人間」「生きる価値のない人間」などと思っている人に、上述したようなポジティブな感情は生まれにくく、育ちにくいことは想像に難くありません（失恋して深く落ち込んでいる人が、やる気を失って何も手につかなくなってしまうといった、非生産的傾向になるのと同じです）。したがって、自尊感情、とくに基盤となって他から影響を受けることのない確固たる「基本的自尊感情」を養うことが、充実した自分、ならびにその人生を築いていくうえでの核となるといえるでしょう。

〈基本的自尊感情を育む共有体験〉

より良く生きていくうえでの根源的要素としてとらえられる基本的自尊感情は、近藤教授によれば、「共有体験」によって育まれると指摘されています[21]。共有体験は、他者（仲間）とある体験をともにすることで、その体験によって生起された気持ちをお互いに確認し合うことと説明されています。それゆえ、「共有体験＝体験の共有＋感情の共有」としても表されます[22]。より具体的に見ると、そのような共有体験を通して、「自分の感じ方が、一緒にいる友だちと同じだ」ということを認識し、「自分の感じ方はこれでよい。だから、自分はこれでよい」という確認となり、「自分はここにいてよい、今の自分でいいんだ」といったような安心・安定した心持ちとなるとされます。つまり、基本的自尊感情の育みに寄与すると言及されています。そのような一連の感情の動きは、乳幼児期からの日常生活の中で、親や家族、友達などとの身近な人との関わりにおける愛情や友情、その後における他者との共有関係の繰り返しによって形成されるものです。そうした共有体験の繰り返しによって、基本的自尊感情は醸成されていくといわれています。

この共有体験が基本的自尊感情を育むという見解は、子供の頃から人と関わる体験がより多いほど「自己肯定感」が高い傾向が見られるという、成人 5,000 人（20 ～ 60 代までの男女 500 人ずつ）を対象に行われた大規模調査の結果からもうかがえます（国立青少年教育振興機構調査）[23]。「自己肯定感」は、字のごとく自分の価値や存在を肯定的にとらえる感情です。上述した「いまの自分でよい、好き、大切な存在」などといった自分についてのポジティブな気持ちを幅広くとらえた考えです。まさに（基本的）自尊感情と類似概念となります。以下に示すように、子供の頃から他者との関係性が生じる体験が多かった人ほど、高い自己肯定感を示す結果となっていることが報告されています。

- 家庭での体験：「お手伝い」「家族行事」の体験を多くしている人
- 地域（放課後・休日）での体験：「公園や広場で友だちと外遊びをしたこと」「友だちの家や自宅で友だちと室内遊びをしたこと」「学習塾で勉強したこと」「スポーツクラブや少年団で活動したこと」「文化系の習い事に通ったこと」といった体験を多くしている人
- 学校での体験：「児童会・生徒会の役員」「体育祭や文化祭の実行委員」「部活動の部長や役員」などを「やったことがある」と回答した人や、「運動系部活動で活動したこと」「文化系部活動で活動したこと」を「ほぼ毎日した」と回答した人
- 地域・家族の人との関り体験：親・先生・友だち・近所の人との関わりが多かった人（「何度もある」と回答した人、とくに「褒められたこと」でその傾向が顕著）

〈人と関わる共有体験〉

上掲したような活動をすることは、自分の周囲にいる他者とより関わる体験となります。その場では、同年齢の友だちに限らず、年上や年下だったり、指導者の大人や他の子供の保護者だったりといった、多様な人たちと関わる機会をもつことになるでしょう。すなわち、ここでいう「共有体験」を多くするこ

とになるのです。このように、上に見られるような体験をする中で、多様な他者と関わりをもつことで（＝共有体験)、先述したような自分に対する核となる肯定的な気持ちの「自己肯定感」を育んでいくと考えられます。それは、ここでいう基本的自尊感情とほぼ同じようなものといえるでしょう。また、そのような傾向となることが、大規模調査の結果としての客観的な実証データとしても示されているのです。

さらに興味深いのは、そのような人と関わる共有体験が自己肯定感を醸成していくことの傾向は、子供の頃の家庭の教育的・経済的条件にあまり左右されないという結果が見られている点です。それは、子供の頃の家庭の教育的・経済的条件に恵まれなかった人でも、親や先生、近所の人から褒められた経験が多かった人や、家族でスポーツをしたり自然の中で遊んだりしたこと、友だちと外遊びをしたことが多かった人は自己肯定感が高いということが示されているのです。

加えて、もう１つ示唆に富む結果があります。子供の頃の親や先生、近所の人に褒められた・叱られた（注意された）という体験の頻度と自己肯定感との関係です。その結果では､褒められた経験が多い場合は(「① 褒(多)／叱(多)群」「② 褒（多）／叱（少）群｣)､褒められた経験が少なかった人に比べて（｢③ 褒（少）／叱（多）群｣)「④ 褒（少）／叱（少）群｣)、自己肯定感の高い人の割合が大きくなる傾向が見られました。褒められたことが多い人たち(①②)ほど、そうでない人たち（③④）よりも自己肯定感が高くなるというのは、当然想像できるところです。一方で注目すべきは、①のように褒められるのと同様に、“叱られた・注意された経験が多い”場合でも、自己肯定感が高くなる傾向を示している点です。このことからは、褒められるのでも叱られる・注意されるのでも、人との関り体験自体（＝共有体験）が自己肯定感を育むのに大切なことがうかがえるのです（ただし、叱られる・注意される体験が多いだけではいけない)。

共有体験が基本的自尊感情を育むことを説明した先の例では、他者と自分の感じ方が同じ場合について取り上げられています（｢自分の感じ方が、一緒にいる友だちと同じだ」→「自分の感じ方はこれでよい。だから、自分はこれでよい」＝「自分はここにいてよい、今の自分でいいんだ｣)。加えて、筆者は共有体験をもった際に感じる自分の気持ちは、他者と違ってもよいと考えます。同じ体験をして、「自分の考えとは違うけど、あの人はそのように思っているんだな」といったように､他者と自分の考えが同じでなくても「自分とは違う」

という異なりに気づき、確認できることが大切です。なぜならば、何も会話がない状態では、お互いにどんな人間なのか理解は進みませんが、それぞれの感じたことを共有することで、たとえ自分と意見がちがっていたとしても、その人が何を考えていて、どのような人なのかということを少なからず知ることができるからです。そのように知っているという感覚が、安心、さらには安定した精神状態へとつながると考えられるからです。

私たちは、正体不明や先が見えないなどの、未知なことに恐れや不安を感じます。この恐れ・不安は、ネガティブな感情に分類されるものではありますが、私たち人間が危険を避けて生き抜くために必要な感情でもあります。そのような感情があるからこそ、よく知らないものや危ないと感じる場所や存在には近づかず、対処して、安定や安全を保ってきました。私たちは、そうして生存してきたという人類の営みがあります。したがって、よくわからないものを知る、察知できることによって、安心・安定できるという心理をもちます。

このことは、たとえば「お化け屋敷」で考えてみるとよくわかるでしょう。お化け屋敷は、暗闇の中に、この先に何が潜んで、何がどこから出てくるかわからないことで、とても恐怖を感じます。しかし、部屋の電気がついていたらどうでしょうか。行く先がよく見えた状態で、お化けも見えていたり、たとえ隠れていたりしたとしても、大体どこに隠れているのかは見当がつく状態では、ほとんど怖く感じることはありません。竿の先にコンニャクを吊して、それを肌に当てて怖がらせていた仕掛けも、白昼の下、丸見えでは、「なんだ、こんなことに怖がっていたのか」などと思うことでしょう。

私たちが、未知なものを知ることによって安心を得ていくのも、これと同じといえます。この点は、先の「自分の気持ちは友だちと同じ」という確認ができて安心が生まれ、「今の自分でいいのだ」といった自分を肯定できることで「基本的自尊感情」が育まれるプロセスに通じるものと考えられます。これは、他者と意見が違っていたとしても同様です。それ以前に、対話による感情の共有をすることで他者を知ることが安心を生み、さらには、今ここの自分を肯定できる心の安定へとつながるからです。

このような、共有体験において相手を知る・理解することの利点を生かすためにも、他者との意見の違いは悪ではなくて、むしろその違いを認め活用していくというオープンなマインドセット（ものの見方・考え方）をもつことが肝要だと考えます。たとえば、「自分はこう感じたけど、君はそう思ったんだね。自分とは違うけど、そのような考えも興味深いな」などといった態度です。他者と自分の感じ方、考えの違いはそれぞれの個性であって、同じ気持ちのときもあれば違うこともあるという多様性を認めて、そのようなあり方を前提とするのです。

違いを積極的に受け入れ、かつ必要に応じて取り入れることで、自分の理解を深め広げるための材料としていくといった、建設的な取り組みとなります。実際､「A」とは違う「B」を知ることで､その「A」の特性が浮き彫りになって､「A」についてより知ることにつながることはよくあることです。自分とは違う他の意見に触れることで、「自分の考えはこうだったんだ」という、自己理解への明確な気づきや深まりがもたらされることがあります。また、自分との違いを知ることは、自分にないある部分を付加して、自分の一部とすることのできる良い機会にもなるという考え方もできます。この文脈において、共有体験は他者と同じ点を認識するだけでなく、違いと多様性を積極的に見出す有効な活動となります。そうすることで、他者と自分の双方の理解を深めていくことにもなる、効果的な場でもあり手段となるでしょう。

このようなオープンで前向きなマインドセットを基本とすることで、シェアリング時において感じ方が他者と同じであっても違っていても、お互いの考えをシェア（共有）するという行為自体が、両者にとって有益となります。この見地において、私もあなたも大切な存在といえます。そしてそのように思えることは、「今の自分で OK（あなたも OK)」という肯定的な状態となって、基本的自尊感情の育みに寄与するものと考えます。さらに一歩踏み込んでいえば、ある体験をして得られた気持ちや考えを共有するあなた（私）は、そこにいるだけで、その存在自体が周囲の人への貢献となっているのです。

人生はいつだって、自分と他との共有体験ともいえます。それゆえ、あなた（私）は、今ここにあって、自分なりの個性ある表現をしながら自分という存在を共有しているのです。一方で、他者の表現について心を広げて受けいれる存在であることで、あなた（私）は、今ここに存在するだけで意味があり素晴らしいのです。

3.　アウトプットという創造的プロセス

シェアリングはアウトプット行為

ある体験をして、自分の気持ちや考えをシェアリング（共有）するという行為は、自らの思考を「アウトプットする」ことといい換えられます。そのプロセスは、創造的行為の１つと見なすことができるでしょう。なぜならば、思考という自分にしかわからない目に見えないものが、他者が（および自分自身も）理解することのできることばという、より具体的な形となって外側に表されることになるからです。ことばには書きことばと話しことばがあります。後者の書きことばの方が、文字という目に見える形として残ることから、具体性は話しことばよりも高いといえます。自らしたことについて、考えたことを書きことばとして具体的な形にするというのは、先述した「個人フィードバック」(モニタリング)において、記録することの有効性に通じるものがあるでしょう。「個人フィードバック」の際の記録も、文字として具体的な形となるからです。

ここで取り上げるシェアリング活動の場合は、話しことばが主となります。この共有活動を通して、自らの体験で生まれた考えや感じたことを、他に向けてアウトプットするという具体的行為には、いくつかの効果が見られます。そのうちの１つが、アウトプットすることで記憶に残りやすくなるということです。脳の仕組み上、アウトプットすることによって、海馬に一時保存された情報は、側頭葉へと移動し長期記憶される傾向があります。また、アウトプットをすること自体が、脳が大切な情報として認知し、記憶として保持されやすくなるということもいわれています[24]。この効果は、前述した、自分の考えや技術などを他人に説明や教示することで、そのことについての自身の理解が深まるという「プロテジェ効果」との重なりが見て取れます。

より頭に残りやすいということで、自分ごとの使える知識になっていくことになります。それは、自分の言動に意味づけされて、その後の自己の思考や行動に影響を及ぼすということです。それゆえ、どのように意味づけされるのかが重要となります。それがポジティブなのか、逆にネガティブなのかということになりますが、当然ながら、私たちの成長や進化にはポジティブな意味づけとなることが求められます。この点の、「どのようにして、ポジティブにできるか？」の問いは、「ふり返り（フィードバック）をどのようにすればよいか？」について検討することにほかなりません。そのようなポジティブな意味づけとするふり返り方法については、後掲項目にてより具体的に説明していきます。

アウトプットの効果

次に、ことばのアウトプットを通して共有することの有効性を、自己成長・能力開発の点から考えてみましょう。まず１つ目は、アウトプットするという行為が、お互いにとっての外部フィードバックとなり、自分の知識や気づきの広がりがもたらされるという点です。他者も自分も、内側にある目に見えない気持ちや考えなどについては、他の人も見聞きすることのできることばとして、外側にアウトプットしなければフィードバックとなりません。シェアリング活動において、各々が自分の思いや意見をアウトプットし合い、それらが共有されることで、相互に外部フィードバックをすることになります。そうなることで、自分が知らないことや知り得ないこと、気づいていなかったことなど、有益な情報や知識をより効果的に集めたり、理解したりすることを促してくれます。つまり、自分の知識や考えの幅を一層広げ深めることになるでしょう。さらに、そのようにして自らの情報・知識が増えることは、選択肢の幅が拡大することでもあります。そして、自分が選択できることが増えるということは、自分の可能性が大きくなっていくといった発展的なプロセスを生み出します（この点は、続いて取り上げる２つ目の効果に関連)。

２つ目の効果として、自分の思いをアウトプットすることによって、周囲の人に自分という人間を知ってもらう機会になると同時に、自己アピールの場にもなるという点が挙げられます。その利点としては、良い意味での「類は友を呼ぶ」となって、自分の可能性の広がりに通じることです。たとえば、自分の発信したことについて､関心や賛同してくれた人が集まるきっかけとなったり、実際にコミュニティをつくったりすることにもつながったりするでしょう。また、自分の考えを発信することで、自分という人間についての表明にもなることから、それを見た人からの仕事の依頼を受けるなどというように、思いがけなくビジネスチャンスにつながっていくケースも考えられます。ブログや動画共有サイトで配信していた内容が人気を得て、書籍化されたという例も多く見られます。ブログなどの共有配信ツールを使って、ビジネスに活用している人も少なくないでしょう。

このように、自らの考えのアウトプットによる共有行為が、自分の交友関係やネットワークの拡大をもたらすことが期待できます。それは、自らの活動範囲が広がることに通じ、自分の選択肢の広がりを意味することでもあります。そのように、人生においてより多くのことを選択できる機会を得ることは、自分がより前進する、飛躍するチャンスを大きくしているということにもなるでしょう。アウトプットという行為をしなければ、何も起こらずいつまでも「0（ゼロ）」という状態です。しかし、それをすることで何かがきっかけとなって、「1」にも「10」にもなる可能性を秘めているからです。したがって、アウトプットによる共有活動は、自分の潜在能力を引き出すきっかけを与えてくれたり、また実際にそうなる場になったりする自己開発の機会になると考えられます。

３つ目に、アウトプットは何かを伝える相手がいることを前提としており、それによって発信力（プレゼンテーション力）が培われるということが挙げられます。自分の考えを他者と共有することを意識することで、良い意味で多少の緊張感が生まれます。そのため、考えて発信するようになります。ただ自分が思っていることを話す、書くのではなく、相手により理解してもらうために、何を話し、どのように伝えるべきかといったことを、思考するプロセスになり得るのです。そして、実際にその発信を試してみて、どう伝わったか、どのように理解されたかの反応をうかがって、そこから得られた気づきを次のアウトプット時に生かしていくようにします。これは「自己フィードバック」することに他なりません。そのような循環を意識することは、自らの発信力、またはプレゼンテーション力の練習となって、その繰り返しがその力を促進していくことになるでしょう。

筆者がこのことをよく感じるのは、学校の先生という職業です。先生は、朝から晩まで児童・生徒の前で授業をしています。学校の先生にとっては、これは当たり前のことです。一方で見方を変えれば、先生という職業は、子供たちに向けてある課題について、つねにプレゼンテーションをしているともとらえられます。ただ闇雲に話したり板書したりしているのではなく、子供たちがより理解できるように、話し方や板書方法などを工夫しながら行っています。日々、子供たちが理解できているかといった反応を見ながら、それを自らにフィードバックして次の授業法への改善に生かしています。これを毎日、年間を通じて繰り返しているのです。さらに感銘を受けるのは、先生になる前にはどちらかというと、人前で話すのがあまり得意でなかった学生でも、教員になって１年も経つと、格段に伝える力（＝プレゼンテーション力）が向上しているのを目の当たりにすることです。とくに、多様な教科を教える小学校の先生にその傾向が強く見られるのを感じます。昔から「習うより慣れよ」ということわざもありますが、そのことを実感します。

最後の４つ目の点として、アウトプットをすることで、自らの発信内容が、ときに他者貢献となることが挙げられます。自分が意識しているいないにかかわらず、自分の発信内容が他の人にとっての有益情報となっている可能性があることです。この点も、何の発信もしなければ、周囲に影響を与えることはありません。逆に、一度発せられたことばは、自分が気づいていないところで、良くも悪くも誰かに影響を及ぼすことがあります（自分の言った何気ない一言が、知らずに誰かを傷つけていたり、反対に元気づけていたりすることがある、等)。自分にとっては何気ないことや、取るに足らないことだと思っていても、ある人にとっては何らかのためになる重要な情報・知識になり得るのです。自分の発信内容が、どこの誰にどのような影響を与えているのは、計り知れないところです。ただ1つ確実なのは、詳細はわからないまでも、あなたのアウトプットが誰かの役に立っているといった、良い影響をつくり出している可能性はいつだってあることです。

また、1つ目の点で挙げた外部フィードバックに関係しますが、ブログやSNSなどを使ったアウトプットの形では、コメントという反応によって、自分の発信が他の人に有益だったかについて知ることもあります。それはそれで、他者貢献が確認できて嬉しいことですし、さらなる発信の励みとなって、そのようなアウトプット活動の持続の力にもなり得るでしょう。その「アウトプット～フィードバック～アウトプット……」という継続的な循環は、上で触れたように、いずれ自分の能力を引き出し、発展させることにつながることも考えられます。

自分の発信が、他にとって有益か否かのいずれであっても、それが回りまわって他者や社会に有益な情報となる可能性はいつだってあるのです。この点において、アウトプットによる共有は、誹謗中傷などの他を攻撃するといったネガティブ行為でない限りは、いつだって他者貢献や社会貢献といったポジティブな成果になり得ると思われます。

4. 共感的コミュニケーション力の促進

共感的コミュニケーションとは

本書で使う「共感的コミュニケーション」ということばは、1970年代にアメリカの心理学者マーシャル・ローゼンバーグ博士によって体系化され提唱された“Nonviolent Communication”（NVC：非暴力コミュニケーション）の理論と実践に由来します。NVC を学んだ水城ゆう氏が、日本人がより理解しやすいようにと内容を整理し、「共感的コミュニケーション」[25] としました。同名の書籍も上梓されています。

NVC およびそれに準じた「共感的コミュニケーション」は、自分の内と外（他者関係）において平和をつくるコミュニケーション・プロセスとされています。家族、友人、パートナー、学校、職場、組織、国際関係など大から小まであらゆる人間関係の調和や向上に向けて開発されました。それゆえ、チームの運営や紛争解決にも応用できる考え方であるとともに、実践するための方法でもあります。提唱されて以来、その取り組みによって、個人的なことから、より大きな単位となる社会的場面での良好で平和な関係つくりにおいて、多くの成果がもたらされてきました [26]。なお、本項で NVC 理論そのものを取り上げないのは、NVC の再解釈版ともいえる「共感的コミュニケーション」の内容が、本書の VARS 理論との兼ね合いにおいて援用するのに適当だと判断したからです。

本項の前で示したシェアリングによる２つの効果（基本的自尊感情・アウトプット力）は、他者との共有活動をすることでもたらされるという観点から述べたものです。ここでは、「共感的コミュニケーション」の知識とスキルを学び伸ばすのに、シェアリング活動が良い機会となるという点で取り上げるものです。それゆえ、前の２項目とは違った観点から説明することになります。前の２つの点は、A（シェアリング活動）によって、B（基本的自尊感情・アウトプット力）の向上がもたらされるという関係性です。対して本項では、B（共感的コミュニケーション力）を向上するために、A（シェアリング活動）が有益であるというアプローチとなります。わざわざ後者の観点で「共感的コミュニケーション」を取り上げるのは、本項の冒頭で少し触れたように、その考え方と手法が、他者関係やチーム（組織・社会）に調和、平和、活力を創出する実践であるという点にあります。筆者は、個および小さな単位としてのコミュニティレベルにおいて、そのような平穏かつ創造的なあり方や関係性を構築することが重要だと考えます。私たちの身体は、それを構成する細胞や臓器が健全であることが土台となって、全体としての健康を維持促進することができます。それと基本構成要素である個の充実した状態が、より大きな様相としての社会や世界の繁栄、すなわち持続可能で幸福な状態をもたらす基盤になると考えているからです。その意味で「共感的コミュニケーション」は大事だと思っています。

共感とニーズ

ここで「共感的コミュニケーション」に話を戻します。まずは、「共感」ということばですが、「○○さんの話に共感した」「共感を覚える」などと、よく見聞きするものでもあります。その辞書的な一般的意味は、他者の考え・行動にその通りだと感ずることや、同感することとされています。しかし、共感的コミュニケーションにおける共感は、その字義的な意味以上の、あるいは少し違った意味合いをもちます。そのキーワードが「ニーズ」です。「ニーズ」の意味には、各々の価値観、大事にしていること、必要性といったニュアンスをふくみます。それゆえ、共感的コミュニケーションにおいて誰かに「共感する」とは、相手のニーズを知り、それを尊重することになります。さらにいえば、「共感する」ということは、お互いがニーズレベルでつながり、異なった価値観であっても、お互いに尊重し合うことも含意しています。

ここでいうコミュニケーション（能力）とは、相手のことを理解するとともに、自分のことを他に伝えることもできるスキルや力をいいます。「相手とつながる能力」といってもいいでしょう。それゆえ、「共感的コミュニケーション」とは、「ニーズ」の理解を軸として、自分と他者がつながる関係性のあり方と考えることもできます。

このような態度でもって他者と向き合うとき、自分（I）は相手（Y）のニーズを推測することになります。「Y さんは〜ということを大切／必要と考えているのですね」などと問いかけられることによって、Y は自身の気持ちに目を向け、自分（Y）のニーズについて考え、自分のニーズにつながる機会となります。それゆえ、共感するということは、「相手のニーズを問う」という行為を通して、「その人が自分自身のニーズにつながるサポートをする」ということになります。

そのように自分につながることは、「自己共感」といいます。上の例では、この自己共感は他者（Y）に生起することが示されていましたが、相手（Y）へのニーズを探るだけでなく、自分（I）についての「自己共感」をもつことも大切です。誰かに共感するということは、まずは自分自身（I）に共感している状態、つまり、自分（I）のニーズを把握している必要があるということです。「相手（Y）のニーズは何か？　それを知って相手につながりたい」という自分（I）のニーズをもち、自身がそこにつながったとき、相手（Y）にも共感を向けることができるとされます。自分（I）につながらないまま相手につながろうとしても、うまくいかないといわれています。相手（Y）が自己につながるお手伝いをすることを、自分（I）のニーズとしたとき、相互に安心や信頼といった気持ちが生まれます。そのような肯定的な関係性の中で、お互いを尊重し、対話が始まり、生産的な関係づくりに向かうことが可能になるといわれています。このような他者関係をもつには、相手は自分とは違う考えの持ち主であるというとらえ方を前提とすることが大切だとされます。たとえば、「相手は（Y）は自分（I）とは違う価値観で語るかもしれない。しかしそれは、単に『意見の相違』であって、私が見ている相手（Y）という生命は、私（I）の生命となんら変わりはない」などと考えることです。

「共感的コミュニケーション」の具体的方法

ここで、「共感的コミュニケーション」の具体的な取り組みにおける考え方について簡潔に紹介しましょう。「共感的コミュニケーション」には、ニーズを軸に相手を理解し、自分を伝えるための 3 つのステップをふみます。なお、共感的コミュニケーションのオリジナルである NVC は、次の 4 つのプロセスとなります（①「観察」すること（Observation）、②「感情」に気づくこと（Feeling）、③「ニーズ」を明確にすること（Needs）、④「要求」すること：自分の人生を豊かにするために（Request））。ここでは詳しくは述べませんが、続いて説明をする「共感的コミュニケーション」の 3 ステップとの関係性を考える上での参考として取り上げます。

共感的コミュニケーションにおける、第 1 ステップは「自己共感をする」です。まず、自分自身につながる段階となります。「自分は何を大切と思っていて伝えたいのか」「何を伝える必要があるのか」というように、自分のニーズを確認します。これは、NVC における「観察」に相当します。

次の第 2 ステップは、「共感的に聞く」です。相手のニーズを把握する段階となります。「相手は何を必要としているのか」「どんなことを大事にしているのか」について理解に努めます。また、そのことを相手に問うことによって、相手が自分自身が必要としていること、大切にしていることに気づくお手伝いをします。これは、NVC プロセスにおける「『観察』すること」、「『感情』に気づくこと」、「『ニーズ』を明確にすること」に一致します。

最後の第3ステップが、「要求（リクエスト）する」です。第1段階で見出した「自分が必要としていることや大事にしていること」を相手に伝える、共有する段階となります。NVCでの「『要求』すること」にあたります。

「共感的コミュニケーション」では、この3段階を意識して他者と調和し、創造的な関係性を築くことを試みます。その一連のプロセスの中で、とくに気をつけるべきことがあります。それは、他者の感情にふりまわされるといった、負の影響を受けないようにすることです。共感的コミュニケーションでは、実際のところ、他者の感情やふるまいに注意を向けますが、それはそのさらに奥にある相手のニーズを知るためとなります。目的はあくまでもニーズにつながることなのです。それゆえ、相手がどのような感情表現やふるまいをしていたとしても、自分はその影響を受けないように心がけます。相手の言動や感情は、相手のニーズが満たされたり、満たされなかったりしているために表現されているのであって、自分とは何の関係もないというように解釈するのです。このように、自分が相手とつながりたければ、相手の言動や感情のレベルではなく、“ニーズのレベルでつながる”ことの重要性が説かれています。

以上のように、「共感的コミュニケーション」において肝に銘じておくことは、「相手が何を大切にしているか」、「どんなことを必要としているのか」といったことに、自分の注意や好奇心を向けていくことです。またその背景にもつ考え方として、相手の言動や感情にふりまわされることなく、こちらはこちらのままで良いのだというような考え方をすることにあります。「共感的コミュニケーション」では、そうすることを通してお互いに自分のニーズに気づき続け、より生き生きとした相互交流をめざすのです。

共感的コミュニケーションのシェアリングでの生かし方

それでは、「共感的コミュニケーション」手法を、どのようにシェアリング場面で生かしていくことができるでしょうか。これには2つ側面が考えられます。1つは、上で述べた3つのステップをそのまま実施できるケース、もう1つは必ずしもそうはならないケース、つまり、3つのステップのすべてを忠実にふむのは難しい場合です。とくに、第2ステップ「共感的に聞く」では、他者の話を聞いた後に「相手が何を必要とし、大切にしているのか」を問いかける行為もふくまれていますが、この点が場合によりけりとなるでしょう。

たとえば、ある体験活動をした後のふり返りにおいては、コーチや先生、親などといった指導的立場にある者がシェアリングに加わって外部フィードバックがなされる場合もあれば、そうでないこともあります（指導者はシェアリングの場には加わらないで、活動者のみで行われるような場合）。前者では、先述した第 2 段階での問いかけは、指導者から活動者へ行われるので、しやすい傾向があります。それゆえ、3 つのステップのすべてについて意識的に行いやすいでしょう。一方で後者では、年齢層が低いほど、相手のニーズを察して問いかけをすることまでを行うのは簡単ではありません。また、ふり返りをする際の人数にもよると思われます。より少人数であれば、すべてのステップをふむことは比較的しやすいかもしれません。しかし、より多人数で行うふり返りとなると、1 人が語ったことについて、その都度相手のニーズを問うことをするのは時間もかかりますし、また誰が誰に対してするのかといった点も含めて難しくなってくるように感じます。

このように、ふり返りにおいて、「共感的コミュニケーション」の手法をどう活用するのかというのは、ケースバイケースになるでしょう。一方で、どのようなシェアリングの場合でも、つねに押さえておくべき有効な点があります。それが、「自己共感」（第 1 ステップ）と「共感的に聞く」（第 2 ステップ）です。まず自分のニーズが何であるのかを見つめる「自己共感」によって自身につながります。その上で、他者の語りを聞くことを通して、相手のニーズにつながり理解に努める「共感的に聞く」ことに取り組むのです、この一連のプロセスは、ふり返りの形態がどうであっても、共通して活用できるでしょう。この「共感的コミュニケーション」における聞く行為は、単に話を聞き流したり、ただ聞いたりといった受け身の態度とは違います。シェアリングにおける対話の中で、相手のニーズが何かということを察しながら聞くという思考作業がともないます。より意識敵的に集中して聞くという、積極的な傾聴プロセスであるといえるでしょう。なお、第 3 ステップの自分の考えを発信、共有する段階となる「要求（リクエスト）する」ことは、シェアリング活動そのものが、先に述べたアウトプットをする行為に通じます。それゆえ、この第 3 ステップは、もともとシェアリングをする活動プロセスに組み込まれているといえます。

ここまでに「共感的コミュニケーション」の有効性や可能性について簡潔に見てきました。その手法は、自分と他者のニーズを軸に、自己と相手のどちらにもつながって、双方にとって調和的で建設的な関係性の築きをめざすものでした。それが提唱されて以降、その実際の取り組みによって、多くの成果をもたらしてきたことが報告されています。シェアリングという他者との共有活動においては、ここに示した「共感的コミュニケーション」の考え方や実際の手法を取り入れる有効な場となり得るでしょう。そうすることで、「共感的コミュニケーション」の実践を通して培われる力の向上が期待できます。その手法を取り入れながらシェアリングを実施することで、自らの考えを共有する活動以上の効果がもたらされることでしょう。自分と相手の双方において、持続可能で豊かな人間関係の理解と形成に役立ってくれるはずです。いわば、「Win-Win」の関係性を築く活動およびそのプロセスとなるのです。

5.　ふり返りの視点：“I LIKE-GOT”&“ I TRY”

実際にシェアリングするには、アウトプットするための自分の考えを準備する必要があります。ある体験をしたことで、自分がどんな気持ちをもったかについて、発信用の考えをまとめることになるわけです。そこで、その考えを生み出すのに有効な観点について、筆者の見解を提案します。この検討にあたっては、シェアリング＝アウトプットをすることによって、その本人（たち）のポジティブな状態の維持・向上をもたらし、また次なる成長・進化へと生かされるような内容となることをめざします。

筆者は、この点における、自らのこれまでの実践をふまえた探求の結果、“I LIKE-GOT/I TRY” のアプローチが有効だと感じています。このアイディアはスタンフォード大学のティナ・シーリング教授が提唱している「I like…, I wish…」の応用となります。起業家育成コースのブレイン・ストーミングに焦点をあてた授業の最後に、今後の授業の改善に向けて、いわば、ふり返りの活動として実施されている手法です。今回の授業をやってみて、「良かったと思ったこと（I like）」と、「次回、こうすればいいのにと思ったこと（I wish）」を意見交換するという演習となります[27]。

このシェアリングにおいて、実際に学生から出された意見としては、「I like（良かったと思ったこと）」では、相手の意見を肯定する「Yes, And…」の演習（誰かの意見に対して、「いいね、それで……」と応答する発展的な姿勢、その反対が、「Yes, But…（いいね、でも……）」という応答）、グループ替えでいろいろな人の考えを知ることができたこと、グループでアイディアを生み出したときの刺激や高揚感が得られたこと、自分たちでルールを決めて進められたこと、などの意見共有がありました。一方で、「I wish (次回、こうすればいいのにと思ったこと)」については、アイディアを書き出すホワイトボードの近くにお菓子などを置くこと、発想を助けたり見せたりするためのおもちゃや小物を置くかまたはもち込めること、他のグループのアウトプットを見て学習できること(出されたアイディアが書かれたホワイトボードのコピーがほしい)、ホワイトボードを限りなく使えること（すぐにスペースが足りなくなったので)、などの意見が出されていました。

この後に続いて説明をする“I LIKE-GOT/I TRY”の観点をもってシェアリングをしていくことは、前項で取り上げた「共感的コミュニケーション」における「自己共感」に通じるものでもあります。すなわち、自分が向き合うテーマに対して「何を大切にしているか、何を伝える必要があるのか」について考えて、自己認識や自己理解を深めていくことになります。したがって、ここで示す理論を活用しながらシェアリングをすることによって、自分自身につながることに寄与することにもなるでしょう。

“I LIKE-GOT“と“PERMA”理論の活用

“I Like-Got” パートは、ある体験をしてみてふり返った際に、「LIKE：好ましかったこと・良かったこと」および「GOT：得られた・達成した成果」は何であったかという点から考えてみます。一方、“I TRY” パートの方は、その体験によって得た気づきや課題を、自らの成長に向けて、次にどう生かしていくかというチャレンジ（トライ）の視点をもつことです。

さらに、この“I LIKE-GOT/I TRY” アプローチについて、より具体的に考えるために有効な視点があります。それは、ポジティブ心理学において提唱されている“PERMA（パーマ）理論”の活用です。私たちの持続的幸福状態＝豊かな生が創発されている状態（Flourish：フラーリッシュ）を意味する“Well-being（ウェルビーイング）”を構成する要素が“PERMA”となります。“PERMA” は、「Positive emotion/Engagement/Relationship/Meaning/Achievement」の頭文字を取って表されたものです。“Positive emotion” は「ポジティブ感情」、“Engagement” は「主観的関与・没頭」、“Meaning” は「意味・意義」、“Relationship” は「他者との関係」、“Accomplishment” は「達成」を意味します。この5要素は主観的にも客観的にも測定可能であり、一つの観点だけで定義できるものではないものの、各要素がウェルビーイングの向上に寄与し得るとされています。これらの要素についてのレベルを引き上げることで、その人のウェルビーイングの活性化に通じることが研究によってわかっています[28]。

“I LIKE-GOT/I TRY” パートについて、筆者は「PERMA」の 5 要素に「“Learning”：学び」の点を加えて、“PERMAL”（パーマル）とします。そして、それぞれの点についての肯定的な視点をもって考えて出てきた気持ちやアイディアを共有するのです。その “PERMAL” にもとづいた肯定的意識を引き出す問いの例を、「好ましいこと」（LIKE）と「得られたこと・達成した成果」（GOT）の点から整理して示したものが表 9 となります。“PERMAL” を構成する各要素に関わる肯定的視点の概要は次の通りです。

“Positive emotion”（ポジティブ感情）では、その活動・体験をしてみて感じた楽しさ、喜び、心地よさ、嬉しさなどを思い返してみます。この観点において有効だと思われる気持ちとして、VARS サイクルにおける「アクション（行動）段階」で示した、「感謝」の気持ちや自分がした「親切」の視点を取り入れて思い出してみることも有効です。それらを想起することで、ポジティビティが高まる傾向となることは説明した通りです。

“Engagement”（主観的関与・没頭）については、自分がした活動について、どの程度自分が自主的に、かつ積極的で熱心に取り組んだかといった点をふり返ってみます。

“Relationship”（他者との関係）では、実施した活動や体験の中で、仲間と協働や協力できたこと、新たな関係性ができたこと、良好な交友関係の形成などについて思い返してみます。

“Meaning”（意味・意義）に関しては、自分でしてみたことが、自分や他者・社会にとってどのような意味があったのか、どう重要なのか、価値があるのかなどについて思案してみます。

“Accomplishment”（達成）では、その体験を通して、自分が成し遂げたことについて考えてみます。ある作業や活動をしたことによる成果もあれば、つくり出した実体としてのモノもあるでしょう。一方で、モノと違って目には見えないけれども、思考によって考えだされたアイディアという形での成果も考えられます。

“Learning”（学び・気づき）の観点では、ある体験を通して得られた理解や再認識したことなどを考えてみることです。何かをすることで、自分なりの

表 9　ふり返り・シェアリングの視点（PARMAL-T）

<table>
<tr><td colspan="2">I Like-Got</td><td>I Try</td></tr>
<tr><td colspan="2">体験してみて生まれたポジティブな
（好ましい・創造的）ことは？</td><td>今回やってみて（〇〇だったけど …）、
さらなる成長へ向けてすべきことは？</td></tr>
<tr><td>Like</td><td>P：生起した喜び・楽しさ・感謝・親切は？
E：積極的に関われた、取り組めたことは？
R：どんな良い関係を作れたか？
M：どんな意義・意味があったか？</td><td rowspan="2">（次回やるときに …）
• 挑戦する課題は何？
• 何を学ぶか？
• より上手くなる／より良くするために何をしよう？</td></tr>
<tr><td>Got</td><td>A：何を達成したか〜得たものは？
L：どんな学びがあったか？</td></tr>
<tr><td rowspan="2">マインドセット</td><td>フラーリッシュ（Flourish：繁栄）的</td><td>未来発展的</td></tr>
<tr><td colspan="2">成長型マインドセット</td></tr>
</table>

【PERMAL（パーマル）】
Positive emotion（ポジティブ感情）／**E**ngagement（積極的関わり）／**R**elationship（関係性）
Meaning（意味・意義）／**A**chievement（達成）／**L**earning（学び）

学びというのは、多かれ少なかれそれぞれにあるものです。また、その体験によって何かしらに気づくという認識もとても大切な学びの一部です。気づくことによって、そのことについてのより深い思考や理解へとつながるからです。

簡易版としての “PAL”

上で述べてきたように “PERMAL” は、全部で 6 つの要素で成り立ちます。しかし、シェアリングをするたびに、この 6 観点すべてについて必ずしなければならないというものではありません。あくまでも、ポジティブ状態を志向するための考え方（視点・理論）となります。実際のシェアリング活動では、じっくり取り組むものもあれば、簡潔に行うような場合もあるでしょう。そのシェアリング活動の程度によって、どの項目についてアウトプットをするのかを選択するのでよいと思います。

一方で、“PERMAL” において、常に軸となる有益な項目として “Positive emotion（ポジティブ感情）”“Accomplishment（達成）”“Learning（学び）” の 3 要素を挙げたいと思います。これを “PAL”（パル）とします。比較的、簡潔なシェアリングを行うような場合は、“PERMAL” の簡易版として “PAL” の 3 視点に絞って実施してみるのでも効果的でしょう。これまでに見てきたように、ある体験したことをふり返って、「感謝」「親切」の点を含む肯定的な感情を見出すことや、自分の達成したこと、学んで成長したことといった、より発展的で創造的側面に焦点をあてることが、その人のポジティビティ（ポジティブ状態）を促進するからです。また別の理由として、“PAL” 以外の要素となる “Engagement”（主観的関与・没頭）、“Relationship”（他者との関係）、“Meaning”（意味・意義）は、“PAL” の要素に重ねてとらえられることもできるということもあります。たとえば、ある達成（Accomplishment）という成果は、自主的で積極的な取り組み（Engagement）によってもたらされます。また、ポジティブ感情（Positive emotion）における「感謝」の気持ちや「親切」行為は、良好な他者との関係性（Relationship）を育むことに関係し、そのような良い人間関係は喜びや嬉しさを生み出します。さらに、「○○を学べたこの体験は、とても意味があった」と考えるように、体験したことの意味や意義（Meaning）は、その体験によって得られた自分の気づきや理解（Learning）と結びついていることがほとんどでしょう。このように、“PAL” 以外の要素は、“PAL” の観点にふくめて考えることができます。

“PERMAL” の 6 項目のすべて（または、より多くの項目）について考えてシェアリングをするのは、じっくり時間をかけてやるような場合や、自分がした体験の内容をより多角的に吟味するような場合に有効でしょう。さらに、○○日記や日誌といった、自分がしたことの活動や体験を自己フィードバックの記録として残す場合で、自分の気持ちや理解したことをより深堀りして記述するようなケースで使うことも考えられます。この “PERMAL” の 6 要素についてより多くの視点を使って書くことで、より豊かな内容とすることができるでしょう。

“I TRY” の効用と 2 つのマインドセット

ここで、もう一方の「I TRY」パートについて考えていきましょう。前パートの “I LIKE-GOT” で得られた気持ちや理解をふまえて、次に自分が取り組むことを見出すようにします。ふり返りで出された内容をふまえ、改善や向上に向けて自分が挑戦（TRY）すべき課題について考えます（表 9・右側半分）。このパートで大切なことは、ある体験において、できなかったことやうまくいかなかったことがあったとしても、それを失敗や悪いことだとして否定的（ネガティブ）にはとらえません。人の学びについていえば、前掲の著書 Learn

Betterでは、学習の過程において間違いを犯すことが理解するのに必要であり、間違いを禁じるのは探求を禁じるのと同じで、ミスは真剣な思考に欠かせないとしています。この点について、間違いは概念形成の核心であり、思考の本質であると述べられています[29]。したがって、ミスや間違いなどの失敗は悪ではなく、むしろ気づきや理解を促し、意味を創り出して、深い理解を形成していく上で不可欠であるといえるでしょう。自分や仲間がさらに成長するための、次なるチャレンジ要素、より良くなるために次に取り組むべき課題として見なすようにするのです。

このように、自分がしたミスや間違いにまどわされず、挑戦し続けることで、自分は成長できるという、発展的かつ未来志向的な思考態度である「成長型マインドセット」をもつようにします。そうすることによって、個々の能力向上につながるということは、心理学者キャロル・ドゥエック博士によるマインドセット（ものの見方・考え方）の研究によって確認されています[30]。私たちは大別すると、この「成長型マインドセット」と「固定的マインドセット」のタイプに分けられるとされます。「成長型」の人は、スポーツ、音楽、教科の学習においても、どんな知識・技能も伸ばしていけると楽観的に考え、人は成長して変われるという世界観をもち、進歩を信じているタイプとされます。それゆえ、このタイプの人は失敗しても「どうすればこれから良くできるか考えよう」と検討する傾向をもちます。一方、「固定型」は、遺伝子などの生まれが成功の決定要因だと決定論的に考えるタイプです。この見方では頭の良し悪し、力の強さ弱さ、善悪は生まれながらに決まっていると考えます。それゆえ、失敗すれば「自分はもともと能力がないからいつもだめなんだ」と思う傾向にあります。

この２つのマインドセットにおける学習効果、とくに知力を鍛える学習へのアプローチを比較した研究によると、「成長型」のタイプの方が、頭を働かせる「活動」に取り組む傾向がはるかに強く、自問もよくすることがわかりました。親が「成長型」タイプの人たちは。同様の傾向にあることも確認されています。「成長型マインドセット」のタイプは、子供でも大人でも、能力などは固定的でなく、努力することで高められるという価値を信じている人たちとなります。失敗に対しても、それを改善や成長への材料として考えられるタイプともいえるでしょう。私たちが、より成長・進化していくためには、「成長型マインドセット」をもつことが大切となります。それゆえ、何かに取り組んだ結果、たとえ失敗や間違いをしたとしても、この「成長型」を志向して対応していくことが有効なのです。たとえば、よりシンプルな方法としては、何かミスをしたとしても、「ここから何が学べるか？」「どうすれば成長できるか？」などと、自分に問いかけるようにすることが効果的なことが指摘されています。したがって、この“I TRY”において、うまくいかなかったことやミスがあったとしても、失敗や間違いは、知識やスキルを獲得したり、今の自分を改善していったりするチャンスといった、成長に目を向けるようにしていくのです。

また、間違いに対するマインドセットは社会的に形作られる面があることから、「成長型」は学びによって培うことができるとされています。「成長型マインドセット」を育てるには、親などの指導者の考え方が影響することもいわれています。指導者や親からのささいなことばが、「成長型」を育むのです（「固定型」が「成長型」へと変わることも含む）。ある実験では、研究者が子供たちの成果を「あなたは頭がいいね」と“能力”をほめた場合と、「あなたはよくがんばっているね」とした“努力”をほめた場合とでは、後者の方がその後の努力・挑戦行動を継続する傾向にあったのに対して、前者は失敗を恐れチャレンジしない傾向をもつようになったことが確認されています[31]。

さらにその後の研究において、「成長型」の思考態度の促進には、ほめるという単なることばよりも、失敗した時の指導者の反応行動の方がはるかに影響力をもつこともわかりました。それは、親が子供の努力を単にほめても、それが必ずしも子供に「成長型マインドセット」を促すわけではないということです。より効果的なのは、親自身が失敗によって成長できるという対応をとることで、子供もその考えを信じる可能性が高くなることが明らかになっています。たとえば、子供が失敗したときの親の実際の反応で、親が失敗を「固定型」のように“能力が足りないせいだ”というか、それとも「成長型」のように“学ぶチャンスだと語る”かというように、後者の対応をすることで、子供は「成長型マインドセット」になる可能性が高くなることが認められています[32]。

これらの見解をふまえると、ある活動や体験をしたときの失敗に対して、「成長型マインドセット」でいられるかどうかは、本人だけでなく、近くにいる指導者のことばがけや反応の仕方も大切になってきます。たとえば、あるスポーツの試合終了後には、チーム全体でゲーム内容のふり返りをする際には、監督やコーチといった指導者が選手全体にフィードバックするシーンをよく見かけます。そのときの指導者のアウトプットでは、たとえミスがあったとしても、上述したような「成長型マインドセット」を促すような対応をとることが、選手たちの成長には重要となるでしょう。同様に、どんな取り組みであっても、活動者の周囲にいる指導的立場にある者は、失敗を進歩の種ととらえる「成長型」の思考態度となるような反応をとることが効果的です。活動者や学習者のより良い成長へ向けては、指導者はそのようなあり方が求められるでしょう。

以上のように、失敗やミスは決してネガティブな意味や結果を表すものではありません。むしろ、成長・進歩の糧や種なのです。「失敗は成功の母／Failure teaches success（失敗が成功を教える）」といった古今東西のことわざがあります。これは、現代になって研究によって示唆されている「成長型マインドセット」の有効性にもとづいた教訓といえるでしょう。失敗は、何かを達成していくための源泉として、経験則的にも欠かせない大事であることが、古来より理解されていたのです。この文脈において、「失敗」は字のごとく“失う”、“敗れる”といった負のイメージや意味はもちません。反対に、次なる成長、成功へ向かうための必要なエネルギーです。すなわち、「失敗」は失敗にあらず、そこには、自分の進化に向けてチャレンジする新たな体験があるのです。先のパート“I LIKE-GO”も含め“I TRY”パートでのシェアリングでは、この「成長型マインドセット」を軸とした方針と方法において進められるものなのです。

創造的シェアリング＝“PEAMAL-T”の習慣化

上で取り上げた“I LIKE-GOT: PERMAL/PAL”および“I TRY”方式を、本書では“PERMAL-T”（または、簡易版PAL-T）とします。この“PERMAL-T”における、前向きで創造的な視点をもってふり返りをして、そこで得られた発想を今後の行動に連携させるということを繰り返すことは、スポーツや楽器などの技能練習を反復するのと同じといえます。パフォーマンスの向上・進歩は、フィードバック活動をふくめた「思考～改善」という行為の反復、継続によってもたらされます。それゆえ、ポジティビティの促進を志向する“PERMAL-T”をツールとしてシェアリグを繰り返し行うようにします、しかし、シェアリングすること自体を反復するだけでは充分ではありません、そこで生起された気持ちや感覚を次の場面・行動へ活用してみることも一連のセットにして継続するのです。そのような意図的な思考と行動をともなう、意識的で前向きな試行錯誤のサイクルを繰り返すことが、習慣化につながることが確認されているからです[33]。

習慣には良いもの悪いもの両面があります。現代においてよく取り上げられる悪い習慣の代表に喫煙と肥満があるでしょう。日常化している喫煙や肥満をどう克服するかは、メディアなどでもよく特集される、現代人にとっては関心の大きい話題です。禁煙やダイエットに成功する人もいますが、一方で、その後もとの状態に戻ってしまったというケースもよく耳にします。ダイエットでいえば、いわゆるリバウンドです。これはアメリカで行われた調査ですが、禁煙を試みた人の86%がまた喫煙をはじめ、減量に挑んだ人の80～90%にリバウンド経験がある、または以前より増加したという結果が確認されています[34]。反対に、克服後にそれを維持する人も少なからずいます。

このような習慣化について見られる矛盾について、社会心理学者のスタンレー・シャクター教授が検証した調査があります[35]。それは喫煙習慣や肥満の常態化にある人たちが、どのようして禁煙や減量に成功して、より望ましい習慣へと変化したかについて調べたものでした。シャッター教授は海岸やオフィスで広範囲にわたってインタビューを行い、喫煙や肥満の習慣化解消に取り組み、自力で克服した人が63%いたことを突き止めました。教授は、一般的に知られているリバウンド率（再実行率）は、治療を受けに来た人々といった「常習者の実例」の結果であり、治療を受けに来ない人は対象とされていないため、そのデータには偏りがあると述べています。つまり、自分で自らの習慣を改善できる人は治療を受けには来ないのです。そのような人は、禁煙やダイエットのように何かを達成しようと挑戦する中で、繰り返し試みるという試行錯誤プロセスの結果、達成できたという傾向が見られました（しかし、うまくいかないこともある）。そのシャクター教授が見出した見解は、その後に行われた減量をめざす784人を対象にした、より大規模な別調査によっても確認されています[36]。その研究でも、ダイエットがうまくいった人々は、上記したようなトライ・アンド・エラーの行動を反復し、最終的に良い習慣を身につけたことがわかっています。そのうちの42%の人は、目標体重へと減量することよりも、維持する方が断然容易であることを報告しています。減量への取り組みを繰り返し実施し、自らがめざした「適正体重となってリバウンドしない」といった状態になるころには、当事者にとってそこに至った方法が新しく、かつ望んでいた自分の習慣となっていることが見て取れたのでした。

このような習慣化のプロセスは、ここまでに何度か取り上げてきた「ドーパミン・サイクル」と、それによってもたらされる「強化学習」や「脳の可塑性」の点からも大いに示唆されます。私たちが何かに取り組み、達成することによって、「快感・喜び」を生み出す「ドーパミン」が分泌され、脳はそのドーパミンが出たときにどんな行動をとったかを克明に記憶し、その快感を再現しようとすることで、その行動が反復されます。そして、より効率的にドーパミンを分泌させて快感を得るために、神経細胞（ニューロン）の接続を変え、新しいシナ神経回路（シナプス）を生み出していくのです。このようにして、行動が次第に強化されつつ、それが繰り返し続けられていくことで、その行動が改善、常態化されていきます。これは、脳のニューロンの配線が変化し、新たにシナプスが構築されたり強化されたりするという脳の可塑性を示すものでもあるといえるでしょう。このプロセスは、とくに試行錯誤をすることでより強固なシナプスを形成し、その行動の熟達や習慣化を促進するということでした。上でみた調査の例では、まさに適正体重にするという目標を試行錯誤しながら達成することでドーパミン・サイクルが働いたことが推察されます。そして、減量に向けたチャレンジが繰り返されることで、その態度が強化されて、最終的には習慣化されていった（＝強化学習）ことがうかがえるのです。

ここで提示しているポジティブ志向の “PERMAL-T” の実践でも同じことがいえるでしょう。個人的にもチームの場合でも、ふり返りの場面においては、その視点を意識的に使い、そこで得られたアイディアを行動に進展するといった実践プロセスを繰り返し継続することです。そうすることで、発展的でかつ豊かな生に結びつく肯定的なモノの見方や意識、そして行動の習慣化へ通じていくことが期待できます。

この “PERMAL-T” をツールとしたシェアリング＝フィードバック＝アウトプットは、これまでに見てきたように、何かの学習活動、試合、イベントなどのグループによるものから、個人的な取り組みに至るまでの、個人フィードバック、外部フィードバックのいずれにおいても活用が可能です。筆者自身、グループでするシェアリング時に活用しているのはもちろんですが、個人的にもしていることもあります。それは、床について寝転びながら、その 1 日をそのツールを使ってふり返ることをしています。筆者は寝つきが早いので、簡潔版の PAL-T を使っています。たとえば、Positive emotion（ポジティブ感情）では、嬉しかったこともそうですが、「ありがとう」と感じたこと、自分がした「親切」を中心に思い返してみます。また、Accomplishment（達成）は、ささいなことでも今日やり遂げたことを思い出します。たとえば、この原稿を執筆中には、「今日は○○まで書き上げた。今日も 1 日よくがんばったな」といった具合に自分をほめたりします。Learning（学び）については、自分がその日にしたことで、何かしら気づいたことや学んだことを思い起こすようにします。何かしらがあるものです。先の原稿執筆でいえば、書くことを通して資料を参考にするのですが、それを見て新たに知り得たことや、再認識したことなどを思い出したりしています。最後のTry（チャレンジ）では、今日のことをふまえつつ（ときに、その日にできなかったことも思い出しながら）、「明日はどんなことに取り組もうかな」「あんなことをやってみようかな」といったことを考えてみます。このように自分の場合は頭で考えるだけですが、すでに述べたように、日記にしたためるといった文字化というアウトプットの方が、個人フィードバックの効果としてはより大きな成果が期待できるでしょう。いずれにしても、筆者の例にも見られるように、個人的なちょっとした生活の一場面において、“PERMAL-T” のポジティブ志向ツールを、繰り返して使うことも有効かなと感じています。そうすることで、自分の中に「成長型マインドセット」もふくめたポジティブな見方・考え方が育まれつつ習慣化し、その効果がもたらされるからです。

そのようなポジティブ状態となることの恩恵として、その人の視野を広げて創造的にし、さらに知的・身体的・社会的・心理的能力を向上する効果があることが研究にとって明らかにされています。これは､第4章で説明したポジティブ心理学の分野において､多くの研究によって実証され､その基礎理論にもなっている「拡張 - 形成理論」といわれています[37]。なお、この「拡張 - 形成理論」については、ポジティブ・エクスペリエンスのVARS理論を支える核となる概念でもあることから、続く第10章でより詳しく取り上げていきます。

さらに付け加えると、そのような個人の活性状態は、他者やその個々の総体としてのチームパフォーマンスの向上につながることが認められています。他方、そのチームパフォーマンスの高まりは、個の成長を促進していくといった相乗効果が期待できることもいわれています[38]。

6. 指導者が配慮すべき点

ふり返り活動においてお互いの意見を共有する際に、主として指導的立場にある人が留意すべきことについて、いくつか触れておきます。「共感的に聞く」「円になること」「ほめること」の３つの観点から説明していきます。

共感的に聞く

まずは、「共感的に聞く」姿勢をもつことです。覚えているでしょうか。「共感的に聞く」というのは、前掲した「共感的コミュニケーション」における手法の 1 つです。シェアリング時において、他者の語りをただ聞いているのではなく、相手が何を大切にしているのか、必要としているのかの「ニーズ」を探りながら聞く態度でした。いわば、受け身ではなく、思考を働かせながら聞くといった、より積極的で生産的な聞く態度となります。このような傾聴のあり方は、双方にとって調和的で発展的な関係性を築く実際の方法でもあります。したがって、シェアリングをする際には、意見の共有が、双方にとって有益で創造的な取り組みとなるためにも、この「共感的コミュニケーション」における「共感的に聞く」姿勢を意識することを提案するものです。

そのような共感的な聞き取りを促進するためにも、グループでシェアリングをする際には、ある人が話しているときには周囲は口を挟まず最後までしっかり聞く態度が大切です。また、原則的には、自分なりの意見でよいので全員が発言するようにします。指導者（ファシリテーター）は、あらかじめそのことをグループには伝えて、共通認識をもっておくようにします。意見のある人だけが、それをアウトプットするというやり方もありますが、そうすると「いいたい人が言えばいい、自分はいいや」という心理が往々にして働くものです。すると、初めから考えようとしない、他人任せの人が出てきてしまいます。本書で取り上げるシェアリング活動は、これまで見てきたように、自分がした体験について内省し吟味することによって、自分やチームを、より改善し進歩をめざすという目標があります。ゆえに、この活動においては、各自でよく考えることが前提とされ、かつ重視されているのです。したがって、自分自身で考えないというのは本末転倒となってしまうため、そうならないような心がけや対応が必要となります。

一方で、自分なりに考えた意見はあるけれども、今はいいたくないという人もときにはいるでしょう。そのような際には、無理にいわせるのは逆効果です。このようなシェアリングは、あくまでも自主的な行為であることが望まれるからです。それゆえ、もし自分が語る順番にきたときに、そのタイミングで話したくないようなことがある場合は、「後で話す」ことを本人から仲間に伝えたうえで、そのときはスキップしてもらうようにします。本人がそのように周囲に伝えることも、1 つのアウトプットの形といえます。この点も、あらかじめ指導者の方からグループに伝えておき、共通認識をもっておくのがよいでしょう。そうすることで、チームとしての一体感や、相互の信頼感・安心感をつくるとともに、自分ごととしての当事者意識を高めることにつながるからです。

円を意識する

次に、その共有活動の際にはできるだけ円形で行うようにします。そうすることで、各自が全員の顔･表情をつねに見ながら進めることができるとともに、他者関係での効果があるとされるからです。それは、“自己開示”がしやすくなり、“発話数”が増え、“協調性”が高まる傾向になることです。このような好影響は、アメリカの心理学者レオン・フェスティンガー教授の研究によって明らかにされている、「認知的不協和理論」によって説明できるでしょう。それは、自分の考えと行動が矛盾したときに感じる不安を解消するため、考えを変更することにより、行動を「正当化」する現象を説明した理論となります[39]。円になるということは、両隣に他者が近接する状態となることから、各自のパーソナルスペースが侵害されることになります。そうなることで、本来であればお互いにストレスがかかることになりますが、シェアリングという活動を通して半ば義務的ではあるものの、円形をつくるということで、ある意味、自然にパーソナルスペースが近くなるという状況となります。そのように。パーソナルスペースが自然に近い状態がつくられることで、「こんなに距離が近いということは、この人とは仲がいいんだ」と、つじつま合わせをするという認知的不協和の解消の心理が起こるとされます。円形となることで、人はお互いに寄り添うようになり、自然と人と人との距離が近くなって、この心理が働くとされます。そして、互いの気持ちの親和性が高まる（より仲良くなる）と推察されるのです。

また、円となることで、つねにお互いの顔が確認できることで死角がなくなり、安心感や信頼感をもてます（反対に、自分の死角となる背後に人がいると落ち着きません。背後の見えない未知な者への不安・恐れを感じるからです）。そのように精神的な距離が近づくことで、見知らぬ他者から、より知っている他者へと変わります。そういった関係性が形成されることで、お互いに協力的にもなります（協調性の向上）。さらに、自分のことも話しやすくなり（自己開示）、会話も多くなる傾向になると考えられます（発話数の増加）。

円形になることが、人同士を仲良くさせるようになるという心理的効果は、鍋パーティを対象とした少し変わった実験においても確かめられています。日本も含むアジア圏では鍋文化があります。食べるときには､中心の鍋を囲んで､つまり円形となって食べるのが通常です。カナダの大学で行われた実験では、8 時間のミーティングと 1 回の鍋パーティをする場合とで、どちらがより協調性の高まりが見られるかという検証が行われました。結果は、“1 回の鍋”でした。同じ実験を何度しても、1 回の鍋パーティの方が、8 時間のミーティングよりも仲良くなることが確認されたのです[40]。

これらのことをふまえ、シェアリング時には“円形”を意識して行うことが得策です。より協調的な雰囲気の中で活発な意見交換となり、充実したシェアリング活動となることが期待できるでしょう。

ほめることの科学

最後に、“ほめる”ことについてです。何かの活動や体験をした後に「ほめる」という行為は、指導的立場にある人が、外部フィードバックをすることの 1 つとしてとらえることができるでしょう。一般的にいって、ほめられることは誰しも嬉しいものです。ほめられることで、神経細胞の一種である「スピンドルニューロン」が伸びることがわかっています。スピンドルニューロンは大脳辺縁系の帯状回にあり、幸福や喜びを感じるようなときに活性化し、その細胞が伸びるそうです。興味深いのは、この神経細胞はいったん長くなると、不幸な出来事があっても縮むことはなく、長い分だけ幸福感や意欲といった肯定的感情が持続するというのです。そして幸福な体験をするほど、スピンドルニューロンは伸び続け、ストレスに対しても強い抵抗力をもつようになるとされます。また、スピンドルニューロンが活性化することで、セロトニン、ドーパミンなどといった脳内の幸福物質もさかんに分泌され、幸福の相乗効果がもたらされるといいます[41]。

したがって､スピンドルニューロンは伸びれば伸びるほど､①心が強くなる､②やる気がでる、③前向きになる、④自信がつきストレスに強くなる、⑤我慢強くなる､⑥前向きに考えられるようになる､⑦想像力が豊かになる､といった効果が指摘されているのです。そして、このスピンドルニューロンは、人から「ほめられること」で 1 番伸びるとされています。なお､2 番目が達成感･充実感を味わったときで、3 番目が外部環境から良い刺激を受けたときです(たとえば、美味しいもの食べたとき、きれいなものや美しい風景を見たとき、等）[42]。

このように、脳科学の見解からもほめることの有益性について示唆されるところです。上記のスピンドルニューロンの効果をふまえると、先に取り上げた「成長型マインドセット」を促進するにも、ほめることが有効なことがうかがえます。しかしそこでは、“ほめ方”がとても大切なことがいわれていました。「頭がいいね」と“能力”をほめるのではなく、「よくがんばっているね」などと“努力”をほめる方が、その後の努力・挑戦行動の継続をもたらし、子供の成長に効果的であるということです。逆に、前者のような単に能力をほめるのは、以後の失敗をおそれチャレンジしない傾向をもつ子供が多くなることが研究によって示されていました。

一般的に「ほめる」という行為は、すべてが望ましいことだと思われがちですが、その方法によっては良くない影響を及ぼすことが、上の調査結果もふくめ、近年の研究によって明らかにされています。伝える内容とそのいい方次第で、動機付けを高めることもあれば、落ち込ませることもあります。上述した「スピンドルニューロン」の作用にも見られるように、ほめられることで総じて嬉しさや喜びを感じ、自信や決断力が高められ、積極的に目標達成に取り組むようになるとされます。その一方で、ほめられることで過度のプレッシャーを感じてリスクをとることに消極的になり、自発的な感覚が低下することもわかっています[43]。ここでは、その「ほめる方法」の科学について、もう少し掘り下げてみましょう。

効果的なほめ方、避けるべきほめ方

〈ほめ方のルール〉

それでは、どのようにほめるのが効果的なのでしょうか。心理学者のジェニファー・ヘンダーロング博士とマーク・レパー博士は、称賛の効果における多数の研究を検証したうえで、科学的に望ましいとされる、肯定的な効果をもたらすための５つのルールを示しました[44]。ハルバーソン博士は、自著Succeed（邦訳書：『やってのける』）の中で、その５要素を取り上げ、次のように具体例を示しながら説明をしています[45]。

ルール１は、称賛のことばは「本心からのもの」であることです。相手のモチベーションを高めるには、誠実さを伝えるようにします。過剰な表現でほめたり、一般的過ぎる表現だったりすると、わざとらしく反対に不誠実に思われてしまいます。したがって、むやみにほめるのではなく、本当にすばらしい成果をあげ、称賛すべきときにほめるように心がけます。以下は、有効な例と避けるべき例となります。

- **避ける例**：今年はじつにいい働きぶりだった。君は理想の社員だ。
- **有効な例**：例の件での君の対応には本当に感心した。あれは複雑な案件だったけれど、じつにうまく対処してくれた。今年の君の頑張りには感謝する。期待以上の働きを見せてくれたよ。

ルール 2 は、相手がコントロールできる行動を重視し、才能ではなく、できている行動をほめます。生まれもった才能ではなく、「努力」「効果的なアプローチ」「高い意欲」「粘り強さ」などのその人の良さ・強み・もち味や、すでに達成できていることなどの行動面に着目して称賛を与えます。この点は、取り組んだことのプロセスやその姿勢に着目してほめることでもあるといえるでしょう。

- **避ける例**：よくできたね。あなたは本当に賢い子だよ。
- **有効な例**：よくできたね。試験勉強がんばったからだね。たくさんのことが身についたはずだよ。

ルール 3 は、他者と比較しないことです。たとえば、クラスメートや同僚と比較するようなほめことばは避けるように心がけます。比較するとしたら、本人の現状と過去の実績を比べます。そうすることで、向上することの価値に意識が向き、進歩や成長を重視し続ける傾向になります。

- **避ける例**：君はこの学部のなかで一番優秀だ。
- **有効な例**：君はこのプログラムを始めてからとても成長した。今ではもう立派な研究者だ。

ルール 4 は、ほめられること自体が目的にならないようにします。称賛や報酬を得ることで、成果をあげることのみに意識が向いてしまい、自発性やプロセスを楽しむ気持ちが失われてしまうような人もいます。それゆえ、していることが自分自身のため、自分にとって大切なことといった、自分ごとであるという、本人の自立性の感覚を損ねないようにします。

- **避ける例**：このままずっと英語でいい点数を取りつづけたら、本当にすごいね。
- **有効な例**：素晴らしい。あなたが英語をとても楽しんでいるのがわかって嬉しいよ。

ルール 5 は、達成可能な基準と次なる課題を伝えることです。相手の感情や選択を尊重して、自らの意思で目標達成のための行動をとることを促すようにします。

- **避ける例：**いつもこれくらいのプレーができれば、メジャーリーグも夢じゃないぞ！
- **有効な例：**今日は素晴らしいプレーだった。次の試合でさらにいいパフォーマンスを出すためには、どう練習や準備をすればいいか考えてみよう。

これらの５つのポイントにも見られるように、ただほめればよいのではなく、ほめることには、その伝え方によっては、時に害もあることを心に留めておくことが大切でしょう。このような称賛することのマイナス面について考慮するとき、筆者はアドラー心理学が提唱する「勇気づけ」の考えを思い浮かべます。上記の効果的なほめ方とされる５要素は、「勇気づけ」の理論との重なりが、多くの点で感じられるからです。

〈**「ほめる」と「勇気づけ」**〉

アドラー心理学は、「勇気づけの心理学」と称されることもあるほど、「勇気づけ」の理論と実践がその心理学の核の１つとなっています。そのアドラー心理学でいう「勇気づけ」とは、「困難を克服する活力を与えること」と定義されています。アドラー心理学では、「ほめる」ことの悪影響を強く認識したうえで、「勇気づけ」を提唱するとともに、「ほめる」ことと明確に分けて考えているのです。そのちがいは、「状況」「関心」「態度」「対象」「波及効果」「継続性」の６つの点から区別されるといいます。以下、それぞれの観点における「ほめる」と「勇気づけ」の違いについて、その具体的なことばがけの例も取り上げつつ示してみます[46]。

【状況】

- **ほめる：**相手が自分の期待していることを達成した時（条件つき）。
  （例）「今月の売り上げは目標達成だな。すごいじゃないか」
- **勇気づけ：**あらゆる状況で（無条件）。
  （例）「企画が通らなかったら落ち込んでいるようだけど、アイディアがすごくよかったよ」

【関心】

- **ほめる：**与える側の関心で。
  （例）「えらい。ほめてやろう」
- **勇気づけ：**受ける側の関心で。

（例）「お客様のために走り回った姿には感動したよ」

【態度】

- **ほめる：**上下関係でほうびを与える態度。
  （例）「次の査定では A をつけてやれそうだな」
- **勇気づけ：**ありのままの相手に共感する態度。
  （例）「○○さんの真剣な取り組みは、私にとっても嬉しいよ」

【対象】

- **ほめる：**「人」に与えられる。
  （例）「A さんと比べて B さんはよくやった！」
- **勇気づけ：**「行為」に対して与えられる。
  （例）「スピーディな対応は○○さんが一番力を入れているところだよね」

【波及効果】

- **ほめる：**他人との競争に意識が向かう。周囲の評価が気になる。
  （例）「これで営業 1 課に勝てたな」
- **勇気づけ：**自分の成長、進歩に意欲が向かう。自立心と責任が生まれる。
  （例）「セールストークがうまくなってきたね。それで営業成績が上がってきたのかな」

【継続性】

- **ほめる：**その場限りの満足感を刺激する。一時的な効果。
  （例）「今回はがんばったな」
- **勇気づけ：**さらに向上しようとする意欲を生む。継続性が高い。
  （例）「この調子なら、○○さんはこれからもっと大きな仕事ができるようになるよ」

以上に見る「ほめる」と「勇気づけ」の区別から感じるのは、“ほめる”ことは「外発的動機付け」「他人軸」「上から目線（縦の関係）」が根本にあることです。一方で、“勇気づけ”は「内発的動機付け」「自分軸」「横並びの関係」が土台となったことばがけになっている印象があります。このように、「ほめる」と「勇気づけ」は基本的には異なるものですが、両方に該当する基本的な要素も見られます。それは、相手の強みやもち味について伝える「ヨイ（良い）出し」です（ダメ出しの反対）。

〈「勇気づけ」をもたらすことばがけ〉

「勇気づけ」を考えるにあたっては、この「ヨイ出し」はキーワードの１つといえるでしょう。この「ヨイ出し」もふくめ、どこに着目してことばがけをすることが「勇気づけ」となるのかについて、３つの観点が示されています[47]。その１つ目が、「できていること・良いこと」に注目してことばがけをすることです。すなわち、「ダメ出し」でなくて、「ヨイ出し」をすることでもあります。人はついつい、他者のできていないことや、ダメなことに目がいきがちです。そうではなくて、まずは相手のすでにできていることや強み、つまりすでに身につけていること、もち味、良いところ、得意なことなど、その人がもつポジティブな面に注目して声がけをするように試みます。

その「できていること・良いこと」に注目することばがけについては、１つは、その人がした「貢献や協力に注目して気持ちを伝える」ことに関わります。たとえば、「あなたのおかげでとても助かった」「道具を運んでくれて嬉しい」「片付けの手伝いをしてくれてありがとう」などという、嬉しさや感謝の気持ちをことばで伝えるようにします。もう一つは、「すでに達成できている成果を指摘する」ことです。最初の「できていることに注目する」に近い感覚ですが、「この部分はとてもいいと思う」や「ずいぶん進歩した」といった、より細部に焦点をあてて伝えるように心がけます。その人の「伸び」や「進歩」により注目したことばがけといえるでしょう。たとえば、「苦手だった○○の技ができるようになったんだね」「前よりも成績があがっているよ」「(走り方について）腕の振り方がよくなっているよ」などといった伝え方になります。この１つ目の、「できていること・良いこと」に注目したことばがけをすることは、ほめ方の５要素におけるルール２「能力でなくてできている行動・プロセスに目をむける」との重なりが見られます。

２つ目に「プロセス」に焦点をあてて、ことばがけをすることです。現代社会は、競争原理にもとづく資本主義経済で成り立っています。このような社会では、多くの場面で競争が奨励かつ肯定され、その環境下では成果偏重による結果が重視される傾向にあります。しかし、人の一連の人生における成長・進歩は、結果だけで測れるものではないでしょう。むしろ、そのような人の成熟を考えるにあたっては、個人それぞれが歩んで培ってきたプロセスそのものを重視することを大切にすべきだと考えます。それゆえ、その人の結果でなく、その人が取り組み、チャレンジしてきた過程と、その姿勢に注目しつつことばがけをするように心がけるのです。この２つ目の点も、ほめ方の５要素におけるルール2「能力でなくてできている行動・プロセスに目を向ける」との重なりが見られます。

そのように、その人自身が取り組んできた独自のプロセスに焦点をあてることは、他者との比較はせずに、その個人の成長に注目かつ重視してことばがけすることでもあります。先に触れたように、現代社会は競争意識が強く根付いているため、他者と比べて評価されることが当たり前となっています。ゆえに、その人自身を見ているようで、無意識的に周囲の「他の人」と比べてしまっていることがよくあります。比べる場合は、他者ではなく以前の本人自身と比較するようにします。たとえば、「前より、この部分ができるようになった」「この部分が成長した／上手になった」などと、個人の成長に焦点をあてるようにします。この点は、ほめ方の5要素におけるルール3「他人と比較しない」に相当するでしょう。

そのように、その人の歩んできた「プロセスを重視する」ことは、失敗を前向きにとらえられるようなことばがけをすることにも通じています。たとえどんなに頑張ったとしても、結果がともなわないことはあります。そのときには、「残念そうだね／大丈夫かな」などと、その人の気持ちに寄り添います。そのうえで、「この次はどうすればいいのか」といったことばで問いかけて、過去の失敗に向いていた気持ちを、未来の行動に対する視点へと切り替えられるようなことばをかけるようにするのです。たとえば、「（テスト／試合の成績が悪かった人に対して）今回は残念だったね。この次のテスト／試合までにできることを一緒に考えよう」などといった声かけが考えられます。この点は、上掲したふり返りの視点の“I TRY”で取り上げた、失敗は悪ではなくさらなる挑戦、改善、進歩の種としてとらえることによって「成長型マインドセット」を育む考え方と同じです。このような解釈を通して失敗を前向きにとらえることばがけは、ほめ方の5要素の中では、ルール5「達成可能な基準と次なる課題を伝える」との重なりが見られます。

最後の3つ目の点は、「当たり前」のこと（していること／できていることの行動、等）を見直して、ことばがけをするようにします。普段の私たちは、意識をしなければ、当たり前にあることの大切さやすばらしさを見逃しがちです。たとえば、友達や家族と仲良くできていること、毎日欠かさずトレーニングや練習ができていることなどです。それゆえ、ある人がピアノの練習をしているとしたら、「ピアノの練習をしているんだね」などと、「当たり前」にしていること、できていることについて具体的にことばにするようにします。他の例としては、「明日の準備をしているんだね」「ご飯を残さず食べられたね」などが考えられます。そうすることで、本人も当たり前となって無意識でしていることを意識化させて、“自分”がチャレンジしている感覚をよび起こすことができます。そうすることで、「あなたのことを見ているよ、あなたががんばっていることを知っているよ」という、実際のことばの裏にある励ましのメッセージを伝えることにもなります。この点は、人は誰かから目をかけられている、見守られているといった周囲の人に支えられている感覚をもつと、パフォーマンスの向上がもたらされるという「ホーソン効果」の点からも、その有効性がうかがえるでしょう。

この「当たり前」を見つけるのは、「ないものねだり」をするより、すでに「あるもの探し」をすることでもあります。この「あるもの探し」をすることは、欠点を探る「引き算（減点）」をするのではなく、「足し算（加点）」をするとらえ方でもあります。その足し算のコツには、①当たり前だと思っていることの良いことや感謝できる点を探す、②一見良くないと思うことの中にも必ず良いところを見つける、③「できていないこと」よりも「できていること」に注目する、などの点が挙げられています。こうしてみると①から③は（とくに③）は、先に取り上げた１つ目の点に多くの部分で重なりが見られます。

この「足し算（加点）」の観点では、前章で述べた「リフレーミング」のアプローチが有効です。リフレーミングとは、短所だと思っている部分を長所に書き換えるというように見方を変える手法でした。たとえば、「飽きっぽい→新たなチャレンジをする」、「勝ち気・負けず嫌い→向上心がある」、「頑固・マイペース→自分らしさをもっている」といった感じです。ネガティブの見方をポジティブな視点に変えてみます。よくたとえとして使われるのが、水が半分入っているコップのケースです。それを見て、「もう半分しかない」と思うのか、「まだ半分もある」と見るのかでは、その後のプロセスおよび結果に違いが出てくることが指摘されています。前者は停滞的に後ろむきに考えてしまうことで、それ以上の進展がない状態となってしまいます。一方、後者の楽観的で前向きなとらえ方をする方が、ものごとはその後において開けて発展的に進んでいく傾向となります。それゆえ、後者の見方の方が成長や進歩を生み出すことから、より望ましいとされるのです。

このようなリフレーミングの手法もふくめ、ここまでに取り上げた「勇気づけ」をもたらすことばがけの３つの観点は、相手の良さを見出し引き出す試みとなります。それは、「ありのままのあなたですばらしい存在」というメッセージを送ることでもあります。同時に、「ありのままの自分もすばらしい存在」と本人自身が気づくサポートをすることにもなるでしょう。これは、前述の「今の自分でいいんだ」と自分を受け入れて肯定的に考える、「基本的自尊感情」の向上に通じるものです。

以上見てきたアドラー心理学の勇気づけの見解は、一般向けに整理されて、比較的平易に書かれている要旨です。本書において、理解を進めるのに適した内容を筆者が引用し、より理解しやすいように、適宜ことばを付け足してここに紹介しています。それゆえ、ここで提示された「勇気づけ」の考え方は、あくまでも概要であって、そのすべてではありません。そうだとしても、ここまでの要点を見ると、アドラー心理学で提唱されている「勇気づけ」の観点は、科学的に有効とされるほめる方法の５つのルールとは、違いもありますが類似点も多く見られます。いずれにしろ、称賛に関わるフィードバックをするときには、５要素を考慮しつつ、「勇気づけ」の考え方も交えたうえですることが有効でしょう。そうすることで、改善や進歩をもたらすより豊かで効果的なフィードバックとなることが期待できます。フィードバックを実施する際に、ほめ方の５要素か勇気づけのどちらを中心に据えるのかは、その時の対象や状況によって変わるでしょう。自分にとって、腑に落ちる方を活用するのがよろしいかと考えます。

注

1. 鈴木聡志ほか『ディスコースの心理学：質的研究の新たな可能性のために』ミネルヴァ書房，2015，p.48-49.
2. Fredrickson, Barbara. *Positivity: Discover the Upward Spiral That Will Change Your Life.* Harmony Books, 2009, p. 183-184.（邦訳書：バーバラ・フレドリクソン『ポジティブな人だけがうまくいく 3:1 の法則』植木理恵監修．高橋由紀子訳．日本実業出版社，2010，317p.）
3. Byrant, Fred B..; Veroff Joseph. *Savoring: A New Model of Positive Experience.* Psychology Press, 2006, 294p.
4. 同上.
5. Boser, Ulrich. *Learn Better: Mastering the Skills for Success in Life, Business, and School, or How to Become an Expert in Just about Anything.* Rodale Books, 2007, 277p.
   （邦訳書：アーリック・ボーザー『Learn Better：頭の使い方が変わり、学びが深まる６つのステップ』月谷真紀訳．英治出版，2018，392p.）

6. 同，p.75-90.
7. Anders, Ericsson, K. "Acquisition and Maintenance of Medical Expertise: A Perspective from the Expert-Performance Approach with Deliberate Practice." *Academic Medicine.* 2015, 90(11), p. 1471-1486., Oremakinde, Adetunji A.; Bernstein, Mark. "A Reduction in Errors Is Associated with Prospectively Recording Them." *Journal of Neurosurgery.* 2014, 121(2), p. 297-304.
8. 前掲注 5，p.79-80.
9. Belluz, Julia. "Surprisingly Simple Tips from 20 Experts about How to Lose Weight and Keep It Off: There Really, Truly Is No One 'best diet'". Vox. 2014-11-27. https://www.vox.com/2014/11/27/7289565/weight-loss-diet-tips, (参照　2021-02-18).
10. Wiseman, Richard. *59 Seconds: Think a Little, Change a Lot.* Pan Books, 2010, p. 40-82.
(邦訳書：リチャード・ワイズマン『その科学が成功を決める』文芸春秋，2012，350p.)
11. 前掲注 5，p.82-84.
12. 同.
13. Pusic, Martin et al. "How Much Practice Is Enough?: Using Learning Curves to Assess the Deliberate Practice of Radiograph Interpretation." *Academic Medicine.* 2011, 86 (6), p. 731-736.
14. Hattie, John. *Visible Learning: A Synthesis of Over 800 Meta-Analyses Relating to Achievement.* Routledge, 2009, 392p., Hattie, John; Timperley, Helen. "The Power of Feedback." *Review of Educational Research.* 2007, 77(1), p. 81-112.
15. 前掲注 5, p.83.
16. Gable, Shelly L. et al. "What Do You Do When Things Go Right?: The Intrapersonal and Interpersonal Benefits of Sharing Positive Events." *Journal of Personality and Social Psychology.* 2004, 87(2), p. 228-245.
17. Nestojko, John et al. "Expecting to Teach Enhances Learning and Organization of Knowledge in Free Recall of Text Passages." *Memory & Cognition.* 42(7), 2014, p. 1038-1048., Chase, Catherine C. et al. "Teachable Agents and the Protégé Effect: Increasing the Effort towards Learning." *Journal of Science Education and Technology.* 2009, 18(4), p. 334-352.
18. William, James. *The Principle of Psychology: Vol. I.* Henry Holt and Company 1890, 689p.
19. 近藤卓『自尊感情と共有体験の心理学：理論・測定・実践』金子書房，2010，p.2-5, p.13.
20. 同書，p.13-14.
21. 同書, p.5-7.
22. 近藤卓「自然の中の運動遊びと精神発達」『体育科教育』2007，55(10)，p.32-35.
23. 国立青少年教育振興機構青少年教育研究センター編『「子供の頃の体験がはぐくむ力とその成果に関する調査研究」報告書』国立青少年教育振興機構，2018，178p. http://www.niye.go.jp/kanri/upload/editor/130/File/0_report.pdf,（参照　2021-02-02).
24. 樺沢紫苑『学びを結果に変えるアウトプット大全』サンクチュアリ出版, 2018, p.24-25, p.36.
25. 水城ゆう『共感的コミュニケーション 2017』アイ文庫，2017，271p.
26. Rosenberg, Marshall B. *Nonviolent Communication: A Language of Life.* Pud-

dledancer Press, 2015, 264p.（邦訳書：マーシャル・B・ローゼンバーグ『NVC 人と人との関係にいのちを吹き込む法：新版』安納献監修，小川敏子訳．日本経済新聞出版，2018，392p.）

27. この方法は、NHK 番組「教育の白熱教室シリーズ」における「スタンフォード白熱教室」（全 8 回）の「第 1 回　ブレイン・ストーミングで可能性を探せ！」の中で紹介されている（2011 年 5 月 1 日放映）。

28. Seligman, Martin E.P. *Flourish: A Visionary New Understanding of Happiness and Well-being.* Free Press, 2012, p. 14-29.（邦訳書：マーティン・セリグマン『ポジティブ心理学の挑戦　"幸福"から"持続的幸福"へ』宇野カオリ監修、訳．ディスカヴァー・トゥエンティワン, 2014, p.30-58.）

29. 前掲 5，p.95-98.，Schulz, Kathryn. Being Wrong: Adventures in the Margin of Error. Ecco, 2010, 410p.（邦訳書：キャスリン・シュルツ『まちがっている：エラーの心理学、誤りのパラドックス』松浦俊輔訳，青土社，2011，498p.）

30. Dweck, Carol S. *Mindset: The New Psychology of Success.* Random House, 2006, 320p.
（邦訳書：キャロル・S・ドゥエック『マインドセット：「やればできる！」の研究』今西康子訳．草思社，2016，352p.）

31. Mueller, Claudia M.; Dweck, Carol S. "Praise for Intelligence Can Undermine Children's Motivation and Performance." *Journal of Personality and Social Psychology.* 1998, 75(1), p. 33-52.

32. Haimovitz, Kyla; Dweck, Carol S. "What Predicts Children's Fixed and Growth Intelligence Mind-Sets?: Not Their Parents' Views of Intelligence but Their Parents' Views of Failure." *Psychological Science.* 2016, 27(6), p. 859–869.

33. Lyubomirsky, Sonja. *The How of Happiness: A New Approach to Getting the Life You Want.* Penguin Books, 2008, p. 277-281.（邦訳書：ソニア・リュボミアスキー『幸せがずっと続く 12 の行動習慣』渡辺誠監修，金井真弓訳．日本実業出版社，2012，295p.）

34. Centers for Disease Control and Prevention. "Smoking Cessation During Previous Year Among Adults—United States, 1990 and 1991." *MMWR.* 1993, 42(26), p. 504-507., Mcguire, Maureen et al. "The Prevalence of Weight Loss Maintenance among American Adults." *International Journal of Obesity.* 2000, 23(12), p. 1314-1319., Kassirer, Jerome P.; Angell, Marcia. "Losing Weight: An Ill-Fated New Year's Resolution." *New England Journal of Medicine.* 1998, 338(1), p. 52-4.

35. Schachter, Stanley. "Recidivism and Self-cure of Smoking and Obesity." *American Psychologist.* 1982, 37(4), p. 436–444.

36. Klem, Mary, L. et al. "A Descriptive Study of Individuals Successful at Long-term Maintenance of Substantial Weight Loss." *American Journal of Clinical Nutrition.* 1997, 66(2), p. 239-246.

37. Fredrickson, Barbara, L. "The Role of Positive Emotions in Positive Psychology: The Broaden-and-build Theory of Positive Emotions." *American Psychologist.* 2001, 56(3), p. 218-226.

38. Achor, Shawn. *Big Potential: Five Secrets of Reaching Higher by Powering*

Those around You. Currency, 2018, 240p.（邦訳書：ショーン・エイカー『ビッグ・ポテンシャル:潜在能力を最高に引き出す法―人を成功させ、自分の利益も最大にする５つの種』高橋由紀子訳．徳間書店，2018，280p.）

39. 池田謙一ほか『社会心理学：補訂版』有斐閣, 2019, p.144-145.
40. フジテレビ系列番組「ホンマでっか！？TV」（2012 年 1 月 18 日放送）において、円になることの効果（協調性・自己開示・発話数の向上）の点もふくめて、心理学者の植木理恵氏が言及している。カナダで実施されたという鍋と会議の研究については、該当論文を検索したが見つからなかった。
41. 高木繁治監修『脳のしくみ：脳の基本構造から記憶のあり方まで』主婦の友社, 2010, p.78-80.
42. 長野雅弘『校長先生、企業を救う』日本実業出版社，2015，p.37-39.
43. 前掲注 31.
44. Henderlong, Jennifer; Lepper, Mark R. “The Effects of Praise on Children’s Intrinsic Motivation: A Review and Synthesis.” *Psychological Bulletin.* 2002, 128(5), p. 774-795.
45. Halvorson, Heidi Grant. *Succeed: How We Can Reach Our Goals.* Plume, 2011, p. 228-236.（邦訳書：ハイディ・グラント・ハルバーソン『やってのける　意志力を使わずに自分を動かす』大和書房，2013，256p.）
46. 岩井俊憲『勇気づけの心理学　増補･改訂版』金子書房, 2011, p.38-42., 永藤かおる『悩みが消える「勇気」の心理学:アドラー超入門』岩井俊憲監修．ディスカヴァー･トゥエンティワン, 2018, p.70-73.
47. ここに取り上げたことばがけにおける３つの観点は、アドラー心理学の「勇気づけ」理論にもとづいた子育てや教育を推進する原田綾子氏の下記の著書を参考にしている。原田綾子『子どもが伸びる！　自信とやる気が育つ！　アドラー式「ことばかけ」練習帳』日本能率協会マネジメントセンター, 2015, p.31-36.

Part 4　あなたを輝かすポジティブ・エクスペリエンス

人生という直接体験

ここまで、ポジティブ・エクスペリエンスの考え方について、VARS 理論を軸にして説明してきました。体験活動の取り組みにあって、VARS サイクルの各段階を意識的に取り込むことで、その本人のポジティビティ（ポジティブ状態）の向上が期待できるからです。

このようにポジティブ・エクスペリエンスの考え方は、もともと体験活動について提唱されているものです。しかし筆者は、それが体験活動といわれる何か特別な活動にだけ適用されるものだとは思っていません。むしろ、ここで提案している理論と実践は、皆さん自身が生きる日々の生活の中で活用できるもの、つまり、それぞれの日常および人生において大いに適用していただきたいものだと思っています。なぜならば、人生というプロセスは、その限られた時間の中で自分が成長・進化する創造の道、すなわち、豊かな生に向けた直接体験そのものだと筆者は考えるからです。

この最後となる Part 4 では、ここまでに述べてきたポジティブ・エクスペリエンスを実践することが、私たちの個の能力を引き出し、広げ、向上させていくという、それぞれの人生に輝きをもたらすことについて示したいと思います。それゆえ、このパートでは、具体的にこうするといった how-to（ハウツー）を提示するというよりも、ポジティブ・エクスペリエンスでの実践が、なぜ効果的なのかという根拠について説明するものです。またそれは、その方法を活用することで、どのようにして皆さんの人生が活性化し豊かになっていくのかという生き方における視点や考え方について提案することにもなります。そのようなモノの見方の根本的な基盤となる信念・観念、つまり価値観をどうもつかは、how-to よりも大切だと思っています。その本源的な意識や観念が思考を形成し、そしてその思考は行動をつくり、その行動がその人の習慣やライフスタイル、そして人生を築いていくからです。さらに、その個々の豊かな生が、集合的に持続可能な進化をもたらし、より良い社会を根源から築いていくための基盤となると考えています。

第 10 章　ポジティビティの力

Part 2 と 3 で説明したポジティブ・エクスペリエンスの考え方は、その名称にもあるように、体験プロセスを通して「ポジティビティ」を高めることを軸に検討されている考えおよび実践といえます。その核となるのが、3 つのステージ「Vision（展望する）-Action（行動する）-Reflection/Sharing（ふり返る／共有する）」からなる「VARS 理論」でした。その各段階において、活動者（当事者）のポジティビティ向上を念頭にした取り組みについて取り上げてきました。

その中で、ポジティビティの高め方やポジティビティが促進されることでもたらされる効果について、研究結果を取り上げながら示してきました。ポジティビティとは何かについては、ポジティブ心理学における見解を紹介しつつ言及しています（第 4 章）。その説明においては、ポジティビティが私たちの心身にとってプラスに働くものという大方の認識を前提として話を進めています。一方で、それが「なぜ」私たちにそのような好影響を及ぼすのかについて、その根本的なメカニズムについては詳しくは触れていません。本章ではその本源的な問い、「ポジティブな状態となることが、なぜ私たちに良い効果をもたらすのか」という構造部分（理論）について見ていきます。

そうするにあたり、ポジティビティとは反対の「ネガティビティ」の概念について取り上げます。A をよりよく理解するには、A でないものやそれとは反対のものを知ることで、A についての特性などが浮き彫りとなり、より深い把握が可能となるからです。たとえば、女性のことをよく知ろうとすれば、対照的な男性の特性を明確にして比較等をすることで、女性にしかない性質などを浮き彫りにして、その理解を深めることに通じます。それゆえ、最初に「ネガティビティ」について考えた上で、ポジティビティのもつ力、つまりその良い影響を生み出すことのメカニズムを検討していきます。

1.　ネガティブ感情の役割と注意点

ネガティブ感情とその影響

ポジティビティとは、「楽しい、嬉しい、安心、心地良いなどのポジティブ感情からもたらされる自己肯定的な状態」でした。他方、それと反対の意味のネガティビティは、「悲しい、怖い、危ない、不安といったネガティブ感情に生起される自己否定的な心の状態」といえます。そのようにポジティブ感情とは対置的な感情となるネガティブ感情ですが、ポジティブ感情と同様に、多かれ少なかれ誰もが日常的に抱くものでもあります。しかしネガティブ感情は、ポジティブ感情と反対の感情として、比較的マイナスで悪いイメージがあるでしょう。実際､ネガティブ感情を気持ちよく感じることはありません。ネガティブ感情によって、私たちの脳や神経系は、思考の幅を狭め、行動を限定して働くことがわかっています。

たとえば、以下の調査によって示されるように、怒りというネガティブ感情は、血圧の上昇、心拍数の増加、コルチゾール（ストレスホルモン）レベルの増加につながり、脳の構造に神経学的な負の変化をもたらすことがいわれています。研究協力者 70 人を対象に行われたネガティブ感情を思い出した時の生体的反応を検証した実験があります。まずつらいときのことを思い出して怒りと恨みの感情をよび起こします。それから自分に共感するようにして、実生活で自分を傷つけた相手に許しを与える想像をするというものです。結果は、相手を許せないと思うと筋肉の緊張が高まり、発汗量が増え、心拍数が速くなり、血圧が上昇し、それがしばらく続いたことが確認されています（他方、許すというポジティブ感情を生起すると、それらすべての値が低下しました）[1]。さらに､ネガティブ感情によって細胞の劣化が早まることも認められています(反対に、ポジティブ感情は新たな細胞の成長を早める）[2]。それゆえ、「活力を与えるポジティビティ」に対して「生きる力を萎えさせるネガティビティ」といわれたりもします。しかし、私たちはそのどちらも潜在的にもっているのです[3]。このようにネガティブ感情は、総じて私たちの能力や可能性を狭めるといった負の方向に作用しますが、後述するように、その生体反応は生きる上で必要な作用でもあり、良い方向に働くこともあります。

加えて、ネガティブ感情は、ポジティブ感情と比べて、私たちに与える影響が強力です。たとえば、お互いが満足している夫婦のポジティビティ比率（ポジティブ：ネガティブ）は「5：1」であることが研究によってわかっています。これは、1つのネガティブな言葉や態度に対して、少なくとも5つのポジティブなコミュニケーションがあったことを示しています。離婚した夫婦では「1：1」にすら達していませんでした[4]。また、うつ病患者のポジティビティ比率は「1：1」以下であることも確認されています[5]。

「ネガティビティ・バイアス」と「サバイバル・モード」

上掲した調査結果は、人生をより良い状態にするためには、ネガティブなものごとに対して、より多くのポジティビティが必要であることを示しています。逆にいえば、私たちはよりネガティビティに大きな影響を受けやすいということです。私たちの脳は、ネガティブな感情や情報に目を向けて影響されやすく、思考の幅を狭めて限られた行動をとる傾向があります。これを「ネガティビティ・バイアス」といいます。脳機能におけるそのような特性があることで、ネガティブ感情に大きく影響されるのです[6]。たとえば、「多くの笑顔の人がいる集団の中でも、たった1人の怒った人の顔を見つけやすい」、「良い日よりも悪い日を思い出しやすい」、「他人からいわれた良いことよりも悪いことを覚えている」ということも研究結果によって明らかになっています[7]。

私たちが、そのような「ネガティビティ・バイアス」をもつことには理由があります。ネガティブ感情は、人類が危険を回避し、生き延びるために必要不可欠な生体機能や反応であったからです。ネガティブ感情は、進化過程において生存上の根本的な役割を担ってきたのです。いい換えれば、私たちの脳と神経系はそのように機能するように構造化されて進化してきたことがいわれています[8]。たとえば、人を襲うクマが出没している山里で、山道を歩いているときにクマにばったり遭遇したとします。そのときには、クマに襲われるという「恐れ・不安」の感情が沸きあがって「逃げなくては！」ととっさに思うでしょう。そのように、ある危険を察知したときの「恐怖」「不安」の感情があるからこそ、「逃走する」意識と実際の行動となって、直面した危機を回避できる、つまり生き延びることができるのです。逆に考えれば、そのような恐れの感情がなく、逃げることをしなければ、クマに攻撃されて重傷を負う、死に至るといった生存が脅かされる悪い事態が想定されます。クマに出会ったときに「怒り」の感情が強い場合や、逃げることがかなわない場合は、生き延びるために

「闘う・攻撃する」という行動を選択することも考えられます。

このクマとの遭遇の例に見られるように（他のケースでも同様となりますが）、生きていくうえで大きなストレスがかかった際には、ストレスホルモンの「コルチゾール」が大量に分泌されます。それが「恐れ」「不安」「怒り」の感情を生じさせ、「闘うか、逃げるか」といったとっさの行動をとる生体反応を示すことがわかっています。これは「闘争･逃走」反応や「サバイバル･モード」などとよばれています。私たちの基本的ニーズとなる衣食住が不安定だった太古の時代より、身にせまる危機やストレスに対して素早く回避するか、対抗して命を守る必要がありました。「サバイバル・モード」は、人類が誕生以来そのような生存のために、今日に至るまで心身に培われ作用してきた重要な対処反応となります。この名残もあって、私たちはネガティブな感情や情報に注目しやすい傾向となる「ネガティビティ・バイアス」をもっているのです。

ネガティブ感情の効果

上記の「サバイバル・モード」に見られるように、ネガティブ感情は単に悪影響を及ぼすもので、無用なものだというわけではありません。私たちの生命を守るといった、生きていくうえで根本的に必要な役割を担っている側面もあるのです。さらにネガティブ感情には、そのような「闘争・逃走」反応（サバイバル・モード）による危険やストレスへの回避・対抗作用以外にも、いくつかの有用な役割があることも指摘されています。たとえば最近の研究によって、以下に示すような肯定的効果があることが確認されています[9]。

- ネガティブ感情を経験することは､基本的な性格を変えるきっかけとなる。感情の研究の第一人者である心理学者リチャード・ラザルス博士は、「安定した大人が性格を大きく変えるには、トラウマや個人の危機的体験、または改宗が必要なことがある」と述べている[10]。
- ネガティブ感情は、私たちを心の奥底にいざない、本当の自分と対話させてくれる。
- ネガティブ感情は、私たち自身について学び、理解を深め、世界をよりよく認識させてくれる。分別とは、人生についてものの苦しみや喪失を経験することによって、もたらされる場合が多いと言及されている[11]。
- ネガティブ感情を経験して、その感情に対処することは、社会生活においても好ましい結果をもたらすことがある。それは、謙虚さや道徳的な配慮、思いやり、共感などを身につけることができるようになることである。

上記では4つの点が挙げられていますが、これらとも関連して、ネガティブな体験がもたらす効果についての最近注目される概念があります。「心的外傷後成長」といって、大きなストレスを受けるような困難や逆境といった体験をしても、その後に乗り越え立ち直って成長を遂げることをいいます。PTG（Posttraumatic Growth）ともいいます。

似たような言葉で「トラウマ」（通称）や「PTSD」があり、こちらは多くの人が耳にしていることでしょう。正式には「心的外傷後ストレス障害：Posttraumatic Stress Disorder」といいます。衝撃的な出来事（トラウマ体験）によってショックを受けて大きな心の傷となり、長期にわたってその傷が癒えないことで、日常生活が正常におくれなくなってしまうことをいいます。たとえば、アメリカ同時多発テロ（2001年9月11日）や東日本大震災（2011年3月11日）のような大きな精神的な衝撃を突然に経験して、その後も長い期間において完全にそのショックを克服できずに生きる意欲が低下し、生活に支障をきたしてしまうようなケースです。

PTGもPTSDのどちらも、大きなショック体験によって甚大なストレスを抱えるのは同じですが、その後のあり方が違ってきます。PTGは、先述したように受けたショックやストレスを克服しつつ、むしろそのネガティブな体験を糧にして、以前よりも成長・進化を遂げる点で大きな違いがあります。

リチャード・テデスキ博士らの研究[12]によれば、トラウマ体験などによって生じる逆境や困難を通して、下記の5つの領域において肯定的変化が見られることが指摘されています[13]。いわば、PTGにおける成長の要素と見なすこともできるでしょう。

- 他者との関係
  絆が深まり、人を大切にしたり、思いやりのある人間になろうと思ったりするなど、人間関係に変化がみられる。
- 人間としての強さ
  生きる意義を見出し、自分を超える大きな力を意識するなど、人生哲学や生き方の変化が起こる。
- 新たな可能性

体験から学んだことを生かして新たな道へ進んだり、人生の目的を見つけたりするなどのチャンスを得る。

- 精神的受容
  大切なことを乗り越えて強くなり、それを自覚して自分に自信をもつ。
- 感謝の念が増える
  以前は当たり前と思っていたことや、生かされていること自体に感謝するようになる。

PTG を説明する際によく例として取り上げられるのが、精神科医であり心理学者でもあったヴィクトール・フランクル氏がホロコースト（ナチスによるユダヤ人大量虐殺）から奇跡的に生還したときの体験談です。そのナチス強制収容所での過酷な体験は、本人の著書『夜と霧』[14]において語られています。その中で、極限状態にあるときにでも、人は何に希望を見出して生き抜く力を得ることができるのかなどについて、深い洞察を交えて書かれています。ここで、その詳しい内容については触れませんが、フランクル氏がホロコーストの当事者となり、死と隣り合わせの境遇におかれたときに、非常に大きなショックとストレスを受けたことは筆舌に尽くしがたいものがあったことでしょう。しかし、その非情で過酷な逆境下にあっても、絶望して屈することなく、希望をもって生き抜く中で得られた認識や理解は、PTG を考えるうえで大きなヒントを与えてくれます。

フランクル氏におけるホロコーストという飛びぬけたケースでなくても、トラウマ体験後に、それを克服し再起して、精神的成長を遂げたような人は、皆さんの周囲にもいるのではないでしょうか。そのような PTG を経験した人が、どのようにして直面した大きな困難を乗り越え、前を向いて再度歩き始めたかというストーリーを知ることは、トラウマ体験に陥った際に PTG の視点をもって前進していくためのモデルケースとして参考にすることができるでしょう。困難を糧にして成長へとつなげていく知恵となり、とても有益と考えます。

「ネガティブ沼」にはまらない

ここまで、ネガティブ感情にも役割や効果があることについて述べてきました。そのように、ネガティビティが生まれること自体が悪いのではありません。しかし一方で、ネガティブ感情についてはとくに気をつけなければならないことがあります。それは、ネガティブ感情にとらわれ続けると、負の影響が悪循環する下降スパイラルに陥りやすいということです。私たちは生存に関わって比較的ネガティブ感情をもちやすく、またその感情により大きな影響を受けやすいことは先に述べたところです(ネガティビティ・バイアス)。そのこともあって、「ネガティブ感情はネガティブな思考をよびよせる」という特性があります。したがって、ネガティブ感情の状態をそのまま放っておくと、ネガティブな考えが浮かんで、またネガティブな感情を生むという負のループをつくりやすくなります。つまり、負の連鎖が循環する下降スパイラルに落ち込んでいく状態、いわば、「ネガティブ沼」にはまりこんでしまうのです。

たとえば、友人と喧嘩をしたとします（①：きっかけとなる出来事・体験)。その後、悲しくもあり、後悔もありといったネガティブ感情をもちます（②)。そして、「何であんなこといってしまったんだろう？」「なぜ、こうなったんだろう？」「相手は、なぜああなんだろう？」などと答えの出にくい自問を繰り返したり、いわれたことや結果をくよくよと考え続けたりします。また、「自分は何やってもダメなやつだ」などと、他のことと結びつけて自分を責め続けたり、落ち込んだりすることがあるでしょう（③)。そのように過去の出来事を繰り返し考える状態を「反すう」といいます。そのような良くないことの反すうを繰り返すことで気力や自信がなくなり、気持ちが疲弊していきます(④)。さらに、上記②～④を反すうすることで、感情を制御できず抜け出せなくなって（⑤)、ますますネガティブになっていくのです。このように、ネガティブ感情はそのままにしておくと、①～⑤のプロセスとなる中で（ループする)、ネガティブな体験・感情・思考が相まって、私たちをネガティブ沼に引きずり込んでいくのです[15]。

このような悪循環を誘発するのは、私たちの大脳神経系がもつ前述の「ネガティビティ・バイアス」が大きく作用していることにもよります。その機能によって、ネガティブ体験はネガティブなものに対する脳の感性を敏感にし、悪循環の中でさらにネガティブなものを体験しやすくするからです[16]。さらに、ネガティブ状態が続いて大きくなって、ストレスも過剰となってくると、頭痛や胃が痛くなるなどの身体へも不調をきたして、さらに事態は悪化することになります[17]。

したがって、このネガティブ沼（下降スパイラル）にはまり込まないようにする注意が必要です。そのためには、まず自分がそのようなネガティブ沼に入り込んでいることを自覚することだとされています。その状態に気づかなければ、そこから出ようとも考えられないからです。したがって、自分の気持ちと向き合い、自分の今の状態に気づくことが、ネガティブ沼から抜けだすためにまずすべきことになるのです。そして、その脱出するための最善のツールが、ポジティビティを意識的につくり出すことなのです。この後に触れますが、ポジティビティはネガティブ感情を緩和させます。その点もふくめて、自身の内面と対峙するプロセスを重視しつつ、ポジティビティを生み出す方策となるのが、本書で説いているポジティブ・エクスペリエンスでもあるのです。

2. 拡張−形成理論とポジティビティ

ここで、ポジティビティのもつ効力について見ていきましょう。私たちのポジティビティが高まると、心身ともに人間の能力やパフォーマンスが総合的に向上することがわかっています。私たちの脳は、ネガティブや普通な気分のときでなく、ポジティブな気分のときにもっともよく力を発揮するようにできていることが多くの研究によって実証されています。たとえば、ポジティブ感情が医師の診断に良い影響を与えるかどうかについて調べた実験があります。その結果、診断前にポジティブな気分になると、普通の気分の医師に比べ３倍も賢明で想像力が働き、19％も短い時間で正確な診断をできることがわかっています。また、ビジネスにおける交渉中のビジネスマンを対象とした調査では、ポジティブ感情をより多く表出していた人たちは、ニュートラルな感情やネガティブな感情を表していた人たちとくらべて56％も営業成績が良かったことが確認されています。さらに、数学の共通テストを受験した学生を対象にした研究もあります。テスト前に、これまででもっとも楽しかった日のことを思い出し、幸せな気分になってポジティビティを高めた学生は、それをしなかった学生に比べてはるかに良い成績を取ったことも報告されています[18]。

逆に、ネガティビティが比較的高かったり、その感情にとらわれていたりすると、「ネガティビティ・バイアス」が作用して、ポジティブ状態のときとは反対に作用することがわかっています[19]。そのような、気分が良いとき（ポジティブ感情が優位）と、悪いとき（ネガティブ感情が優位）の状況に応じて、自分の言動が活発になったり消極的となったりして、取り組み成果の良し悪しに影響を及ぼすことは想像に難くありません。たとえば、嬉しいことがあったときや楽しみにしていることがあるような際は、勉強や仕事でも、やる気がでて「がんばろう！」と熱心に取り組んで、比較的高い成果を残すことが多くなります。一方、悲しいことがあったときや、落ち込んでいるような場合は、「何もしたくないなあ」と意欲が低下して、何かをやろうとしても集中できなかったり、あまり手がつかず生産性は悪くなったりするものです。このようなことは、誰もが身に覚えがあることではないでしょうか。

ポジティブ心理学者バーバラ・フレドリクソン教授は、そのように人がポジティブな状態にあると、心身両面においてより創造的になって高い成果をもたらす傾向となることを実証し、「拡張－形成理論」(broaden-and-build theory)と名づけました。この理論は、ポジティブ心理学の基礎理論にもなっており、「拡張効果」と「形成効果」の 2 つの効果からなります。この「拡張－形成理論」は、脳神経科学分野もふくむ最新の実証実験や検証によって得られた科学的根拠にもとづいて示されているものです[20]。ポジティビティに関する研究について 300 点近く収集し、27 万 5000 人分のデータを検証した結果から得られた理論となります[21]。

「拡張効果」：視野を広げ創造的になる

まず「拡張効果」ですが、喜び、興味、安らぎ、愛情、嗜好といったポジティブ感情を抱くことで、視野が拡大し、精神の働きが広がることで、私たちの思考と行動の選択の幅が大きくなる効果です。より詳しくは、ポジティブな状態となることで、私たちはより思慮深くなり、新しい考えに対しても心を広げて柔軟に受け入れるようになって、可能な選択肢が増えてより発展的かつ創造的な状態となるというものです。

この「拡張効果」について、フレドリクソン教授は、何千という人々の経験を収集し、実験を繰り返し科学的な検証を行い、また他の研究者の成果も検討するといったことを20年にわたって調査して導き出した結論だとしています。反対に、「拡張効果が誤りであることを証明するための実験」も行いましたが、その仮説は実証されなかったそうです。むしろ、「ポジティブ感情が精神の働きを広げる」という結果が繰り返し見られたことで、この「拡張効果」は人間の重要な真理であると確信したと教授は述べています[22]。

この「拡張効果」は、近年の研究によって生物学的変化であることが認められています。ポジティブ感情によって、脳がドーパミンやセロトニンといった化学物質で満たされると、それらは単に気分を良くするだけでなく、脳の学習機能をつかさどる部分の活性を高めることがわかっています。そうすると新しい情報が整理されやすくなり、記憶が長く保たれ、その後においてそれを素早く取り出せるようになります。また神経細胞の連絡が密になるため、素早くクリエイティブに考えられるようになる傾向となります。その結果、複雑な分析や問題解決がうまくでき、新たな方法を見出したり発明したりすることもよくできるようになることがわかっているのです[23]。

実際に、ポジティブ感情が、自分の周りで起こっている出来事について、より目に入りやすくさせる作用は、トロント大学での脳の実験によっても確認されています。人は気分の変化に伴い、視覚野（脳の視覚をつかさどる部分）の情報処理の仕方に変化が起きることが明らかになりました。この実験では、研究協力者についてポジティブ感情を起こさせるグループと、ネガティブ感情を起こさせるグループの２つに分け、各グループに何枚かの同じ写真を見せたときのそれぞれの視覚野の反応を見たのです。その結果、ネガティブ・グループの人たちは、背景に写っていた主要なものを見逃しました。脳は写っているものすべては処理できなかったのです。一方、ポジティブ・グループの人たちは、写真の隅々までしっかりとらえることができました[24]。これは、視線解析を使った実験でも同じ結果となったことが報告されています[25]。

この「拡張効果」に見られる、「視野を広げ、精神の働きを拡大する」作用は、日常生活の場面から学校や職場に至るまで、何かに取り組むどんな時においても、私たちにとって非常に有益であろうことは疑いがありません。視野が広がり精神活動がより活発となることで、私たちの思考と行動の選択の幅が大きくなり、すなわちより創造的なパフォーマンスが期待できるからです。たとえば、何かしらのプロジェクト（ある目標に向けた一連の取り組み）に取りかかっているようなときには、課題をクリアに解決しつつ、クリエイティブで独創的なアイディアや発見を見出しながら、画期的な成果・成功をおさめたい、最高のパフォーマンスを発揮したいと誰もが考えるところです。そして、そのような創造的な思考や行動を生み出す源泉となるのがポジティブ感情であり、それにともなう「拡張効果」なのです。

世界的に活動していてよく知られている企業が、社員ラウンジにテーブルサッカーゲームを置いたり、マッサージ室を設置していたり、社員が愛犬たちと一緒に出勤することを許可していたりするのも、「拡張効果」の有用性を生かしているケースと見ることができるでしょう。職場環境をより好ましいものとすることで、社員のポジティビティを高めて「拡張効果」を作用させて創造性や革新性を引き出し、より大きな成果や成功に結びつけていくことが期待できます。イギリス企業のヴァージン・グループにおいて、かつて CEO（現在は会長）のリチャード・ブランソンさんは、「職場が楽しいということが、何よりもヴァージンの成功の秘訣です」と述べています[26]。ブランソン氏は、おそらくここで取り上げている「拡張効果」を知っていたわけではないでしょう。しかし、ポジティブ感情が成功をもたらすというその作用を経験的に理解していて、活用してきたことが示唆されます。

このような「拡張効果」が、具体的にどのような能力として発現されて、創造性が発揮されるのかという点が、次に続く「形成効果」となります。

「形成効果」：能力・可能性を生み出す

ポジティブ感情によって、私たちの認識や行動の幅が広がり、よりクリエイティブになるという「拡張効果」が、さらに将来にわたって有効なリソースを生み出す傾向をもちます。そのリソースは、「知的リソース」「心理的リソース」「社会的リソース」「心理的リソース」の 4 要素です。この 4 リソースが作り出される（形成される）ことから、「形成効果」といわれています[27]。フレドリクソン教授は、「リソース（資源）」ということばを使っていますが、自分の中にある「（潜在）能力・可能性」ということばにおき換えるとわかりやすいでしょう。それらのリソース（能力）が形成され、私たちの総合的な能力が発揮されることでより発展的かつ創造的となって、良いパフォーマンスや成果へと結びつくのです。

ポジティブ感情が生みだす 4 要素については、以下に示すようなことが例として挙げられます。

- 知的リソース：知力・学力や思考力が向上する、など
  例：試験の結果が良くなる、課題解決力が高まる、等
- 身体的リソース：身体的能力が上がる、健康になる、など
  例：体力テストの記録が伸びる、健康診断の結果が良くなる、等
- 社会的リソース：人との関わりが活発となる、他者と良い関係性を築ける、など
  例：交友関係が強まる・深まる、助け合える仲間が増える、等

- 心理的リソース：前向きな気持ちになる、立ち直りが早くなる、集中できる、自分を受け入れ価値を見出せる、周囲により配慮できる、など
  例：何とかできると思う、自信をもつ、気持ちをよく理解できる、等

このように私たちはポジティブな状態となることで、身体的、社会的、認知的（知的・心理的）機能を向上し、心身における包括的な能力や可能性（＝リソース）を生み出し高める傾向があることが研究によって実証されています[28]。たとえば、ポジティブ感情を高めた生徒は、標準テストで良い成績をおさめます[29]。学生に限らず、誰でも楽しいことを思い出したり親切にされたりすることで、日々のいろいろな問題について、創造的で最適な解決策が見つかりやすくなることも研究でわかっています[30]。これは知的リソースが向上したケースといえるでしょう。また、「ポジティビティが、マネージャーにどう影響を与えるか」というビジネスの研究においては、ポジティビティの高いマネージャーは、より正確で注意深い決断ができて（＝「心理的リソース」増）、効果的に人間関係がつくることができる（＝「社会的リソース」増）ことが認められています[31]。別の研究では、ポジティビティが高いマネージャーの下では、部下たちも高いポジティビティをもつ傾向となり、その結果、チーム間により良い協力関係が築かれて（＝「社会的リソース」増）、作業がより容易に達成されることが報告されています[32]。

さらに、ポジティブ感情が「心理的リソース」を向上する代表的な例としては、後述する「レジリエンス」との関連から見ることができます。ポジティビティには、困難や逆境に直面したときに心が折れずに対応できたり、より早く回復できたりする「レジリエンス」を強化することが認められています。それゆえ、よりポジティビティを多くもっている人は、大変なことに直面しても複数の解決策を考えつくことも調査でわかっています[33]。

「社会的リソース」の側面については、夫婦、恋人、親友をもつ人を対象にした研究によっても確認できます。親友をもつ学生に、「親友との関係をどのように感じているか？」という質問をした後に、ポジティビティ、ネガティビティ、ニュートラル状態となるよう仕掛けます。その後に同じ質問をしたところ、一時的にポジティビティレベルが上がった人たちは、自分と親友の間についてより親しさを感じる結果を示したのです。これは、ポジティビティが上がることで、自分の人生における大事な人との間に、より近しい強い結びつきを感じるようになることを示唆する結果となりました[34]。

別の調査では、ポジティブな状態にある人は、他人種の顔も同じ人種の顔も、同程度によく認識する能力を高めるということがわかっています。この結果は、ポジティブ感情をもつことで、私たちが他者に対して感じる一体感は、見ず知らずの人にまで広がり、人種差別を消し去るということも含意しています[35]。

さらに、夫婦などの長期的関係を見た研究でも、笑いや喜びをともにしたポジティビティの高い夫婦は関係が深まり、双方の満足度が高い傾向にあることが認められています[36]。また、夫婦間における別の研究では、お互いに高いポジティビティを示し合ってきた夫婦は、ポジティビティの「蓄え」みたいなものをもっていて、人生における不可避の困難に出会っても、それによって乗り越えられる傾向にあることも明らかにされています。そのような夫婦は統計的にみても離婚率は大変低いことが報告されています[37]。これらいくつかの人間関係に関わる調査結果は、ポジティブ感情が、人との結びつきを強め深めていくという「社会的リソース」を生み出している例としてとらえることができます。

さらに、ポジティビティが「身体的リソース」を高めるという点では、健康との関係を例にするとわかりやすいでしょう。ある実験で、最初に研究協力者の幸福度を測定し、それから全員に風邪のウィルスを注射したうえで、ポジティビティの程度の差異でウィルスへの生体反応の違いを検証しました。1週間後、調査の開始時に幸福度＝ポジティビティが高かった人たちは、低かった人たちに比べ、ウィルスへの抵抗率がはるかに高かったことが確認されています。この結果は、本人が自己申告だけでなく、くしゃみ、咳、のどの腫れ、鼻づまりなどの風邪の症状がなかったという医師の診断にもとづく客観的な結果となります[38]。

この他にも、先のPart 3で示した「VARSサイクル」において、とくに「Action」ステージでは、「感謝の気持ち」「親切行為」「他者とのつながり」などが、自らのポジティビティを高めることを説明してきました。そして、そのポジティブな状態が、心身機能の活性化、ストレスへの耐性、健康の回復・促進をもたらすことが研究によって実証されている例を取り上げています。これらの効果も、ポジティビティによって生み出される「身体的リソース」の強化として見ることができるでしょう。

「ハピネス・アドバンテージ」という真実

ここまで、ポジティブ心理学における「拡張効果」および「形成効果」のそれぞれについて見てきました。これらの効果から明らかになった、ポジティブ心理学における重要な発見があります。それは、「ハピネス・アドバンテージ(幸福優位性)」という事実です。これは、「成功」と「幸福（＝ポジティブな状態)」の関係性について、幸福（ポジティブ状態）がいろいろな良い結果・成功の前にくること、すなわち、幸福であることが最初の要因となって良い成果や成功が生み出されることを意味しています。つまり、「成功するから幸せになるのではなく、幸せだから成功する」という、一般的に考えられている「成功」と「幸福」について、原因（理由）と結果が反対になることを表しています。ポジティブ心理学の推進者でもあるショーン・エイカー氏が、その書名にもなっている自身のベストセラー著書 *The Happiness Advantage*（邦訳書：『幸福優位７つの法則』）[39] において詳しく言及しています。

もう少し具体的に説明してみましょう。一般的に私たちは、「いい学校・会社に入ったら幸せになれる」「金持ちになったら幸せになれる」「結婚したら幸せになれる」「○○を手に入れたら幸せになれる」などと考えます。そのように、多くの人が、ある原因（所属先、収入、結婚、所有、健康、等）が好転する結果、人は幸せになるということを信じています。たしかにその側面もありますが、それ以上に真実として判明してきたことは、その原因と結果は逆に作用するということです。すなわち、今日のほとんどの研究で立証されているのは、人は幸福な状態（＝ポジティブな状態）にあると、よりポジティブなパフォーマンスや良い結果を生み出すという事実です。いい換えれば、幸せ状態にあることが、心身の良好、経済的な成功、社会生活の充実といった、精神的にも物質的にもより良い状態をもたらしていくことが明らかにされているのです。

そのような「幸福＝ポジティブな状態→成功」という流れは、客観的データが示されて証明されてきました。ここで、その「ハピネス・アドバンテージ」を示す研究例をいくつか挙げてみましょう。まず、幸福感が高い人ほど、経済的にも豊かになる、つまり成功しやすいということが確認されています。在学中に大学生の幸福度を調べ、16 年後にも同じ測定をして、それまでに得た収入との関連を検証した調査があります。その結果、幸福度がより高かった人ほど、より収入を得ていたことがわかりました。調査開始時に幸福度がもっとも高かった人たちは、もっとも低かった人たちに比べて、年収で平均２万５千ドル強（日本円で約260万円／1ドル105円換算）も収入が多かったのです[40]。

年収だけではありません。その人のもっている幸福感は、寿命にまで影響することも別の研究によって確認されています。ノートルダム修道女180人（全員1917年以前の生まれ）が書いた日記を分析した調査では、その人の感じている幸福度が平均寿命に影響を及ぼし、大きな差を生むことが明らかになりました。彼女たちは毎日、感じたことを自伝風に日記へ書くようにいわれていました。50年後に彼女たちの20歳時の文章を調べ、感謝や愛、希望などのポジティブな表現を多く使っていた人たちは、ネガティブまたは普通の内容を書いていた人たちよりも10年近く長生きでした。彼女たちが85歳のときには、ポジティブ度が高い方の25%の人たちの90%が存命だったのに対して、幸福度が低い方の25%の人たちは34%しか存命ではありませんでした[41]。

上掲の収入や長寿のケースだけでなく、人は幸せ（＝ポジティブ状態）であることが、活力、健康、充足した社会生活、自信、仕事の成果といった人生における多くの点で良い状態をもたらすことは、これまでに取り上げた他の研究結果でも確認されているところです。このような結果が示している様相には、まさに「拡張―形成理論」が示されていると考えられます。これまでに述べてきたように、人はポジティブな状態になると視野が拡大され、精神の働きを広げることで、思考と行動の可能な選択肢が増えて、より創造的な状態となります（拡張効果）。その拡張効果が基盤となって、さらに将来にわたって有効な「知的・身体的・社会的・心理的リソース（能力）」を生み出し（形成効果）、その状態がより良いパフォーマンスや成果へと結びつくことをここまでに見てきました。

したがって、「拡張―形成理論」は「幸福＝ポジティブな状態→成功」というベクトルを意味する、「ハピネス・アドバンテージ」そのものを表していると考えられます。またそれは、「ハピネス・アドバンテージ」という事実の根拠となる、科学的に実証された理論といういい方もできます。ポジティブ・エクスペリエンスのVARS理論は、その3つのステージにおいて「ハピネス・アドバンテージ」の作用を活用し、実際に体現している一連のプロセスとなっています。すなわち、まず自分（たち）がポジティブな状態となることを重視し、そのような活動・行動となるような理論と実践を提言しているのです（たとえば、Visionステージにおいて「ポジティブな自分」をイメージする、アクション・ステージで「感謝を意識して行動する」、Reflection-Sharingステージでの「PERMAL-T」を使ったふり返り、等）。

3.　その他のポジティビティの効果

私たちがポジティブな状態となることには、大きくいうと５つの効果があるとされます。それは上で示した「拡張効果」と「形成効果」に加え、そこから派生する「ネガティブ感情の緩和」「レジリエンスの強化」「上向きの発展スパイラルをつくる」という３つの効果です[42]。「拡張―形成理論」がポジティブ心理学の基礎理論となっているように、「拡張効果」および「形成効果」の２つが基盤となり、その他の３効果は、その基盤の発展形としてとらえることもできます。それゆえ各５効果には、相互の関連が見られます。以下では、未提示の３効果について簡潔に説明していきます。

ネガティブ感情の緩和効果

ポジティブ感情とネガティブ感情を同時にもつことはできません。したがって、ポジティブ感情を意識的にもつようにすることで、ネガティブ感情が大きいときでも、それが長引くことを防ぐことができます。喜び、楽しさ、充足感などのポジティブ感情は、精神的ストレスや生理的なストレスを取り除いてくれる効果があるのです。

たとえば、このような効果を検証したフレドリクソン教授自身が行った「ストレス軽減のための７週間無料プログラム」と題した実験があります。無作為に抽出したポジティビティを増す生活習慣を取り入れるグループ（実験群）と、いつも通りの生活をするグループとを比較するものです。ポジティビティを高める活動をすることでポジティビティ比を上げて、ストレスなどからくるネガティブ状態を減少させることを検証したものです。その参加者の１人に、日常的に憂うつ感がひどく涙が出ることも多く、頭痛や胃痛にも悩まされるといった心身の不調を抱えている、いわば「うつ状態」にある女性がいました。この女性は実験群のグループに選ばれ、毎日昼休みには、プログラムの一環としてのメディテーション活動にも参加しました。それは、心の中に「自分や周囲の人に対して愛と優しさの感情を育む」というポジティビティ向上用の取り組みでした。

そして、女性がこの実験プログラムに参加した結果、ポジティビティとネガティビティの比は、開始時は「1：1」だったのが最終的には「6：1」となるという成果が得られたのです。実験から3か月後に彼女の状態を確認したところ、うつや孤独感はほとんどなくなり、泣くこともなくなりました。同時に頭痛や胃痛も消えていました。加えて、より楽観的となり、自信がもてて集中もできるようになりました。そして大変な状況になってもめげなくなって、人間関係も改善されたというのです。このように、彼女は多くの面で「より良い状態」となったことが確認されたのでした。さらに1年後にも状況を確認したところ、彼女はメディテーションを続けていて、人生に起きたそれらの重要な変化は続いていることが報告されています。

この例にみた効果は、ある女性1人について示されているものです。しかし、フレドリクソン教授の調査には、あらゆる年代の人たち、経済状況や時間のゆとりもさまざまな何百人という男女の参加者がいました。その中で、素晴らしい変化を経験したのはその女性だけでなく、ポジティビティを高めることでネガティビティを減じることに通じる成功例は、ほかにも同様に認められたということです[43]。

上の例では、頭痛や胃痛がなくなったというように、健康面が改善されたことも報告されていました。そのようなポジティビティが上がり健康状態がよくなった結果、ネガティビティが減少したという症状は、他の人にも多く見られたことも確認されています。たとえば、「のどの痛みが軽減した」「胃のむかつきがおさまった」「ニキビが減った」などの症状改善が認められています[44]。このように、ポジティビティが健康促進に寄与するのは、生体機能の反応であることも実証されています。たとえば、ポジティビティ比が高くなると、ストレスホルモンは減少する[45]一方で、成長ホルモン[46]、オキシトシン（神経伝達物質）[47]のレベルが上昇します。さらに、ポジティビティはドーパミン（神経伝達物質）[48]やオピオイド（脳内麻薬様物質）[49]をより多く分泌させ、免疫機能を高める[50]とともに、炎症反応を軽減する[51]こともわかっているのです。それゆえ、血圧降下[52]、鎮痛[53]、風邪予防[54]、快眠[55]をもたらします。このような効果に加え、病気にかかる確率を低下することも証明されています。高血圧[56]、糖尿病[57]、心臓発作[58]などが起こりにくくなり、より長寿の傾向となることが明らかになっているのです。このように、ポジティブな状態となることで健康改善に結びつく結果、体調不良にともなってもっていたネガティブ感情が軽減されるということになるでしょう。

ポジティブ感情がネガティブ感情を小さくするというのは、前掲8章で取り上げた「打ち消し効果」からもいえるでしょう。ポジティブ感情は、ストレスや不安を緩和したり、なくしたりする作用でした。これも実験によって実証された効果です。集まった研究参加者たちにいきなりスピーチをすることを告げ、それをビデオで撮られ他者に評価されると説明したときに生じる心拍数や血圧の上昇は（不安・ストレスの増加をあらわす）、ポジティブ感情によってストレスのないもとの心臓の状態への回復にどう作用するかを検証した実験でした。その結果は、ポジティブ感情をもたらす楽しい映像と満ち足りた気分になる映像を見た２つのグループは、そうでない他の２つのグループの人たちよりも、心拍数や血圧などが元の状態に早く回復しました。なお、ネガティブ感情を生む悲しい映像をみたグループでは、回復に２倍時間がかかっています[59]。このような結果からも、ポジティブ感情がネガティブ感情を和らげる傾向にあることがわかるでしょう。

ここに示したケースでは、ポジティビティが向上し、「形成効果」のとくに「心理的リソース」が高まったことで、ネガティビティが減少したことが示唆されます。また、頭痛や胃痛もなくなったように「身体的リソース」が上がったことによって健康改善にも作用していることもうかがえます。

レジリエンスを強化する効果

ここでいうレジリエンスは、逆境や困難、強いストレスに直面した時に適応する心理的プロセスのことで、「折れない心」や逆境力・再起力などといわれています（より詳しくは次章で取り上げます）。楽しみ、陽気な遊び心、充足感、温かい友情、愛情、愛着などのすべてのポジティブ感情は、レジリエンスおよびものごとへの対応能力を高めてくれます。他方、ネガティブ感情は、レジリエンスや対処能力を減じることがわかっています。

アメリカ同時多発テロ事件後の大学生について、各自がもつポジティビティとレジリエンスの量、および立ち直りについての関係性を調べた調査があります。楽観性、冷静さ、人生に対する満足度などの性格的な強みも一緒に検証されました。その結果、ポジティビティの度合いの差が、レジリエンスの強度や立ち直りの早さと質に関係していることが報告されています[60]。レジリエンスの高い学生は、予想どおり早い立ち直りを示し、うつ症状もほとんどありませんでした。加えて、楽観性、冷静さ、人生に対する満足度が増していることも認められたのです。そして、立ち直りの早かった学生たちと遅かった学生たちとの比較において決定的に違っていたのは、ポジティビティの度合いであることがわかったのです。すなわち、ポジティビティが高い人はレジリエンスを強める傾向となり、困難からの立ち直りも早いということが確認されたのでした。

このような傾向となることは、他の研究でも多数報告されています。上の例は学生という若い世代を対象とした国家的危機に対する反応についての検証でした。他方、60 歳以上の人を対象にした個人が直面する日常のささいなストレスから、家族との死別といった人生での難局や困難といった大きなストレスへの反応を見た研究もあります。その結果、レジリエンスが比較的高く、速やかに立ち直る人は、ストレスに対峙したときに他の人に比べて複合的な感情をもっていることがわかりました。これが意味するのは、困難やストレスに直面したときに、それが悪化や長期化するのか、比較的短時間に解消できるのかの違いは、ストレス下であっても喜び、愛情、感謝、希望、畏敬、好奇心などといったポジティブな気持ちをもつことができるかどうかによるということです [61]。その調査においても、ポジティビティをもつことでレジリエンスが強まり、立ち直りが早くなることが示唆されているのです。

何らかの困難や障害が自分に生じた場合において、ポジティブ感情をもつことが、上で述べたようにネガティブ感情を減じ、またより視野が広がり、かつクリアに考えられるようになることで（拡張効果）、「自分に起きていることの何が問題なのか」というように、問題そのものにフォーカスして思考できるようになります。それゆえ、自分が対処すべき問題が明確化され、「どうするか」という具体的な措置を考えて実行する対処能力が高まるとされます。また、そのようになることで、大変や困難といったネガティブな出来事であっても、ポジティブな意味づけをできるようになるともいわれています。それによって、嫌なことや大きなストレスを感じるようなことを経験しても、その直面した課題に効果的に対処でき、より早く立ち直れる傾向となるのでしょう。

たとえば、大学生を対象にした「拡張効果」を長期にわたって検証した研究があります。最初に大学生のポジティビティの度合いを測り、5 週間後に再びポジティビティを調べました。その際、「問題に対峙したときに、広い範囲からさまざまな解決策を採れたかどうか」についての質問をするという調査を 2 回実施しました。両方の結果とも、「よりポジティビティが高い人は、逆境にあっても解決策を複数考えつく」ということが明らかになりました [62]。すなわち、何かの困難に対峙したときに、より多くのポジティビティをもつ人は、その課題に対して対処できるレジリエンスを発揮する力をもつことがうかがえます。

なお、このレジリエンスについては、ストレスの多い現代社会において、子供から大人に至るまでうまくそれに対処し、より良い人生を送っていくうえで重要とされる、とくに近年注目されている能力の1つでもあります。それゆえ、このレジリエンスについては、関係性の見られる「Grit（グリット）：やり抜く力」とともに、つづく後掲の章で取り上げ、さらに詳しくみていきます。

上昇スパイラルを形成する効果

悲しみや不安、怒り、苦しみといったネガティブ感情は誰もがもつものです。しかし、一過性でなくそのまま持ち続けていると、より落ち込みの状態へ向かわせる下向きのネガティブ・スパイラル（ネガティブ沼）となることは先に述べたとおりです。反対に、ポジティブ感情は気持ちをより快活にしていったり、肯定的な行動をもたらしていったりという上向きの発展的なスパイラルをつくり出してくれます。ここまでに取り上げきたポジティビティの4つの効果が、相互にプラスに作用し合いながら、その効力がいっそう高まっていく傾向となることがわかっています。このような上昇スパイラルによって、私たちは成長・進化し、より良い状態へとなりゆくのです。

たとえば、これまで何度か取り上げてきた「ドーパミン・サイクル」も、生体機能レベルでのそのような効果の1つとして見ることができるでしょう。復習となりますが、楽しさや喜びというポジティブ感情は脳内物質のドーパミンを分泌し、意欲、集中力、多幸感が高まることで、ある課題に対しての心身のパフォーマンスが上がり、成し遂げる力も大きくなります。すなわち、あることを達成する確率が高くなります。そして、達成することで生起される喜びや嬉しさ、充足感などのポジティブ感情がドーパミンをさらに分泌するとともに、取り組んでいたことを「またやってみよう」という反復性・継続性を生むといった好循環が見られることがわかっています。

すぐ上の項目で、大学生を対象にして行った5週間の期間前後でポジティビティ量の差を測定することによって「拡張効果」を検証した研究例を取り上げました。その調査では、「何か問題が起こった時に、多様な対処ができたか」についても聞いたところ、ポジティビティをよりもっている人は、直面した問題への複数の対応策を思いつくことができたという結果が得られました。実は、この調査には続きがあります。その後、5週間後にポジティビティの測定を再度したところ、最もポジティブだった人たちは、さらにポジティブになっていることが確認されたのです[63]。ここからは、問題に直面しその解決を通して、達成感や自己効力感が向上することでポジティビティも高まり、ますます心が開けていったことがうかがえます。フレドリクソン教授によれば、このプロセスは、ポジティビティの拡張効果によって視野が広がることによって、対峙する問題や困難に対処できやすくなるということだけではないといいます。そうなることで、さらにポジティビティがいっそう強まっていくという、ポジティビティと広い視野が相互に高めあっていく「上昇スパイラル」が生まれ、その人の成長と発展をもたらすと指摘しています[64]。その「上昇スパイラル」ですが、さらに実験を再現したところ、同様に起こることが確認されました。その再実験では、人を信頼する傾向が強まることで、困難な問題に対処できる（＝レジリエンス向上）という効果も認められたとのことです[65]。

興味深いことに、そのような上昇スパイラルは個人だけに起こるのではなく、周囲に波及していく社会的な効果も見られることもわかってきました。心理学者アリス・イーゼン博士が行った実験では「人は気分がいいときには、他人に親切にする傾向がある」という結果が報告されています。その実験では、研究参加者の一部に、クッキーや文房具などの思いがけないプレゼントを渡したり、公衆電話で小銭を見つけるなどの少し得をするような仕掛けをしたりして、良い気分にさせました。そうしたところ、プレゼントをもらわなかった人たちにくらべ、もらった人たちは、他の人たちが落とした書類を拾ってあげたり、手伝いを買って出たり、代わりに電話をかけてあげたりということを、ごく自然にすることが確認されました[66]。すなわち、ポジティブな状態になったことで、親切行為という周囲へのポジティブ行動へと発展していったのです。より最近の研究では、「困っている人を助けたい」という気持ちがもたらされるのは、ポジティビティが生み出す他者との一体感であるとされています[67]。

さらに、行動によって表れたポジティビティは（たとえば、親切にする）、周囲へのポジティブな行為へと連鎖していくという伝播力があることがいわれています。先のイーゼン博士の実験では、「ポジティビティが親切という肯定的行動を生む」という結論でしたが、最近の研究では、そういった行動自体、さらにさまざまな形でポジティビティを生み出す、すなわち、自分がしたポジティブ行動が周囲に波及していくことが実証されています[68]。たとえば、誰かの役に立ったときには、その人は他者の役に立つという寛大な行為をした自分を誇らしく思い「誇り」を感じます。その「誇り」の感情は、上で述べたように心の働きを広げ（＝拡張効果）、自分はそのような行動をとる人間であるという自覚をすることで、また同じような状況があったときに人を助けようします。他方、この状況を助けられた側の視点から見ると、相手も良い気分になり、思いがけず示された親切に「感謝」を感じます。「感謝」のポジティブ感情もまた心の働きを広げる作用があることから、その相手に対してや、他の人に対してでも、どうすればその行為に報いられるかといろいろと考えるようになります。それが実際に周囲の他者に施されることで、善意が社会に広がっていくことになるというのです。さらにこのような波及効果は、善意をやりとりした当人だけでなく、その周囲にいる人たちにも刺激を与えていく可能性を多分にもっています。周りの他の人たちは、自分たちが気持ちを高揚させられて「自分も何かそういうことをしたい」と「鼓舞」されることに通じ、こうして善意はさらに拡散するとともに連鎖していくとフレドリクソン教授は言及しています[69]。

以上に見てきたように、ポジティビティは自分について上昇スパイラルを生みます。そして、周囲への行動へと展開することによって、それが周りにも波及していく社会的な上昇スパイラルを起こす傾向も見られます。そのように周囲全体に好ましい影響が及ぼされることで、その場所を「喜び」「感謝」「安らぎ」「慈しみ」といったポジティブ感情にあふれる思いやりと調和に満ちた空間とすることもできるでしょう。

4.　VARSサイクルとポジティビティ

本章の冒頭でも述べましたが、先のPart 3では、ポジティブ・エクスペリエンスを実践する上で核となるVARSサイクルに取り組むことで「ポジティビティ」を高めることを説いています。すなわち、3つのステージ「Vision（展望する）-Action（行動する）-Reflection/Sharing（ふり返る・共有する）」の各段階において、活動者のポジティビティの高め方や、それが促進されることでもたらされる効果について、ポジティブ心理学の研究成果をふまえつつ説明しました。したがって、「どのようにポジティビティを生みだし増やすか？」という問いに対しては、ポジティブ・エクスペリエンスのVARS理論について述べてきたさまざまな要素がその回答となるでしょう。

それを簡潔にふり返ると、おおよそ次のように整理できます。

① Vision 段階（展望する）
- 目標達成へのポジティブなイメージ（目標設定・プロセス・達成時について）

② Action 段階（行動する）
- 「楽しい」を意識した活動
- 「強み」を意識した活動
- 「感謝する」「親切」を意識した活動
- 人との良好なつながりを意識した活動
- 心を静める・リラックスする活動（マインドフルネスとなる＝瞑想する）

③ Reflection/Sharing 段階（ふり返る・共有する）
- ポジティブな体験を味わうこと（セイバリング）
- 未来志向的思考と成長志向のマインドセット
- 共感的コミュニケーション方法の活用
- 「勇気づけ」を活用としたフィードバック法

一方で、本書でも取り上げている著名なポジティブ心理学者や推進者たちが、その書籍の中でポジティビティや幸福度を高める方法を提示しています。それらには共通項もあれば、細かな点ではそれぞれで違います。たとえば、「拡張—形成理論」の提唱者であるフレドリクソン博士は、その著書 *Positivity*（邦訳書：『ポジティブな人だけがうまくいく 3：1 の法則』）[70] において、次の 11 要素について指摘しています：①心からポジティビティを感じる、②今いる状況にポジティブな意味を見出す、③良いことを十分に味わう、④恵まれている点を数える、⑤自分のした親切を認識する、⑥好きなことに夢中になる、⑦将来を夢見る、⑧自分の強みを生かす、⑨他者との絆をつくる、⑩自然とのつながりをもつ、⑪メディテーション（瞑想）を活用する。

またソニー・リュボミアスキー博士は、自身の著書 *The How of Happiness*（邦訳書：『幸せがずっと続く 12 の行動習慣』）[71] の中で 12 項目を挙げています：①感謝の気持ちを表す、②楽観的になる、③考え過ぎない・他人と比較しない、④親切にする、⑤人間関係を育てる、⑥ストレスや悩みへの対抗策を練る、⑦人を許す、⑧熱中できる活動を増やす、⑨人生の喜びを深く味わう、⑩目標達成に全力を尽くす、⑪内面的なものを大切にする、⑫身体を大切にする—瞑想と運動。

The Happiness Advantage（邦訳書：『幸福優位７つの法則』）[72]の著者であるショーン・エイカー氏は、おおよそ以下の点について言及しています：①瞑想する、②何かを楽しみにする、③意識して人に親切にする、④ポジティビティな感情が生じやすい環境をつくる、⑤運動する、⑥お金を使う（モノにではなく経験に費やす）、⑦固有の強みを発揮する、⑧ポジティブなマインドセットをもつ、⑨スモール・ゴール＆スモール・ステップを心がける（小さな目標について達成を積み重ねて少しずつ前進する）、⑩周囲の人との良好な関係を築く。

最後にこれは人ではないですが、参加者が幸福度の改善を目指すドキュメンタリー番組「Making Australia Happy」（オーストラリアを幸福にする）を書籍化した *Eight Steps to Happiness*（邦訳書：『8週間で幸福になる８つのステップ』）[73]の中で示されている方法は次の通りです：①目標と価値をはっきりさせる、②無私無欲の親切な行いをする、③今、この瞬間に集中する（マインドフルネスをする）、④自分の強みを生かす、⑤感謝する、⑥許す、⑦人とつながりを持つ、⑧これまでの道のりを振り返る。

ここに挙げた項目例だけが、ポジティビティや幸福度を高めるすべての要素を網羅するものではありません。一方で、他の関連書籍も含めて検討すると、おおよそ次のような要素が共通項としてよく見られます。それらは、「感謝する」「親切にする」「他者と良好なつながりをもつ」「強みを生かす」「マインドフルネス（瞑想）をする」「許す」です。ポジティブ・エクスペリエンスのVARSサイクルでは、上記のリストアップした項目とすり合わせてみてもわかるように、「許す」以外のすべての観点について意識して実践する取り組みとなっています（ただし「許し」についても、続く11章において、良好な人間関係を築く上での３本柱の１つとして簡潔に取り上げています）。

注

1. van Oyen Witvliet, Charlotte et al. “Granting Forgiveness or Harboring Grudges: Implications for Emotion, Physiology, and Health.” *Psychological Science.* 2001, 12(2), p. 117-123.
2. Cotman, Carl W. et al. “Exercise Builds Brain Health: Key Roles of Growth Factor Cascades and Inflammation.” *Trends in Neurosciences.* 2007, 30(9), p. 464-472.
3. Fredrickson, Barbara. *Positivity: Discover the Upward Spiral That Will Change*

Your Life. Harmony Books, 2009, p. 11.（邦訳書：バーバラ・フレドリクソン『ポジティブな人だけがうまくいく 3:1 の法則』植木理恵監修．高橋由紀子訳．日本実業出版社，2010, 317p.）

4. Gottman, John M. *What Predicts Divorce?: The Relationship between Marital Processes and Marital Outcomes.* Psychology Press, 1993, 544p.
5. Schwartz, Robert M. et al. "Optimal and Normal Affect Balance in Psychotherapy of Major Depression: Evaluation of the Balanced States of Mind Model." *Behavioural and Cognitive Psychotherapy.* 2002, 30(4), p. 439–50.
6. リック・ハンソン『幸せになれる脳をつくる：「ポジティブ」を取り込む 4 ステップの習慣』浅田仁子訳．実務教育出版，2015，p.34-53.
7. 足立啓美，鈴木水季，久世浩司『子どもの「逆境に負けない心」を育てる本　楽しいワークで身につく「レジリエンス」』イローナ・ボニウェル監修．法研，2014，p.38.
8. 前掲注 6，p.37-44.
9. Boniwell, Ilona. *Positive Psychology in a Nutshell: The Science of Happiness. 3rd ed.,* Open University Press, 2012, p. 13-15.（邦訳書：イローナ・ボニウェル『ポジティブ心理学が 1 冊でわかる本』成瀬まゆみ監訳．国書刊行会，2015, 330p.）
10. Lazarus, Richard S. "Does the Positive Psychology Movement Have Legs?." *Psychological Inquiry.* 2003, 14(2), p. 93-109.
11. Young-Eisendrath, Polly. "Response to Lazarus." *Psychological Inquiry.* 2003, 14(2), 170-173.
12. Tedeschi, Richard G.; Calhoun, Lawrence G. "Posttraumatic Growth: Conceptual Foundations and Empirical Evidence." *Psychological Inquiry.* 2004, 15(1), p. 1-18.
13. 前掲注 7，p.77.
14. ヴィクトール・E・フランクル『夜と霧：ドイツ強制収容所の体験記録』霜山徳爾訳．みすず書房．1985，216p.
15. 前掲注 7，p.119-120.
16. 前掲注 6，p.41-44.
17. 前掲注 3，p.163-166.
18. Achor, Shawn. The Happiness Advantage: *The Seven Principles of Positive Psychology That Fuel Success and Performance at Work.* Virgin Books, 2011, p. 15.（邦訳書：ショーン・エイカー『幸福優位 7 つの法則：仕事も人生も充実させるハーバード式最新成功理論』高橋由紀子訳．徳間書店，2011, 301p.）
19. 前掲注 6，p.34-53.
20. Fredrickson, Barbara, L. "The Role of Positive Emotions in Positive Psychology: The Broaden-and-build Theory of Positive Emotions." *American Psychologist.* 2001, 56(3), p. 218-226.
21. 前掲注 3，p.27.
22. 同，p.54-55.
23. 前掲注 18，p.44.
24. Schmitz, Taylor W. et al. . "Opposing Influences of Affective State Valence on Visual Cortical Encoding." *Journal of Neuroscience.* 2009, 29(22), p. 7199-7207.
25. Gallagher, Winifred *Rapt: Attention and the Focused Life.* Penguin Press, 2009,

p. 36.

26. 前掲注 18, p.45.
27. 前掲注 20.
28. 前掲注 3, p.15-36.
29. Bryan, Tanis; Bryana James. "Positive Mood and Math Performance." *Journal of Learning Disabilities.* 1991, 24(8), p. 490-494.
30. 前掲注 3, p.59.
31. Staw, Barry M.; Barsade, Sigal G. "Affect and Managerial Performance: A Test of the Sadder-but-Wiser vs. Happier-and-Smarter Hypothesis." *Administrative Science Quarterly.* 1993, 38(2), p. 304–331.
32. Sy, Thomas, et al. "The Contagious Leader: Impact of the Leader's Mood on the Mood of Group Members, Group Affective Tone, and Group Processes." *Journal of Applied Psychology.* 2005, 90(2), p. 295-305.
33. 前掲注 9, p.11., Fredrickson, Barbara, L.; Joiner Thomas. "Positive Emotions Trigger Upward Spirals toward Emotional Well-being." *Psychological Science.* 2002, 13(2), p. 172-175.
34. 前掲注 3, p.64
35. Johnson, Kareem J.; Fredrickson, Barbara, L. "We All Look the Same to Me": Positive Emotions Eliminate the Own-Race Bias in Face Perception." *Psychological Science.* 2005, 16(11), p. 875-881.
36. Aron, Arthur C. et al. "Couples' Shared Participation in Novel and Arousing Activities and Experienced Relationship Quality." *Journal of Personality and Social Psychology.* 2000, 78(2), p. 278-84.
37. 前掲注 4.
38. Cohen, Sheldon et al. "Emotional Style and Susceptibility to the Common Cold." Psychosomatic Medicine. 2003, 65(4), p. 652-657.
39. 前掲注 18.
40. Emmons, Robert A. *Thanks!: How Practicing Gratitude Can Make You Happier.* Mariner Books, 2008, p. 13.（邦訳書：ロバート・A. エモンズ『G の法則：感謝できる人は幸せになれる』片山奈緒美訳. サンマーク出版, 2008, 238p.）
41. Danner, D. et al. "Positive Emotions in Early Life and Longevity: Findings from the Nun Study." *Journal of Personality and Social Psychology.* 2001, 80(5), p. 804-813.
42. 前掲注 9, p.10-12.
43. 前掲注 3, p.75-84.
44. Pressman, Sarah D.; Cohen, Sheldon. "Does Positive Affect Influence Health?." *Psychological Bulletin.* 2005, 131(6), p. 925-971.
45. Steptoe, Andrew et al. "Positive Affect and Health-related Neuroendocrine, Cardiovascular, and Inflammatory Responses." *Proceedings of the National Academy of Sciences of the United States of America.* 2005, 102(18), p. 6508-6512.
46. Berk, Lee S. et al. "Neuroendocrine and Stress Hormone Changes during Mirthful Laughter." *American Journal of the Medical Sciences.* 1989, 298(6), p. 390-

96., Brown Walter, A. et al. "Endocrine Correlates of Sadness and Elation." *Psychosomatic Medicine.* 1993, 55(5), p. 458-467.

47. Brown. Stephanie L. et al. "Social Closeness increases Salivary Progesterone in Humans." *Hormones and Behavior.* 2009, 56(1), p. 108-111., Light Kathleen C. et al. "More Frequent Partner Hugs and Higher Oxytocin Levels Are Linked to Lower Blood Pressure and Heart Rate in Premenopausal Women." *Biological Psychology.* 2005, 69(1), p. 5-21.
48. Ashby, Gregory F. et al. "A Neuropsychological Theory of Positive Affect and Its Influence on Cognition." *Psychological Review.* 1999, 106(3), p. 529-550., Burns, Andrea B. et al. "Upward Spiral of Positive Emotion and Coping: Replication, Extension, and Initial Exploration of Neurochemical Substrates." *Personality and Individual Differences.* 2008, 44(2), p. 360-370.
49. Wager, Tor D. et al. "Placebo Effects on Human Mu-opioid Activity during Pain." *Proceedings of the National Academy of Sciences of the United States of America.* 2007, 104(26). p. 11056-11061.
50. Davidson, Richard J. et al. "Alterations in Brain and Immune Function Produced by Mindfulness Meditation." *Psychosomatic Medicine.* 2003, 65(4), p.564-570.
51. 前掲注 45.
52. Fredrickson, Barbara, L. et al. "The Undoing Effect of Positive Emotions." *Motivation and Emotion.* 2000, 24(4), p. 237-258., 前掲注 47, Light et al.
53. Gil Karen M. "Daily Mood and Stress Predict Pain, Health Care Use, and Work Activity in African American Adults with Sickle-Cell Disease." *Health Psychology.* 2004, 23(3), p. 267-274.
54. 前掲注 38.
55. Bardwell, Wayne A. et al. "Psychological Correlates of Sleep Apnea." *Journal of Psychosomatic Research.* 1999, 47(6), p. 583-96.
56. Richman, Laura et al. "Positive Emotion and Health: Going Beyond the Negative." *Health Psychology.* 2005, 24(4), p. 422-429.
57. 同.
58. Ostir, Glenn V. et al. "The Association between Emotional Well-being and the Incidence of Stroke in Older Adults." *Psychosomatic Medicine.* 2001, 63(2), p. 210-215.
59. Fredrickson, Barbara, L.; Levenson, Robert W. "Positive Emotions Speed Recovery from the Cardiovascular Sequelae of Negative Emotions." *Cognition and Emotion.* 1998, 12(2), p. 191-220.
60. Fredrickson, Barbara, L.; Tugade, Michele M. "What Good Are Positive Emotions in Crises?: A Prospective Study of Resilience and Emotions Following the Terrorist Attacks on the United States on September 11th, 2001." *Journal of Personality and Social Psychology.* 2003, 84(2), p. 365–376.
61. Ong, Anthony D. et al. "Psychological Resilience, Positive Emotions, and Successful Adaptation to Stress in Later Life." *Journal of Personality and Social Psychology.* 2006, 91(4), p. 730-749.
62. 前掲注 33, Fredrickson.

63. 同.
64. 前掲注 3, p.62.
65. 前掲注 48, Burns.
66. Isen, Alice M.; Levin, Paula F. "Effect of Feeling Good on Helping: Cookies and Kindness." *Journal of Personality and Social Psychology.* 1972, 21(3), p. 384-388., Isen, Alice M. et al. "Duration of the Effect of Good Mood on Helping: 'Footprints on the Sands of Time'" *Journal of Personality and Social Psychology.* 1976, 34(3), p.385–393., Isen, Alice M. "Positive Affect, Cognitive Processes, and Social Behavior." *Advances in Experimental Social Psychology.* 1987, 20, p. 203-253
67. Cialdini, Robert B. "Reinterpreting the Empathy-Altruism Relationship: When One into One Equals Oneness." *Journal of Personality and Social Psychology.* 1997, 73(3), p. 481-494.
68. Hatfield, Elaine et al. *Emotional Contagion: Studies in Emotion and Social Interaction.* Cambridge University Press, 1993, 252p.
69. 前掲注 3, p.69-70.
70. 前掲注 3, 277p.
71. Lyubomirsky, Sonja. *The How of Happiness: A New Approach to Getting the Life You Want.* Penguin Books, 2008, 384p. (邦訳書:ソニア・リュボミアスキー『幸せがずっと続く 12 の行動習慣』渡辺誠監修. 金井真弓訳. 日本実業出版社, 2012, 295p.)
72. 前掲注 18, 256p.
73. Grant, Anthony M.; Leigh, Alison. *Eight Steps to Happiness: The Science of Getting Happy and How It Can Work for You.* Victory Books, 2010, 301p. (邦訳書:アンソニー・グラント、アリソン・リー『8 週間で幸福になる 8 つのステップ』石川園枝訳. ディスカヴァー・トゥエンティワン, 2012, 301p.)

第 11 章　レジリエンスを育むポジティブ・エクスペリエンス

現代社会では、子供から大人まで、立ち直る力や折れない心といわれる「レジリエンス」をもつことが重視されています。物質的に豊かで便利になった一方で、処理しきれないストレスが蔓延する社会でもあるからです。前章において、ポジティビティを高めることで、レジリエンスが強化されることを述べました。レジリエンスを向上していくためのアプローチには、その他にもいくつかあります。

本章では「レジリエンス」について取り上げ、ポジティブ・エクスペリエンスが、その力の向上にどう関わるかについて見ていきます。

1.　レジリエンス（折れない心／逆境力）はなぜ大切か

レジリエンスについては、「ポジティブ感情がレジリエンスを強化する」ということで、前章にてポジティビティの 5 大効果の 1 つとして取り上げました。レジリエンスは、全米心理学会（American Psychological Association：APA）によれば、「逆境や困難、強いストレスに直面したときに、適応する精神力と心理的プロセス」と説明されています。筆者自身の見解ですが、「レジリエンス」の概念全体を端的に言い表す日本語が、「折れない心／逆境力」だと思っています。さらにいえば、その「折れない心／逆境力」は、次の 3 つの側面をふくむ心のあり方として表現できると考えられます。それは、たとえ何か大変なことや失敗があって精神的に落ち込んでも、①困難にめげずに克服・回復できる気持ち（立ち直る心）、②不安定な状況でも対応できる気持ち（適応する心）、③ストレスなどをうまく受けとめる・受け流すことのできる気持ち（しなやかな心）です。このような力を備えている人が、「レジリエンスの高い人」の特徴とされます[1]。また、そのような意味合いをもつことから、①“立ち直る力”は「克服力」「回復力」「再記力」、②“適応する心”は「対処力」「対応力」、③“しなやかな心”は「柔軟力」などということばにもおき換えられるでしょう。実際、“レジリエンス”を表すのに、そのような語句がよく使われています。

それらの用語や前掲のAPAによる定義から、“レジリエンス”については、比較的とても強固なイメージを抱く人が多いのではないでしょうか。しかし、困難や逆境に直面した際に、その外圧をはね返す、転んでも立ち上がるといった力強さを表すだけではありません。たとえば、1本の木と竹や柳をイメージしてみましょう。外からかなりの強い圧力（強風）がかかったときには、頑なに面と向かってその力に対抗するだけでは、たとえ固い木であっても、ときに耐えられず折れてしまうこともあります。一方、竹や柳のようにしなやかさがあることで、強風でも上手に受け流して、折れることはほとんどなくなります。その竹・柳のように、逆境やストレス・プレッシャーといった、負のエネルギーをしなやかに受け流してことを成すという能力、いわば「柔よく剛を制す」といった強さをも含んだものが“レジリエンス”となります。それゆえ、上記したような「しなやかな心／柔軟力」という心の状態や所作もふくむのです。なお、これも個人的な見解ではありますが、そのようなレジリエンスを構成するいくつかの要素の中でも、跳ね返すといった固い・強い力のイメージよりも、しなやかに受け止め受け流すという柔軟な対応をする力（竹・柳）のイメージとしてのレジリエンス能力が、今後においてはより大切、かつ求められるようになると感じています。

そのような、たくましくもありしなやか心をもつ人は、当然いつの時代でも必要とされてきました。今の時代にあって、このレジリエンスは、より良く生きる上で必要な力として注目されるようになっています。それはなぜでしょうか。その根底にある一番の原因として、変化が激しく複雑な様相を呈する現代社会の特徴と、その構造が生み出す強いストレスの蔓延があるでしょう。

たとえば、過度な競争意識がその一因として挙げられます。私たちが生きる社会は、競争原理を核とする資本主義経済が基盤となっています。そのシステムの中では、「勝ち組・負け組」といったことばが使われるように、つねに誰かと競い合うことが前提です。ゆえに、勝ち抜かなければ成功しないといった強迫観念にとらわれがちとなります。このような行き過ぎる競争意識下では、いつもプレッシャーを抱えている状態となり、心も身体も休まる余裕がなくなります（＝ストレス増大）。

また、急激に変化していく社会に対応していかなければならない点にも、その要因が見出せます。その変化をけん引するのが、日々高度化し続けるテクノロジーです。そのテクノロジーの急速な発展によって便利になり恩恵を受けていることも多々ありますが、それだけ目まぐるしく変化する世の中でもあります。その急激な変化への対応を余儀なくされているのが現代です。変化は進歩でもあり大切ですが、対応が追いつかないほどの身の丈を超えた変化を強制されることはストレス以外の何ものでもありません。それが常態化しているのが、今日の社会といえるでしょう。

ほかにも、過度なストレスをもたらす原因はいろいろと考えられますが、いずれにしても、それらさまざまな要因が相まって、ストレス過多な世の中になっていることは疑いありません。そのストレスの行き過ぎが、うつ病をはじめとする精神疾患や心臓病などの循環器系疾患といった心身の不調をもたらし、社会生活に支障をきたす人を多くつくり出しているのが、現代社会における負の特徴ともなっています。

そのような社会背景にあって、ストレスにうまく対処しつつ、よりよく生きるための力の 1 つとしての“レジリエンス”を身につけることが重視されるようになっているのです。「身につける」ということばを使っているように、レジリエンスの力は伸ばせることがわかっています。近年では、上記したような現状もあって、幼少期の頃からのレジリエンス教育の必要性がとくにいわれてきています。この点については、日本では十分に普及しているとはいい難いですが、海外では以前からレジリエンス教育に取り組んで成果をあげています。第二次世界大戦以降、日本もふくめ、欧米にならった高度産業化した社会では、うつ病の若年化が問題となってきました。思春期以降の 10 代にうつ病になると、成人以降に再発するリスクが高まることから、とくに欧米では青少年のうつ病発症の予防策としてレジリエンス教育が導入されてきています[2]。

たとえば、イギリスの学校において、11 歳以上の 438 人の生徒を対象に、レジリエンス教育の効果を検討した調査があります。レジリエンス教育の授業前後における、「レジリエンス」「自己効力感」「自尊感情」「抑うつ」の変化が検証されました。その結果、図 23 に見られように、全項目について、統計的に有意差（2 つの測定値の差が「偶然ではなく意味のある本質的な差」として見なされる）があったことが確認されています[3]。

レジリエンスを養う重要性は、幼少期の子供や就学時の青少年のことだけの

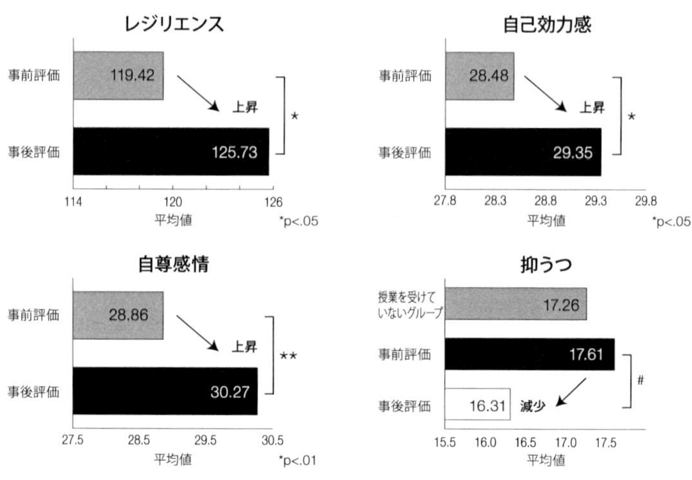

図 23　レジリエンス教育の効果

ものではありません。働くようになってからも必要な力でもあります。むしろ就職後においても、いっそう必要不可欠になってくる力ともいえるのではないでしょうか。上記した過度な競争や急激な変化への対応と、そこから生じるストレス過多は、コストや効率を優先した利益・成果至上主義が根底に流れるビジネス社会において、より濃く反映されている傾向にあるからです。それゆえ最近では、成人後の社会人向けのレジリエンス向上プログラムや、企業でのレジリエンス研修などが実施されている様子も見かけるようになっています。

このような背景もあって、レジリエンスは、幼少期の頃からその能力を育んでいくことが望まれているのです。しかし日本の公教育においては、先述したようにその取り組みはほとんどなされていません。今後においては、レジリエンスの向上をねらったプログラムを導入することの必要性を筆者は感じています。それでは、レジリエンスはどのようにして伸ばすことができるのでしょうか。以下、その点について見ていきます。

2.　レジリエンスの 4 つの筋肉とその鍛え方

逆境や困難を乗り越えるレジリエンスを筋肉にたとえると、図 24 のように

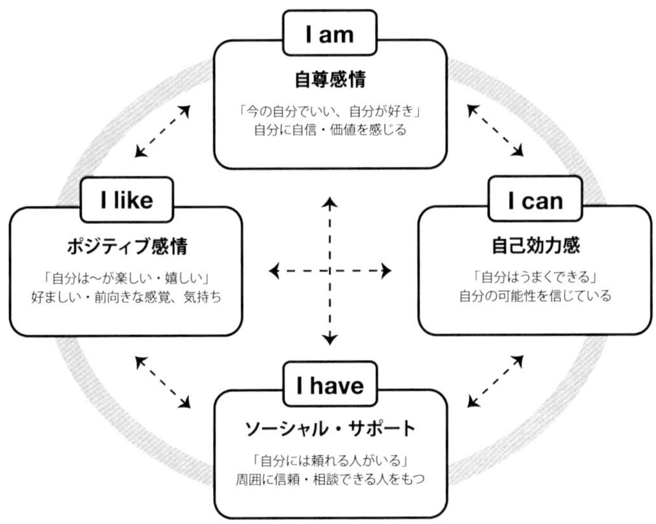

図 24　レジリエンスの 4 つの筋肉

「4 つの筋肉」があるとされます[4]。それらは、「I am：自尊感情」「I can：自己効力感」「I have：周囲のサポート」「I like：ポジティブ感情」の筋肉です。筋肉が鍛えて強くなるように、レジリエンスも、もともと自分の中にある力で、それら 4 要素をトレーニングすることで強化できます。筋肉も日頃からトレーニングをしておかないと、ここぞというときに力が発揮できないように、レジリエンスの筋肉も、困難に対峙したときに発揮できるように普段から鍛えておくことが大切となります。

他の人からこうすれば筋肉は鍛えられると教えてもらっても、実際にトレーニングをするという活動に移さなければ筋肉は発達しません。同じように、レジリエンスを強める方法を知識として知っていても、それだけでは当然レジリエンスは向上しません。筋トレという行動と同じように、日常の中での自分自身の体験という活動を通して鍛えられるものです。レジリエンスの 4 つの筋肉は、お互いに関わりあっていて、相互に力を与えながら強くなっていく関係性にあります。そして、この 4 つの筋肉は、これまでに見てきたポジティブ・エクスペリエンスにおける VARS サイクルの実践によって育まれることが期待できます。以下、4 つの筋肉について、VARS 理論との関りをふまえつつ順に見てきます。

なお、この「レジリエンスの４筋肉」の説明にあたっては、主として『子どもの「逆境に負けない心」を育てる本』を参考にさせてもらっています[5]。これは、一般社団法人日本ポジティブ教育協会の主要メンバーによって書かれた、当団体の公認書籍となっています。また、当協会が主催し認定する「レジリエンス・トレーナ養成講座」において、テキストとして使われているものでもあります[6]。

「I am」筋肉：自尊感情[7]を鍛える

「自尊感情」をイメージするものとして、「I am」で表されています。自尊感情を高めることでレジリエンスが強化されることが認められています。「今の自分でいいんだ」と自分らしさを大切にする気持ちや、自分のことが好きだと思える気持ちが「自尊感情」です。自尊感情が高いと、日頃の出来事を肯定的にとらえ、さらに自尊感情を生み出すという、良い循環をつくるとされます。反対に自尊感情が低いと、困難や逆境に直面した際のストレスへの対応力が弱まり、失敗したときに、出来事をより悪い方にとらえる傾向があるとされます。感情の中でも、自尊感情は自分自身の心の成長を支える基盤となる感情です。これがしっかりしていないと、他の感情も健全に育まれないとされます。いうなれば、大地にしっかりと根をはった樹木の根っこの部分にあたるのが自尊感情といえるでしょう。したがって、この自尊感情を高めることが、自分という確固たる軸や土台をつくっておくことにつながり、大変なことに直面してもゆるがないということになるのです。根（自尊感情）がしっかりとしていれば、台風（逆境・困難）が来ても、そう簡単には木は倒れないのです。

自尊感情とポジティブ・エクスペリエンス

覚えているでしょうか。自尊感情については、すでにVARSサイクルにおける「Reflection/Sharing：ふり返る・共有する」ステージで取り上げています（第９章)。そこで、自尊感情は「共有体験」によって育まれることを説明しました。共有体験は､体験によって生まれた気持ちや感じたことを､仲間（他者）と互いに確認し合うということで、いわば「共有体験＝体験の共有＋感情の共有」ということができます。そのようなお互いのコミュニケーションを通して、「自分の感じ方が、一緒にいる友だちと同じだ／違う」ということを認識します。自分の気持ちが他と同じであっても違っても、相手がどのような気持ちとなっているかを理解できることで安心できます。人は未知なものに、恐れや不安を抱く傾向があるからです。

それゆえ、同じか近い考えであれば、親近感や嬉しさなどを感じるでしょう。たとえ自分と考えが違っていたとしても、それはそれで相手を知ることに通じ、わからないことで生じる不安を減じることができます。また、他者の気持ちを知り、自分のものと比較できることで、自身の気持ちや考え方についてもより明確にすることができます。それは、自分の考えていることの内容や位置づけについて、自身で確認できることを意味し、いわば自分の理解につながります。そのような自己認識の積み重ねが、他者を知っているという安心の心持ちとともに、自分の感じ方や考え方はこうなんだという自分の“心の軸”を形成していくと考えられるのです。そういった心の軸を確立していくことが、「今の自分でいいんだ」といった、自己を肯定できる感覚や気持ちを育んでいき、自尊感情の高まりへとつながっていくと思われます。

ポジティブ・エクスペリエンスの VARS 理論では、「Reflection/Sharing：ふり返り・共有」行動を 1 つの活動段階としているように、その行為を重視しています。したがって、自分が行った体験について仲間とふり返り、考えを互いに共有するというコミュニケーションを繰り返し行うことで、自尊感情の醸成に寄与することが期待できるでしょう。

加えて、この自尊感情は、自分の得手不得手といった強みや弱みを把握して自己理解を高め、その“強み”を普段から活用することによって向上するとされます。すなわち、そうすることが、「I am」筋肉＝自尊感情を鍛えてレジリエンスの強化につながります。この「強み」についても、VARS サイクル「アクション（行動する)」ステージ（第 2 段階）で取り上げました。それは、体験活動を実施する際には、自分の「強み」を把握したうえで、それを活動に生かしていくというものでした。

ここでその「強み」のことについて、再度詳しくふり返ることはしませんが、「強み」を生かして活動することを提案するポジティブ・エクスペリエンスでは、活動者が自らの「強み」を意識して、その強みを活動に取り入れていくことで、自尊感情の向上に貢献することが期待できると考えられます。

「I can」筋肉：自己効力感[8]の効果とレジリエンス

レジリエンスを育む２つ目の筋肉は「I can」で、“自己効力感”を表します。カナダの心理学者アルバート・バンデューラ博士によって提唱された概念です。自己効力感（self-efficacy）とは、何らかのある目標や課題に対して「自分ならうまくできる」と信じている感覚や気持ちで、自分の達成できる能力や可能性を認識していることです。

自己効力感をもつことで得られる効果には、大きくは４つの傾向が見られます[9]。１つ目が、行動の達成です。自己効力感が高いほど、「自分にはできる、対処できる」と信じて取り組むことで、課題や目標を達成する確率が高くなります。２つ目に、自己効力感を高くもつ人ほど、対峙する課題や困難について積極的にチャレンジするといった対処の努力をする傾向となります。３つ目に、将来に同じような体験をしたときにも、前回できたから今回もできると考えて、前向きに取り組むという同様の行動をとるようになります。４つ目に、生理的・心理的な安定です。自己効力感が高いほど、不安、恐れなどのネガティブ感情が減少し、心拍数も安定することがわかっています。

これらの効果は、自己効力感もポジティブ感情の１つであることから、これまでに見てきたポジティビティがもたらす好影響との重なりがうかがえます。そして、そのような効果があることから、自己効力感が高い人は、大変なことや逆境に直面しても「自分は乗り越えられる」と信じて、難問にも積極的に挑戦し、克服（達成）していく傾向をもちます。また、たとえうまくいかなくてもめげずに、また次のチャレンジをするというように、立ち直りも早いのです。すなわち、レジリエンスも高い傾向となるのです。

他方、自己効力感が低い人は、高い人とは反対の特徴が見られます。「自分にはできない」と無力感や自信を喪失している状態にあります。それゆえ、課題や困難に直面した際には失敗を恐れたり、ストレスを強く感じたりして行動が消極的になります。たとえ達成や克服する能力があったとしても、自分の能力が信じられないため、やる前からチャレンジをあきらめ、取り組んだとしても目標を低く設定したり、すぐあきらめたりしやすいという特徴がみられるのです。

自己効力感を高める４つのアプローチ

それでは、自己効力感はどのようにして育むことができるでしょうか。バンデューラ博士によると、「自分にはできる」という自己効力感を高める要素として、「直接的達成経験＝達成体験をもつ」「代理経験＝ロールモデルをもつ」「言語的説得＝励まし」「生理的情動的高揚＝心身を活性・安定化させる」という4つが示されています。それらの要素について、ポジティブ・エクスペリエンスとの関わりを交えつつ順に見ていきます。

〈達成体験をもつ（直接的達成経験）[10]〉

文字通り、目標を達成したり、何かを成し遂げたりなど、自分自身による成功体験をもつことで自己効力感を高めることができます。全要素の中でもっとも重要な要因であり、この達成体験をもつことが一番効果の高い方法となります。

ただし、単に達成や成功すればよいというわけではなく、粘り強く努力し続けるという、チャレンジプロセスを通してやり遂げる体験となることが重要とされます。これは、失敗も学びと成長のための体験の 1 つであって、うまくいかないことがあっても、あきらめず挑戦し続けることが大切であることの理解をふくんでいます。

粘り強くチャレンジを続けるための方策として、なかなか克服できない課題が出てきたときには、その基礎的な課題を再度やってみて、できたときの感覚を思い出すことで再チャレンジの活力を養うことができます。このように、過去の自分の達成体験を思い出してみるということが、自己効力感を強化し、努力や挑戦をし続けていくうえで有効とされます。

たとえば、ある運動部でいつも補欠だった子供が、周囲の友だちや家族、コーチに励まされて、あきらめずに試合に出られるよう挑戦し続けた結果、最後のゲームへの出場がかないました。そのときの達成体験が、その後の新たな目標や逆境と対峙したときの乗り越える力になったという話があります。そのような体験は、筆者自身もそうですが、それぞれの文脈において想像できたり、思い出したりする人は多いのではないでしょうか。

ここで、ポジティブ・エクスペリエンスの観点から、この「達成体験」を考えてみましょう。ポジティブ・エクスペリエンスでは、課題・目標を設定し（Vision）、達成に向けて行動してみて（Action）、得られた成果（成功・失敗に関わらず）についてふり返りつつアウトプットすることを通して（Reflection/Sharing）、次につなげていくという一連のプロセス（＝ VARS サイクル）を繰り返していくことです。そのように VARS サイクルは、「思考～行動」の往還をともなう「試行錯誤」（トライ・アンド・エラー）を繰り返す活動でもあります。また、課題の達成をめざすことで、ものごとの改善・向上、私たち自身の成長・進化を試みていくチャレンジプロセスでもあります。

したがって、このVARSサイクルを意識し循環させることは、課題達成に向けての取り組みをし続けて、やがて“やり遂げる”という体験の道程を意味するものでもあるのです。このようにして見てみると、ポジティブ・エクスペリエンスのVARSサイクルの実践そのものが、「やることを考える〜やってみる〜（うまくいかない〜再度トライする）〜できた！」という成功・達成体験のプロセスの反復そのものでもあると考えられるのです。

〈ロールモデルをもつ（代理経験）[11]〉

他者の達成・成功体験を知って、それを自分が疑似体験をすることで、自己効力感を向上させることが可能とされています。子供でも大人でも、尊敬する人、あこがれる人、関係する人が社会や世界で活躍する姿や生き方に触れて、その人たちがロールモデルとなることで、大きな力をもらうことがあるでしょう。

このロールモデル（代理経験）の効果は、「あの人にできるのだから、自分もできる！」といったように感じられることから、他者が自分と似ているほど上がるといわれています。より小さな子供にとっては、身近な家族（親・兄妹）、学校の先生や友だちがロールモデルとなります。思春期に入り青年・成人になるほど、近くの先輩、有名人や世界の偉人なども、ロールモデルとして重要な役割を果たすとされます。このように、ロールモデルには、身近な人や有名人などの理想とする人、また実在の人に限らず、映画やテレビ、本（小説・漫画、等）での架空の人物でもなり得ます。その主人公が、努力の末に成功や栄光をつかんだ姿やストーリーを見聞きして、「自分もがんばろう！　やってやろう！」などと勇気をもらうのも代理経験となるのです。

親や先生、地域の指導者など、人生の先輩にあたる人たちは、そのようなロールモデルをふくむ映像や書籍を子供にすすめて、意図的に目に触れるようにすることもできます。また、4章で自分の「強み」を見つける活動として示した「逆境グラフ」を、大人が子供たちと共有することも有効です。そうすることで、自分が大変なときにどのように乗り越え、何を学び、どう成長できたかなどを子供に伝えることになります。子供たちは、身近に感じる大人たちのそのようなリアルな話を聞くことで、「自分も同じようにできる！」という具体的な自己効力感のイメージへと結びつけることができるでしょう。

この自己効力感を育むために「ロールモデルをもつ」ということと、ポジティブ・エクスペリエンスとの接点を考えてみます。VARSサイクルにおける、とくに「ビジョン（展望する）段階」において、その関係が見られます。そのビジョン・ステージでは、目標を明確に自覚することの必要性について述べています。その具体的な意識として「なぜ自分はそれをするのか」や「なりたい自分は何か」の点を挙げています。後者については、自分がする体験において、「なりたいと思うより良い自分＝理想の自分」＝“ポジティブ・セルフイメージ”をもつことの重要性を指摘しました。そうイメージングすることが、内発的動機を高めることに通じ、より自発的で発展的な取り組みとすることが期待できるからです。これは、まさにここでいう「ロールモデルをもつこと」と重なります。それゆえ、ビジョン・ステージにおいて、「なりたいと思うより良い自分＝“ポジティブ・セルフイメージ”」をもつ場面では、ここでのロールモデルの考え方を援用するのも有益となるでしょう。たとえば、イメージングするときに、自分のロールモデルとする人物を思い浮かべることを取り入れてみるといったことが考えられます。そうすることで、自己効力感の向上にもつながり、総合的なポジティビティも上昇して、目標の実現へとより近づく取り組みとなるでしょう。

また、ロールモデルの考え方は「Reflection/Sharing（ふり返り、共有する）」でも有効活用ができると考えられます。たとえば、ふり返り時の自己内省（自己フィードバック＝モニタリング）をする際に、自分がロールモデル（目標・課題）とした人にどのくらい近づけたかを考えてみます（このとき、近づけなかった点ではなく、少しでも実現できた部分を見ることが不可欠です）。さらに、それをシェアリング活動時に仲間と共有してみることも有効でしょう。このような感じで、「ロールモデルをもつ」という観点を、リフレクション・シェアリング活動時のツールの１つとして使ってみるといったことも考えられます。

〈励まし（言語的説得）[12]〉

周囲の人から、「君ならきっとできる！」「あなたならきっと大丈夫！」などと、自分に能力があること、達成が可能なことをことばで説得されるといった「励まし」が、自己効力感を促進します。翌日に大事な発表、試合、テストなどを控えていて緊張や不安があるときに、周りからの励ましが大きな力となったということはよく聞きます。また、ポジティブな歌詞や曲調の音楽を聴いたり、上の代理経験と重なりますが、困難にめげることなく努力の末に成功をつかんだりといった番組や映画などを見たりする場合でも励まされることがあります。このような経験は、誰もがしたことがあるのではないでしょうか。

この励ましは、フィードバック（ふり返り）の活動とともにするのが効果的とされます。その際は他者との比較ではなく、「今回のチャレンジでこれだけできた」という自分自身の達成度を見るようにします。励ましをすること自体が、「あなたのやっていることはそれでいい」「今のあなたのままでいい」という肯定的なメッセージにもなるでしょう。そのような具体的なことばを使って励ますことは、先に述べた「自尊感情」を育むことにも通じるとされます。

この「励まし」という自己効力感を育む方法に関して、ポジティブ・エクスペリエンスのVARSサイクルの点から考えてみましょう。すぐ上でフィードバックの話がでてきたように、「リフレクション・シェアリング（ふり返る・共有する）段階」における方法の1つと見なすことができます。ここでいう「励まし」は、そのステージで示した「勇気づけ」の考えとおき換えることができるからです（第9章）。

その「勇気づけ」は、シェアリング（共有）活動をする際の、外部フィードバックをする指導者側の留意点の1つとして取り上げています。そこでは、ほめることの科学との関係をふまえつつ、どうすることで相手のポジティビティを引き上げ、その人の成長や進歩をもたらすことになるのかについて、その理論と具体的なことばがけの例を示しながら説明しています。したがって、ここでの自己肯定感の向上を促す「励まし」については、その「勇気づけ」の理論と実践を参考にすることで、「励まし」という行為についての考えと実践の理解を深めることができるでしょう。逆にいえば、「リフレクション・シェアリング（ふり返る・共有する）段階」において、指導者が「勇気づけ」を意識したシェアリングをすることで、それは相手にとって大きな“励まし”となって、自己効力感の向上が期待できるのです。

〈心身を活性・安定させる（生理的情動的高揚）[13]〉

自己効力感は、ポジティブな状態のときに高まり、ネガティブ状態のときに弱まるとされます。したがって、ポジティビティを促進する一方で、ネガティビティを緩和することが自己効力感を向上させることになります。つまり、これまでに取り上げてきたさまざまな方法でポジティビティを高めること自体が、自己効力感の促進に通じるのです。

また、体調の悪いときや疲れているときなどは気力が下がる一方で、不安やストレスは増加します。ネガティブ感情がより大きくなるのです。それゆえ心身を健康に保つこと自体が、今ある自己効力感を維持、向上するためには大切です。そういった意味では基本的なことですが、充分な睡眠をとって体調を安定させたり、不安や緊張状態にあるときには深呼吸をするなどして、心身を落ち着かせたりすることも不可欠となります。

このように、ここで取り上げている自己効力感を高める要素は、ポジティビティとの深い関わりがうかがえます。私たちはポジティブな状態にあるときには心身機能が活性化され、その健康の維持増進がもたらされることは、これまでに VARS 理論を説いてきた Part3 の全体を通して、研究成果による科学的根拠を示しながら再三述べてきたところです（とくに「アクション（行動する）段階」にて）。いい換えれば、ポジティブ・エクスペリエンスの核となる VARS 理論を実践すること自体が、ポジティビティを向上するさまざまなアプローチとなっているのです。したがって、その VARS サイクルに取り組んでいくことが、ポジティビティの引き上げとなって、私たちを活性化させるとともに安定をもたらします。ひいては、自己効力感の向上に寄与することになるでしょう。

以上に見てきたように、ポジティブ・エクスペリエンスの考え方と実践は、多くの部分において、自己効力感を高める 4 方法との重なりが見られます。それゆえ、ポジティブ・エクスペリエンスの取り組み自体が、自己効力感を高めることにつながっていき、さらにレジリエンス強化への寄与が期待できるのです。

「I have」筋肉：ソーシャル・サポート[14]

ソーシャル・サポートをもつことを意図する「I have」の筋肉を見ていきます。心の支えとなって支援してくれる、信頼のできる存在（サポーター）を自分の周囲にもつことを意味します。そのような存在は、親・兄妹、親戚、友だち・仲間、地域の頼れる人、学校の先生などの場合もあれば、学校や地域のコミュニティといった組織としての支援体制をさすこともあります。それらをひっくるめてソーシャル・サポート（社会的支援）としています。

エミー・ワーナー博士による、アメリカ・ハワイ州カウアイ島の新生児 698 人を対象にした、レジリエンスに関する有名な長期調査があります。1955 年から 40 年間にわたって発達や成長を追ったもので、その場所にちなんで「カウアイ研究」とよばれています。この研究の特徴として、研究対象者の 3 割は非常にリスクの高い家庭環境の中で育ってきたことです（貧困、家庭不和、親の精神疾患、母親が十分な教育を受けていない、等）。その中の多くの子供は、心身の発達や成長に問題をもつ傾向を示しました。しかし、約３分の１の子供たちは、そのような困難な環境の中でも、健康的に育って幸せな生活を送ることができた結果となったのです。これはレジリエンスが高かったことを表します。加えて、子供時代に問題があった人でも、その後立ち直った人もいたことから、人は後天的にレジリエンスを高めることが可能なことも確認されました。この研究によって明らかになったこととして、高いレジリエンスをもっていた子供には次の３要素があることでした[15]。

- 個人の特性（性格や能力）
  コミュニケーション能力、社会性、基本的な知識、読み書き能力、等。
- 他者との親密な絆
  家庭内に子供たちを理解し、信頼関係を結べる人が少なくとも１人はいた。両親でなくても、祖父母や親せきなどの場合もあった。
- 地域や学校のサポート体制
  同じ学校および地域の先輩や友達からサポートをしてもらったり、相談相手になってもらったりしていた。相談相手には、教師や近所の人、恋人ということもあった。

これらのことから、レジリエンスの高まりの要因としては、個人的な気質もありますが、相談のできる頼れる身近な人との関わりや、地域の社会的なサポートが必要なことが認められたのです。その中でも、心の支えとなる人（サポーター）をもつことが、とくに重要であることがわかりました。他者から理解されたり受け入れられたりといった、周囲の人との良好な人間関係が、安心や充足感といったポジティブ感情を引き上げます。上昇したポジティビティが、レジリエンスの向上をもたらすことはすでに見てきたとおりです（第 10 章）。それでは、そのような良好な人間関係を築くにはどうすべきでしょうか。続いて、その点につい考えていきます。

良好な人間関係を育くむ３本の柱

より良い対人関係は、ポジティビティを高めることが科学的に実証されています（第 8 章）。一方で、ある行為をすることが、良好な人間関係が育むことについても、ポジティブ心理学において実証されています。ここでは、その中でもとくに重要とされる「感謝」「共感」「許し」の 3 つの要素について取り上げていきます。

〈感謝すること〉

「感謝」が私たちのポジティビティを高めることについては、前掲 8 章の「アクション（行動する）段階」のところで、「『感謝』を意識して活動する」の項目において説明しました。そこでも示しましたが、感謝の研究の第一人者であるエモンズ博士をはじめとする多くの研究によって、「感謝をすること」で私たちにもたらされる多くの恩恵が明らかになっています。端的にいえば、感謝の気持ちをもつことが心身の健康の維持促進をもたらし、幸福感といったポジティブ感情を高めるということです。そのような結果を受けて、エモンズ博士は「感謝を体験する人は、他者とのつながりの感覚、人間関係の改善、利他主義的な気持ちの強化をもたらす」[16] という結論に至っています。

これらの見解からも、人との関わりにおいて「感謝すること」は、感謝する人、される人の双方のポジティビティを高め、より良い関係性を築くうえでとても大切な要素であると考えられます。

〈共感すること〉

このトピックについては、前掲 9 章「シェアリング・リフレクション（ふり返る・共有する）段階」における、「共感的コミュニケーション」の中で触れています。共有活動をする際の、発展的な人間関係の形成に有益な方法でした。「共感すること」は、とくにそのアプローチにおける「共感的に聞く」という姿勢をもつことの有効性を説いた内容と重なります。

簡潔にふり返りますと、「共感的に聞く」というのは、シェアリング時において、他者の語りをただ聞いているのではなく、相手が何を大切にしているのか、必要としているのかの「ニーズ」を探りながら聞く態度です。受け身ではなく、思考を働かせながら聞くといった、より積極的で生産的な傾聴方法となります。このような傾聴のあり方は、話し手と聞き手の双方にとって調和的で発展的な関係性をもたらすことが認められています。この「共感的コミュニケーション」および「共感的に聞く」というアプローチは、“Nonviolent Communication”（NVC：非暴力コミュニケーション）の理論と実践に由来するものです。NVC は、1970 年代に提唱されて以来、個人的なことから、より大きな単位となる社会的場面においてまで、良好な関係を築く実際の方法として活用されてきました。そして現在に至るまで、世界中で多くの成果をもたらしてきていることで知られています。

「共感的コミュニケーション」といった方法を軸とするNVCのこれまでの実績を見ても、共感をすることが良好な人間関係を形成していくうえで、とても大切なことが示唆されます。

〈許すこと〉

人はそれぞれの人生の中で、ときを重ねるほど人との関りは増えて長くなり、また深まっていきます。そうなるほど好機を得る機会も多くなり、自分の可能性を広げるチャンスに通じていきます。一方で、関係性が長く濃くなっていくほど、喧嘩した、不当な扱いを受けた、裏切りにあったといった、相手に怒りや不快さを感じて許せないと思う出来事が起こる可能性が増えるのも事実です。多くの人が、そのような経験を多かれ少なかれもっているでしょう。

「許せない」というネガティブな気持ちはもったとしても、一過性のものですぐ忘れてしまう些細なものであったり、すぐに昇華できたりする程度であれば問題ないでしょう。しかし、そのようなネガティブ感情を根強く抱きつづけたり、強めてしまったりすることが心身に悪影響を及ぼすことは、すでに述べたとおりです(第10章)。したがって、「許せない」から、「許す」というポジティブな気持ちに転じることが大切となります。

「許し」の効果について検証した研究では、過去に自分にひどいことをした相手を許す人は、そうでない人よりも、怒りっぽくなく、より楽観的で健康状態も良いことがわかっています[17]。たとえば、夫から精神的虐待を受けた女性を対象に、許しのセラピーを受けてもらった実験があります。4段階からなる許しのプログラムに数カ月にわたって取り組んだグループは、そうでないグループよりも、抑うつ傾向や不安、心的外傷後ストレス障害の徴候を調査するテストで、すべての点で改善が確認されました[18]。

別の研究では、許すことを訓練することで、心身の健康が向上するかどうかについて検証した実験があります。特別な対人関係で自分はかなり傷つけられていると感じている65歳以上の女性を対象にした調査です。「許しを与えるグループ」に入って許すことを学んだ女性たちは(もう1つは「討論グループ」)、自制心と自尊心が高まり、不安な気持ちの減少が見られました。また実験後数カ月経った後でも、ネガティブ感情が以前より弱まる一方で、自尊心は高くなっていました[19]。このように許しについて考えたり学んだりすることは、その期間が長くなるほど効果も大きく見られ、その程度は男性よりも女性の方が大きいことがわかっています[20]。

許しが、怒りによって増加する血圧やコルチゾール（ストレスホルモン）のレベルを軽減するといった、身体のストレス状態を緩和する効果を示す研究結果もいくつかでてきています[21]。その1つに、70人に辛い記憶を呼び起こし、その後、「許し」の気持ちをもつことでの生理的反応を見るという実験があります。研究対象者はつらいときのことを思い出し、怒りと恨みの感情を生起させ、その後に自分を傷つけた相手を許すということを想像しました。そうしたところ、相手を許せないと考えると、筋肉の緊張、発汗量、心拍、血圧がすべて増加するという状態がしばらく続きました。他方、許すことを思うことで、全部の値の低下が見られました[22]。

上に取り上げた研究以外でも、許しを与えた人たちは、相手への憎み、落ち込み、敵意、不安、腹立て、神経過敏などの気持ちが少なくなることがわかっています。また、より幸福で健康となり、さらに感じが良くなり穏やかになることも報告されています[23]。

このような研究結果もあることから、ポジティブ心理学者のソニア・リュボミアスキー博士は、「許すことは、苦悩を経験しているのが自分だけではないことを知り、人間的な感情を分かち合うことを深め、個人的な人間関係を強化し、他者とのつながりをさらに強くしてくれます」と述べています[24]。関連して、許した人を思い出すだけで、その人を「私たち」と考えるようになり、他者への親しみが高まり、助けてあげたいという気持ちをもつようになることが調査によって示されてもいます[25]。

これらのことからも察せられるように、誰かを許すことは、良好な人間関係をつくり、心身健康で充実した人生を送るために欠かせない行為といえるでしょう。

「ソーシャル・サポート」（I have）とポジティブ・エクスペリエンス

良好な人間関係をつくる上で重要な要素とされる「感謝」「共感」「許し」において、「感謝」「共感」のところでは、ポジティブ・エクスペリエンスとの関係をすでに示しました。すなわち、ポジティブ・エクスペリエンスの取り組みは、感謝や共感の気持ちを高めることに通じるものでもあります。

子供でも大人でも、自分が好ましいソーシャル・サポートをもつには、日頃から周囲の人たちとの良い交友関係を培っていくことが大切となるでしょう。

そのような良好な関係性は一朝一夕で築かれるわけではありません。ポジティブ・エクスペリエンスは、ある体験活動に適用する理論でもありますが、日常ベースの毎日の生活に取り入れて実行できものでもあります。それゆえ、日頃からポジティブ・エクスペリエンスの考えを取り入れ実践することは、とくに「感謝」と「共感」の感覚を強化することにつながります。そして、自分と他者との関係性により好ましい状態を生み出し、より良いソーシャル・サポートの形成に貢献できるでしょう。

「許し」については、前章において、ポジティブ・エクスペリエンスとの関係にはとくに触れていません。「許し」の観点は、リフレクション・シェアリング（ふり返り・共有）活動に、時と場に応じて活用できると考えます。たとえば、かなり不快な思いをさせられた体験をして、ふり返り活動のときも相手への怒りが残っているような場合です。個人の内省を始める前に、何度か深呼吸をし、心を静めて相手の顔を思い浮かべて、「あなたを許します」と心の中で相手に許しを与えることを試みつつ､許している自分の姿をイメージします。もちろん、それだけですぐにすべてを「許せる」ということはないでしょう。しかし、何もせずに怒りの感情をもち続けるのではなく、そのように自分をより俯瞰してとらえて、意識と思考をポジティブな方向へ舵を切ることは、実際に許せるようになることにむけた大切な一歩となります。ゴールに続くどの道も、まずは一歩をふみ出さないことには、歩を進めて目的地にたどり着くことはできないからです。

さらに時間があれば､その許しを考えるときに､「共感的コミュニケーション」の方法を活用してみるのも有効と思われます。なぜ、どんな目的や必要があって、相手はあのような言動をとったのかという相手の「ニーズ」の点から検討してみるのです。当人の本当のところのニーズはわからなくても、そのようにより客観的に理解しようと努めることで、自分の考えも整理されて気持ちが少しずつ落ち着いていきます。そうなってくることは、出来事に関わる不安や怒りといったネガティブ感情を弱めることに通じて、それはやがて“許す”という気持ちにつながっていくことが期待できるのです。また、そのように相手を理解する試みは、自分の「共感力」を高める練習にもなるでしょう。

そして少しでも「許し」の気持ちがもてれば､それは大きな成果となります。それゆえ、そうなった場合には、実際にふり返りをするときの観点として取り上げるのです。前掲９章の「ふり返り・共有」ステージにおいて、実際にふり返りを進めるときの視点として「PERMAL-T」を紹介しました。その中の、とくに「P:Positive Emotion」（ポジティブ感情）または「R:Relationship」（他者との関係）のところで、「許すことのできた自分」をポジティブな成果としてふり返り、肯定的な意味づけをしてみるのです。

ソーシャル・サポートをもつことについて、もう 1 つ重要なことは、普段から自分のソーシャル・サポートがどこにあるのかを、自分自身で意識し確認しておくことです。小さい子供ほど、それを自分でやるのは難しいため、周囲の年長者の配慮がいります。困ったときに、誰またはどこに相談しサポートを受けることができるかについて話をして、子供なりに理解をしておくようにします。加えて、周りに助けを求めることは、決して恥や悪いことではないという意識を日頃から育むことも大切です。それは体力などと同じで、「頼ることのできる力」というよりたくましく生きていく上で必要な能力であると理解するようにします。それゆえ、運動といっしょで、意識してそう行動することで身につけ伸ばすことのできる力であることも、一緒に伝えるのがよいでしょう。このような認識は、子供だけでなく大人になっても同様に不可欠です。ポジティブ・エクスペリエンスでは、「ふり返り・共有」活動時において、このような考え方を共有することが可能です。指導的立場にいる人たちは、この「頼ることのできる力」について、「勇気づけ」というポジティブなフィードバックとして発信していくことができるでしょう。

「I Like」筋肉：ポジティブ感情を育む [26]

「I like」の筋肉とは、「好ましい（＝ like)」という気持ちや感覚ということで「ポジティブ感情」全般を意味するものです。このポジティブ感情、およびその感情からもたらされる肯定的状態であるポジティビティ（＝ポジティブな状態）については、すでに随所で取り上げてきました。とくに、前掲第 4 章でアクティブ・セルフ（自己活性化）を説明する中で、それらの理論的基盤となるポジティブ心理学を紹介しつつ、ポジティブ感情・ポジティビティについて解説しました。またそのポジティブ感情・ポジティビティがどのように高められるかについては、Part 3 全体で「VARS 理論サイクル」を説くときに説明しました。さらに前章では、そのポジティブ感情・ポジティビティが、なぜ・どのようにして私たちの心身や社会性を活性化させ、豊かな生に向かわせるのかということについて、ポジティブ心理学の基礎理論となる「拡張－形成理論」を中心にして説いてきました。これらはすでに触れているところなので、あえてここで再度詳しく説明することはしません。

ただ復習として簡単にいうと、ポジティブ感情を抱き、前向きな思考傾向となることで、大変なことや悪い出来事に直面しても、その中にプラス面を見出すようになります。そうなることで、困難や逆境にめげずに問題に積極的に向き合って、克服する方法を考え行動するようになるというレジリエンスの高まりが期待できるのです。

このように、ポジティブ感情は、ただ単に心地良い気持ちや感覚になるだけでなく、私たちの成長や人生の充実に大いに役立ってくれるエネルギー源なのです。したがって、このポジティブ感情を育みポジティビティを高めることが、自分や自分たちを豊かな発展へと向かわせるキーとなるといえるでしょう。そのような傾向となることは、ポジティブ心理学の研究成果としての科学的根拠とともに実証されてきました。

本書では、これまでにその研究・実験例のいくつかを取り上げて説明してきましが、ここで新たにもう１つ紹介します。カリフォルニア大学バークレー校の心理学者チームによって行われた「卒業アルバム」の研究です。1958 年と 60 年に卒業した女子大生を対象にした追跡調査です。20 〜 50 代のいくつかの時点で、各自がどのような人生を送っているかを調べた結果、卒業写真を撮る際に心から笑っていた人は、より幸せで健康な人生を送っていることが明らかになったのです [27]。

そのような私たちの人生を豊かにするポジティブ感情・ポジティビティをどう生み出し育んでいくのかというのが、まさに「ポジティブ・エクスペリエンスの考え方と実践」となります。

3.　ポジティブ・エクスペリエンスとレジリエンス

ここまで見てきた「レジリエンスの４つの筋肉（I am/I can/I have/I like）」は、「I like ＝ポジティブ感情」を中心にしつつ、相互に良い影響を与え合って強くなっていくと考えられます。自尊感情 (I am)、自己効力感 (I can)、ソーシャル・サポート（I have）について、どの要素を高めることによっても、ポジティブ感情・ポジティビティの向上につながります。すでに触れましたが、「自分は〜ができる」という気持ちの“自己効力感”が上がることは、「今の自分でいいんだ」と考える“自尊感情”の向上へとつながります。また、自分の周囲に信頼できる“ソーシャル・サポート”（＝良好な人間関係）をもって安心できることで、心の平穏へとつながって“自尊感情”の安定や育みにも寄与できるでしょう。さらに、そのように頼ることのできる“ソーシャル・サポート”が自分にあるという安心基地があることで、「自分はきっとできる」と考えて積極的にいろいろなことにチャレンジしていこうという“自己効力感”も上がっていくことがうかがえます。そして、1 つの筋肉（要素）が高まれば、“ポジティブ感情・ポジティビティ”の増加へとつながります。“ポジティブ感情”の筋力が総体的に上がることで、他の 3 筋肉それぞれの筋力向上にプラスに作用していきます。いわゆる、ポジティブ感情の 5 大効果の 1 つとして挙げられている、さまざまなポジティブ状態がお互いに相乗的かつ発展的に作用して豊かな生にむかうという「上昇スパイラル」を形成するのです。そうなることで、総合的なレジリエンスの強化へと結びついていくのです。

多様な体験活動を志向するポジティブ・エクスペリエンスの取り組みは、ここまでに述べてきたように、レジリエンス各 4 つの筋肉を鍛えるためのツールとなります。つまり、トレーニングジムでいえば、それを使えば各筋肉を発達させることのできるトレーニング・マシーンです。しかも、1 つでいろいろなトレーニングが可能なマルチ（多目的）マシーンといえるでしょう。このポジティブ・エクスペリエンスというマルチなツールを使って、とくに関係する 4 部位の筋肉（自尊感情・自己肯定感・ソーシャルサポート・ポジティブ感情）を総合的に鍛えることで、レジリエンスという複合筋肉の発達も期待できるのです。

ポジティブ・エクスペリエンスの本質の 1 つとして、「ホリスティックな体験」であることを挙げました（第 5 章）。ホリスティックな体験とは、多様な体験をすることを含むものでした。第 3 章「体験活動の意義と効果」において取り上げたように、子供の頃からさまざまな体験をしていることが、「へこたれない力」、いわゆるレジリエンスを育むことが実証的調査によって明らかにされています（20 ～ 60 代の各年代男女 500 人ずつの成人 5,000 人が対象）[28]。復習になりますが、子供時代における家庭、地域（放課後・休日）、学校での体験と「へこたれない力」（レジリエンス）との関係では、子供の頃に、家庭で「基本的生活習慣」「お手伝い」「家族行事」、地域で「公園や広場で友だちと外遊びをしたこと」「友だちの家や自宅で友だちと室内遊びをしたこと」「スポーツクラブや少年団で活動したこと」「文化系の習い事に通ったこと」、学校で「児童会・生徒会の役員」「体育祭や文化祭の実行委員」「部活動の部長や役員」「運動系部活動で活動したこと」を経験したことがある人ほど、「へこたれない力」（レジリエンス）が高い人の割合が大きくなることがわかっています。次に、子供の頃の人間関係と「へこたれない力」（レジリエンス）については、親との関係では「親に社会のルールやマナーについてしつけられたこと」「親と人生や将来について話をしたこと」、先生との関係では「先生に褒められたこと」「先生に悩みを聞いてもらったり、相談に乗ってもらったこと」、近所の人との関係では「近所の人に褒められたこと」「近所の人に遊んでもらったり、教えてもらったこと」が「何度もある」と答えた人ほど、「へこたれない力」（レジリエンス）が高い傾向にあることが示されているのです。さらにこの調査では、子供の頃から、他者との関わりをもつことになる体験、いわば共有体験をより多くすることが自己肯定感（≒自尊感情）を育むことに通じていくことも報告されています。

このような調査からも、多様な体験を含意するポジティブ・エクスペリエンスの実践は、レジリエンス（上記調査でいう「へこたれない力」）の促進に寄与するものであることがうかがえます。上掲した実証データにもとづく結果は、そのことの裏付けの１つとしてとらえられるでしょう。

注

1. 足立啓美，鈴木水季，久世浩司『子どもの「逆境に負けない心」を育てる本　楽しいワークで身につく「レジリエンス」』イローナ・ボニウェル監修．法研，2014，p.18.
2. 同, p.18-21.
3. 同, p.21．なおグラフデータの出典は、Pluess, Michael; Boniwell, Ilona, et al. *Evaluation of a School-Based Resilience-Promoting Intervention in a High-Risk Population: An Exploratory Mixed-Methods Trial.* 2013.であることが同書に記されている。
4. 前掲注 1, p.78.
5. 同, p.78-105.
6. 筆者は当該団体主催の「レジリエンス・トレーナ養成講座」を受講し、認証を受けた (2016年２月)。
7. 前掲注 1, p.86-93.
8. 同, p.94-99.
9. 江本リナ「自己効力感の概念分析」『日本看護科学会誌』2000, 20(2), p.39-45.
10. 前掲注 1, p.95-97.
11. 同, p.97-98.

12. 同, p.98-99.
13. 同, p.99.
14. 同, p.78-85.
15. Werner, Emmy. E. "High-risk Children in Young Adulthood: A longitudinal Study from Birth to 32 Years." *American Journal of Orthopsychiatry.* 1989, 59(1), p. 72-81.
16. Emmons, Robert A. *Thanks!: How Practicing Gratitude Can Make You Happier.* Mariner Books, 2008, p. 12.（邦訳書：ロバート・A．エモンズ『G の法則：感謝できる人は幸せになれる』片山奈緒美訳．サンマーク出版, 2008, 238p.）
17. Konstam, Varda et al. "Forgiving: What Mental Health Counselors Are Telling Us." *Journal of Mental Health Counseling.* 2000, 22(3), p. 253-257.
18. Reed, Gayle; Enright, Robert D. "The Effects of Forgiveness Therapy on Depression, Anxiety, and Posttraumatic Stress for Women after Spousal Emotional Abuse." *Journal of Consulting and Clinical Psychology.* 2006, 74(5), p. 920-929.
19. Hebl, John H.; Enright, Robert D. "Forgiveness as A Psychotherapeutic Goal with Elderly Females." *Psychotherapy: Theory, Research, Practice, Training.* 1993, 30(4), p. 658-667.
20. Worthington, Everett L. Jr. et al. "Group Interventions to Promote Forgiveness: What Researchers and Clinicians ought to Know". *Forgiveness: Theory, Research, and Practice.* McCullough, Michael. E. et al., eds., Guilford Press, 2000, p. 228-253., Harris, Alex. H. S.; Thoresen Carl E. "Extending the Influence of Positive Psychology Interventions into Health Care Settings: Lessons from Self-efficacy and Forgiveness." *Journal of Positive Psychology.* 2006, 1(1), p. 27-36.
21. Clark, Alvin J. "Forgiveness: A Neurological Model." *Medical Hypotheses.* 2005, 64(4), p. 649-654.
22. van Oyen Witvliet, Charlotte et al. "Granting Forgiveness or Harboring Grudges: Implications for Emotion, Physiology, and Health." *Psychological Science.* 2001, 12(2), p. 117-123.
23. McCullough, Michael. E. "Forgiveness: Who Does It and How Do They Do It?." *Current Directions in Psychological Science.* 2001, 10(6), p. 194-197.
24. Lyubomirsky, Sonja. *The How of Happiness: A New Approach to Getting the Life You Want.* Penguin Books, 2008, p. 175.（邦訳書:ソニア･リュボミアスキー『幸せがずっと続く 12 の行動習慣』渡辺誠監修．金井真弓訳．日本実業出版社，2012，295p.）
25. Karremans, Johan C. et al. "Forgiveness and Its Associations with Prosocial Thinking, Feeling, and Doing beyond the Relationship with the Offender." *Personality and Social Psychology Bulletin.* 2005, 31(10), p. 1315-1326.
26. 前掲注 1, p.100-104.
27. Harker, LeeAnne; Keltner, Dacher. "Expressions of Positive Emotion in Women's College Yearbook Pictures and Their Relationship to Personality and Life Outcomes across Adulthood." *Journal of Personality and Social Psychology.* 2001, 80(1), p. 112-124.

28. 国立青少年教育振興機構青少年教育研究センター編『「子供の頃の体験がはぐくむ力とその成果に関する調査研究」報告書』国立青少年教育振興機構，2018, 178p. http://www.niye.go.jp/kanri/upload/editor/130/File/0_report.pdf,（参照　2021-02-02）.

第 12 章　グリットを育むポジティブ・エクスペリエンス

前章の「レジリエンス」と関係し、同じように近年注目の概念に「グリット」(やり抜く力）があります。詳細は後述しますが、ポジティブ心理学の研究成果の1 つとして提唱された、「成功する人が共通してもっている力」とされています。困難があっても乗り越える力の「レジリエンス」を基盤に、やり抜く力の「グリット」も高めて、目標に向けた達成や成功を導くと考えられます。前章で説明したように、ポジティブ・エクスペリエンスの取り組みが「レジリエンス」を強化し、「グリット」の向上にも通じていくことがうかがえるのです。

なお、「グリット＝やり抜く力」については、第 5 章のなかで少し触れました。複数の体験活動を継続してやる人は「グリット」が高い傾向にあり、活動を持続すること自体が「グリット」を育む傾向となるということでした。本章では、そのような力となる「グリット」について取り上げ、ポジティブ・エクスペリエンスの理論と実践が、その力の向上にどう関わるかについて見ていきます。

1.　グリット (やり抜く力）とは何か

「グリット」(Grit）を一言でいえば、「やり抜く力」を意味します。心理学者アンジェラ・ダックワース博士によって、才能や IQ（知能指数）ではなく、個人の「やり抜く力」こそが、社会的に成功をおさめるもっとも重要な要素として「グリット」理論が提唱されました [1]。英語で口語的に使われている「Grit」の、辞書における日本語訳は、「(困難にあってもくじけない）勇気・根性・気概・気骨・闘志」とされています。以下に説明するグリットの真意をふまえ、日本では「やり抜く力」という訳語が一般的になっています。「やり抜く」(Grit) という考え方そのものは以前からあるものです。しかしこの要素が、社会的に成功し活躍している人たちが共通してもつ心理的特性として、科学的に明らかにされた点で大きく評価されています。それゆえ、教育界をはじめ、産業界やスポーツ界といったさまざまな分野で、現在注目されている理論です。

「成功者」というと、経済的に成功した人を思い浮かべる人が多いのではないでしょうか。しかしそうではありません。ここでいう「成功者」とは、各分野において長期にわたって努力を重ねて達成し、成果を積み上げてきたような人を意味しています。自らが抱く目標や夢を、途中であきらめずに継続して取り組んできた末に、実現してきた人などのこともさします。それゆえ、グリットは「やり抜く力」とされていますが、「達成・成就する力」の意味もふくむともいえるでしょう。また、自分の意志で何とかすることのできる、「努力」とニュアンスは近いと考えられます。その努力との関係で考えると、その場しのぎの単発的な努力を意味するのではなく、「長期にわたって持続的に取り組む努力」」が「グリット」でもあります。これらの点をふまえて、グリットをもう少し丁寧に解釈すれば、ある目標をめざしてあきらめないでやり続ける熱意（＝情熱）を抱き、長期にわたって粘り強く努力を継続して達成・成就する力ということになります。

ダックワース博士は、各業界において著名なアーティスト、アスリート、学者、医師、弁護士、ビジネスパーソンを対象にしたインタビュー調査も行ってきました。そしてそのような人たちに共通した、「グリット」（やり抜く力）に関わる特徴を見出しています。どんな分野であれ、大きな成功をおさめた人たちには断固たる強い決意があり、それが２つの形となって表れているというのです。その１つは並外れて粘り強く努力家であることでした。そしてもう１つは、自分が何を求めているのかという熱意と方向性をよく理解し続けているということです。ダックワース博士は、これらの２つの特徴を、「粘り強さ」と「情熱」ということばにおき換え、「情熱を維持し、粘り強く続ける力」として、成功に至る「グリット」の２大要素に挙げています[2]。つまり、「グリット（Grit）＝情熱（Passion）×粘り強さ（Perseverance）」という形で表すこともできるでしょう。反対に、それらがなければ、どんなに才能や適性があったとしても、長い目で見た成功には結びつかないことも調査からわかっています。本章では、この「グリット」理論について、その理論提唱者でもあるダックワース博士の著書 *Grit*（邦訳書『やり抜く力』）で説かれている内容を参照して説明していきます。

「グリット＝やり抜く力」の根拠

グリット（やり抜く力）については、成功への道はもって生まれた才能やIQが決定的な要因ではないということに特徴があります。ダックワース博士は、「やり抜く力」が、そのような固定的な資質とは違うことを研究によって明らかにしてきました。博士は、「やり抜く力」の測定をするためのグリット・スケールを開発しました（表10）[3]。「情熱」と「粘り強さ」の２要素をふくむ、全部で10の設問で構成されていています（「情熱」に関わる設問が奇数番号で「、粘り強さ」が偶数番号)。あまり考えこまず、同僚や友人、家族と比べたり、一般の人と比べたりして「現在のあなたが自分のことをどう思っているか」について１～５の数字にマルをつけていきます。そしてそれを合計して10で割った数値がグリット・スコアとなります。その結果が満点の「5」に近いほど、グリットが高いという評価となります。以下、行われてきた研究のいくつかを見ていきましょう[4]。

たとえば、入るのも修了するのも非常に難関とされる米国陸軍士官学校で行われる７週間の厳しい基礎訓練「ビースト・バラックス」や、アメリカ陸軍特殊部隊「グリーンベレー」での過酷な「選抜コース」訓練への参加者を対象にした共同研究があります。どのような能力や適性を強くもつ人が、脱落することなく訓練を耐え抜くかについて調査したものです。その結果、中退せずに最後までやり遂げた人たちはグリット・スケールのテスト結果＝グリット・スコアの数値が総じて高い人であることがわかりました。士官学校の方では、入学時にSATまたはACT（大学進学適性試験）スコア、高校での成績順位、リーダーとしての資質評価、体力測定からなる「志願者総合評価スコア」を算出しますが、「ビースト」訓練を耐え抜いた人と脱落した人との間に、その総合評価ならびに各要素の評価点での差異はほとんどなく、違いがあったのは「やり抜く力」（グリット）の数値だったのです。逆にいえば、最後まであきらめず訓練に耐え抜いた人たちの要因に知力、体力、リーダー適性などといった固有の資質に関わる能力はほとんど関係ありませんでした。グリーンベレーの選抜コースでは42％の訓練生が途中で脱落しましたが、最後まで耐え抜いた人たちが際立っていたのは、やはり「やり抜く力」のスコアでした。

このような傾向となるのは、軍隊のような過酷な訓練の場合でだけではなく、より一般的な社会のケースとなる、リゾート会員権販売会社の「営業職」にある人たちを対象にした調査でも同じでした。調査の５カ月後には55％の人が

表10　グリット・スケール

	まったく当てはまらない	あまり当てはまらない	いくらか当てはまる	かなり当てはまる	非常に当てはまる
1. 新しいアイディアやプロジェクトが出てくると、ついそちらに気を取られてしまう	5	4	3	2	1
2. 私は挫折してもめげない。簡単にはあきらめない	5	4	3	2	1
3. 目標を設定しても、すぐにべつの目標に乗り換えることが多い	5	4	3	2	1
4. 私は努力家だ	5	4	3	2	1
5. 達成まで何カ月もかかることに、ずっと集中して取り組むことがなかなかできない	5	4	3	2	1
6. いちど始めたことは、必ずやり遂げる	5	4	3	2	1
7. 興味の対象が毎年のように変わる	5	4	3	2	1
8. 私は勤勉だ。絶対にあきらめない	5	4	3	2	1
9. アイデアやプロジェクトに夢中になっても、すぐに興味を失ってしまったことがある	5	4	3	2	1
10. 重要な課題を克服するために、挫折を乗り越えた経験がある	5	4	3	2	1

離職していましたが、グリット・スコアの高い人が辞めずに残り、低い人が辞めていることがわかりました（なお、同時に測定した性格テストにおける「外向性」「情緒の安定」「誠実性」などのすべての特徴は、「やり抜く力」ほど的確な判断基準にはならなかったことも確認されています）。

さらに、学校での中退率や進学率との関係を見た研究もあります。シカゴにおける公立学校･高校２年生の数千名を対象にした調査があります。その結果、1 年後には 12％の生徒は中退していましたが、無事に卒業した生徒は「やり抜く力」が高いことがわかりました。なお、「どれだけ学校が好きか」「どれだけまじめに勉強に取り組んでいるか」などの他の要素も測定されましたが、「やり抜く力」ほど重要な判断材料となるに至っていません。また進学率との関係性を検証した大規模調査では、大学院の学位を取得した人たちは、４年制大学を卒業した人たちよりも「やり抜く力」が強いことが明らかになりました。一方、４年制の大学を卒業した人たちは、大学の単位を取得しても学位は取れていない人たちと比べると、「やり抜く力」が高かったことが確認されています。

アメリカにおける英単語のスペルの正確さを競う全国大会、「スペリング・ビー」の出場者を対象にした興味深い調査もあります。続けて勝ち抜いた子供たちの共通点が、「やり抜く力」であることがわかりました。このような子供たちは、他の人よりも何時間も多く練習し、たくさんのスペリング・コンテストに出て場数をふんでいることも明らかになっています。それでは、才能の点はどうでしょうか。確かに、言語知能のレベルも、コンテストを勝ち進む者を予想する判断基準になることがわかりましたが、「言語知能指数」と「やり抜く力」には、相関関係はまったく見られなかったのです。それどころか、言語能力の高い子供たちは、言語能力に劣る人たちよりも練習時間が少なく、コンテストへの出場歴も短い傾向にあることが確認されました。

以上のことから、「やり抜く力」と「才能」は別物であることが明らかになったのです。この点は、名門大学の学生達を対象にした研究でも支持されました。知力・学力を表す SAT のスコアが高い学生達は、ほかの学生に比べて平均的に「やり抜く力」が弱い傾向が見られました。SAT のスコアと「やり抜く力」は逆相関にあることが認められたのです。

以上、ダックワース博士が実施してきた主な研究について見てきました。各分野での成功には、その領域ならではの特徴や条件もたしかにあります。しかし、上掲した調査結果からもうかがえるように、同程度の特徴や条件の人たちで比べた場合は、「やり抜く力」の強い人の方が成功する確率が高くなります。「グリット」はあらゆる分野において重要になると博士は述べています。

「やり抜く力」の発揮は「遺伝子」か「環境（経験）」か!?

それでは、「やり抜く力」は鍛えて高めることはできるのでしょうか。つまり、「やり抜く力」自体が、「遺伝」か「環境（経験）」のどちらの要因で決まるのかという疑問です。人には、身長など遺伝によって決まる先天的な要素もあれば、何の言語を話すようになるかなどの環境や経験によって決まってくる後天的要素もあることが、現在に至る科学の発展によって解明されているとダックワース博士は述べ、次のような説明を続けます[5]。

遺伝子だけを見ても、多くの研究でわかってきているのは、人間の形質は 1 つの遺伝子だけで発現されるのではなく、かなり多くの遺伝子が関わる多遺伝子性であるという事実です。たとえば身長で見ても、少なくとも 627 の遺伝子が関係しているとされます。それに加えて、栄養、清潔な水・空気、現代医療・教育などという環境要因が作用します。これも身長を例にとれば、同じ時代、同じ文化に属する人で見ても、健康で良い食事を与えられた人は背が高くなりますが、栄養失調の人たちは伸び悩みます。そして、環境や経験によって心身に強く刻まれたことは、遺伝子に情報として記憶され継承されていくといった遺伝と環境要因の相互作用が私たちを形作っています。身体的な形質だけでなく、知能指数や性格特徴、趣向・嗜好習慣などといったすべてのことも同様で、先天的な要素（遺伝）と後天的な要素（環境・経験）のどちらにも影響を受けることが認められています。

ダックワース博士は、「やり抜く力」もこれに違わず、遺伝と環境（経験）の両方の要素によって決まると述べています。イギリスに在住する約2000名の10代の双子を対象にして行われたグリットとの関係性を見た調査があります。同じ回答をする確率は「粘り強さ」の項目で37%、「情熱」の項目で20%という結果でした。これは、その他の性格的特徴の遺伝率における推定値とほぼ同じ程度で、すなわち「やり抜く力」の強さは、ある程度は遺伝的要素によるものの、経験によって養われる部分も大きいことを示しています。

以上のことをふまえ、ダックワース博士は、「やり抜く力」と「遺伝か環境（経験）か」について以下のように整理して示しつつ、「やり抜く力」は後天的要素である環境や経験（学習）による影響を大きく受けると述べています。すなわち、「やり抜く力」は、トレーニングすることで高めることができるとしているのです。

「成熟の原則」と「やり抜く力」：人生経験を重ねるほど強くなる

上で示したように、「やり抜く力」は後天的に伸ばすことが期待できます。この「やり抜く力」は、年上ほど、つまり人生の経験を重ねるほど強くなっていくという傾向が見られるとダックワース博士はいいます[6]。アメリカ人の成人を対象としてグリット・スケールを実施した大規模標本調査の結果は、「やり抜く力」のスコアがもっとも高かったのは65歳以上の人たちで、反対にもっとも低かったのは、20代の人たちでした。次のグラフ（図25）が示すように、縦軸にグリット・スコア、横軸を年齢として、「グリット」と「年齢」の関係性を見ると、経年するごとにグリットが上がっていくという、右肩上がりの折れ線を示しました。ただしこの結果は、同じ参加者に対して生涯にわたって行った追跡調査ではありません。グリット・スケールは開発されてからまだ間もな

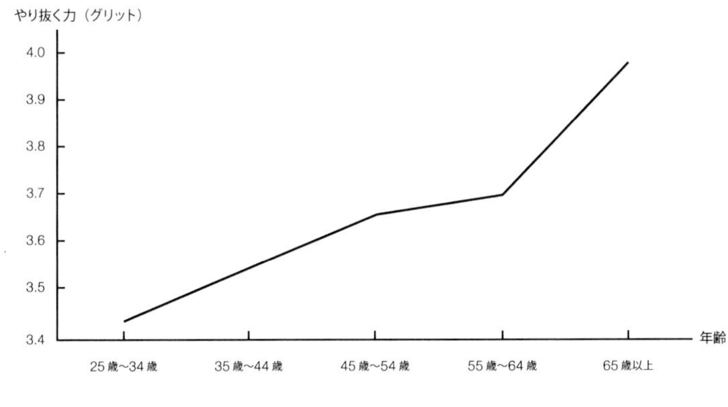

図25 「やり抜く力」と「年齢」との関係

いため、それは不可能だからです。そのため、生涯を通じて年齢が上がるほど「やり抜く力」が高くなるということは、この調査結果だけではいえないでしょう。たとえば、第２次世界大戦に従軍した世代の人たちは、そうでない若い人たちよりも、時代の文化や環境が影響して、もともと「やり抜く力」が総じて強い傾向にあるかもしれないということも考えられるとダックワース博士はいっています。日本でも同様です。戦時中・戦後の厳しい環境や困難を乗り越えてきた世代の人たちと、モノがあふれ便利な時代に育った現代の世代の人たちを比べれば、前者の人たちの方が、「グリット」が強い傾向にあることは容易に想像できるところです。

一方で、人間の性格やその他の特徴については多数の長期研究が行われていて、はっきりとした傾向が見出されているとされています。それは、ほとんどの人は人生経験を重ねるにつれ、より誠実になり、自信や思いやりが増し、穏やかになるということです。そのような変容は、20歳から40歳で起こることが多いとされます。しかし、生涯を通じて人格の成長が止まってしまう時期はなく、研究結果が総合的に示しているのは、性格心理学でいう「成熟の原則」だといいます。

この「成熟の原則」を念頭にいれつつ、「やり抜く力」の鉄人たちにしてきた調査をふまえると、私たちは歳をとるにつれ、自らの人生哲学を深め、挫折や失望から立ち直ることを学び、より粘り強く取り組むべき「重要度の高い目標」を認識することで、「やり抜く力」を高めていくと、ダックワース博士は指摘します。つまり、鉄人の「成熟」の体験談が示唆しているのは、人生経験を重ねていくほど、私たちの「情熱」と「粘り強さ」を持続させる、いわば「やり抜く力」が高まっていくことだといいます。さらに、博士がこれまでに収集してきた研究データを総合すると、「やり抜く力」と年齢の関係性については、「①『やり抜く力』は、育つ時代の影響を受ける」、「②『やり抜く力』は、年齢とともに強くなる」という２つの点を示すことができるであろうというのです。いずれにしても、「やり抜く力」は、他の心理学的特徴と同じように、不変ではなく変容するとされます。すなわち、自分の意図的なトレーニングによって、伸ばすことができることを表しているのです。

2.　やり抜く力を伸ばすには

それでは、どうすれば「やり抜く力」を強化できるのでしょうか。ダックワース博士は、「興味」「練習」「目的」「希望」の４要素を挙げています[7]。博士は、「情熱」と「粘り強さ」をあわせもつ「やり抜く力」の鉄人といわれるような人たちについて多く取材してきました。その中で、その鉄人たちが共通してもつ信念、態度、習慣などとして、それら４つの特徴が見出されたといいます。それらの特徴は、もともと「あるかないか」という性質のものではなく、自分の気持ちさえあれば高めることのできる要素です。

「興味」の対象は自分で見つけ、さらにそれを深めることができます。「練習」する習慣も、自身で身につけることができるでしょう。利他的な「目的」意識をもって、強い意義を感じることもできます。そして、「希望」を抱くことも自分次第です。このように、４つの要素は学び伸ばすことが可能なものです。それゆえ、先述した「レジリエンス」を強化するための４つの筋肉があったように、「興味」「練習」「目的」「希望」の４要素も、「グリット」(やり抜く力)を鍛える４つの筋肉ということもできるでしょう。それらの概要は、おおよそ次のとおりとなります。

「興味」：自分の「好き・楽しい・喜び」がやり抜くための源泉[8]

「情熱にしたがって生きよう！」というのが、いわゆる成功者の人たちが、将来のある若者に向けたスピーチでよく取り上げられるテーマだといいます。

好きでないものや、楽しくないものをやり抜くことは難しいでしょう。自分のやっていることが好きで喜びを感じるからこそ興味・関心をもち、それを楽しめるからこそ「情熱」が生まれます。ダックワース博士がインタビューをした人たちは、尽きない興味や好奇心、探求心を抱きつつ、仕事が「大好き・楽しい」と思っているからこそ、目標に向かって努力することに喜びや意義、情熱を感じていたといいます。したがって、自分の「好き・楽しい・喜び」という興味を持続させることが、「やり抜く力」の向上につながります。

それでは、どのようにして情熱につながる興味をかきたて、もち続けることができるでしょうか。情熱にしたがって生きたいとは思うのに、「これ」というものが見つかっていない人は、まず興味の「発見」から始める必要があります。それには、自分自身に次のような簡単な質問をしてみるのです。

「自分はどんなことを考えるのが好き・楽しいだろう？」
「いつのまにか考えてしまうことはどんなことだろう？」
「自分が本当に喜びや大切に感じていることは何だろう？
「何をしているときが一番楽しく、喜びを感じるだろう？」

このように、自分の「好き」に関わる自問自答を繰り返すことで、自身が今どんなことに興味や熱意をもっているかを探ることができるでしょう。どんなささいなことでもかまわないのです。大切なのは、自分の心に向き合い、自らの小さな興味・関心という種を見つけることです。

「発見」ができたら、続いて「発展」させていきます。興味は一度もっただけでは、いずれ薄れていってしまうでしょう。これを避け、抱いた興味を持続させるためにも、その興味を少しずつ深掘りしていくようにします。最初もった興味から、関連するまた新たな興味へと進展させていくのです。そのように同じ分野の中で、繰り返し興味をもち続けることで、やり抜く力へと結びついていくことになるでしょう。

ダックワース博士によれば、同じ興味をもつコミュニティに、身をおく環境をもつことも大切であるとされます。興味・関心を同じくして共有できる仲間や、力強く励ましてくれるメンター（助言者・指導者）とつながるようにします。そうすることで、自分の学びも積極的になり、経験とともに知識がさらに増え深まり、その取り組みへの好奇心や興味は持続しやすくなることが指摘されています。

「練習」：達成・上達を導く「意図的な練習」を意識する[9]

上記した「興味」はあくまでスタートであり、それを結果につなげていくためには、当然そのことに取り組むこと、いわば「練習」の積み重ねが必要となると、ダックワース博士はいいます。「粘り強さ」のひとつの表れは、「昨日よりも上手になるように」と改善をめざして、日々の努力を続けることです。それゆえ、ある分野に強く興味をもったら、集中して、自分のスキルや能力を上回る目標を設定しては、それを達成し続けるような「練習」に努めます。自分の改善点を明確に認識し、それを克服することで上達をもたらす試みを日々繰り返し、長期にわたって持続しながら進歩し続けると大きな成果＝成功へとつながります。反対に、ただ何となく続けているのでは、めざましい成長や前進は望めません。たとえば、走ることに興味をもって、より長く速く走れるようになりたいと考え、10年間にわたって毎日1時間のジョギングを続けたとします。しかし、ただ単に走っているだけでは、何十年と続けても体重を落としたり、健康になったりはできますが、ただそれだけとなってしまいます。走るという能力やスキルを上達させるという点では、より大きな進歩を得ることはできないでしょう。

課題や目標を明確に意識し、改善を繰り返して大きな成果を得ることのできる練習の方法に「意図的な練習」(Deliberate Practice：DP) の理論があります。DP理論とは、科学的に実証された効果的な上達・進歩をもたらす考え方となります。その練習方法を意識的に取り入れることによって、第6章で取り上げた「コンフォート・ゾーン（Cゾーン）」(快適な空間＝日常的にできる範囲) の拡大を通して、知識・技能の改善・熟達をはかるという考え方となります。やり抜く力の育みには、このDPによる取り組みの意識が重要であるとされます。たとえば、各分野のエキスパートが行っている「意図的な練習」は、おおよそ以下のような3ステップに整理され、その繰り返しとなります。

① 自分の改善点（弱い点）に焦点をあてた、ストレッチ目標（まだ達成できていない高めの目標）を設定する。

② ストレッチ目標の達成をめざし、努力を惜しまず集中して取り組む。その過程で、周囲からの外部フィードバックを積極的に取り入れる。

③ 改善点を理解したら、その点を克服しうまくできるようになるまで練習を反復する。

この①～③の「目標設定→クリア」のプロセスを繰り返し続けることで、自分が思い描くことのできる最適な考えや気持ち、想像といった「心的イメージ」が形成され、かつ広がっていくことで上達や成熟がもたらされます。これは新たな思考や行動が獲得され、意識しなくても日常的にすることのできるＣゾーンの拡大を示すとともに、自らが考え行動することのできる射程範囲の広がりを意味します。つまり、成長や進歩をしている状態となるのです。

この「意図的な練習」は強い集中力と体力を使うため、エキスパートでも連続１時間、１日３時間から５時間が限界とされます。しかし、この DP を意識して集中して行うことで、短時間でも十分な効果が得られることが認められています。大切なのは、時間の長さよりも「どう練習するか」となります。また、この DP を長期にわたって持続させ、最大限に活用するためには、「習慣化すること」が有効とされます。自分にとって最適な時間や場所を見つけ、毎日その同じ時間や場所で行うといった「自分のルーティーン」をつくるのです。そうすることで、大変なことに向かうときの行為であっても習慣化されることで、行動が自動化されて余計なエネルギーを使わずに、自然と練習に取り掛かることができるからです。

DP の方法は、アスリートや音楽家といった特殊能力をもつ人たちのためのものと思われがちですが、決してそうではありません。そのような人たち以外の誰にでも、DP の基本原則はあてはまります。人間のもつどんなに複雑で創造的な能力も、それを構成するスキルは細分化できます。その１つ１つの小さなスキルは、練習を粘り強く積み重ねることで習得できるからです。実際、この手法を大学の授業に取り入れて、学生の成績向上に大きな成果を上げているケースもあります[10]。

「目的」：社会や他者への貢献の気持ちが持続への力となる[11]

ここでいう目的とは、個人的なものではなく、他や社会において役に立ち、意義があるような利他的な目的をさします（すぐ上の「練習」において、目標設定の重要性が説かれているように、“個人的な目的意識”も不可欠であることは当然の大前提となります）。

成熟をきわめた「やり抜く力」の鉄人へのインタビューでは、皆さんが「私の仕事は重要です。個人的にも、世の中にとっても」といった同じことを述べています。自分の仕事などの取り組みが重要だと確信してこそ、「情熱」が実を結びます。それゆえ、個人的な目的だけでなく、社会的な目的意識を感じないものに興味を一生持ち続けるのは難しいでしょう。だからこそ、自分がしていることが個人的におもしろいだけでなく、社会や他の人たちのためにも役立つと思えることが大切となります。

ダックワース博士が、アメリカ人1.6万人に対して行った調査では、「私のやっていることは、社会にとって重要な意味がある」といった利他志向の「目的」に関わる設問のスコアが高い人ほど、グリット・スコアが高いことがわかりました。「やり抜く力」の高い人は、ふつうの人にくらべて「意義のある生き方」や「ほかの人たちの役に立つ生き方」をしたいという動機が著しく高い傾向にあることが認められています。そのような利他的な「目的」の設問の数値が高い人、つまり「やり抜く力」が強い人ほど、社会や他者への貢献に意義を見出しているのです。

ダックワース博士の同僚となるウォートン・スクール（ビジネススクール）のアダム・グラント博士は、私たちが抱く動機のイメージは、自分中心的な動機（＝自己の興味）か利他的な動機（＝社会的な目的）という両極端な形であって、それらが同時には存在できず、どちらか一方しかあり得ないと考える人が多いといいます。しかし実際には、その２つは別々のもので、どちらの動機もない場合もあれば、両方の動機が同時に存在することもあるのです。そして、組織のリーダーであれ従業員であれ、100％自分のことだけ考えて行動する人よりも、自分のことも社会のことも両方考えて行動する人の方が、長い目でみた場合には、成功する確率が高いことが研究にてわかっているのです。すなわち、自分個人の欲求となる「興味」と社会や他者への貢献という利他的な「目的」の双方が同時に存在するとき、「やり抜く力」は高まり、達成・成功しやすくなることが示唆されています。

早い段階から、そのような社会的な意義や貢献といった、利他的な目的意識に目覚める人もいます。しかし多くの場合は、ある１つのことに興味・関心をもち続け、それを何年も続けていく中で「社会や人の役に立ちたい」という意識が強まるとされます。したがって、自分の「興味」と社会的な「目的」意識が同時に存在するような状態となるためには、自分が今興味をもってやっていることが「誰の役に立つのか？」を考え、事あるごとに、その自問を続けていくことが大切だといいます。長期にわたる取り組みの中では、そうして得られた社会的な目的が、自分の「やり抜く力」の強化へとつながり、達成・成功へと背中を押してくれると、ダックワース博士は述べています。

「希望」:「成長型マインドセット」が「やり抜く力」を育む

「明日はきっと今日よりもいい日になる」と期待するのも希望の形です。しかしダックワース博士によれば、「やり抜く力」が発揮されるのは、そのような運任せとは違い、「自分たちの努力次第で未来はよくなる」という自分で道を切り開く、困難も自力で乗り越えるといった信念にもとづく希望だといいます[12]。それゆえ「希望」は、やり遂げる過程において困難に立ち向かうための、何度転んでも立ち上がる「粘り強さ」のエネルギーとなります。前掲した「興味」「練習」「目的」の後に、この「希望」が取り上げられていますが、「やり抜く力」の最終段階というわけでなく、あらゆる段階で欠かせないといいます。最初の一歩を踏み出したときから成し遂げるときまで、ときに困難にぶつかり不安になっても、あきらめることなく自分の道を歩み続けるために「希望」は重要となります。ここでいう「希望」は、そのような逆境にもめげない前向きなポジティブな気持ちや考えを総称して使われています。

反対に、「いくら努力しても苦痛や失敗など悪い状況は変わらない」という経験が続くと、何をしても無駄だと悲観的に思い込むようになる「学習性無力感」に陥ってしまいます（ポジティブ心理学の創始者マーティン・セリグマン博士が実証した理論）。こうなってしまうと、やる気はなくなり、達成に向けて何かに取り組むというどころではなくなってしまうでしょう。そのような後ろ向きでネガティブな態度では、「やり抜く力」は育ちません。そんな状態になることを防ぐためにも、「希望」に代表されるような、「自分で何とかできる」という前向きで楽観的といった、ポジティブなものの見方や考え方が不可欠であることが指摘されています。事実、「やり抜く力」の鉄人たちは、そういった楽観的にものごとを受け止める強い傾向が見られるといいます。

そのような、「自分の努力で未来は何とかできる、やればできる」と発展的にとらえられるポジティブ志向の見方・考え方を「成長型マインドセット」といいました（第 9 章で詳述）。人間は自分の意志で変われる、成長できると考えつつ、また「やればできる」と信じて一生懸命取り組めば、自分の能力をより高めることが可能であるという考え方です。これに対して、人はスキル（自転車に乗る、計算の方法を覚える、等）を習得することはできるが、スキル習得のための能力、つまり「才能」は鍛えて伸ばすことはできないと考えるのが

「固定思考」です。このような見方・考え方をするのが「固定型マインドセット」となります（じつは、このマインドセットの人は「自分には才能がある」と思っている人が多いとのこと）。この「成長型マインドセット」と「固定型マインドセット」という考え方およびその違いや傾向は、心理学者キャロル・ドウェック博士の研究によって明らかにされてきました。

さらにドウェック博士とダックワース博士は、2000名以上の高校3年生を対象に、「成長型マインドセット」に関わる調査を実施しています。その結果、「成長型マインドセット」の生徒たちは、「固定型マインドセット」の生徒たちに比べて、はるかに「やり抜く力」のスコアが高いことがわかったのです。また、そのスコアが高い生徒たちは成績がよく、大学への進学率や卒業率も高いことも明らかになりました。さらにダックワース博士は、その後もっと低学年の子供や、反対にもっと年上の成人たちを対象に「成長型マインドセット」と「やり抜く力」の関係を検証する測定もしています。そうしたところ、どの調査においても、「成長型マインドセット」と「やり抜く力」は比例することが認められたのです。

このような研究結果から、ダックワーク博士は、能力についての「固定型マインドセット」と「成長型マインドセット」とその態度傾向について、以下のように整理して示しています。

- 「固定型マインドセット」でとらえていると、逆境を悲観的に受け止めてしまい、困難なことはあきらめてしまうだけでなく、やがて最初から避けるようになってしまう。
  〔固定型マインドセット〕→〔悲観的に考える〕→〔逆境だとあきらめて対処しない〕
  　　⇒「やり抜く力」は育たない
- 「成長型マインドセット」でいると、逆境を楽観的に受け止められることで粘り強く取り組めて、新しい試練に直面しても臆せずに立ち向かい対処しようと努めるため、さらなる困難に負けない強さが培われる
  〔成長型マインドセット〕→〔楽観的に考える〕→〔逆境でも粘り強くがんばる〕
  　　⇒「やり抜く力」が育まれる

上記からわかるように、「やり抜く力」を育むには、「成長型マインドセット」

をもつことがとても重要なのは一目瞭然です。しかし、「固定型マインドセット」の傾向にある人が、それがずっと常態化されてしまうわけではありません。「成長型マインドセット」は発想の転換などの練習によって養うことができると、ダックワース博士はいいます。現代の脳科学でも、脳の神経回路は固定的ではなく、トレーニングによってその配線を変えることができるという脳の可塑性があることがわかっています。つまり、脳の構造がほぼ形成された成人後も、学習というトレーニングによって、新しい知識を蓄積したり、考え方を変えたり、ひいては行動をともなう習慣を柔軟に変化させることができるのです。なお、この脳の可塑性についても、前掲 8 章（VARS サイクル「アクション段階」）にて取り上げています。

ダックワース博士は、以上に見てきた根拠をふまえつつ、「固定型マインドセット」を希望という「成長型マインドセット」へと転換し、さらに高めていくために次の 3 つを提案しています。

① 「知能」や「才能」についての考えをあらためる[13]

知能やあらゆる才能は、自らの意志によってできる努力で高められることを理解することが第 1 の点となります。多くの人はこの事実を知りません。ダックワース博士は、ドウェック博士と共同研究者たちがそのことを人に説明するときに、以下の内容について話をしていることを紹介しています。

- 最初に、科学雑誌『ネイチャー』で発表された、青年期における脳の発達についての研究を詳しく紹介します。この研究に参加した青年の多くは、研究開始時の 14 歳から終了時の 18 歳までの 4 年間に、「IQ スコアが向上した」結果となりました。IQ スコアは一定のままではなく変化するという事実を知ると、たいていの人は驚くそうです。
- 続いて、ドウェック博士は、この青年たちの「脳の構造に大きな変化」が見られたことを、次のように説明します。「数学の学力が伸びた生徒は、脳のなかでも数学に関連する領域が強化されており、英語の学力が伸びた生徒は、言語に関する脳の領域が強化されていました」
- 加えて、私たちが新しい課題を克服しようとがんばっていると、脳はそれに応じて変化するという、きわめて「適応に優れている」ことを説明します。それは、筋肉を鍛えれば強くなるのと同じです。
  それどころか、脳構造が完全に「固定」してしまうことは一瞬もなく、私たちが生きている限り神経細胞は互いに新しい結合を増やして、既存の結合を強化する能力をもっています。

- しかも、成人後は「ミエリン」とよばれている物質を増加（強化）させる能力を維持します。ミエリンは電気ケーブルの絶縁体(絶縁被覆)に似た働きをもちます。中枢神経の外側を覆っている物質で神経細胞を保護し、神経細胞間のシグナル伝達を行うものです。つまり、その絶縁体が薄ければエネルギーが外部に漏れて伝導率が悪くなりますが、強化されれば、脳から伝わる電気信号を外部に逃さず、より効率的な伝導が可能になります。

  このミエリンは、学習をふくむ練習によって強化（増加）が可能です。マウスを使った実験では、実際に、練習をすればするほどミエリンのカバーが大きくなることが観察されています。この意味は、練習によってミエリンは強くなり、情報伝達が効率的となって練習効果が上がるということです。それは、その成果としてのより良いパフォーマンスの向上につながります。私たちは成人しても、このミエリンを大きくする脳機能をもつのです。

以上の説明も、脳の可塑性を説明したものとなるでしょう。皆さんは、この事実を知っていたでしょうか。自分が知らないことを知ることは、新たな可能性を広げ進歩のために大切です。それは変化していくこともふくみます。そこに行ける場所があるという事実を知らなければ、その場所に出かけようという発想も生まれません。ましてや、実際にそこに行くことはできないからです。

② マインドセットが楽観的となる練習をする[14]

うつ病などの精神疾患は、ものの見方＝認知のゆがみが原因になっているケースが少なくありません。その認知を自ら修正することで、より良い行動に移す精神療法の一つを「認知行動療法」とよびます。認知行動療法が、上述した「学習性無力感」に対して有効であることから、予防を目的として「レジリエンス・トレーニング」が開発されています。

このトレーニングを修了した子供たちは、その後の２年間において、悲観的になる傾向が低く、うつ病の症状もほとんど見られなかったという研究報告があります。また、悲観的な傾向の強い大学生たちを対象にした同様の研究では、トレーニング後の２年間は不安症の症状が軽減し、３年間はうつ病の症状が軽減したことが確認されています。

これらの研究結果から示唆される重要なことは、「心のつぶやき（考え方、ものごとの受け止め方）＝マインドセット」は、良い方向に改善できるということです。すなわち、目標に向けて取り組んでいるときに、ネガティブな心のつぶやきに邪魔をさせない方法も習得できます。また、困難な状況に直面したときの自分の考え方や感じ方を変えて、ひいては行動をも変容させることができるということです。

現在では、上記した「レジリエンス・トレーニング」などが開発されているように、練習をすることで、そのようなマインドセットと行動を楽観的な成長型マインドセットへと改善することが可能です。これは、ジムに通いトレーナーの指導を受けて筋トレをすることで、より健康で丈夫な体づくりをするのと同じといえるでしょう。

③　周囲のサポートや励ましを力に希望を養う[15]

本項目について、ダックワース博士は、自身が出会った退職した数学者のロンダ・ヒューズさんにまつわるストーリーを使って説明しています。ロンダさんは、大学進学者は 1 人もいない一家で育ちましたが、自身は大学に進学し、やがて数学で博士号を取得しました。そして、大学の教員職に応募して 79 回も不採用を受け取ったあと、ついに 80 回目に採用されたという経歴をもちます。そのロンダさんが話してくれたことで重要な点として、ダックワース博士は次のようなことを指摘します。それは、彼女はいつも自分だけの力で立ち直ったわけではなく、むしろ人に積極的に助けをもとめ、サポートを受けることが「希望」をもち続けるための欠かせない方法であったということです。

そのロンダさんは、実際には以下のように語っています[16]。

> 私は大学で良いメンター（指導者）に恵まれたんです。その先生がいち早く、私自身が自覚する前に、私は将来、数学者になるべきだと見抜いてくれたんです。あるとき、その先生の数学のテストでひどい点を取りました。そこからすべてが始まったといえるでしょう。私は先生のオフィスに行って号泣しました。すると突然、先生は飛び跳ねるように席を立って、席から出て行ってしまいました。しばらくして、先生は戻ってきてこういったんです。
>
> 「君は大学院に行って数学をやるべきだ。だけど、いまの授業の取り方は完全にまちがっている」
>
> そして先生は、私が本来学ぶべきだった科目とその順序を細かく指示

し、ほかの先生方にも相談に乗ってもらえるように頼んでくれたんです。

そしてそこからは時が進み、今からは約20年前となりますが、ロンダさんは数学者のシルヴィア・ボーズマンさんとともに、数学の博士課程に進む女性やマイノリティの学生を支援する「エッジ（EDGE）・プログラム」を創設しました（EDGE：Enhancing Diversity in Graduate Education／大学院教育のダイバーシティ向上）。共同創設者のシルヴィアさんはこういいます。

数学者になるには、特別な才能が必要だと思われています。そして数学の才能は、生まれつきある人にはあっても、ない人にはないと思われています。でもロンダと私はずっとこういい続けているんです。「数学の能力は、自分で伸ばすものですよ。あきらめないで！」

そして、ロンダさんは次のように語ります。

長年この仕事を続けてきた間には、もう辞めよう、もうあきらめて、もっと楽な仕事をしよう、と思ったことが何度もありました。でもいつも誰かが、がんばって続けなさいと励ましてくれたんです。誰にでも、そういう人が必要だと思いませんか？

このロンダさんのストーリーからは、彼女自身が数学者になるまでの困難な道のりと、現在のエッジ・プログラムの運営にあたって、周囲の人からのサポートによって「希望」が得られてがんばってきた様子がうかがえます。一方で、今ではロンダさん自身が、そのプログラムを通して周りに「希望」を与え応援する側でもあります。ロンダさんのように、家族、先生、友だちといった周りの人たちの励ましや助けがあったからこそ、立ち直れ、続けてこられたという経験は、筆者自身もそうですが、皆さんにもあるのではないでしょうか。

ロンダさんのケースや、多くの人に身に覚えがあるケースように、困難があっても挫けることなく、長期にわたって粘り強くやり通すには、周りの人の応援や援助は大きな力となります。これは、先述の「レジリエンス」を鍛える4

要素（筋肉）の 1 つとして取り上げた、「ソーシャル・サポート」をもつことに通じます。それは、相談したり助けを求めたりできる、信頼のおける人たちとの関係性を普段から築いておくことが、逆境に直面したときに、心が折れずに克服したり立ち直ったりする力になるという考えでした。この点からも見ても、「やり抜く力のための希望」をもたらすための提案となる、「周囲のサポートや励ましを力に『希望』を養うこと」の重要性がうかがえるでしょう。

以上見てきたように、「やり抜く力」を育むには、「やれば、きっとできる！」といった「希望」という名の「成長型マインドセット」をもつことが、大きなキーとなることがわかります。したがって、私たちはどんなときでも、たとえ困難や逆境に直面しても「希望」をもち続けることが、自らの成長・進化をもたらすと同時に、達成・成功へと続く道を開くのです。

3.　グリットとレジリエンス、そしてポジティブ・エクスペリエンス

グリットが「情熱 (Passion) × 粘り強さ (Perseverance)」で表されることは、すでに示した通りです。その中の「粘り強さ（Perseverance）」は、レジリエンスの考え方にとても近い概念です。第 11 章で述べたように、レジリエンスは「逆境や困難、強いストレスに直面したときに、適応する精神力と心理的プロセス」で、「折れない心・しなやかな心」や「逆境力・克服力・再起力」などを意味しました。他方、粘り強さは前掲のグリット・スケール（表 10）の「粘り強さ」に関わる設問（偶数番号）を見ますと、「私は挫折をしてもめげない。簡単にはあきらめない」「私は努力家だ」「いちど始めたことはやり遂げる」「私は勤勉だ。絶対にあきらめない」「重要な課題を克服するために、挫折を乗り越えた経験がある」と表現されています。それらを総括すると、「ある目標・課題に向かって、挫折や困難があってもあきらめず、長期にわたって努力し続ける姿勢」などということができるでしょう。レジリエンスと粘り強さのどちらも、「困難や挫折を感じることがあってもくじけないで克服に向かう力」であり、双方ともに核心的な意味合いにおいて、ほぼ同じことをいっていることがうかがえます。

興味深いことに、ダックワース博士の著書 *Grit* の初版のサブタイトルは、

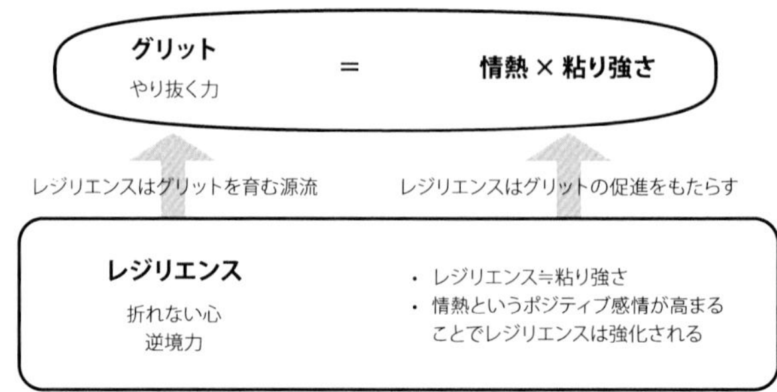

図 26　レジリエンスとグリットの関係

“The Power of Passion and Perseverance”（情熱と粘り強さの力）ですが、その後のペーパーバック版（略装本）で出された書籍のサブタイトルは、“Why passion and resilience are the secrets to success”（なぜ情熱とレジリエンスは成功をもたらす秘訣なのか）と、“perseverance”（粘り強さ）に “resilience”（レジリエンス）がおき換えられて使われているのです。真意はわかりませんが、それほど近いニュアンスをもつものとして使用されていると察するところです。

このように、「粘り強さ」と「レジリエンス」は同じような意味合いをもつことから、「グリット」（やる抜く力）と「レジリエンス」（折れない心・逆境力）の関係は、図 26 のように示せるものと考えます。その図からも見てとれるように、レジリエンスはやり抜く力というエネルギーを育む源泉だといっても過言でないでしょう。もう一方の核となる要素「情熱」を見ると、その意味は、あるものごとに向かっての熱心な気持ちをさします。それは大きな熱意や興味・関心であり、またその気持ちをもたらす、「好き」「楽しい」「喜び」のニュアンスもふくむポジティブ感情の 1 つといえます。先述したように、レジリエンスはポジティブ感情（「I like」の筋肉）が高まることで強化されることから、「情熱」というポジティブ感情をもちつづけること自体が、レジリエンス（≒粘り強さ）が高まることにもつながります。その結果、「やり抜く力」の促進をもたらすという相乗効果が期待できるのです。

ポジティブ・エクスペリエンスは、いかにグリットの向上に寄与するか

ここで、ポジティブ・エクスペリエンスの取り組みが、「やり抜く力」の向上にどう関係するかについて見ていきます。このことを検討するにあたっては、2つの視点が考えられます。1つは、前章で取り上げたレジリエンスの視点です。すなわち、ポジティブ・エクスペリエンスのVARSサイクルの取り組みが、レジリエンスの強化につながることを示しました。したがって、ポジティブ・エクスペリエンス（VARSサイクル）を実践することでレジリエンスを高め、すぐ上で述べたように、それが総じてさらに「グリット」（やり抜く力）の向上をもたらすことが指摘できるでしょう。

もう一つは、上掲項目の「やり抜く力を伸ばすには」で示した、4要素「興味・練習・目的・希望」の視点です。つまり、ポジティブ・エクスペリエンス（VARSサイクル）に取り組むことが、各要素の促進にどう寄与できるかということを見ることです。ここでは、とくにその4つの観点から考えていきます。

まず「興味」の点です。情熱を生み出す「興味」をもつこと、そしてそれを持続することが「やり抜く力」へとつなげていくために大切でした。自分の「興味」が情熱をもたらし、その情熱は目標達成に向けた強いエネルギーとなるからです。その「興味」は、「好き・楽しい・喜び」の感覚に深く結びついているものであると同時に、「やり抜く力」の源でもあるといえます。実際のところ、自分が「好き・楽しい・喜び」を感じられないものを、長く続けることはできません（逆にいえば、自分が嫌い、つまらないと感じることを我慢してやりつづけるのは苦行となり、長くそれをしたいとは思わないでしょう）。それゆえ、自分が何に「好き・楽しい・喜び」の気持ちにもとづく興味関心を抱くのかについて自身に問いかけ、それが何なのかを自己理解し、それにそって行動へと結びつけていくことが大切になるということでした。

この点について、ポジティブ・エクスペリエンスに照らし合わせて考えてみると、まさにその基幹となる考え方との重なりがみられます。前掲4章にて、「アクティブ・セルフ」（＝自己活性化）となるような体験であることが、ポジティブ・エクスペリエンスにおける特性の1つとして挙げました。そして、「アクティブ・セルフ」な体験とするための要素として、「ポジティビティを高める体験」「強みを生かす体験」「自分軸となる体験」となることの3つを取り上げています。そのうちの「自分軸となる体験」では、1つは「意識的・自主的」であること、もう1つが自らの「好奇心・探求心」（＝興味関心）にもとづく体験となるこ

とを指摘しています。すなわち、ポジティブ・エクスペリエンスの考え方には、その根本に自分の興味関心（好奇心）に沿って、そしてそれを大切にして探求する活動をしていこうという意図と姿勢があるのです。

それは、自分が何をすることで楽しさ、嬉しさ、ワクワク感、喜び、情熱・熱意などといったポジティブな感覚が生まれるのかについて内省してみるプロセスをともなうものです。したがって、「好き・楽しい・喜び」から生起する自分の「興味」が何かをよく理解して、それにもとづき活動し続けることがグリット（やり抜く力）を育むという考えに通じることになります。このように、自らの好奇心・探求心（＝興味関心）にもとづく活動とすることを核心の1つとするポジティブ・エクスペリエンスの考えを実践することは、同じく「やり抜く力」の促進に寄与していくと考えられるのです。

次に、「練習」の要素についてです。この練習は、課題・目標を明確に意識し、練習後のフィードバック（ふり返り）をしつつ改善を繰り返して大きな成果やパフォーマンスが得られる「意図的な練習」（Deliberate Practice：DP）をすることを意味していました。「やり抜く力」は、このDPを意識した取り組みとすることで高められるというものです。一方、ポジティブ・エクスペリエンスの実践も、前掲6章で取り上げたように、そのDP理論にて強調されるような「課題・目標」（＝ビジョン）を強く意識して活動や行動に取り組み、体験したことの肯定的なふり返りをするというプロセスを繰り返すことで、よりいっそう自己成長と進化を志向するものでした。したがって、端的に述べれば、ポジティブ・エクスペリエンスを実践することが、グリット（やり抜く力）の向上に通じていくことが期待できるでしょう。

3つ目に「目的」について考えてみます。この「目的」の要素は、他や社会において役に立つことができる、意義があるといった利他的な目的をもって行動することを意図しています。そのような社会や他者への貢献の気持ちが、行為を持続する力に結びつき、「やり抜く力」となることがいわれていました。この利他的な目的をもつことは、ポジティブ・エクスペリエンスの文脈から考えると、VARSサイクルの「アクション（行動する）」ステージで示した「他者への親切を意識して活動する」ことに関わりが見られます。

他者への親切は利他的行為となります。実際にそのような親切行為をすること自体、利他的な目的をもった行動を意味するからです。反対からいえば、利他的な目的をもって活動すること自体が、親切ということばは使われていなくても、個人や社会に対する何らかの親切行為であるとも見なすこともできるでしょう。そして、他者や社会への利他的となる善行（親切）の施しは、相手が好ましく思うだけでなく、その行為をした本人の幸福感やポジティビティが高まることを説明しました。幸福感が高まり気持ち良くなることで、さらにその行為が反復され強化されていくという好循環が起こることも認められています。

前にも述べましたが、親切行為をすることが、脳内の神経伝達物質で幸福ホルモンといわれるセロトニン、オキシトシン、ドーパミンの分泌を促し、好影響を及ぼすからです。セロトニンは精神を安定させ、やる気を出させてストレスを緩和するとされます。オキシトシンは愛情ホルモンともよばれ、人との交流のなかで生成されます。親近感を高める働きがあり、他者との絆を強めてくれて、多幸感をもたらすとともにストレスの軽減の効果もあります。ドーパミンも繰り返し登場していますが、快楽物質ともよばれ、楽しさ、喜び、快さなどを感じたときに分泌され、やる気を高め、その意欲がまたさらなる行動を促します。そうして行動が反復されることで、その行為やパフォーマンスなどが改善・熟達されていくという「強化学習」がともなう「ドーパミン・サイクル」が形成されるのです。

利他的な目的をもって活動することが、「グリット」（やり抜く力）を育むことに通じるというここでの指摘は、そのような好循環の持続をもたらすことに関する生体的メカニズムの点からも説明ができるでしょう。誰かの役に立つ、意義がある、貢献となるという利他的な目的意識と行為が、長期的な目標への取り組みや達成に欠かせない意欲や活動の反復と持続を生み出し、それがグリットに必要な“粘り強さ”を形作っていくと考えられるからです。以上の文脈において、ポジティブ・エクスペリエンスの取り組みで重視される、他や社会への親切という利他的意識をもって活動することは、「グリット」（やり抜く力）の醸成にも好影響を及ぼすものと考えられるのです。

最後に、「希望」についてです。ここでいう「希望」は、自分たちの努力次第で未来は良くなるといった信念です。自分で困難を乗り越え、道を切り開いていくといった逆境にもくじけず、前向きな気持ちの総称でした。そして、その「希望」を持続して抱くには、「自分の努力で未来は何とかできる、やればできる」と発展的にとらえられるポジティブ志向の見方・考え方となる「成長型マインドセット」をもつことが秘訣となります。

この点について、ポジティブ・エクスペリエンスとの関係性で見てみると、VARS サイクルの「リフレクション・シェアリング（ふり返り・共有）」段階において、「成長型マインドセット」をもってすることの重要性について触れています（第9章）。そうすることで、そのマインドセットを育み習慣化していくことができるからです。

また、VARSサイクルの実践そのものが、前掲6章で説明をしたように、つねに改善を試みて進歩することをめざす成長志向の循環プロセスとなります。すなわち、そのようなVARSサイクルの取り組みそのものが「成長型マインドセット」を根底にもつといえるでしょう。

したがって、ポジティブ・エクスペリエンスの実践は、この「成長型マインドセット」を基盤に実践されるものであります。また、ポジティブ・エクスペリエンスに取り組み、VARSサイクルを循環させることが、「成長型マインドセット」を育んでいくことにつながると考えられます。

注

1. Duckworth, Angela. *Grit: Why Passion and Resilience Are the Secrets to Success.* Vermilion, 2017, 440p.（邦訳書：アンジェラ・ダックワース『やり抜く力：人生のあらゆる成功を決める「究極の能力」を身につける』神崎朗子訳．ダイヤモンド社，2016，376p.）
2. 同，p.3-10.
3. 同，p.64-67.
4. 同，p.10-17.
5. 同，p.93-97.
6. 同，p.100-106.
7. 同，p.107-109.
8. 同，p.113-139.
9. 同，p.141-171.
10. Ericsson, Anders; Pool, Robert. *Peak: Secrets from the New Science of Expertise.* Eamon Dolan/Mariner Books, 2017, p. 243-247.（邦訳書：アンダース・エリクソン、ロバート・プール『超一流になるのは才能か努力か？』土方奈美訳．文藝春秋，2016，365p.）
11. 前掲注1，p.173-202.
12. 同，p.203-231.
13. 同，p.231-232.
14. 同，p.232-233.
15. 同，p.233-234.
16. 同，p.234.

第 13 章　　自らの人生に繁栄スパイラルをつくろう

最後となる本章では、これまでに述べてきたことを総括して、ポジティブ・エクスペリエンスの VARS サイクルを実践することが、私たちの人生の充実に通じ、いっそうの成熟・進化へと向かうことについて示します。そのような、人生が生成発展的で、創造的な状態となることを、本書では「繁栄スパイラル」とよびます。繁栄は英語で「Flourish（フラーリッシュ）」なので、その頭文字をとって、「F スパイラル」ともよぶことにします。

ポジティブ・エクスペリエンスが、その“F スパイラル ”という発展的かつ創出的なプロセスを生み出していくことについて、これまでに述べてきたキー要素を整理して説明していきます。そうすることで、これまでの要点の復習となりながら、本書のまとめにもなるでしょう。

繁栄スパイラルを形成するポジティブ・エクスペリエンス

まずは、図 27 をご覧ください。この図が「繁栄スパイラル」（F スパイラル）を形成するキー要素の関係性を示した概念図となります。本書全体（とくに Part 4）を総括して示す図にもなっています。

基盤となる VARS サイクルからなる段階を「フェーズ A」、その「フェーズ A」によって育まれる「レジリエンス」（折れない心）の側面を「フェーズ B」、さらに「フェーズ B」の強化によって促進される「グリット」（やり抜く力）の段階を「フェーズ C」、そして、「フェーズ C」の高まりによってもたらされる、達成感や充実感によって生み出されるポジティビティが、さらに、「レジリエンス」（フェーズ B）の向上につながり、かつ「VARS サイクル」（フェーズ A）に取り組む活力となっていくという循環をつくり出すことを「フェーズ D」とします。

1.　ポジティブ・エクスペリエンスの核＝VARSサイクルの段階

ポジティブ・エクスペリエンスには以下の３つの特性があり、その３つ目の特性で説明される「VARSサイクル」を意識して実践します。ポジティブ・エクスペリエンスでは、そのVARSサイクルを生成発展的かつ上昇志向で循環させていくことで（＝**ポジティブ・スパイラル**を起こす）、ポジティビティ（ポジティブな状態）を培うことをめざします（フェーズA）。

特性１：「アクティブ・セルフ」となる体験

自分が心身ともに充実し、生き生きと活性化した状態が「アクティブ・セルフ」です。この「アクティブ・セルフ」状態となるために、次の３点を意識して体験活動をしていくことを提案しています。

① 「ポジティビティ（ポジティブな状態）」を高める体験
② 「強み」を生かす体験
③ 「自分軸」となる体験
（自主的・意識的な体験、好奇心・探求心にもとづく体験）

特性２：ホリスティックな体験

「ホリスティック思想」は、その考え方に「包括性」「つながり／関連性」「バランス／調和」「持続性」といったキー概念を有します。これは、ホリスティックの４「つ」（「つつみこむ」「つながる」「つりあう」「つづける」）としてとらえることもできます。ポジティブ・エクスペリエンスは、これらの基盤要素を意識し、かつ重視して取り組みます。また、ある体験だけをするというよりは、下記に示す「3S」から考える、より多様な体験活動に取り組むことを志向します。

この「ホリスティックな体験」について、実践面をふくめ、より具体的に理解するために、ホリスティック思想における３つの「S」（「ソイル（Soil：土）」「ソサイエティ（Society：社会）」「ソウル（Soul：心）」）を援用して、次の３区分から体験活動をとらえます。

ひとつ上のフェーズ B

ひとつ上のフェーズ A

フェーズ D

フェーズ C の高まりによってもたらされる**達成感・充実感**

達成感・充実感が生み出すポジティビティが、
レジリエンスを向上させるとともに、新たに
VARS サイクルに取り組む循環をつくり出す

フェーズ C

フェーズ B の強化によって促進される**グリット（やり抜く力）**

- 自分の興味を持続させる
- 練習を積み重ねる
- 利他的な目的をもつ
- 成長型マインドセットを高め、希望をもち続ける

フェーズ B

フェーズ A によって育まれる**レジリエンス（折れない心）**

- 自尊感情を高める
- 自己効率感を高める
- ソーシャルサポートを築く
- ポジティブ感情を高める

フェーズ A

VARS サイクル

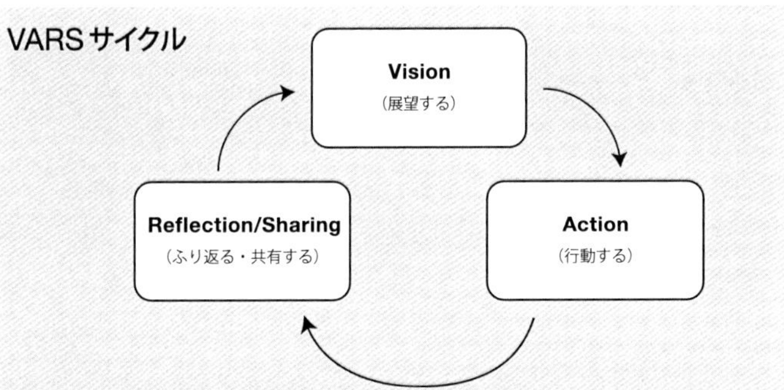

図 27　繁栄スパイラル

- 自然・地球と関わる活動（Soil）
- 仲間・社会と関わる活動（Society）
- 自己に関わる活動（Soul）

特性 3：進化志向サイクル（＝ VARS 理論）を意識し実践する体験

私たちが体験を通して成熟・進歩できるような進化プロセスを志向する「**VARS（バース）理論**」を提案します。それは、下記の 3 つの段階からなります。ポジティブ・エクスペリエンスは、この 3 段階をループ（循環）しながら上昇していくモデル「VARS サイクル」によって実践されます。この VARS サイクルを繰り返すことで、その効果が相乗作用し、反復するほどパフォーマンスや成果も向上していくという生成発展的な上昇プロセスである「**ポジティブ・スパイラル**」を引き起こします。

- **Vision（展望する）**
  「自分が何をめざすのか、どうなりたいのか」といった意図的な目標を具体的に意識・思考する。加えて、達成に向けたプロセスのポジティブなイメージをする（達成時や成果のメリット・プラス面のイメージをふくむ）。
- **Action（行動する）**
  心身の活性化をもたらす " ポジティブな行動とする " ことをめざして活動する。ポジティブ心理学による研究成果を生かし、「楽しいを意識する」「強みを生かす」「感謝する」「親切にする」「仲間とつながる」「メディテーションを取り入れる」を意識した活動とする。
- **Reflection/Sharing（ふり返る・共有する）**
  自分がしてきたことについて内省し、かつ他者と共有する活動とする。この活動を実施するにあたり、ポジティビティを高めるための効果的な手法として、以下の **"I LIKE-GOT"** & **"I TRY"** のアプローチを取り入れる。
  ① **I Like-Got**
  ある体験をしてみてふり返ったときに「好ましかったこと・良かったこと（Like）」および「得られたこと・達成したこと（Got）」は何であったかという観点から考える。
  ② **I Try**

その体験によって得た気づきや課題を、自らの成長に向けて次にどう生かしていくかというチャレンジ（トライ）の視点から考える。
このアプローチに、“ウェルビーイング”（持続的幸福状態＝繁栄状態）を構成する要素「PERMA（パーマ）」に、学習の“L”（Learning）を加えた「PERMAL」（パーマル）の視点を組み入れることで、より具体的で詳細なふり返りをすることができる（“PERMA”は、「Positive emotion：ポジティブ感情／Engagement：積極的関わり／Relationship：関係性／Meaning：意味・意義／Achievement：達成」を意味する）。

このポジティブ・エクスペリエンス＝VARSサイクルの実践は、科学的に検証された効果的な上達・進歩をもたらす「**意図的練習（Deliberate Practice：DP）**」理論を活用する取り組みでもあります。このDP理論を意識した体験活動とすることで、その人の「**心的イメージ**」（自分が思い描くことのできる最適な考え・気持ち・想像）および「**Cゾーン（Comfort Zone：快適な空間）**」（＝日常的にできること）の拡大がもたらされます。そうなることで、次に挙げる３つ効力が促進され、私たちの成長と進化が促されていきます。

① 潜在的可能性が引き出され広がる。
② 自己効力感が高まる。
③ 変化に抵抗しがちな心理への対処となる。

ポジティブ・エクスペリエンスによるVARSサイクルの実践によって、私たちのポジティビティ（ポジティブな状態）は向上します。私たちはポジティビティが高まると、心身の両面において創造的になって、総合的な能力やパフォーマンスが向上し、高い成果をもたらすことが多くの研究によって実証されています（そのように脳や心理が機能することが認められている）。これは「**拡張－形成理論**」（broaden-and-build theory）といわれ、ポジティブ心理学の基礎理論にもなっています。
この理論は、「拡張効果」と「形成効果」の２つの効果からなります。ポジティブ感情を抱きポジティブな状態となると、私たちの視野が広がり、精神の働きが拡大します。それによって思考と行動の選択の幅が広がり、より創造的になります(拡張効果)。そうなることで、さらに将来にわたって有効な「知的リソース（能力)」「心理的リソース」「社会的リソース」「心理的リソース」がつくり出されたり、向上したりする傾向をもつのです（形成効果)。ポジティビティには、このような「拡張－形成理論」の効果もふくめ、それを基盤とした次の5大効果があることが認められています。

① **拡張効果**：視野を広げ精神活動が活性化し、思考と行動がより創造的となる。
② **形成効果**：「知的・心理的・社会的・心理的リソース（能力)」を創出し向上する。
③ **ネガティブ感情の緩和効果**：後ろ向きとなるネガティブな感情を軽減させる。
④ **レジリエンスを強化する効果**：困難に対峙したときに、めげずに立ち直る力が高まる。
⑤ **上昇スパイラルを形成する効果**：ポジティビティをさらに引き出し、より発展状態となる。

2.　VARSサイクルがレジリエンスを鍛える段階

上記ポジティビティの5大効果の1つに「レジリエンス」を強化する効果が挙げられています。そのレジリエンスは、逆境や困難、強いストレスに直面したときに、適応する精神力や心の対処力です。「折れない心・しなやかな心」「逆境力・克服力・再起力」などともいわれます。そのレジリエンスは固定的なものでなく、次の4要素を鍛えることによって強化できる力だとされています(フェーズB)。

① I am：**自尊感情**（基本的自尊感情）を高める。
② I can：**自己効力感**（自分には～ができる・対処できる）を高める。

それによって、①行動の達成、②課題・困難への積極的な対処行動、③前向きな取り組み姿勢、④生理的・心理的安定が可能になる。

自己効力感を向上させるには、①達成体験（直接的達成経験)、②ロールモデル（代理経験）、③励まし（言語的説得）、④心身を活性・安定化（生理的情動的高揚）が重要である。

③　**I have：ソーシャル・サポート**を築く（周囲に良好な人間関係を育む）。その際に重要なのは、①感謝すること、②共感すること、③許すこと。

④　**I like：ポジティブ感情**を高める。その内容については、本書の随所で示している。

ポジティブ・エクスペリエンスにおける VARS サイクルの実践は、上記の 4 要素を鍛えることに通じています。そうしてレジリエンスを強化することは、つづく「フェーズ C」におけるキー要素となる「グリット」の促進に大きく関わっていきます。

3.　レジリエンスの向上がグリットを高める段階

グリットは、「やり抜く力」のことで、成功・達成に必要な能力です。「情熱 × 粘り強さ」として表すこともできます。これも上記レジリエンスと同様に固定的な気質ではなく、トレーニングによって伸ばせるせる力となります。このグリットは、とくに以下の 4 つの点を意識して取り組むことで育むことが期待できます（フェーズ C）。

①　**興味**：自分の「好き・楽しい・喜び」という興味を持続させることが、「やり抜く力」の向上につながります。

②　**練習**：上記「興味」を結果につなげていくには、「練習」の積み重ねが必要です。グリットの向上には、課題や目標を明確に意識し、改善を繰り返して大きな成果を得ることのできる「意図的な練習」(Deliberate Practice）の方法が有効です。

③　**目的**：ここでいう目的とは、個人的なものではなく、他や社会において役に立ったり、意義があったりするような利他的な目的をさします。長期にわたる取り組みの中では、自分がしていることが個人的におもしろいだけでなく、社会や他の人たちのためにも役立つと思えることが興味や情熱を持続させ、ひいては「やり抜く力」

の強化につながります。

④ **希望**：「自分たちの努力次第で未来は良くなる」という自分で道を切り開く、困難にもめげずに乗り越えるといった信念にもとづいた希望をもち続けることが、やり遂げる過程において困難に立ち向かうための「粘り強さ」のエネルギーとなります。そのような「自分の努力で未来は何とかできる、やればできる」と発展的にとらえられるポジティブ志向の見方・考え方を「成長型マインドセット」といい、この「成長型マインドセット」をもつことが「やり抜く力」の促進に大切です。さらにこの希望という「成長型マインドセット」は、次の３要素によって高められるとされます。

- **「知能」や「才能」についての考えを改める**：知能やあらゆる才能は、脳の可塑性によって、自らの意志による努力で高められることが科学的に実証されていることを理解する。
- **マインドセットが楽観的となる練習をする**：すでに開発されている「レジリエンス・トレーニング」などで練習をすることで、「固定的マインドセット」と行動を楽観的な「成長型マインドセット」へと改善することが可能。
- **周囲のサポートや励ましを力に希望を養う**：困難があっても挫けることなく、長期にわたって粘り強くやり通すには、周りの人の応援や援助は大きな力となる。それゆえ、普段から、相談したり助けを求めたりできる信頼のおける人たちとの関係性を築いておくこと（＝ソーシャル・サポートを把握し構築しておく）が大切となる。

このグリットとレジリエンスの関係を見ると、レジリエンスはグリットを育む源泉としてとらえることができます。それゆえ、VARS サイクル（ポジティブ・エクスペリエンス）の実践はレジリエンス向上に通じ、レジリエンスはグリット促進するという能力向上の連鎖がもたらされます。

また、VARS サイクルを実践すること自体も、グリットの向上に寄与すると考えられます。

4.　ポジティビティが、新たなサイクルを活性化する段階

グリット（やり抜く力）は、達成・成功に向かう力であると同時に、実際に最後までやり遂げる力です。それゆえ、目標や課題を成し遂げたことよって生起する達成感や充実感といったポジティブ感情はレジリエンスの強化に通じていきます（フェーズ D）。

そのようなポジティビティの向上（ポジティブ状態となること）は、新たな体験＝チャレンジ・サイクル（＝ VARS サイクル）への意欲を喚起し、新しいフェーズ A ～ D という循環を生み出していくと考えられます。

そして、このフェーズ A ～ D を繰り返すことで、発展的かつ創造的な上昇サイクルとなる "F スパイラル" が形成され、豊かな生への道に向かうことが期待されます。

5.　あなた自身の F スパイラルを起こそう！

ここで説明した F スパイラルは、あなた自身がその人生で取り組むすべてのことに活用できるでしょう。なぜならば、Part 4 の冒頭で触れたように、人生すべてのことは何らかの直接体験としておき換えられるからです。たとえば、家庭、学校・職場、各自が生きる地域社会は体験活動の場ですし、場所はどこであっても、あなたが趣味や習いごとなど個人として取り組んでいること、仕事や学校、スポーツなどチームとしての試みやプロジェクト、そしてあなた自身が生きる日々そのものすべてが体験活動です。いい換えれば、すべては何らかの目標や課題に向けて何者かになりゆこうとするプロセスです。その体験というプロセスにどう向き合い、どのようにより良いものにしていくかということに対しての提案が、本書で示すポジティブ・エクスペリエンス（＝ VARS サイクルの実践）の考え方であり、それを基盤として "F スパイラル" を生み出すというアイディアなのです。

そして、ポジティブ・エクスペリエンスを実際に実行し、F スパイラルを現実化して、皆さんに喜ばしい成果と豊かな生をもたらすための要点に触れて、終わりにしたいと思います。VARS サイクルに重なり、確認にもなりますが、

それはVARSサイクルの実践においてどの段階にあっても、つねに心に留めておくとよい教訓みたいなものとして考えてもらえればと思います。次の「3箇条：3P（スリー・ピー）」となります。

- まずは、自分にとってそれを考えると心が躍る、輝くような喜びを感じたり、温かくなったりする何か、めざすもの、成りたい自分について考えて、具体的にすることを決めて一歩をふみ出しましょう（**Positive Vision**）
- さらに、それをしている自分、そうなっている自分を思い描きつつ、実際に楽しみながら行動しましょう（**Positive Imagination & Action**）
- そして、行動してみてふり返ったときにポジティブな想いや感情・感覚（喜び・情熱・好奇心・探求心・ときめき・達成感など）に意識を向けて、それをアウトプットして共有し、そうすることで湧き上がってくる気づきや発想を次なる自分のビジョン・自己イメージ・行動に取り入れて、自分の歩む道程のエネルギーとしていきましょう（**Positive Inspiration & Sharing**）。

想像は創造です。しかし、イメージしただけでは具現化して実際にそれを手にしたり使ったりすることはできません。イメージはめざすことを明確にするために大切ですが、それだけでは実体化されません、現実化していくためには、身体を動かすこと、つまり行動が必要です。私たちが身近に使っている家具や家電も、先人の想像から生まれたものです。しかし、想像しただけでなく、手足を動かしつくるという行為がともなって、実際のイスやテーブル、携帯電話やテレビなどと実体化されて使えるようになったのです。

なにごともいきなり大きなことをしようと考えるのではく、自分にとって手が届くこと、身近なことや気軽にできることなどといった、ささやかなことでよいのです。自分にとっての射程範囲にあってできることについてまずやってみること、身体を動かしてみることです。たとえ小さな行動であっても、それこそが想像したことを具体化する（＝創造する）ということの第1歩となります。反対に、自分の射程範囲を大きく超えるようなイメージ（目標、夢など）だと、「できないから、やらない」「やっても、それはできないだろう」といった後ろ向きな気持ちになって行動に結びつかないことになってしまいがちです。

さらに、その小さな行為こそが、小さな「できた！（達成）」を生み出します（ドーパミン・サイクルの発動）。この小さな創造的なプロセスと成果が積み重なって、やがてより具体的なものとなったり、現実化された出来事につながっていったりするのです。私たちが生きるこの世界では、いきなり思い描いたことが実現したり、具現化したりすることはありません。すべては小さなことの積み重ねで、形となります。形にするにはそれなりに時間を要します。その形にしようとするものが大きなものほど、それだけエネルギーが必要となるため時間がかかることになるのです。しかし、それもすべては小さな思いと行動から始まります。それをおろそかにしては、どんなことも成りません。

だからこそ、小さな思い（思考・意識）と行動をつづけていきます。小さな「できた！」を続けることが、自分の射程範囲を少しずつ広げていきます。すなわち、自分が現実的にできると想像できる範囲と行動を広げていくことになります。先述したように想像は現実化の第 1 歩です。それは自分のできること、つまり可能性を引き出し、より広げていくことです。さらに、自分が具体化、現実化させることのできることがより大きくなっていくことを意味しています。より自分ごととして想像できるものは、それに向けて行動することで現実化へと近づけることができるからです。小さな「できた！」の現実が、継続することで大きな「できた！」の具現化を成すことに通じていくのです。

このように、すべてはあなたの意識や思考（ビジョン）から始まります。だからこそまずは、“自分の本質”すなわち“本当の自分”につながる必要があります。そのためには、自分が何に喜び・楽しさ・心地よさ・情熱などを感じるのか、何に関心があり何をしたいのか、どうなりたいのか、というようにポジティブに“自分の本当の気持ち”をとらえることです。自分の内面につねに意識を向け、内なる心の声に耳を傾けることで“自分軸”となることが大切です。そして、それを指針として行動することが、自らの人生を進化に向けて創造していくことに通じると考えます。

しかし、そのような自分軸で生きていくことは、自分勝手に独りよがりに考えて行動することではありません。むしろ、自分を取り巻く自然・地球や、仲間との調和と協働にもとづく共生と共栄の考え、自他ともにある豊かな生を創発していくというワンネス（Oneness）の精神を軸とするホリスティックな理論を前提とするものです。このように、周囲との共同創造のなかで、ポジティブな感覚・気持ちにそった“自分軸”を基盤とし、身体的・精神的・社会的な成熟・進化を育んでいくことが“自立”して生きることであると考えます。自分の人生という旅路を自ら立ち上がり歩んでいくことで自己創造・自己実現していくのです。

その自分軸で自立して生きていく際のおまじないとして、先の「スリーP」——“Positive Vision” “Positive Imagination-Action” “Positive Inspiration-Sharing” を心に留めておくとよいでしょう。

あなた自身があなたの生きる人生と世界のクリエイターです。

あなたの意識・思考があなた自身、あなたの人生という物語を創造しています。

あなたがあなたの人生の主人公であることを思い出しましょう。

あなた自身の楽しさ・喜び・情熱といったポジティブな感覚や気持ちを羅針盤にしましょう。

そうして生きることが“繁栄スパイラル”を生み出し、発動させるエネルギーとなります。

あなた自身の内なる想いを糧に、それぞれの個性あるすばらしい人生を想像＝創造していってください。

それが、あなたという唯一無二のユニークな存在が、幸せで進化する（＝ポジティブな）人生の体験、“ポジティブ・エクスペリエンス”を創り出すことになるでしょう。

あとがき

心理学におけるノミの実験をご存じでしょうか。ノミはとても小さな生きものですが、自分の体の約200倍となる30～40センチも跳ぶことができるそうです。これを人間にたとえると、300メートルもジャンプすることになり、東京都庁（高さ243m）をゆうに超えるほどです。

そのノミをコップの中に入れると、当然コップを簡単に跳び超えます。次にコップにフタをしてノミが出られないようにすると、何度もジャンプして外に出ようと試みますが、フタにぶつかって出られません。すると、だんだんとフタにあたらない程度のジャンプとなっていき、やがてフタの手前ギリギリの高さまでしか跳ばないようになります。

その後しばらくしてからフタをとります。しかし、障害物がなくなったにもかかわらず、ノミはコップの高さほどしか跳ばなくなります。以前であれば簡単にコップを跳び出ていくような高いジャンプができなくなってしまうのです。

この実験から示唆されるのは、「自分はここまでしかできない」といった心理的限界を自ら設けてしまったり、そのような固定観念をもったりすることで、自分がそう思い込んでしまっている以上のことをしなくなる、またはできなくなってしまうということです。たとえ、それ以上の能力や可能性を本来確実にもっていたとしてもです。そのような環境に長らく身をおくことで、自分に大きな力があること自体を忘れてしまうのです。

それでは、コップの外に出られなくなったノミAが、再び跳び超えられるようになるにはどうしたらよいでしょうか。それには、影響を受けていない別のノミBをいっしょに入れます。そうすると、ゆうゆうとコップを跳び超えていくノミBを見て、ノミA自身も生来もつ強大なジャンプ力をよびさまして、ふたたび跳び超えるようになるそうです。

本文中で「りんごの樹木と種」の話をしました、ほんの一粒のりんごの種の中には、やがて多くの果実を実らせ豊かなりんごの木となる大きな可能性が宿っているという話でした（第3章）。人も同じように、開花させることのできる個々の能力があり、誰もがそれを発現させて、豊かな生を実現できる可能性をもっていると考えます。しかし、誕生してから成長していく過程では、学校や家庭での教育、社会の慣習やルール、倫理観などによって、良くも悪くもいろいろなことが教化され、刷り込まれていきます。当然それらは、より良い社会生活を送るうえで大切なことです。一方で､時にそれらは､ノミの話にあったフタとなってしまうことも少なくありません。その状況を疑うこともなく普通だと思い込んでしまうと、もともと自分に潜在している偉大な力を体現させていくことを忘れてしまいます。たとえフタがない状態、またトライすればフタははずすことができるようになっていても気づくことも難しくなってしまうのです。

ノミＢがコップに入ることで、ノミＡは本来の力を取り戻せました。私たちもまずは、自身の中に潜在する大きな力と可能性があることに気づくことが重要だと考えます。その自覚と、ある目標に向けて実際にチャレンジしてみることが､本来もつ力を発揮させていくことにつながるでしょう。そして本書が、ノミＢがしたのと同じように、皆さんの中にある生まれもった能力を引き出し成熟させていく一助になればと思っています。

本書で紹介した、人間にポジティブに働く心理的・生理的作用や大脳神経系機能、およびモノの見方・考え方＝マインドセットは、私たちがコップ（思い込み）を跳び超え、さらにより高く跳ぶためのツールだと考えることができるでしょう。また、そのツールを使うことで、フタがかかっていたとしてもそれをはずすことを可能とします。

私たち自身をコンピューター（PC）になぞらえる別の表現をすれば（あまり機械にたとえるのは好みませんが説明上の比喩です）、私たちがもつ心身にポジティブに作用する生体機能は、もともとPCにインストールされているソフトウェアみたいなものです。それは、PCの性能を効果的かつ最大限発揮するために、初期状態で導入されているものです。さらに、そのPCの性能をより引き出し強化を可能とする、後からインストールできるソフトウェアもあります。それが、心身の両面にポジティブ効果をもたらすモノの見方や考え方にあたります。

本書を通して、そのようなソフトウェアがPC（自分）に最初から組み込まれていることや、後からインストール可能なことを知ることができます。その仕組みや使い方を説明するガイドブックみたいなものがこの書です。そのことに気づき理解できれば、使わない手はありません。それらを実際に用いて、自分にある能力や可能性を最大限に引き出し発揮するために、積極的に活用してみてください。

さて、体験活動に関わることではありますが、最後に少し話題を変えてお話しさせてください。本文中でも簡単にふれましたが、私は青少年の体験活動の充実をはかる「青少年体験活動アワード」（以下、体験アワード）という社会活動をしています。これは、文部科学省によって2013年度から2017年度末まで試行された「青少年体験活動奨励制度」の後継事業として行われています（より詳しくは第1章をご覧ください）。小学生から25歳の青少年が、3～4区分（自然／運動・教養／ボランティア・社会）の体験活動について、ある一定期間を継続的にやり遂げることで修了証が授与される制度です。国の事業として実施された5年間は文部科学省から表彰されましたが、今は一般社団法人教育支援人材認証協会から授与される形となっています。

体験アワードは、多様な体験活動に活動参加者が自主的に、より長期的に取り組むことで、心身の成長を応援していくというねらいがあります。制度的にやるとなると、どうしても型にはまった堅苦しい感じがします。しかし、そのようなフレームワーク（型）があることで、取り組みへのアプローチがしやすくなる良さもあります。「ちょっとやってみようかな」といった気持ちや行動の一歩をふみ出すためのきっかけ作りや、背中の後押しとなるからです。また、型があるからといって、活動内容はこれをしなくてはならないという義務的なものではありません。これから自分がしてみたいこと、チャレンジしてみたいことを軸に柔軟に選ぶことができます。自分で決めて自主的にやるということが大切にされています。

修了証を得るために行うというものではありませんが、自分が成したことについて授与される修了証は、いわば自らの達成体験の記録となります（公的記録の1種となるため、その後の内申書や履歴書等にも記載し自身の人生キャリアに活用可能です）。自分が立てた目標をやり遂げることで心象は強くなります。それゆえ、記録と記憶の両方によりはっきりと残ることで、自分をふり返ってみた時に、自身についての積み上げ、つまりプラス面を具体的に認識できるもとができることになります。それが自分への肯定的な意識づけとなってセルフイメージを高め、ポジティビティが向上し、今ここからの自分をいっそう進歩させていくエネルギーとすることが期待できます。このことについては、チャレンジ体験や達成体験をすることでもたらされる「Cゾーン理論とドーパミン・サイクル効果」、自分自身をふり返る「自己フィードバック効果」、ポジティブ感情の「拡張―形成効果」「ポジティブ・スパイラル効果」として、本文中にて説明させていただきました。

子供たちやその保護者の多くはあまり意識されていないですが、角度を変えて見てみれば、子供たちは何気なく何らかの体験活動を日頃からしているものです。今の子供たちは、塾や習いごとで忙しいといいますが、それらも体験活動の1つとなります。たとえば、学習塾や楽器のレッスンなどは教養体験となりますし、サッカーや野球などの地域のスポーツ活動は運動体験となります。それ以外でも、日ごろから地域の活動に関わっていることがあれば、それはボランティア・社会体験となるでしょう。このように、普段からしていることを直接体験として意味づけし、そのような活動を中心にしつつ、それを生かす形で体験アワードに取り組むことも可能です。

下記の体験アワードのWEBページにアクセスいただくと概要をご理解いただけます。何か質問等がある場合も、そちらからすることができます。興味・関心があれば、ぜひご参加ください、

一般社団法人教育支援人材認証協会ホームページ内〔http://jactes.or.jp/〕
【青少年体験活動アワードWEBページ：http://jpn-y-awd.org/】

この体験アワードを通して、本書で示す「ポジティブ・エクスペリエンス」の考えとその効果について、より深く理解され実践されていくといいなとも思っています。そして、子供たちが単に体験活動をこなして終わるのではなく、日々の生活の充実へとつながる実際の場や力となることを願っています。

末筆となりましたが、本書の刊行にあたり、東京学芸大学出版会理事長の藤井健志先生（東京学芸大学名誉教授）には、出版計画の相談に始まり、その後の編集作業、そして上梓に至るまで多大なるご尽力を賜りました。本書が世に出せたのも、藤井先生のお力添えがあったからこそだと思っています。長期にわたり、粘り強くかつ親切にご指導いただきましたこと、この場を借りて厚く御礼申し上げます。

また、装丁は、友人でもある有限会社SPACE SHIP代表兼デザイナー・門馬純さんにご協力いただきました。限られた時間での作業となりたいへんな手間をおかけしたことと察します。その中でも、素敵なデザインを手がけて下さいましたこと心より感謝いたします。

太陽の光が草花の開花をもたらすように、本書がみなさんにとって何らかの気づきやアイディア、行動を生み出し、豊かな生へと向かうエネルギー（光）になればうれしい限りです。何歳になっても遅いということはありません。自

分がそう考える限り自己進化は続きます。唯一無二である個々の人生という創造体験において、自分軸で楽しく、自身の個性を表現しつつともに輝いていきましょう。

2022年2月
小森伸一
お気に入りのカフェにて

著者略歴
小森伸一（こもり・しんいち）
東京学芸大学教授。
東京学芸大学・同大学院を修了後、カナダに留学。University of Saskatchewan 修士課程修了（M.Ed.）後、University of British Columbia 博士課程修了（Ph. D.)。東京学芸大学准教授を経て、2021年より現職。主な研究領域は、ホリスティック教育理論を基盤とした野外環境教育、サステイナビリティ教育、体験学など。近年は「幸福学」「ポジティブ心理学」等にも着目して研究をしている。主要編著書に『野外教育の理論と実践』『野外教育研究法』『星ふる島とぼくの夏』等。

体験活動はなぜ必要か
——あなたの可能性を引き出し人生を輝かせるために

2022年 3 月31日　初版第1刷　発行

著　者　小森 伸一
発行者　藤井 健志
発行所　東京学芸大学出版会
〒184-8501　東京都小金井市貫井北町4-1-1　東京学芸大学構内
TEL 042-329-7797　FAX 042-329-7798
E-mail upress@u-gakugei.ac.jp
http://www.u-gakugei.ac.jp/-upress/

装　丁　田中渉 +Panda Blue
印刷・製本　小野高速印刷株式会社

ISBN 978-4-901665-62-9